Der Geldmarkt im Euro-Währungsraum

CeGE-Schriften
Center for Globalization and Europeanization of the Economy
Zentrum für Globalisierung und Europäisierung der Wirtschaft
Georg-August-Universität Göttingen

Band 7

Herausgegeben von Wolfgang Benner, Günter Gabisch,
Jörg Güßefeldt, Helmut Hesse, Hans-Joachim Jarchow,
Renate Ohr, Helga Pollak, Peter Rühmann, Hermann Sautter,
Stefan Tangermann und Wilhelm H. Wacker

Verantwortlicher Herausgeber für diesen Band:
Hans-Joachim Jarchow

PETER LANG
Frankfurt am Main · Berlin · Bern · Bruxelles · New York · Oxford · Wien

Christoph Schinke

Der Geldmarkt im Euro-Währungsraum

Geldmarktgeschäfte, Zinsbildung und die Taylor Rule

PETER LANG
Europäischer Verlag der Wissenschaften

Bibliografische Information Der Deutschen Bibliothek
Die Deutsche Bibliothek verzeichnet diese Publikation in der Deutschen Nationalbibliografie; detaillierte bibliografische Daten sind im Internet über <http://dnb.ddb.de> abrufbar.

Zugl.: Göttingen, Univ., Diss., 2003

D 7
ISSN 1617-741X
ISBN 3-631-51966-4

www.peterlang.de

Vorwort des verantwortlichen Herausgebers

Das Geschehen auf dem Geldmarkt ist in zweierlei Hinsicht von besonderem ökonomischen Interesse: Unter einzelwirtschaftlichem Aspekt sind Geldmarktgeschäfte für die Gelddisposition der einzelnen Geschäftsbank von wesentlicher Bedeutung. Unter gesamtwirtschaftlichem Aspekt stellt der Geldmarkt den zentralen Ansatzpunkt für geldpolitische Maßnahmen dar. Über ihn verteilen sich die Liquiditätswirkungen der Zentralbankoperationen auf das gesamte Bankensystem. Durch die Schaffung der Europäischen Wirtschafts- und Währungsunion mit dem Euro als Gemeinschaftswährung und die Errichtung der Europäischen Zentralbank hat sich im Euro-Währungsraum ein gemeinsamer Geldmarkt etabliert, der die Form der Geldmarktaktivitäten erheblich verändert hat. Eine umfassende Studie zum Geldmarkt, die diesen Wandlungen Rechnung trägt, fehlt bisher. Wohl gibt es eine ganze Reihe von aktuellen Untersuchungen, die sich mit Teilaspekten des Geldmarktes befassen; man vermisst aber eine geschlossene und zugleich aktuelle Darstellung, die sich mit dem gesamten Geldmarktgeschehen befasst. Nach der Einleitung, in der u. a. verschiedene Geldmarktkonzepte aus der Sicht der deutschen und angelsächsischen Literatur vorgestellt werden, unterteilt der Verfasser den zentralen Inhalt der Arbeit in drei Hauptteile, die er abschließend in einer Schlussbetrachtung zusammenfasst:

- Im ersten Hauptteil befasst sich der Verfasser eingehend mit der Praxis der Geldmarktgeschäfte im Euro-Währungsgebiet. Dabei verwendet er eine weite, drei Segmente umfassende Abgrenzung. Diese Vorgehensweise erscheint sinnvoll, da andernfalls wichtige kurzfristige Finanztransaktionen unberücksichtigt bleiben würden, die auch zu Geldmarktusancen abgewickelt werden. Auf dem *ersten* Segment werden Transaktionen durchgeführt, die den traditionellen unbesicherten Geldhandel unter Geschäftsbanken sowie den Handel mit Geldmarktpapieren betreffen und besondere Geschäfte mit Repos und Devisenswaps einbeziehen. Das *zweite* Segment umfasst die Geldmarktderivate in Form der Zinsswaps und Zinsfutures. Das *dritte* Segment ist der Regulierungsgeldmarkt, auf dem Geschäftsbanken Geldmarkttransaktionen mit der Europäischen Zentralbank (EZB) bzw. dem Eurosystem durchführen, z.B. im Rahmen der Hauptrefinanzierungsgeschäfte, der längerfristigen Refinanzierungsgeschäfte oder der ständigen Fazilitäten.

- Im zweiten Hauptteil befasst sich der Verfasser mit der Zinsbildung auf dem Geldmarkt. Dazu werden zunächst die Vorgänge analysiert, die die frei verfügbaren Barreserven im Geschäftsbankensektor beeinflussen. Da sie die Liquiditätssituation am Interbanken-Markt (Banken-Geldmarkt) verändern, beeinflussen sie dort unmittelbar die Zinsentwicklung, die sich dann über Substitutionsvorgänge auf die anderen Segmente des Geldmarktes überträgt. Speziell wird untersucht, wie sich der Tagesgeldsatz EONIA durch die von der EZB gesetzten Rahmenbedingungen entwickelt, d.h. konkreter: welche Rolle hierbei die von der EZB gesetzten Zinssätze im Hauptrefinanzierungsgeschäft und bei den ständigen Fazilitäten sowie die Regelungen bei der Mindestreservehaltung spielen. In einem Exkurs zum zweiten Hauptteil wird abschließend der Frage nachgegangen, wie die Differenz zwischen dem Refinanzierungszinssatz der EZB und dem kurzfristigen Geldmarktzins (und damit insbesondere Erwartungen über Veränderungen des EZB-Leitzinssatzes) das Bieterverhaltern der Geschäftsbanken bei Hauptrefinanzierungsgeschäften bestimmen.

- Der dritte Hauptteil bietet eine empirische Untersuchung zur Entwicklung des Tagesgeldsatzes EONIA, wobei der Schätzansatz durch die Taylor-Regel bestimmt wird. Nach Vorstellung des Konzepts der Taylor-Regel werden zwei verschiedene Untersuchungen vorgenommen. Die erste verwendet die ursprüngliche Taylor-Regel. Im Großen und Ganzen zeigt sich eine zufrieden stellende Übereinstimmung der durch die Taylor-Regel bestimmten EONIA-Entwicklung und der tatsächlichen EONIA-Entwicklung. Die zweite Untersuchung ist eine ökonometrische Schätzung einer Gleichung vom Typ der Taylor-Regel mit Hilfe der Kointegrationsanalyse. Die Schätzergebnisse sind ergiebig. Zunächst einmal zeigt sich, dass die traditionelle Taylorformel als Faustformel für die Bestimmung des kurzfristigen Geldmarktsatzes auch im Euro-Währungsgebiet akzeptabel erscheint. Wie aus den Schätzergebnissen der Kointegrationsanalyse hervorgeht, kann sie aber durch modifizierte Gewichte für die Zielabweichung bei der Inflationsrate und der realen Produktion sowie einen modifizierten Gleichgewichtssatz für den Realzinssatz verbessert werden. Dem entspricht auch die im Vergleich zur ersten Untersuchung deutlich bessere Anpassung des ökonometrisch geschätzten Taylorzinssatzes an die tatsächliche Entwicklung des EONIA-Geldmarktsatzes im Euro-Währungsgebiet.

Mit seiner umfassenden, aktuellen Darstellung und Analyse des Geldmarktgeschehens im Euro-Währungsgebiet unternimmt der Verfasser den Versuch, die in diesem Bereich anzutreffende, eingangs erwähnte Lücke in der Literatur zu schließen.

Hans-Joachim Jarchow

Danksagung

Die vorliegende Arbeit entstand im Zeitraum vom März 2001 bis zum März 2003 und wurde im Sommersemester 2003 von der wirtschaftswissenschaftlichen Fakultät der Georg-August-Universität Göttingen als Dissertation angenommen.

Mein besonderer Dank gilt meinem Doktorvater, Herrn Professor Dr. Hans-Joachim Jarchow, für seine Unterstützung durch wertvolle Diskussionen, Anregungen und Hinweise. Herrn Professor Dr. Günter Gabisch möchte ich an dieser Stelle für die Übernahme des Zweitgutachtens danken. Herrn Professor Dr. Wolfgang Benner bin ich ebenfalls zu Dank verpflichtet, da er als Prüfer im Rigorosum zur Verfügung stand. Bedanken möchte ich mich auch bei Herrn Professor Dr. Günther Engel und bei Herrn Dr. Herbert Möller-de Beer für Diskussionen, die zur Entstehung – besonders des ökonometrischen Teils der Arbeit – beigetragen haben. Für Auskünfte habe ich ferner Herrn Steen Ejerskov von der EZB und Herrn Edgar Laufka von der Dresdner Bank AG zu danken.

Bei meinen Eltern und Großeltern möchte ich mich sehr herzlich bedanken, da sie die Entstehung dieser Arbeit stets gefördert haben. Sie haben mich bis heute unterstützt und mir somit die Möglichkeit eröffnet, mein Ziel zu erreichen. Ihnen ist diese Arbeit daher gewidmet. Schließlich möchte ich meiner Freundin, Tina Scholz, für Verständnis und sehr viel Geduld – besonders in der Endphase der Arbeit – danken.

Göttingen, im Juli 2003

Christoph Schinke

Inhaltsverzeichnis

Abkürzungsverzeichnis

act	actual
ADF Test	Augmented Dickey-Fuller Test
AR(p)	Autoregressive Process
ARMA(p, q)	Autoregressive Moving Average Process
BIZ	Bank Für Internationalen Zahlungsausgleich
CPI	Consumer Price Index
c.p.	ceteris paribus
EG	Europäische Gemeinschaft
EWS	Europäisches Währungssystem
EWU	Europäische Wirtschaftsunion
EWWU	Europäische Wirtschafts- und Währungsunion
EURIBOR	Euro Interbank Offered Rate
EONIA	Euro Overnight Index Average
ERC	European Repo Council
ESZB	Europäisches System der Zentralbanken
EZB	Europäische Zentralbank
Fed	Federal Reserve
FRA	Forward Rate Agreement
GSE	Government Sponsored Enterprises
H_0	Nullhypothese
H_1	Alternativhypothese
IMF	International Monetary Fund
ISMA	International Securities Market Association
KWG	Kreditwesengesetz
LIBOR	London Interbank Offered Rate
LIFFE	London International Financial Futures Exchange
MA(q)	Moving Average Process
NIF	note issuance facilities
OECD	Organisation for Economic Cooperation and Development
OLS	Ordinary Least Sqares
p.a.	per annum
PG	Prüfgröße
RUF	revolving underwriting facilities
s.e.	Standardfehler
SEC	Securities and Exchange Commission
S.W.I.F.T.	Society for Worldwide Interbank Financial Telecommunication

TARGET	Trans-European Automated Real-time Gross settlement Express Transfer system
U.S.	United States
USA	United States of America
Vol.	Volume

Tabellenverzeichnis

Abbildungsverzeichnis

I. Einleitung

Seit dem II. Weltkrieg haben sich die Geldmärkte der Welt schnell und gravierend verändert. Deutlich sichtbar wurden diese Veränderungen zum einen an dem Kreis der Akteure und zum anderen an der Art der einzubeziehenden Geschäfte. Während man aus deutscher Sicht nach dem II. Weltkrieg zu den Teilnehmern des Geldmarkts nur die Geschäftsbanken zählte, gehören heute im Zug der Europäischen Wirtschaft- und Währungsunion neben den Banken noch die Europäische Zentralbank, Unternehmen, Haushalte und Staaten dazu. Parallel zu der Erweiterung des Teilnehmerkreises am Geldmarkt verlief auch die Entwicklung der dort getätigten Geschäfte: Im Vergleich zu früher sind diese sehr viel differenzierter. Insbesondere durch die Europäische Wirtschafts- und Währungsunion ergaben sich aus deutscher Sicht – aber auch aus der Sicht des Auslands – eine Fülle von Neuerungen für die Marktteilnehmer.

Die Europäische Zentralbank sieht in einem effizienten und integrierten Geldmarkt im Euro-Währungsgebiet eine wichtige Bedingung für die Durchführung ihrer Geldpolitik. Nur durch die Vereinigung der nationalen Geldmärkte zu einem effizienten Geldmarkt ist gewährleistet, dass zum einen der Zugang zu Refinanzierungsgeschäften des Eurosystems überall im Euro-Währungsgebiet zu gleichen Konditionen sichergestellt und zum anderen die Transmission monetärer Impulse ungehindert möglich ist. Außerdem bewirkt ein effizienter Geldmarkt homogene Konditionen für vergleichbare Geldmarkttransaktionen im Währungsgebiet.

Das Ziel dieser Arbeit ist es daher, den Geldmarkt des Euro-Währungsgebiets unter den Aspekten der gehandelten Objekte sowie der Zinsbildung zu analysieren. Darüber hinaus soll der Tagesgeldsatz (EONIA) mittels der Taylor Rule empirisch untersucht werden. Inhaltlich ist die vorliegende Arbeit in fünf Teile gegliedert. Nach diesem einleitenden I. Teil analysiert der II. Teil in den Kapiteln 1 und 2 die Definitionen des Geldmarkts aus deutscher und internationaler Sicht. Hierbei wird im 1. Kapitel auf Gründe für das Entstehen von Geldmärkten im Allgemeinen sowie auf die Geldmarktdefinitionen in der deutschsprachigen Literatur eingegangen. Die in den Abschnitten 1.2 bis 1.5 behandelten Definitionen geben einen Überblick über die Entwicklung des deutschen Geldmarkts bis Mitte der 1990er Jahre. Im anschließenden 2. Kapitel werden zuerst angelsächsische Definitionen des Geldmarkts vorgestellt, danach wird der seit den 1960er Jahren existierende internationale Eurogeldmarkt erläutert.

Der III. Teil umfasst die Kapitel 3 bis 7 und bildet mit der Analyse des Geldmarkts des Euro-Währungsgebiets den ersten Hauptteil der Arbeit. Inhaltlich wird in Kapitel 3 zunächst ein Überblick des Geldmarkts im Euro-Währungsgebiet gegeben. Genauer wird der Geldmarkt des Euro-Währungsgebiets in drei Bereiche gegliedert, die in den folgenden Kapiteln behandelt werden. Diese drei Bereiche sind erstens der Handel mit Papieren, Krediten und besondere Geschäfte, zweitens der Handel mit Derivaten sowie drittens der Regulierungsgeldmarkt.

Das Kapitel 4 analysiert den ersten Bereich, auf dem Papiere, Kredite und besondere Geschäfte der Banken (Abschnitt 4.1), Unternehmen (Abschnitt 4.2) und des Staates (Abschnitt 4.3) abgewickelt werden. Der Abschnitt 4.4 beschreibt den Handel mit Kurzläufern am Geldmarkt.

Der zweite Bereich des Geldmarkts besteht – wie bereits erwähnt – aus dem Handel mit Derivaten. Im 5. Kapitel werden daher solche Zinsswaps und Zinsfutures erläutert, die am Geldmarkt gehandelt werden. Hierbei geht der Abschnitt 5.1 auf die Zinsswaps und der Abschnitt 5.2 auf die Zinsfutures ein.

Bevor der dritte Bereich des Geldmarkts analysiert wird, sollen im 6. Kapitel die Entwicklungstendenzen im Euro-Währungsgebiet bezüglich des Handels mit den bereits erwähnten Handelsobjekten aufgezeigt werden. Hierbei wird im Abschnitt 6.1 auf die Entwicklung der Geldhandelskredite, im Abschnitt 6.2 auf diejenige der Geldmarktpapiere und anschließend im Abschnitt 6.3 auf die Entwicklung im Derivatehandel eingegangen.

Das 7. und letzte Kapitel des III. Teils erläutert den dritten Bereich des Geldmarkts im Euro-Währungsgebiet, nämlich den Regulierungsgeldmarkt. Auf diesem Markt werden die Geschäfte zwischen der Europäischen Zentralbank und den Geschäftsbanken abgeschlossen. Um ihre geldpolitischen Ziele zu erreichen, führt die Europäische Zentralbank Offenmarktgeschäfte durch und bietet zwei ständige Fazilitäten an. Während die Offenmarktgeschäfte der Europäischen Zentralbank im Abschnitt 7.1 beschrieben werden, behandelt der Abschnitt 7.2 die zwei ständigen Fazilitäten.

An das Kapitel 7 schließt sich der IV. Teil an, der den zweiten Hauptteil der Arbeit bildet. Er umfasst die Kapitel 8 bis 12. Ziel dieser Kapitel ist es, die zinsbestimmenden Faktoren am Geldmarkt des Euro-Währungsgebiets herauszuarbeiten. Kapitel 8 gibt zunächst einen Überblick der Faktoren und unterteilt diese in autonome und dispositionsbedingte Einflussfaktoren sowie in den Einfluss der Zentralbank und der Geschäftsbanken. Das Kapitel 9 behandelt die autonomen und die dispositionsbedingten Faktoren, während deren Wirkungen auf die Liquidität am Geldmarkt das Kapitel 10 erläutert. Im Kapitel 11 folgt der Einfluss der Europäischen Zentralbank auf die Zinsbildung am Geldmarkt. Hierbei wird im Abschnitt 11.1 auf die Wirkung der zwei ständigen Fazilitäten als Ober- und Untergrenze für die Entwicklung des Tagesgeldsatzes eingegangen. Der anschließende Abschnitt 11.2 zeigt den Einfluss der bestehenden Mindestreservepflicht auf die Zinsbildung. Im letzten Kapitel des IV. Teils wird auf den Einfluss des Verhaltens der Banken bei Refinanzierungsgeschäften auf Geldmarktsätze eingegangen. Dabei erläutert der Abschnitt 12.1 den Einfluss der Banken auf die Zinsbildung bei Mengentendergeschäften und der Abschnitt 12.2 den Einfluss des Bieterverhaltens bei Zinstendergeschäften.

Der V. Teil bildet den dritten und letzten Hauptteil der vorliegenden Arbeit und umfasst die Kapitel 13 bis 14. In diesem V. Teil soll die Entwicklung des Tagesgeldsatzes EONIA empirisch analysiert werden. Genauer soll untersucht werden, ob der Verlauf des EONIAs durch eine Taylor Rule beschrieben werden kann. Hierzu wird zunächst im Kapitel 13 die Taylor Rule selbst vorgestellt. Während der Abschnitt 13.1 die ursprüngliche Taylor Rule behandelt, wird im Abschnitt 13.2 auf Modifikationen dieser Regel, d.h. auf Regeln vom Taylor-Typ, eingegangen. Normativ verstanden, ist die Taylor Rule eine Handlungsregel für die Zentralbank. Diese Interpretation der Taylor Rule wird für die ursprüngliche Fassung und für Regeln vom Taylor-Typ im Abschnitt 13.3 diskutiert. Aus positiver Sicht wird die Taylor Rule als Erklärungsansatz für die tatsächliche Entwicklung des Tagesgeldsatzes verstanden. Dieser Interpretation der Taylor Rule wird im Abschnitt 13.4 gefolgt. Abschließend wird die Taylor Rule im Abschnitt 13.5 kritisiert und gewürdigt.

Das sich anschließende 14. Kapitel beinhaltet die erwähnten ökonometrischen Untersuchungen des EONIAs. Inhaltlich ist das Kapitel 14 in zwei Untersuchungen geteilt. Die erste Analyse wird im Abschnitt 14.1 durchgeführt und betrifft die ursprüngliche Taylor Rule. Es wird hierbei der Frage nachgegangen, ob eine ursprüngliche Taylor Rule, die nur in Hinblick auf den gleichgewichtigen Realzins den europäischen Verhältnissen angepasst wurde, in der Lage ist, die Entwicklung des Tagesgeldsatzes im Euro-Währungsgebiet nachzubilden. Dazu werden aus Zeitreihendaten Taylor-Zinsen für das Euro-Währungsgebiet sowie für einige Mitgliedstaaten berechnet und dem Verlauf des tatsächlichen EONIAs gegenübergestellt. Es zeigt sich, dass die Ergebnisse nur zum Teil befriedigend sind.

Die zweite Untersuchung wird im Abschnitt 14.2 durchgeführt. Im Rahmen dieser Analyse soll eine Taylor Rule für das Euro-Währungsgebiet ökonometrisch geschätzt werden. Genauer werden dabei die Koeffizienten einer Beziehung vom Taylor-Typ so bestimmt, dass sich eine möglichst gute Übereinstimmung zwischen den berechneten Taylor-Zinsen und dem tatsächlichen Verlauf des EONIAs ergibt. Die hierbei angewendeten Verfahren stellt der Unterabschnitt 14.2.1 vor. Es wird dabei auf Stationarität, den Augmented Dickey-Fuller Test sowie auf die Kointegration von Variablen eingegangen. Anschließend werden die verwendeten Zeitreihen im Unterabschnitt 14.2.2 auf ihre Stationarität hin überprüft. Hierbei zeigt sich, dass alle verwendeten Zeitreihen als integriert vom Grad I(1) gelten können, weshalb dann in Unterabschnitt 14.2.3 die Schätzung der Taylor Rule mittels der Kointegrationsanalyse erfolgt.

Im VI. Teil werden die Ergebnisse zusammengefasst.

II. Der Geldmarkt aus deutscher und internationaler Sicht

1 Geldmarkt und Geldmarktkonzepte in der deutschen Literatur

In diesem Kapitel sollen im Abschnitt 1.1 zuerst die Gründe für das Entstehen eines Geldmarkts erörtert werden; danach werden in den folgenden Abschnitten verschiedene Definitionen des Begriffs „Geldmarkt“ vorgestellt.[1] In der deutschen wissenschaftlichen Literatur zum Geldmarktbegriff lässt sich feststellen, dass die historischen Definitionen des Begriffs „Geldmarkt“ stark von der vorgefundenen Situation abhingen (HASEWINKEL, 1993, S. 53). Der deutsche Geldmarktbegriff ist im letzten Jahrhundert wiederholt durch Krisen, Reformen, Finanzinnovationen und Strukturveränderungen sowie durch exogene Ereignisse entscheidend geprägt und verändert worden.[2] Gerade diese Tatsache, dass der Geldmarktbegriff ständig Veränderungen unterworfen war und ist, muss bei der Unterschiedlichkeit der Definitionen berücksichtigt werden; es ist ebenfalls dieser Umstand, der eine aktuelle Definition des Geldmarkts so schwierig gestaltet. Eine Definition muss daher im historischen Kontext gesehen werden.

Nach Deppe kann eine einmal gültige Definition durch Veränderungen am Geldmarkt überholt werden. Daher sollte das Kriterium zur Überprüfung einer Geldmarktdefinition deren Zweckmäßigkeit im Hinblick auf den verfolgten Analysegegenstand sein (DEPPE, 1980, S. 290 und HEIN, 1966, S. 12). Deppe folgert in seinem Beitrag, dass somit mehrere Definitionen ihre Berechtigung nebeneinander haben. Er unterteilt die in der Literatur anzutreffenden Definitionen in drei Gruppen: eine enge, eine mittlere und eine weite Definition, die in den Abschnitten 1.2 bis 1.4 behandelt werden. Gemeinsam ist diesen Definitionen, dass sie alle den Geldmarkt als Markt für kurzfristiges Geld ansehen. Sie unterscheiden sich jedoch stark bezüglich des Teilnehmerkreises, des Zwecks einer Transaktion, der Handelsobjekte, des Marktgebiets sowie bezüglich der betrachteten Teilmärkte (DEPPE, 1980, S. 290f).

Eine weitere, hier im Abschnitt 1.5 untersuchte Definition stammt von Hasewinkel. Zu Beginn der 90er Jahre des letzten Jahrhunderts nimmt er eine Neueinschätzung des Begriffs „Geldmarkt“ vor, um den Begriff den Neuerungen am deutschen Geldmarkt anzupassen. In gewisser Weise stellen die hier betrachteten

---

[1] Die Gründe für das Entstehen eines Geldmarkts treffen auch für den ab dem dritten Kapitel zu behandelnden Geldmarkt im Euro-Währungsgebiet zu. Auf eine Wiederholung wird dort verzichtet.

[2] Beispielhaft sind hier zu erwähnen: der I. und II. Weltkrieg, die Isolation des deutschen Geldmarkts unter den Nationalsozialisten, die Währungsreformen von 1924 und 1948, die strukturellen Entwicklungen des deutschen Bankensystems während des Kaiserreichs bis in die zwanziger Jahre, die Bankenkrise der USA 1907-08 sowie die Einführung des Euros. Einen Überblick der Entwicklung des deutschen Geldmarkts von seiner Entstehung bis Mitte der 70er Jahre des letzten Jahrhunderts gibt Lipfert (LIPFERT, 1975, S. 135ff).

Definitionen – wie oben angedeutet – einen Überblick der Entwicklung am deutschen Geldmarkt dar.

1.1 Bedingungen für das Entstehen von Geldmärkten

Vor der Erläuterung der historischen Definitionen des Begriffs „Geldmarkt" in der deutschsprachigen Literatur soll in diesem Abschnitt der Frage nachgegangen werden, welches die Bedingungen für das Entstehen eines Geldmarkts sind. Die Darstellung folgt Jarchow (JARCHOW, 2003, S. 358ff).

Als Bedingungen für die Entstehung eines Geldmarkts können erstens ein Liquiditätsproblem sowie zweitens eine unterschiedliche Liquiditätsentwicklung im Bankensektor als Ganzem genannt werden. Diese Gedanken sollen in diesem Abschnitt aufgegriffen und ausgeführt werden. Zuerst wird das Liquiditätsproblem behandelt, danach folgen Anmerkungen zu der Liquiditätsentwicklung im Bankensektor als Ganzem.

Das Liquiditätsproblem ergibt sich daraus, dass der Fall unzureichender Barreserven zur Deckung bestimmter Transaktionen bei Geschäftsbanken eintritt.[3] Es entsteht in diesem Fall ein Bedarf an Zentralbankgeld, da der Bestand an Barreserven der betrachteten Bank – trotz eventueller Zuflüsse – nicht ausreicht, um alle Transaktionen von Wirtschaftssubjekten und Unternehmen, die mit Zentralbankgeld getätigt werden, auszuführen. Mögliche Transaktionen, die den Bestand an Barreserven verändern, sind Überweisungen, Barabhebungen und Bareinzahlungen sowie der Zu- bzw. Abfluss von Zentralbankgeld im Rahmen von Devisengeschäften. Eine Kompensation der transaktionsbedingten Abflüsse von Zentralbankgeld durch Zuflüsse in eben dieser Höhe bei allen Banken ist theoretisch möglich, die Praxis sieht aber anders aus. Es entsteht daher ein Liquiditätsproblem bei (einigen) Banken, weil die Zuflüsse an Zentralbankgeld eben nicht bei jeder Bank die Abflüsse kompensieren.

Neben diesem Liquiditätsproblem existiert noch ein weiterer Grund für die Entstehung eines Geldmarkts: die unterschiedliche Liquiditätsentwicklung im Bankensektor als Ganzem. Es existieren Liquiditätsdivergenzen aus zwei Gründen. Wie oben schon angedeutet worden ist, muss es erstens aufgrund der unterschiedlichen Höhe von Zentralbankgeldbewegungen zwischen Banken auch Kreditinstitute mit einem Anlagebedarf, d.h. mit einem Nettozufluss an Zentralbankgeld, geben. Zweitens wirken sich die Entscheidungen der Wirtschaftssubjekte sowie der Zentralbank unterschiedlich auf den Bestand an Zentralbankgeld bei den einzelnen Banken aus. Aus diesen beiden Gründen ergibt sich also die Liquiditäts-

[3] Als Barreserve bezeichnet man den Bestand einer Geschäftsbank an Zentralbankgeld (JARCHOW, 2003, S. 85).

divergenz; eng verbunden damit ist die Art und der Umfang von Passivgeschäften der Banken sowie deren Kundenstruktur (JARCHOW, 2003, S. 358f).[4]

Im Rahmen der Aktiv- und Passivgeschäfte kann sich für eine Bank ein Liquiditätsbedarf entwickeln, wenn ihr Kreditvolumen vergleichsweise stark ausgeweitet wird und gleichzeitig im Einlagengeschäft aber nur geringe Zuwächse zu verzeichnen sind. In dieser Situation kann die Bank gezwungen sein, als Kreditnachfrager u.a. auf dem Geldmarkt aufzutreten und Zentralbankgeld von anderen Banken nachzufragen. Umgekehrt ist es ebenso denkbar, dass für eine Bank ein Anlagebedarf eintritt, wenn das Wachstum ihrer Einlagen das Wachstum der von ihr vergebenen Kredite übertrifft (JARCHOW, 2003, S. 359).

Wie bereits angedeutet worden ist, betreffen Vorgänge, die eine Bank nicht beeinflussen kann, die Entwicklung der Barreserven. Durch Überweisungen werden die Barreserven beispielsweise belastet. Die Kundenstruktur einer Bank ist hierbei insofern interessant, da sie in gewissem Rahmen darüber Aufschluss gibt, in wie weit die Kreditvergabe zu Überweisungsaufträgen von Bankkunden führt, die innerhalb desselben Kreditinstituts verrechnet werden können. In diesem Fall entsteht kein Zentralbankgeldbedarf, da die Überweisung lediglich eine Umbuchung zwischen zwei Konten bei derselben Bank beinhaltet. Mit anderen Worten: der Überweisungsbetrag muss nicht mit Zentralbankgeld einem anderen Institut gutgeschrieben werden. Je größer nun das Filialnetz einer Universalbank in geographischer Sicht und im Hinblick auf die wirtschaftlichen Branchen ihrer Kunden ist, desto wahrscheinlicher ist es, dass die aus Kreditvergabe resultierenden Überweisungen innerhalb der Bank abgewickelt werden können und daher keine Veränderung der Barreserven stattfindet. Eine Möglichkeit, diese Wahrscheinlichkeit zu quantifizieren, stellt der sogenannte „interne Verrechnungsfaktor" dar.[5] Im Fall einer Universalbank mit ausgedehntem Filialnetz und differenzierter Kundschaft ist er vergleichsweise viel höher als bei einer relativ kleinen Spezialbank mit einem sehr engen und kleinen Kundenstamm. Aus dieser Argumentation ist ersichtlich, dass Liquiditätsdivergenzen auch aus der Kundenstruktur heraus erklärbar sind; Banken mit einem vergleichsweise quantitativ kleinen, aber homogenen Kundenkreis werden eher einen Refinanzierungsbedarf am Geldmarkt aufweisen

---

[4] Man unterscheidet Aktiv- und Passivgeschäfte bei Banken. Ein Aktivgeschäft bewirkt eine Veränderung des Bestands an Aktiva, die nicht Zahlungsmittel darstellen. Dagegen bildet ein Passivgeschäft die Verfügung eines Wirtschaftsubjekts über seine Forderungen gegenüber einer Geschäftsbank ab. Kennzeichnend für Passivgeschäfte ist die Tatsache, dass durch die Transaktion des betrachteten Wirtschaftsubjekts zwar die Passivpositionen der Bank eine Änderung erfahren, gleichzeitig aber der Bestand an inländischen, nicht Zahlungsmittel darstellenden Aktiva unverändert bleibt (JARCHOW, 2003, S. 18f).

[5] Der Begriff des „internen Verrechnungsfaktors" stammt von Deppe. Er bezeichnet den „ ... *Bruchteil der intern zu verrechnenden Auszahlungsverfügungen an den gesamten bargeldlosen Auszahlungsverfügungen.*" (DEPPE, 1969, S. 29).

als große Universalbanken mit großer und stark differenzierter Kundschaft (JARCHOW, 2003, S. 359).

Eng mit dem Kundenstamm ist ein weiteres Argument verbunden, das auch die Entwicklung der Barreserven betrifft. Die Barreserve einer Spezialbank, die nur Kunden aus einer bestimmten Wirtschaftsbranche betreut, ist sehr stark von der Entwicklung der Geschäftssituation dieser Branche abhängig. Jarchow führt als Beispiel hierfür die Landwirtschaft an (JARCHOW, 2003, S. 359f). Kreditinstitute, die in besonderem Maße Kunden aus der Landwirtschaft betreuen, sehen sich im Jahresverlauf zunächst einer starken Kreditausweitung gegenüber, um in der Landwirtschaft die Beschaffung von Saatgut und Dünger zu finanzieren. Während dieser Phase ist bei diesen Banken tendenziell mit starken Abflüssen von Zentralbankgeld im Zuge der Überweisungen zu rechnen. Es ergibt sich eine Belastung der Barreserve und, falls keine Kompensation erfolgt, ein Refinanzierungsbedarf am Geldmarkt. Anders sieht die Situation nach dem Verkauf der Ernte aus; die beteiligten Banken werden dann Zentralbankgeldüberschüsse haben und vor einem Anlageproblem stehen.

Andere Spezialbanken, die vor allem den Landhandel betreffen, werden eine genau entgegengesetzte Entwicklung der Barreserven aufweisen. Ihnen fließt Zentralbankgeld im Zuge der Überweisungen für Saatgut und Dünger zu. In dieser Phase entstehen bei ihnen tendenziell eher Zentralbankgeldüberschüsse. Später dann, wenn die Finanzierung des Ernteaufkaufs ansteht, ist bei diesen Banken des Landhandels mit einem Refinanzierungsbedarf am Geldmarkt zu rechnen.

Insgesamt ist hier die saisonale Verteilung des Finanzierungsbedarfs und der Erträge von Wirtschaftszweigen sowie die Kundenstruktur verantwortlich für An- und Entspannung des Bestands an Barreserven bei (Spezial-) Banken. Es ist also möglich, dass sich allein aus der Kundenstruktur sowie aus der saisonalen Verteilung des Finanzierungsbedarfs und der Erträge heraus Liquiditätsdivergenzen im Bankensektor bilden.[6]

[6] Es ergeben sich auch Liquiditätsdivergenzen im Bankensystem durch die Auszahlungen von Löhnen und Gehälter. Einerseits weisen die Banken der Arbeitgeber einen Refinanzierungsbedarf an den Auszahlungsterminen für Löhne und Gehälter auf, andererseits verzeichnen die Banken der Angestellten zu diesem Zeitpunkt Zuflüsse. Diese Entwicklung ist jedoch nur temporär, da durch die Finanzierung des Konsums wieder Mittel zurückfließen. Diese Entwicklungen werden abgeschwächt, wenn im Bankensektor die Form der Universalbank vorherrscht (JARCHOW, 2003, S. 360). Eine ähnliche Argumentation gilt bei der Betrachtung des gestiegenen Bargeldbedarfs an Festtagen sowie in der Urlaubszeit. Hierzu werden z.T. Spareinlagen aufgelöst und in Bargeld umgewandelt, was eine Belastung der Barreserve bzw. einen Bedarf an Zentralbankgeld jener Banken darstellt, die relativ viele Auflösungen zu verzeichnen haben (JARCHOW, 2003, S. 360).

1.2 Enge Definition des Geldmarkts

Als Vertreter der engen Definition gelten Gestrich und Brehmer. Gestrich definiert den Geldmarkt: „ ... als das gegenseitige Austauschen von Reichsbankgeldüberschüssen und -fehlbeträgen der Banken untereinander, sei es auf dem Kreditwege, sei es durch An- und Verkauf geldmarktfähiger Titel.“ (GESTRICH, 1957, S. 59). Geographisch ist der Geldmarkt in dieser engen Definition auf den nationalen Geldmarkt beschränkt. Diese enge Definition entsprach der um 1930 bis 1940 am Geldmarkt zu beobachtenden Situation (DEPPE, 1980, S. 296).

Brehmer hat seinerzeit die Vielfalt der wissenschaftlichen Definitionen dieses Markts kritisiert und dabei einen Missbrauch des Worts „Geldmarkt“ festgestellt (BREHMER, 1964, S. 3). Er definierte den Geldmarkt sehr eng, nämlich als „ ... *Handel mit Zentralbankgeld unter Kreditinstituten außerhalb der Zentralbank, und zwar auf dem Kreditweg oder durch An- und Verkauf von „Geldmarktpapieren“.* “ (BREHMER, 1964, S. 3).

Durch die oben genannten Transaktionen können die beteiligten Banken auf dem Geldmarkt einen horizontalen Liquiditätsausgleich von Zentralbankgeldüberschüssen und –fehlbeträgen vornehmen.[7] Die mit diesen Transaktionen verbundenen Marktteilnehmer sind nur die Kreditinstitute, d.h. die Zentralbank tritt in dieser engen Definition nicht am Geldmarkt auf. Als Konsequenz hiervon ergibt sich, dass durch den horizontalen Liquiditätsausgleich unter den Banken die Zentralbankgeldmenge nicht verändert wird; es erfolgt lediglich eine Umverteilung der bestehenden Zentralbankgeldmenge zwischen den beteiligten Kreditinstituten (JARCHOW, 2003, S. 356). Diese Umverteilung von Zentralbankgeld geschieht – wie oben ausgeführt – erstens durch Kreditgewährung und zweitens durch den Handel der Kreditinstitute mit Geldmarktpapieren.[8] Je nach Art des getätigten Geldmarktgeschäfts kann man nach Fristigkeit der Kredite sowie nach Art der gehandelten Geldmarktpapiere differenzieren, um somit Teilmärkte der Geldmarktgeschäfte bestimmen zu können.

Für Analysezwecke, die den inländischen, reinen Geldhandel unter Banken betreffen, ist diese enge Geldmarktdefinition ausreichend (DEPPE, 1980, S. 299). Problematisch an der engen Fassung sind insbesondere drei Punkte zu sehen (HASEWINKEL, 1993, S. 66). Danach wird erstens kritisiert, dass weder die Zentralbank noch Nichtbanken in diesem engen Konzept berücksichtigt werden. Zweitens ist die enge Fassung auf den nationalen Geldmarkt beschränkt. Ein drittes Problem ergibt sich aus der Abgrenzung der im Rahmen des horizontalen Liqui-

---

[7] Dieser horizontale Liquiditätsausgleich unter Geschäftsbanken hat zwei Ursachen: erstens ein Liquiditätsproblem sowie zweitens eine unterschiedliche Entwicklung der Liquidität im Bankensektor als Ganzem. Hierauf wurde bereits in Abschnitt 1.1 genauer eingegangen.

[8] Die hierbei heute gewährten Kredite und die gehandelten Geldmarktpapiere werden im Kapitel 4 behandelt.

ditätsausgleichs unter Banken gehandelten Papiere. Genauer lässt sich zu diesen Kritikpunkten Folgendes anführen:

Der moderne Geldmarkt geht heute weit über den Geldhandel unter Banken hinaus. Die Zentralbank ist z.B. wichtiger Marktteilnehmer, so dass die enge Fassung der Geldmarktdefinition für heutige Verhältnisse nicht ausreichend erscheint. Genauer ist eine Ausgrenzung der Zentralbank vom Geldmarkt aus drei Gründen problematisch: Erstens findet im modernen Kreditwesen eine simultane Entscheidung eines Kreditinstituts über die reinen Geldhandelsgeschäfte mit anderen Banken und über Geschäfte mit der Zentralbank statt (DEPPE, 1980, S. 296). Eine enge Definition würde diese letzteren Geschäfte vernachlässigen.

Es erscheint zweitens auch deshalb angebracht, die Zentralbank zum Teilnehmerkreis am Geldmarkt zu rechnen, da sie letztendlich das Handelsobjekt kontrolliert und durch die Feinsteuerungsoperationen die Konditionen am Geldmarkt nach ihrer geldpolitischen Zielvorstellung beeinflusst.

Eine Ausgrenzung der Zentralbank vom Teilnehmerkreis am Geldmarkt ist drittens auch nach dem Kriterium der Markteinflussnahme unzulässig. Die Tatsache, dass die Zentralbank als Marktregulierer die Marktkonditionen stark beeinflusst, während die Geschäftsbanken diese Konditionen hinnehmen müssen, kann nicht zu ihrem Ausschluss von diesem Markt führen (DEPPE, 1980, S. 296).[9] Aus diesen drei Gründen ist eine realitätsnähere Erweiterung des engen Geldmarktbegriffs nötig.

Die Ausgrenzung der Nichtbanken vom Geldmarkt erscheint aus heutiger Sicht ebenfalls problematisch. Mittlerweile schließen Industrie- und Handelsunternehmen mit bester Bonität als Nachfrager und Anbieter sowie Private über Investmentfonds als Anbieter von Liquidität zunehmend Transaktionen zu geldmarktähnlichen Konditionen ab. Bei diesen Geschäften steht als Motiv die Anlage oder die Aufnahme kurzfristiger Gelder im Vordergrund.

Der zweite Kritikpunkt beinhaltet die geographische Ausdehnung des Geldmarkts. Nach Gestrich und Brehmer ist der Geldmarkt auf den nationalen Markt beschränkt. Diese Aussage stimmt heute so nicht mehr. Insbesondere die großen und geldmarktaktiven Häuser im Euro-Währungsgebiet handeln zunehmend grenzüberschreitend (BANK FÜR INTERNATIONALEN ZAHLUNGSAUSGLEICH, 2000, S. 141).

Auf eine weitere wichtige Problematik bei der Anwendung der engen Definition des Geldmarkts nach Gestrich und Brehmer, der dritte Kritikpunkt, weist Hein

---

[9] Auch Zentralbanken tätigen bei endgültigen Käufen und Verkäufen auf eigene Rechnung Transaktionen zu Marktkonditionen.

hin.[10] Nach dieser engen Definition ist der Geldmarkt ein Marktplatz, auf dem ausschließlich Geschäftsbanken vertreten sind. Die Konsequenz ist, dass viele Wertpapiere, die etwa von Unternehmen oder dem Staat emittiert werden, aus dem Handel am Geldmarkt herausfallen.

Zusammenfassend lässt sich festhalten, dass die enge Fassung der Geldmarktdefinition somit wichtige Aspekte des modernen Geldmarkts außer Acht lässt. Gleichwohl beschreibt sie aber einen Teilbereich des modernen Geldmarkts. Aus diesem Grunde bezeichnet die neuere Literatur in einem weiter gefassten Geldmarktkonzept jenen nach Gestrich und Brehmer definierten Bereich als Banken-Geldmarkt oder Handels-Geldmarkt (DEPPE, 1980, S. 311). Die Deutsche Bundesbank nennt diesen Teil des modernen Geldmarkts den „Geldmarkt im engeren Sinne“ (DEUTSCHE BUNDESBANK, 1995, S. 45).

1.3 Mittlere Definition

Im Rahmen der mittleren Fassung der Geldmarktdefinition sollen drei Ansätze behandelt werden. Der erste Ansatz sowie eine Erweiterung dieses Ansatzes stammt von Lipfert. Ergänzt wird dieser Ansatz von Herrmann. Deppe liefert eine zweite Fassung der mittleren Definition; die letzte Fassung geht auf die Deutsche Bundesbank zurück.

Erweitert man die enge Fassung um Geschäfte zwischen Geschäftsbanken und der Zentralbank mit Geldmarktpapieren, dann gelangt man zu der mittleren Fassung des Geldmarktbegriffs. Diese Abgrenzung vertritt Lipfert. Er sah den Geldmarkt in einem frühen Konzept als Summe der Transaktionen des reinen Geldhandels der Geschäftsbanken untereinander sowie der Transaktionen zwischen Banken und der Zentralbank.[11] Bei den letzteren Geschäften handelte es sich um Transaktionen in Geldmarktpapieren wie u.a. Schatzwechsel und Schatzanweisungen. Dieser Geldmarktbegriff wurde von Lipfert 1975 erweitert, und zwar um die Rediskont- und Lombardgeschäfte der Kreditbanken mit der Zentralbank (LIPFERT, 1975, S. 23).

---

[10] Hein kritisiert 1966, dass im Rahmen der Definition nach Gestrich und Brehmer – übertragen auf die Situation der Bundesrepublik Deutschland der 60er Jahre – nur Privatdiskonten als Geldmarktpapiere gelten können, da alle anderen Geldmarktpapiere wie Schatzwechsel eine Transaktion zwischen einer Geschäftsbank und einer Nichtgeschäftsbank (hier der Zentralbank) darstellen (HEIN, 1966, S. 25f).

[11] Siehe Lipfert, 1. – 7. Auflage, 1962 – 1970.

Diese mittlere Fassung der Geldmarktdefinition ist erheblich realitätsnäher als die enge Fassung, da hier erstmals auch die Zentralbank als Marktteilnehmer am Geldmarkt aufgefasst wird.[12]

Jarchow weist auf einen besonderen Pun6kt durch die Einbeziehung der Zentralbank als Marktteilnehmer hin (JARCHOW, 2003, S. 356). Geschäfte am Geldmarkt führen dann nicht mehr nur zu einer Umverteilung der vorhandenen Zentralbankgeldmenge, bei der die vorhandene Zentralbankgeldmenge konstant bleibt. Durch die Transaktionen der Geschäftsbanken mit der Zentralbank tritt vielmehr eine Veränderung der Zentralbankgeldmenge ein. Es ist möglich, dass auch bei Transaktionen der Geschäftsbanken mit der Zentralbank ein Nullsaldo der Veränderung der Zentralbankgeldmenge erreicht wird, allerdings ist hierzu eine entsprechende Politik der Zentralbank notwendig.

Ein weiterer Unterschied besteht in den Konditionen, zu denen der reine Geldhandel unter Banken und die Transaktionen der Geschäftsbanken mit der Zentralbank stattfinden. Während die Konditionen des reinen Geldhandels sich nach der Marktlage richten, verfolgen die Konditionen, zu denen Zentralbank und Geschäftsbanken Transaktionen abschließen, geldpolitische Ziele.

Diese mittlere Definition ist – wie schon ausgeführt – erheblich realitätsnäher als die enge Fassung. Problematisch ist die Frage, ob die Erweiterung der Geschäfte des Geldmarkts um Rediskont- und Lombardtransaktionen, d.h. um die bis zur Aufnahme der geldpolitischen Verantwortung durch die Europäische Zentralbank übliche Refinanzierung der Banken, zulässig ist. Deppe führt gegen diese Position an, dass die Bankenpraxis diese Geschäfte nicht zum Geldmarkt zähle (DEPPE, 1980, S. 302). Der Refinanzierung bei der Zentralbank kommt damit eine Sonderstellung zu, da die Zentralbank Refinanzierungsgeschäfte je nach ihren geldpolitischen Vorstellungen und Zielen durchführen kann, aber nicht durchführen muss. Dennoch bleibt ein sehr enger Bezug auch dieser Transaktionen zum Geldmarkt, weshalb Hasewinkel den Ausschluss dieser Geschäfte vom Geldmarkt kritisiert (HASEWINKEL, 1993, S. 69).

Problematisch an der mittleren Definition ist auch aus heutiger Sicht die geographische Beschränkung des Geldmarkts auf den nationalen Markt. Das Geschehen am Eurogeldmarkt sowie, heute noch wichtiger, grenzüberschreitende Geldmarkt-

---

[12] In anderen Fassungen werden auch große Industrieunternehmen, Versicherungen und der Großhandel zum Kreis der Marktteilnehmer gezählt. Aufgrund der Tatsache, dass Kreditinstitute mit großen Industrieunternehmen zunehmend Geld handeln, erscheint Herrmann eine Erweiterung des Teilnehmerkreises notwendig. Er bezeichnet diese Form des Teilnehmerkreises als „erweiterten Geldhandel". Neben diesen Geschäften existiert noch ein Geldhandel der Industrie untereinander, das sogenannte „Industrieclearing". Diese Geschäfte werden aber zunehmend vom erweiterten Geldhandel verdrängt (HERRMANN, 1986, S. 53f).

geschäfte des Euro-Währungsgebiets werden nicht beachtet.[13] Auch erfasst diese mittlere Definition keine Devisenswaps und Devisenpensionsgeschäfte, die bereits seit dem Ende der 70er Jahre des letzten Jahrhunderts zum Zentralbankstandard zählen.

Die zweite, hier behandelte, mittlere Definition des Geldmarkts stammt – wie schon erwähnt – von Deppe. Hierbei wird der Geldmarkt in einen Handels-Geldmarkt und einen Regulierungs-Geldmarkt aufgeteilt. Der Handels-Geldmarkt entspricht dem Geldmarkt der engen Definition nach Gestrich und Brehmer. Auf ihm treten nur Geschäftsbanken auf. Der Regulierungs-Geldmarkt beinhaltet „ ... *den Zentralbankgeldtransfer durch Geschäftsabschlüsse zwischen Kreditinstituten und Deutscher Bundesbank als Folge direkter Regulierungsmaßnahmen der Bundesbank, insbesondere durch Kauf und Verkauf geldmarktfähiger Papiere (Regulierungs-Geldmarkt).* “ (DEPPE, 1980, S. 313). Deppe schließt – wie oben erwähnt – die Refinanzierung der Banken über die Rediskont- und die Lombardgeschäfte vom Geldmarkt aus. Auf dem Regulierungs-Geldmarkt treten die Zentralbank und die Kreditinstitute auf; andere Marktteilnehmer wie Industrie, Handel und Versicherungen werden nicht einbezogen.

Im Vergleich zu dem eingangs erwähnten Konzept der mittleren Fassung von Lipfert, das neben dem reinen Geldhandel unter Banken auch Transaktionen der Zentralbank mit Kreditinstituten in Geldmarktpapieren enthält, erweitert Deppe dieses Konzept erstens um die Offenmarktgeschäfte der Zentralbank über Wechsel mit Rückkaufsvereinbarung (Wechselpensionsgeschäft)[14] und zweitens um Sonderlombardkredite.[15] Sowohl im Falle des Sonderlombardkredits als auch im Falle der Wechselpensionsgeschäfte entsteht seitens der Zentralbank ein Angebot an Zentralbankgeld aufgrund besonderer Entwicklungen am Geldmarkt. Dieses Angebot fällt weder unter die zum Diskontsatz noch unter die zum Lombardsatz getätigte Refinanzierung der Kreditinstitute. Daher schließt Deppes Definition,

---

[13] Die Begriffe „Eurogeldmarkt“ und „Geldmarkt des Euro-Währungsgebiets“ werden in Kapitel 2 definiert.

[14] Allgemein bezeichnet man Offenmarktgeschäfte mit Rückkauf als An- und Verkauf von Wertpapieren auf eigene Rechnung durch die Zentralbank, wobei diese Geschäfte zu am Markt üblichen Konditionen getätigt und nach Ablauf einer kurzen Frist wieder rückgängig gemacht werden. Den beteiligten Banken fließt damit nur befristet Zentralbankgeld zu. Offenmarktgeschäfte dienen der Regulierung des Geldmarkts; die Zentralbank versucht mit diesen Geschäften die Liquiditätslage der Kreditinstitute zu beeinflussen (DEUTSCHE BUNDESBANK, 1995, S. 110ff).

[15] Der Sonderlombardkredit wurde von der Bundesbank nur in besonderen Situationen am Geldmarkt angeboten. Im Rahmen des Lombardkredits konnten Kreditinstitute zeitlich begrenzt bei der Zentralbank Kredite aufnehmen; hierzu mussten sie aber bestimmte Wertpapiere verpfänden (DEUTSCHE BUNDESBANK, 1995, S. 103). Den Sonderlombardkredit sieht das Instrumentarium der Europäischen Zentralbank nicht vor.

ebenso wie Lipferts erste Version, die Wechselrediskont- und die Lombardgeschäfte aus.[16]

Die dritte Fassung der mittleren Definition von der Deutschen Bundesbank definiert einen „Geldmarkt im weiteren Sinne“ (DEUTSCHE BUNDESBANK, 1995, S. 45ff). Hierzu zählt der „Geldmarkt im engeren Sinne“, der bereits im Rahmen der engen Fassung vorgestellt wurde, sowie alle kurzfristigen Wertpapierpensionsgeschäfte der Bundesbank. Hinzu kommt der Handel der Geschäftsbanken mit der Zentralbank in Geldmarktpapieren. Dieser Handel beinhaltet Transaktionen u.a. in Schatzanweisungen, Schatzwechseln und bis 1991 auch in Privatdiskonten. Weiter betrachtet die Deutsche Bundesbank auch von Unternehmen emittierte Wertpapiere, die sich an den Geldmarktkonditionen orientieren, als zum „Geldmarkt im weiteren Sinne“ gehörig. Dieses sind DM-Commercial Papers und Certificates of Deposit.[17] In diesem Konzept der Bundesbank zählen neben Kreditinstituten und neben der Zentralbank auch (große) Unternehmen zu dem Kreis der Teilnehmer am Geldmarkt.

1.4 Weite Definition

Die weite Definition betrachtet den Geldmarkt als „ ... *Markt für kurzfristige Kredite* ... “ (DEPPE, 1980, S. 304). Auf der Grundlage dieser Definition treten am Geldmarkt wesentlich mehr Teilnehmer auf, die die verschiedensten Transaktionen durchführen. Ein solch weites Konzept des Geldmarkts erlaubt, kurzfristige Bankkredite an Kunden sowie Lieferantenkredite des Groß- und Einzelhandels oder kurzfristige Kredite der Zentralbank an den Staat zum Geldmarkt zu zählen (DEPPE, 1980, S. 304). Das von diesem Geldmarktbegriff erfasste Spektrum der Transaktionen und deren Teilnehmer ist zu weit gefasst und läuft auf eine Abgrenzung des Geldmarkts vom Kapitalmarkt nach der Fristigkeit hinaus. Es ist offensichtlich, dass diese Fassung weder für die wissenschaftliche Diskussion noch für die Praxis sinnvoll ist.

1.5 Liquiditätsorientierte Geldmarktdefinition

Hasewinkel hält es 1993 für notwendig angesichts der Gegebenheiten am deutschen Markt die Geldmarktdefinition anzupassen (HASEWINKEL, 1993, S. 71ff). Er schafft mit seinem Beitrag eine liquiditätsorientierte Definition des Geldmarkts in Deutschland. Genauer wendet Hasewinkel sich hierbei von der bisherigen Aufteilung der Geldmarktgeschäfte ab, bei der nach Zentralbankgeldmengen ver-

---

[16] Das geldpolitische Instrumentarium der Europäischen Zentralbank beinhaltet keine Lombard- und keine Diskontgeschäfte wie sie die Bundesbank durchführte. Zur Refinanzierung der Kreditinstitute stehen im Euro-Währungsgebiet das Hauptrefinanzierungsgeschäft und das längerfristige Refinanzierungsgeschäft zur Verfügung. Diese Geschäfte werden in Kapitel 7 behandelt.

[17] Commercial Paper und Certificates of Deposit werden im Kapitel 4 erläutert.

ändernden Transaktionen und solchen Geschäften, die nur eine Umverteilung der vorhandenen Zentralbankgeldmenge darstellen, differenziert wird. Statt der an gesamtwirtschaftlichen Zentralbankgeldmengen orientierten Sicht stellt Hasewinkel seine Betrachtung vielmehr auf die einzelnen Wirtschaftssubjekte ab. Für diese ist es nach Hasewinkel zunächst irrelevant, ob eine Transaktion die Zentralbankgeldmenge verändert oder nicht (HASEWINKEL, 1993, S. 74). Das Wirtschaftssubjekt hat mit einer Transaktion am Geldmarkt das Ziel, sich Liquidität zu verschaffen. Aus diesem Grund wird diese einzelwirtschaftliche Sicht von Hasewinkel als liquiditätsorientiert bezeichnet.

Der Geldmarkt nach Hasewinkel besteht zunächst aus dem nationalen deutschen Segment. Er wird erweitert um ausländische Märkte und den Eurogeldmarkt. Diese Märkte sind durch den Zinsverbund miteinander verbunden.[18]

Die Funktionen des Geldmarkts liegen in der kurzfristigen Finanzierung sowie der kurzfristigen Anlage von Mitteln. Weiter kommt ihm noch besondere Bedeutung in zweierlei Hinsicht zu. Erstens ermöglicht er den horizontalen Liquiditätsausgleich unter Banken. Zweitens hat die Zentralbank durch die Festlegung der Rahmenbedingungen sowie durch die Regulierungsmaßnahmen einen großen Einfluss auf diesen Markt.

Der Geldmarkt lässt sich – wie in der zuvor diskutierten mittleren Fassung – unterteilen in einen Handelsgeldmarkt und einen Regulierungsgeldmarkt. Auf dem Handelsgeldmarkt findet der horizontale Liquiditätsausgleich unter Banken durch den Handel mit Geldmarktkrediten sowie ein Handel mit (Handels-) Geldmarktpapieren statt. Er umfasst damit die Geschäftsmotive des Primär- und des Sekundärmarkts. Der Regulierungsgeldmarkt dient der Einflussnahme der Zentralbank auf die Konditionen am Geldmarkt mit geldpolitischen Mitteln. Auf dem Regulierungsgeldmarkt werden sowohl Regulierungsgeldmarktpapiere gehandelt, als auch die Rahmenbedingungen durch die Geldpolitik gesetzt. Während Geschäfte auf dem Handelsgeldmarkt die Zentralbankgeldmenge nicht verändern, erfolgt dieses durch Geschäfte auf dem Regulierungsgeldmarkt, da hier die Zentralbank involviert ist.[19]

Problematisch an dieser Aufteilung der Wertpapiere in Handels- und Regulierungsgeldmarktpapiere bleibt jedoch die Tatsache, dass man einzelne Titel (zum Beispiel Staatspapiere) je nach ihrer aktuellen Funktion entweder zum Handelsgeldmarkt oder zum Regulierungsgeldmarkt zählen muss. Generell können Geldmarktpapiere einer Reihe von Funktionen dienen: Sie können zur kurzfristigen Finanzierung im Rahmen einer Emission bzw. zur Anlage von Mitteln genutzt

---

[18] Der Abschnitt 2.2 behandelt den Eurogeldmarkt. Der Zinsverbund wird im Unterabschnitt 2.2.3 behandelt.

[19] Auf diesen Aspekt wurde ebenfalls bereits im Rahmen der Erläuterung der mittleren Definition im Abschnitt 1.3 eingegangen.

werden. Weiter können sie als Handelsobjekt bei den Liquiditätsentscheidungen auf dem Sekundärmarkt dienen. Schließlich kann die Zentralbank mit der Ausgabe von Staatspapieren geldpolitische Ziele verfolgen (HASEWINKEL, 1993, S. 77). Beispielsweise kann man die Emission von Staatspapieren am Geldmarkt als Finanzierung zum Handelsgeldmarkt zählen; ein Wertpapierpensionsgeschäft der Zentralbank mit eben diesen Staatspapieren wird man hingegen zum Regulierungsgeldmarkt zählen. Wegen dieser Problematik differenziert Hasewinkel die Papiere nach Emittenten und nicht nach Funktionen (HASEWINKEL, 1993, S. 77).

Der Organisationsgrad des Geldmarkts ist hoch. Es treten neben Zentralbanken sowie in- und ausländischen Geschäftsbanken noch die großen in- und ausländischen Unternehmen und Kapitalsammelstellen am Markt auf. Diese Unternehmen können ebenfalls Geschäfte zu Geldmarktusancen tätigen. Allen Teilnehmern ist bei der Mittelaufnahme am Geldmarkt gemeinsam, dass sie über eine exzellente Fähigkeit verfügen müssen, kurzfristige Schulden zu bedienen. Mit anderen Worten: Es können nur Teilnehmer mit ausgezeichneter Bonität auf diesem Markt Gelder aufnehmen. Im Sinne des Gläubigerschutzes werden Rating-Agenturen mit einer Einschätzung dieser Fähigkeit beauftragt. Somit wickeln auf diesem Markt ausschließlich einige wenige professionelle Marktteilnehmer Transaktionen ab.

Die Geschäfte werden zur Zeit von Hasewinkels Beitrag zumeist telefonisch abgeschlossen und gegebenenfalls durch ein Fax schriftlich bestätigt. Da nur wenige Teilnehmer an diesem Markt auftreten, herrscht weitgehende Transparenz bezüglich der aktuellen Konditionen für Geschäfte auf diesem Markt. Das insgesamt gehandelte Volumen bleibt jedoch unbekannt, weil Umsätze ihrem Volumen nach nicht zentral (wie bei einer Wertpapierbörse) erfasst werden. Es ist allerdings bekannt, dass die einzelnen Geschäfte über größere, runde Beträge, z.T. ohne Stellung von Sicherheiten abgeschlossen werden. Aus diesem Grund kann der Markt daher auch als ein „Wholesale Market" (Großhandelsmarkt) bezeichnet werden.

Den Begriff des „Geldmarktpapiers" beschreibt Hasewinkel in seinem liquiditätsorientierten Konzept folgendermaßen: „Alle kurzfristigen Finanzmarktinstrumente mit einem einfachen Cash-Flow, die in verbriefter Form an hoch organisierten Märkten in großen Stückelungen von professionellen Marktteilnehmern („wholesale") zur Anlage bzw. Verschaffung von Liquidität benutzt werden, sollen als Geldmarktpapiere bezeichnet werden." (HASEWINKEL, 1993, S. 84).

2 Internationale Definition des Geldmarktbegriffs

Im Vergleich zu der auf Deutschland bezogenen Literatur erscheinen dem Leser die Definitionen in der angelsächsischen Literatur, soweit diese sich auf die Verhältnisse der USA oder Großbritanniens beziehen, sehr viel weiter gefasst. Es werden mehr Marktteilnehmer und mehr Instrumente zum „money market" gezählt als in Deutschland (HASEWINKEL, 1993, S. 62).

Zunächst soll im Abschnitt 2.1 der Geldmarkt, wie er in der angelsächsischen Literatur verwendet wird, definiert werden. Danach wird im Abschnitt 2.2 der Eurogeldmarkt beschrieben. Der Eurogeldmarkt existiert bereits seit Mitte der 50er Jahre des letzten Jahrhunderts. Zur Abgrenzung von diesem Markt soll der durch die Aufnahme der geldpolitischen Verantwortung durch die Europäische Zentralbank am 01. Januar 1999 entstandene Geldmarkt im Folgenden als Geldmarkt im Euro-Währungsgebiet bezeichnet werden. Dieser wird ab Kapitel 3 behandelt.

2.1 Definition des Geldmarkts in der angelsächsischen Literatur

Charakteristisch für angelsächsische Definitionen des Geldmarkts[20] ist, dass auf drei Merkmale abgestellt wird. Das erste Merkmal des Geldmarkts ist die Kurzfristigkeit der gehandelten Objekte (Unterabschnitt 2.1.1); das zweite Merkmal ist die Betonung des vergleichsweise erweiterten Teilnehmerkreises der Geldmarktakteure (Unterabschnitt 2.1.2). Drittens wird auf die Allokationsfunktion des Geldmarkts hingewiesen (Unterabschnitt 2.1.3). Die Ausführungen in den Unterabschnitten 2.1.1 bis 2.1.3 beziehen sich in erster Linie auf den US-amerikanischen Geldmarkt.

2.1.1 Kurzfristigkeit der Geldmarkttitel

Nach Wilson ist der Geldmarkt in der angelsächsischen Literatur ein Marktplatz, an dem mit geldnahen Titeln gehandelt wird (WILSON, 1992, S. 797). Ein geldnaher Titel zeichnet sich durch kurze Laufzeit, beste Bonität des Schuldners sowie durch ein geringes Kursrisiko aus. Es ist daher möglich, diese Titel schnell und ohne erwähnenswerte Transaktionskosten in Bargeld zu konvertieren. Die gehandelten Titel lassen sich in Wertpapiere und Kredite aufteilen, wobei die Laufzeiten der Kredite und Wertpapiere – wie schon erwähnt – sehr kurz sind.

Ebenso charakterisiert Akhtar den Geldmarkt als Markt für kurzfristige Kredite und kurzfristige Schuldverschreibungen (AKHTAR, 2000, S. 8). Auch Akhtar betont, dass der Geldmarkt aus vielen einzelnen Teilmärkten besteht. Beide Definitionen stellen somit in erster Linie auf die Fristigkeit der gehandelten Titel ab, wobei der Term „kurzfristig“ eine Laufzeit der Kredite bzw. Wertpapiere von einem Tag oder über Nacht bis zu einem Jahr bedeutet (AKHTAR, 2000, S. 8).

Cook und LaRoche grenzen Geldmarkt und Kapitalmarkt durch die Fristigkeit der Handelsobjekte ab. Während auf dem Kapitalmarkt Wertpapiere und Kredite mit

[20] Die Darstellung der Definition des Geldmarkts aus angelsächsischer Sicht orientiert sich an Wilson (WILSON, 1992), Cook und LaRoche (COOK, LAROCHE, 1993) sowie an einem Beitrag von Akhtar (AKHTAR, 2000). Hierbei kann ein Geldmarkt auf ein nationales Gebiet begrenzt sein; bedeutende Geldmärkte wie New York oder London können aber auch internationale Funktionen übernehmen.

Laufzeiten von über einem Jahr gehandelt werden, findet man auf dem Geldmarkt nur Wertpapiere und Kredite mit einer Laufzeit von einem Tag bis zu maximal einem Jahr (COOK, LAROCHE, 1993, S. 1).

2.1.2 Teilnehmer am Geldmarkt

Das zweite oben genannte Kriterium ist der Teilnehmerkreis der Geldmarktakteure. Wilson, Cook und LaRoche sowie auch Akhtar zählen die Zentralbank, Geschäftsbanken, Industrie- und Handelsunternehmen, Broker, Investment Fonds, den Staat sowie Haushalte zu den Teilnehmern am Geldmarkt (WILSON, 1992, S. 798; COOK, LAROCHE, 1993, S. 1ff sowie AKHTAR, 2000, S.8). Dieser vergleichsweise erweiterte Teilnehmerkreis spiegelt – wie bereits erwähnt – die Verhältnisse am Geldmarkt in den USA wider. Im Folgenden sollen die Akteure des Geldmarkts der USA mit ihren Hauptaufgaben näher beschrieben werden. Die Darstellung folgt Cook und LaRoche (COOK, LAROCHE, 1993, S. 2ff).

Die bedeutendste Rolle am Geldmarkt kommt hiernach den Geschäftsbanken aus drei Gründen zu (COOK, LAROCHE, 1993, S. 2f). Erstens treten sie am Geldmarkt auf und fragen kurzfristiges Geld im Rahmen des horizontalen Liquiditätsausgleichs unter Banken oder durch Emission von Papieren bzw. durch das Eingehen von besonderen Geschäften nach; zweitens handeln sie mit nicht standardisierten Finanzprodukten am Geldmarkt und drittens (ver-)sichern sie Geldgeschäfte anderer Akteure. Zu den Punkten lässt sich Folgendes ausführen:

In den USA müssen Geschäftsbanken – neben anderen Finanzinstitutionen – Mindestreserven bei dem Federal Reserve System (kurz: Fed System) halten. Aufgrund unterschiedlicher Liquiditätsentwicklungen bei verschiedenen Geschäftsbanken werden einige überschüssige Guthaben bei der Zentralbank haben und eine zinsbringende Anlage suchen, während andere Kreditinstitute Zentralbankgeld benötigen (WILSON, 1992, S. 799; COOK, LAROCHE, 1993, S. 2 sowie AKHTAR, 2000, S. 8f). Letztere können entweder eine Refinanzierung bei dem Fed System zum Diskontsatz vornehmen, oder sie treten am Geldmarkt auf und fragen bei anderen Geschäftsbanken mit überschüssigen Reserven diese nach.[21] In der Regel werden Geschäfte in Federal Funds Guthaben nur über Nacht getätigt. Da hier Angebot und Nachfrage nach Federal Funds aufeinander treffen, ergibt sich ein Gleichgewichtspreis für Federal Funds; dieser Zins ist die Federal Funds Rate. Gerade der effiziente horizontale Liquiditätsausgleich der Banken ist kennzeich-

[21] Gründe für die unterschiedliche Liquiditätsentwicklung bei Geschäftsbanken nennt Abschnitt 1.1.

nend für einen entwickelten Geldmarkt.[22] Wie bereits im Abschnitt 1.1 erwähnt, kann ein kurzfristiger Liquiditätsbedarf bei Banken auch durch die Finanzierung ihrer kurzfristigen Kreditvergabe entstehen. Banken fragen deshalb auch aus diesem Grund Mittel am Geldmarkt nach. Eine Möglichkeit sich Liquidität mit einer Fristigkeit von einem Monat bis zu sechs Monaten zu verschaffen, ist die Emission von Certificates of Deposit oder der Abschluss von Repos.[23]

Der zweite oben genannte Grund ist die Betätigung der Geschäftsbanken als Händler mit nicht standardisierten Finanzprodukten. Diese sogenannten over-the-counter Geschäfte werden mit Zinsderivaten wie z.B. Zinsswaps abgeschlossen (COOK, LAROCHE, 1993, S. 2).[24]

Der letzte Punkt betrifft die Besicherung von eingegangenen Geldmarktgeschäften im Rahmen des Akkreditivs oder der Zusage einer (weiteren Not-) Kreditlinie für Emittenten von Geldmarktpapieren (COOK, LAROCHE, 1993, S. 3).

Ein weiterer wichtiger Teilnehmer am Geldmarkt ist der durch Gebietskörperschaften vertretene Staat. Durch den Verkauf kurzfristiger, fest- oder variabelverzinslicher Obligationen, sogenannter Treasury Bills, kann der Staat kurzfristig Kredite nachfragen.[25] Das Volumen der gehandelten Treasury Bills ist in den USA sehr hoch; diese Papiere sind weitgehend risikolos und werden daher geringer verzinst als beispielsweise von Unternehmen emittierte Commercial Papers.[26]

Wie oben schon angedeutet worden ist, treten auch große Industrie- und Handelsunternehmen am Geldmarkt auf. Diese Unternehmen nutzen den Geldmarkt, um entweder kurzfristig Gelder anzulegen oder um kurzfristig Kredite aufzunehmen. Im Falle der Kreditaufnahme emittieren die Unternehmen kurzfristige Wertpapiere, sogenannte Commercial Papers. Ein anderes Finanzierungsinstrument der Unternehmen, das am Geldmarkt gehandelt wird, sind Bankers Acceptances. Diese Wechsel dienen der Finanzierung von Außenhandelsgeschäften, insofern ist das Emittieren von (Außenhandels-) Wechseln auf Außenhandelsunternehmen beschränkt (COOK, LAROCHE, 1993, S. 4).

Ein weiterer bedeutender Marktteilnehmer am Geldmarkt ist die Zentralbank. Zunächst einmal stellt die Zentralbank das Handelsobjekt am Geldmarkt zur Verfü-

---

[22] Eine Eigenart des amerikanischen und englischen Geldmarkts liegt in der Abwicklung des Geldhandels zwischen Käufern und Verkäufern. Hierzu werden meist Händlerhäuser oder Broker genutzt. Diese Finanzintermediäre sorgen für einen effizienten und weitgehend reibungslosen Geldhandel. Zum Teil organisieren sie auch Sekundärmärkte für Geldmarkttitel (COOK, LAROCHE, 1993, S. 5). Auf dem deutschen Geldmarkt geschieht der Handel zumeist ohne Inanspruchnahme zwischengeschalteter Makler.

[23] Certificates of Deposit und Repos werden im Kapitel 4 beschrieben.

[24] Zinsderivate werden im Kapitel 5 behandelt.

[25] Treasury Bills (Staatspapiere) werden im Kapitel 4 behandelt.

[26] Commercial Paper werden im Kapitel 4 behandelt.

gung, nämlich Zentralbankgeld. Ein direkter Einfluss der Zentralbankpolitik auf das Geschehen am Geldmarkt ergibt sich durch die Verknappung oder Erhöhung der Zentralbankgeldreserven der Geschäftsbanken. Durch Offenmarktgeschäfte mit und ohne Rückkaufvereinbarung kauft oder verkauft die Zentralbank Wertpapiere. Es ist ihr hiermit möglich, das Angebot von Treasury Bills im Markt zu verändern. Kauft die Zentralbank zum Beispiel Treasury Bills von den Geschäftsbanken, dann verringert sich der Bestand an diesen Papieren bei den Kreditinstituten. Gleichzeitig erhöht sich der Bestand an Zentralbankgeldreserven bei den Kreditinstituten, da die Zentralbank diese Papiere – entweder nur temporär im Rahmen eines Wertpapierpensionsgeschäfts oder zeitlich unbefristet – von den Banken übernommen hat. Durch die Verknappung bzw. die Erhöhung der den Banken zur Verfügung stehenden Reserven, ergibt sich automatisch eine Wirkung auf die Möglichkeiten und Kosten des Liquiditätsausgleichs unter den Kreditinstituten und damit auf die Federal Funds Rate. Weiter können auch die Preise der übrigen Geldmarkttitel durch diese Aktionen der Zentralbank beeinflusst werden. Daneben kann die Zentralbank die Geldmarktsätze noch durch Diskontpolitik beeinflussen. Wilson zählt die Geschäfte zwischen der Zentralbank und den Geschäftsbanken zum Geldmarkt. Diese Geschäfte beinhalten die klassischen Refinanzierungsgeschäfte der Kreditinstitute sowie Transaktionen der Geschäftsbanken mit der Zentralbank in kurzfristigen Staatspapieren (WILSON, 1992, S. 798).

Eine Besonderheit des U.S. Geldmarkts ist das Auftreten von Government Sponsored Enterprises (GSE). Diese Finanzintermediäre sind entstanden, um eine Vielzahl von Akteuren am Geldmarkt zu vertreten. Ein GSE vermittelt also zwischen Anbietern und Nachfragern am Geldmarkt. Durch diese Vermittlung können die Akteure ihre Nachfrage nach Geldmarktmitteln zu für sie günstigeren Konditionen befriedigen als dieses möglich wäre, wenn sie individuell und somit allein am Geldmarkt auftreten würden. Die GSE befinden sich im Privateigentum und verfolgen sehr spezielle Zwecke. Kredite werden zum Beispiel für den privaten Wohnungsbau, Landwirte oder für das Studium an einer Universität vergeben (OWENS, 1993, S. 139).

Investment Fonds investieren ebenfalls am Geldmarkt. Sie fragen alle Finanzierungsinstrumente nach und verkaufen dann Investmentfondsanteile an das Publikum. Hierdurch wird Wirtschaftssubjekten, die nicht die Möglichkeit zur Teilnahme am Geldmarkt haben, der Zugang zu diesem Markt ermöglicht.

Akhtar betont die unterschiedlichen Interessengruppen am Geldmarkt (AKHTAR, 2000, S. 8). Die Gläubiger, in der Regel sind dieses Unternehmen und Haushalte, verfügen über liquide Mittel, die sie zinsbringend anlegen wollen. Erwarten die Gläubiger steigende Zinssätze, dann können sie die liquiden Mittel vorübergehend und weitgehend risikolos kurzfristig am Geldmarkt anlegen. Die Schuldner stellen in erster Linie der Staat, andere Unternehmen sowie Banken dar. Sie versuchen durch die kurzfristige Verschuldung die Zahlungsfähigkeit zu erhalten. Dieses

Problem der Illiquidität taucht auf, wenn sich bei Unternehmen in einer Periode betragsmäßig mehr Aus- als Einzahlungen einstellen. Weiter kann die kurzfristige Verschuldung am Geldmarkt für einen Schuldner auch dann vorteilhaft sein, wenn man für die Zukunft mit geringeren Langfristzinsen rechnet.

2.1.3 Allokationsfunktion des Geldmarkts

Es ist kennzeichnend für einen entwickelten Geldmarkt, dass die abgewickelten Geschäfte idealerweise bezüglich ihrer Konditionen homogen sind, weil auf diesen Geldmärkten ein starker Wettbewerb zwischen Anbietern und Nachfragern herrscht. Preisunterschiede werden durch Arbitrage-Geschäfte verschwinden, so dass sich ein Gleichgewichtspreis für die einzelnen Titel einstellt. In der Realität ist diese Aussage einzuschränken. Geschäfte werden geringfügig durch persönliche Beziehungen, Kreditwürdigkeit[27] usw. hinsichtlich der Konditionen beeinflusst (WILSON, 1992, 797). Es existieren somit kleinere Marktunvollkommenheiten. Je entwickelter ein Geldmarkt ist, desto weniger kommen Marktunvollkommenheiten vor.

Wilson und Akhtar sehen in dem Zweck des Geldmarkts eine Verbesserung der Allokation von liquiden Mitteln (WILSON, 1992, S. 798 und AKTHAR, 2000, S. 8). Diese Allokationsfunktion kann ein Geldmarkt nur dann ausführen, wenn es eine geeignete Handelsplattform gibt, auf der Angebot und Nachfrage zusammentreffen; weiter muss diese Handelsplattform gewährleisten, dass der Markt liquide ist. Auf der einen Seite müssen Gläubiger Kredite bei Bedarf kündigen können; auf der anderen Seite muss das Angebot an ähnlichen Krediten so groß sein, dass gekündigte Gelder durch neue Kredite substituiert werden können (WILSON, 1992, S. 799).

Verglichen mit dem Deutschland der 90er Jahre des letzten Jahrhunderts werden auf dem New Yorker Geldmarkt zu dieser Zeit neben Geldmarktkrediten weit mehr Wertpapiere gehandelt. Die wichtigsten sind Treasury Bills, Repurchase Agreements, Eurodollar Deposits, Certificates of Deposit, Banker´s Acceptances, Municipal Notes, Commercial Papers und Federal Agency Short-Term Securities (AKHTAR, 2000, S. 8f).[28] Die abgeschlossenen Kreditgeschäfte am New Yorker Geldmarkt sind sehr kurzfristiger Natur. Zumeist sind die verliehenen Gelder am selben Tag noch fällig (same day money). Verbreitet ist auch das Gewähren eines Kredits über die Nacht (overnight money) (WILSON, 1992, S. 799).

---

[27] Auf dem Geldmarkt treten nur Kreditnachfrager mit bester Bonität auf, so dass sich nur geringe Abweichungen zwischen einzelnen Nachfragern bezüglich ihrer Kreditwürdigkeit ergeben können.

[28] Die Papiere, die für den Euro-Währungsraum relevant sind, werden im Kapitel 4 erläutert. Bezüglich der anderen Papiere sei der Leser auf die Literatur, z.B. Akthar oder Cook, LaRoche, verwiesen.

2.2 Eurogeldmarkt

Wie bereits erwähnt wurde, ist der Eurogeldmarkt[29] strikt vom Geldmarkt des Euro-Währungsgebiets zu trennen (PERRIDON, STEINER, 1999, S. 170). Der Eurogeldmarkt bildet zusammen mit dem Eurokreditmarkt und dem Eurokapitalmarkt den Euromarkt. Dieser Euromarkt ist ein internationaler Markt, auf dem Wertpapiere, Kredite und Geld gehandelt werden. Hierbei deckt der Eurogeldmarkt das kurzfristige Spektrum der Laufzeiten von Papieren, Geldhandel und Krediten ab. Im Eurokapitalmarkt werden Wertpapiere und im Eurokreditmarkt werden Kredite des mittel- bis langfristigen Laufzeitbereichs gehandelt. Diese Märkte existieren neben den entsprechenden nationalen Segmenten (BÜSCHGEN, 1998, S. 232). Besonderes Charakteristikum dieser Märkte ist ihre weitgehende Freiheit von staatlichen Eingriffen und Regulierungen (EILENBERGER, 1996b, S. 152f). Hierauf wird im Unterabschnitt 2.2.1 genauer eingegangen.

Auf dem Eurogeldmarkt werden wie bereits erwähnt Geld und Wertpapiere gehandelt. Auch hier versuchen verschiedene Akteure genau wie auf nationalen Märkten, Kredite aufzunehmen bzw. Finanzanlagen zu tätigen. Der besondere Charakter dieses Markts wird durch die Betrachtung des Handelsobjekts deutlich. Neben in verschiedenen Währungen denominierten Wertpapieren werden am Eurogeldmarkt Bankeinlagen in verschiedenen Währungen gehandelt. Hierbei sind die Bankguthaben sowohl für den Gläubiger als auch für die verwaltende Bank in einer fremden Währung denominiert. Ein Beispiel wäre das auf US-Dollar lautende Bankguthaben einer deutschen Bank in London (HERRMANN, 1986, S.187).

Büschgen hingegen beschreibt den Charakter des Eurogeldmarkts, indem er auf den Finanzstrom abstellt. Wird ein Finanzgeschäft außerhalb jenes Währungsgebiets getätigt, zu dem es währungsrechtlich gehört, dann findet dieses Geschäft im Sinne einer Transaktion auf dem Eurogeldmarkt statt. Die Nationalität der beteiligten Bank ist dabei unerheblich. Nach Büschgen ist als Beispiel der Euro-Dollar Markt anzusehen; dieses ist der Markt für Dollar-Einlagen und -Kredite außerhalb der USA unabhängig davon, ob eine ausländische Bank oder eine ausländische Tochter eines US-amerikanischen Kreditinstituts beteiligt ist. (BÜSCHGEN, 1998, S. 232f).[30] Ebenso definieren Jarchow und Rühmann den Eurogeldmarkt (JARCHOW, RÜHMANN, 2002, S. 154f).

Borchert differenziert internationale Geldmärkte in eine klassische Form und in die sogenannten Außengeldmärkte (BORCHERT, 2001a, S. 661 und BORCHERT, 2001b, S. 391). Die klassische Form eines internationalen Geldmarkts liegt dann vor, wenn sowohl Inländer als auch Ausländer am inländischen Geldmarkt ohne

---

[29] Man bezeichnet den Eurogeldmarkt auch als Offshore-Markt oder Xeno- (fremder) Markt.

[30] Büschgen selbst führt den Euro-DM Markt als Beispiel an. Da dieser Markt seit Einführung des Euro nicht mehr existiert, soll hier der Euro-Dollar Markt als Beispiel dienen.

Einschränkungen auftreten können. Nach Borchert findet ein Geschäft auf einem klassischen internationalen Geldmarkt statt, wenn ausländische Kreditinstitute im Ausland bei den dort domizillierenden Instituten Geldmarktkredite aufnehmen.[31] Die Außengeldmärkte hingegen werden von Borchert im Sinne der oben angeführten Definitionen beschrieben. Ein bedeutender Unterschied zwischen den klassischen internationalen Geldmärkten und den Außengeldmärkten liegt mit anderen Worten in der Tatsache begründet, dass auf einem klassischen internationalen Geldmarkt ein Kredit in Zahlungsmittel vergeben wird, die von der Kredit gewährenden Bank selbst geschaffen worden sind. Im Gegensatz dazu wird ein Kredit auf einem Außengeldmarkt in Zahlungsmitteln gewährt, die die Kredit gewährende Bank aus dem Ausland beschaffen muss (BORCHERT, 2001a, S. 661f).

Der Eurogeldmarkt kann bezüglich der Teilnehmer als global bezeichnet werden, gleichwohl findet der eigentliche Handel in geographisch eng begrenzten Zentren statt (HASEWINKEL, 1993, S. 65).[32] Die wichtigsten geographischen Handelszentren in Europa sind London, Frankfurt am Main, Paris, Zürich, Amsterdam und Luxemburg (BORCHERT, 2001b, S. 394). Daneben findet auch ein Handel auf den Cayman Islands und den Bahamas sowie auch auf den Niederländischen Antillen, in Singapur, Liberia und Panama statt (EILENBERGER, 1996b, S. 152). Ebenfalls zu erwähnen ist der Asia-Dollar Markt. Zur Steigerung der Attraktivität wurde 1981 am New Yorker Geldmarkt eine „Banken-Freihandelszone" eingeführt: die International Banking Facilities. Banken innerhalb dieser Zone sollten mit den anderen Eurogeldmarktzentren konkurrieren können. Hierzu wurden Geschäfte von der US-Mindestreservepflicht und anderen Zinsregulierungsvorschriften (Regulation Q[33]) befreit (EILENBERGER, 1996b, S. 152 und PERRIDON, STEINER, 1999, S. 171f). Wichtigster Referenzzinssatz ist der LIBOR (London Interbank Offered Rate) und seit einiger Zeit auch der EURIBOR (Euro Interbank Offered Rate).[34]

[31] Gewährt z.B. in der Schweiz eine Schweizer Bank einen Geldmarktkredit in Schweizer Franken an ein deutsches Institut, dann findet diese Transaktion an einem internationalen Geldmarkt statt (BORCHERT, 2001a, S. 661).

[32] Dieses gilt auch für die anderen Teilmärkte des Euromarkts.

[33] Die „Regulation Q" wird im Unterabschnitt 2.2.1 erläutert.

[34] Der EURIBOR stellt einen täglich ermittelten Referenzzinssatz für Gelder bis zu 12 Monaten dar. Er gibt jenen Zins an, den der Markt für einen in Euro denominierten Geldmarktkredit fordert. Sowohl der Kreditgeber wie auch der Kreditnehmer müssen dabei Kreditinstitute mit bester Bonität sein. Konkret melden 49 Banken mit bester Bonität (EUROPEAN CENTRAL BANK, 2001c, S. 37, Stand: 19.01.2001) ihre Angebotssätze (Briefsätze) für Ein- bis Zwölfmonatsgelder im Geldhandel unter Banken. Aus diesen Sätzen wird dann ein Durchschnitt berechnet (EUROPEAN CENTRAL BANK, 2001e, S. 129). Der LIBOR stellt einen Angebotssatz für drei oder sechs Monatsgelder am Londoner Eurogeldmarkt unter Banken dar. Die beteiligten Institute bieten zum LIBOR-Satz Geldmarktkredite an; wobei die Kredite z.B. in US-Dollar denominiert sind (SCHÄFER, 1997, S. 282).

Im Unterabschnitt 2.2.1 werden die Funktionen des Eurogeldmarkts früher und heute behandelt. Anschließend werden im Unterabschnitt 2.2.2 die gehandelten Kredite und Wertpapiere genannt. Es folgen dann im Unterabschnitt 2.2.3 einige Anmerkungen zu dem Zinsverbund des Eurogeldmarkts mit nationalen Geldmärkten.

2.2.1 Funktionen des Eurogeldmarkts früher und heute

Ursprünglich wurden am Eurogeldmarkt nur Dollarguthaben gehandelt; aus dieser Zeit stammt die Bezeichnung Euro-Dollar Markt.[35] Zu seiner Entstehung führte vor allem die 1958 hergestellte volle Konvertibilität von Währungen. Als Folge hiervon konnten sowohl Inländer wie auch Ausländer fortan die Währungen einiger europäischer Staaten sowie der USA beliebig, d.h. ohne staatliche Beschränkung, in andere Devisen eintauschen (JARCHOW, 1995, S. 179). Insbesondere konnten nun gebietsfremde Wirtschaftsubjekte Devisen eines Landes in andere tauschen, ohne dabei einem regulativen Zwang zu unterliegen. Hiermit war eine Voraussetzung zur Entstehung des Eurogeldmarkts gegeben.

Zwei weitere Gründe für die Entstehung dieses Markts liegen erstens in der wirtschaftlichen Entwicklung in den USA und zweitens in einer administrativen Beschränkung, und zwar der „Regulation Q".

Mitte der fünfziger Jahre setzte ein Prozess sinkender amerikanischer Zahlungsbilanzüberschüsse ein, der schließlich in Defiziten endete. Diese Entwicklung bedeutet aus Sicht der US-Amerikaner, dass in dem betrachteten Zeitraum die Zahlungseingänge aus Leistungs- und Kapitalbilanz kleiner waren als die mit diesen Bilanzen in Verbindung stehenden Auszahlungen. Mit anderen Worten führten die Transaktionen aus Leistungs- und Kapitalbilanz zu mehr Auszahlungen als Einzahlungen für die USA. Da der internationale Handel in dieser Zeit weitgehend in US-Dollar abgewickelt wurde, wuchsen die Dollarguthaben europäischer und russischer Geschäftsbanken.[36] Diese Banken begannen teilweise ihre Dollarguthaben in Europa anzulegen. Grund hierfür war die Tatsache, dass die europäischen und Ostblock- Geschäftsbanken damit administrative Beschränkungen in den USA umgehen konnten, die dazu geführt hatten, dass die Dollarguthaben dieser ausländischen Banken in den USA nur unterhalb des aktuellen Marktzinssatzes

[35] Mittlerweile kommen neben dem US-Dollar auch andere Währungen für den Handel auf dem Eurogeldmarkt in Frage. In der Praxis sind dieses vor allem preisstabile Währungen der Industrieländer sowie Währungen der OPEC-Staaten.

[36] In einem System fester Wechselkurse entspricht der Saldo der Zahlungsbilanz betragsmäßig dem Saldo der Devisenbilanz, d.h. der Saldo der Devisenbilanz gleicht die Zahlungsbilanz aus. Der Devisenbilanzsaldo gibt die Veränderung der Währungsreserven an. Ein Defizit der Zahlungsbilanz bedeutet daher, dass die Währungsreserven des betreffenden Lands gesunken sind.

verzinst wurden.[37] Durch die Anlage der Dollarguthaben in Europa erreichten die Banken eine marktgerechte Verzinsung ihrer Einlagen und sie erleichterte zudem den im Außenhandel mit den USA tätigen europäischen Banken den Zugang zu Dollars, da für diese europäischen Banken die Kreditaufnahme in den USA relativ teuer war (HERRMANN, 1986, S. 189 und PERRIDON, STEINER, 1999, S. 170).[38] Einlagen am Euro-Dollar Markt stehen somit in Konkurrenz zu Einlagen ausländischer Gläubiger in den USA.

Während früher, wie oben erwähnt, die Anlage von Devisen im Vordergrund stand, stehen heute die beiden folgenden Funktionen des Eurogeldmarkts im Mittelpunkt des Interesses: Erstens erfüllt der Eurogeldmarkt eine Funktion als Marktplatz für einen internationalen Liquiditätsausgleich (HASEWINKEL, 1993, S. 64). Zweitens ermöglicht er die Umgehung von nationalen Regulierungsmaßnahmen.

Im Rahmen des internationalen Liquiditätsausgleichs können Geschäftsbanken, Zentralbanken, Unternehmen, sowie der Staat an diesem Markt auftreten (BÜSCHGEN, 1998, S. 237 und HERRMANN, 1986, S. 187f und BORCHERT, 2001b, S. 393 u. 395). Geschäfte werden telefonisch rund um die Uhr abgeschlossen und gegebenenfalls durch ein Fax oder ein Email bestätigt. Derzeit handeln 800 Kreditinstitute, 25 Zentralbanken und einige Großunternehmen auf dem Eurogeldmarkt (Borchert, 2001a, S. 664). Privaten Wirtschaftssubjekten ist die Teilnahme an den Geschäften dieses Markts aus institutionellen Gründen verwehrt, da die Geschäfte erstens über hohe Beträge abgeschlossen werden. Es sind Transaktionen zwischen 250.000 und mehreren Millionen US- Dollar bzw. den entsprechenden Gegenwerten in anderen Währungen üblich. Zweitens müssen Nachfrager von Liquidität eine ausgezeichnete Bonität haben (BÜSCHGEN, 1998, S. 238 und Borchert, 2001a, S. 664). Gemeinsam ist diesen Teilnehmern, dass sie alle entweder als Anbieter oder als Nachfrager von Liquidität auftreten. Bei Geschäften auf dem Eurogeldmarkt ist die Inanspruchnahme von Vermittlern (Brokern) verbreitet. Sie erhalten eine Provision für die Vermittlung. Die Zinsbildung erfolgt weitgehend durch das Angebot und die Nachfrage nach Liquidität. Ein zinsregulierender Einfluss einer

---

[37] Grund hierfür war die sogenannte „Regulation Q". Seit 1937 durften US-Banken Sichteinlagen von Nichtbanken mit einer Laufzeit von bis zu 30 Tagen nicht verzinsen. Für länger laufende Termineinlagen (bis zu einem Jahr) stellte das Fed System durch die „Regulation Q" sogenannte Maximalzinssätze auf. Eine über diese Maximalzinssätze hinausgehende Verzinsung war nicht möglich. Insbesondere die Existenz dieser Maximalzinssätze hat wesentlich dazu beigetragen, dass Großanleger wie ausländische Banken bei Erreichen dieser Zinsgrenze ihre Mittel abzogen und in Europa anlegten, wo man diese Beschränkung nicht kannte. Diese Maßnahme (Regulation Q) sollte ursprünglich zur Stabilisierung des Bankensektors sowie zur Senkung des Wettbewerbs in den USA dienen; sie wurde von 1980 bis 1986 aufgehoben (BÜSCHGEN, 1998, S. 234f).

[38] Zuerst wurden Dollarguthaben russischer Banken bei Kreditinstituten in London eingelegt. Neben dem Motiv der marktgerechten Verzinsung der Einlagen mag für die Ostblock-Gläubiger ausschlaggebend gewesen sein, dass aus politischen Gründen keine Einlage bei Banken in den USA erwünscht gewesen war (HERRMANN, 1986, S. 189).

Zentralbank findet nicht statt (BÜSCHGEN, 1998, S. 239). Genauer wird auf die Zinsbildung am Eurogeldmarkt im Unterabschnitt 2.2.3 eingegangen.

Die zweite Funktion des Eurogeldmarkts, die Umgehung nationaler Regulierungsmaßnahmen, folgt als logische Konsequenz des internationalen Charakters dieses Markts. Während nationale Geldmärkte dem regulierenden Einfluss der heimischen Zentralbank und des heimischen Staats unterliegen, kann ein solcher regulierender Einfluss seitens einer Zentralbank oder seitens eines Staats auf diesem internationalen Markt nicht existieren. Hier treten auch Zentralbanken ausschließlich nur unter den oben genannten Motiven, der Anlage von Geldern bzw. der Kreditaufnahme, auf. Da auf diesem internationalen Geldmarkt keine Zentralbank bzw. Behörde geldpolitisch agieren kann, ist dieser Markt weitgehend unreguliert (GOODFRIEND, 1993, S. 48 und HASEWINKEL, 1993, S. 65). Es bestehen jedoch inoffizielle Spielregeln, gentlemen's agreements sowie Marktusancen, die den Gesetzen, Regelungen und Usancen der nationalen Märkte entsprechen.

Aufgrund der geringen Regulierungsdichte des Eurogeldmarkts ergeben sich weitere Vorteile für auf diesem Markt tätige Geschäftsbanken, die ebenfalls zu seinem Erfolg beigetragen haben.[39]

Es entfällt erstens die Verpflichtung zur Haltung von Mindestreserven bei einer Zentralbank auf Einlagen am Eurogeldmarkt (BÜSCHGEN, 1998, S. 239). Weiter sind die mit Einlagen verbundenen Kosten der Banken für Versicherung, Eigenkapitalanforderungen u.ä. auf dem Eurogeldmarkt wesentlich geringer als auf den regulierten nationalen Geldmärkten (HERRMANN, 1986, S. 193). Drittens können Geschäftsbanken die Geschäfte in den Geldmarktzentren der Welt abschließen und die Buchungen sowie anfallende Dienstleistungen in „Steueroasen" vornehmen (GOODFRIEND, 1993, S. 50). Viertens ergibt sich aus diesen genannten Punkten eine Zinsdifferenz zu entsprechenden nationalen Segmenten des Geldmarkts. Soll- und Habenzins sind wegen der günstigeren Kostenstruktur am Eurogeldmarkt geringer. Ein fünfter Grund für den Erfolg des Eurogeldmarkts ist eng mit dem vorhergehenden verbunden. Wegen des Kostenvorteils am Eurogeldmarkt können Banken Geldhandelsgeschäfte mit vergleichsweise kleineren Spreads zwischen Soll- und Habenzins eingehen als dieses an nationalen Märkten möglich wäre (GOODFRIEND, 1993, S. 48). Die Abwesenheit von regulativen Beschränkungen ermöglicht zudem einen weitgehend freien Kapitalverkehr (EILENBERGER, 1996b, S. 153). Für Unternehmen erweist sich der Euromarkt als weitere Finanzierungsquelle mit attraktiven Konditionen und weitgehender Abwesenheit von regulativen Beschränkungen (PERRIDON, STEINER, 1999, S. 171). Der Eurogeldmarkt ist aus diesen Gründen weitestgehend als ein Großhandelsmarkt für Finanzdienste anzusehen. Auch hieraus resultiert ein Kostenvorteil gegenüber nationalen Märkten.

---

[39] Dieses gilt selbstverständlich auch für die anderen Segmente des Euromarkts (Eurokredit- und Eurokapitalmarkt).

Eine Regulierung dieses internationalen Eurogeldmarkts ist nicht zu erwarten. Jeder Versuch, ihn zu regulieren, muss scheitern. Durch eine Regulierung würden die bestehenden Zentren des Eurogeldmarkts Teile ihres Geschäfts – und damit auch Steuereinnahmen und Arbeitsplätze – an andere neue und nicht regulierte Orte verlieren.

2.2.2 Handelsobjekte und Volumen des Eurogeldmarkts

Die Handelsobjekte des Eurogeldmarkts lassen sich, wie schon erwähnt, in Kredite und Wertpapiere unterteilen, die auf sogenannte Eurodevisen lauten. Es sollen hier nur die am weitesten verbreiteten Papiere und Kredite benannt werden. Genauere Erläuterungen zum Charakter der gehandelten Papiere und Kredite findet man im Kapitel 4. Im Anschluss folgen Angaben zum gehandelten Volumen am Eurogeldmarkt.

Der reine unbesicherte Geldhandel am Eurogeldmarkt lässt sich in einen Tagesgeld- und einen Kündigungsgeld- bzw. einen Termingeldhandel unterteilen (BÜSCHGEN, 1998, S. 240 und EILENBERGER, 1996b, S. 150). Tagesgelder (overnight money oder day to day money) werden über Nacht, als TOM/NEXT- und SPOT/NEXT-Geschäfte[40] oder bis auf weiteres gehandelt. Im Bereich der längerfristigeren Termingelder kommen hauptsächlich Laufzeiten von einem, zwei, drei und sechs Monaten vor. Gelegentlich findet man auch Termingelder mit einer Laufzeit kleiner als ein Monat (EILENBERGER, 1996b, S. 150 und BÜSCHGEN, 1998, S. 240). Die Kündigungsgelder (call money) haben eine Fristigkeit von in der Regel nur wenigen Tagen. Es existieren hier im Bereich des call money vor allem tägliches Geld und Zwei- bzw. Sieben-Tage Kündigungsgelder (two- and seven-days notice) (EILENBERGER, 1996b, S. 150).

Unter den gehandelten Wertpapieren am Eurogeldmarkt befinden sich Euro Certificate of Deposit, Euro-Commercial Papers und Euronotes sowie Medium Term Notes und Floating Rate Notes (GOODFRIEND, 1993, S. 51ff und EILENBERGER, 1997, S. 93). Auch diese Papiere werden bis auf die Floating Rate Notes in Kapitel 4 behandelt. Floating Rate Notes werden hier nicht weiter behandelt.

Es gibt vor allem zwei Motive für Geschäftsbanken am Eurogeldmarkt aufzutreten. Zuerst findet auf diesem Markt ein horizontaler Liquiditätsausgleich unter Geschäftsbanken statt. Zweitens nutzen die beteiligten Kreditinstitute diesen Markt zur Refinanzierung gewährter Kreditpositionen (BÜSCHGEN, 1998, S. 240).

Im Rahmen des Liquiditätsausgleichs werden diese reinen Geldhandelsgeschäfte zwischen Kreditinstituten abgeschlossen. Die reinen Kreditgeschäfte unter Banken sind dabei vom gehandelten Volumen her bedeutender als die Transaktionen

[40] TOM/NEXT- und SPOT/NEXT-Geschäfte werden im Rahmen der Kredite am Geldmarkt des Euro-Währungsgebiets in Kapitel 4 erläutert.

in Geldmarktpapieren auf diesem Markt. Am Eurogeldmarkt werden hauptsächlich Gelder mit einer Laufzeit von einer Woche bis zu sechs Monaten geschlossen; hierbei liegt das Schwergewicht auf einer Laufzeit von drei Monaten (BÜSCHGEN, 1998, S. 240f und GOODFRIEND, 1993, S. 51).

Im Rahmen der Refinanzierung von Kreditpositionen können Geschäftsbanken am Eurogeldmarkt versuchen, verbleibende Zinsänderungs- und Wechselkursrisiken zu eliminieren. Dieses gelingt, indem die Banken einen gewährten Kredit am Eurogeldmarkt fristen-, laufzeit- und betragskongruent refinanzieren.

Das Volumen des Eurogeldmarkts ist nur schwer zu quantifizieren, da auf diesem Markt die Umsätze nicht zentral – wie im Fall einer Wertpapierbörse – erfasst werden. Eine Möglichkeit, trotzdem eine Aussage über das Volumen der Transaktionen am Eurogeldmarkt zu treffen, stellt ein Ansatz der Bank Für Internationalen Zahlungsausgleich dar (BORCHERT, 2001a, S. 671). Da die Bank Für Internationalen Zahlungsausgleich u.a. Daten über die Geschäfte am Eurogeldmarkt von den ihr berichtenden Banken sammelt, kann das Volumen des Eurogeldmarkts durch die bei diesen Banken bilanzierten offenen Forderungen approximiert werden.[41] Hierbei wird das Volumen in drei Komponenten zerlegt (BORCHERT, 2001a, S. 671): Es umfasst erstens die Forderungen der berichtenden Banken gegenüber Kreditinstituten in entwickelten Ländern und Offshore Zentren, zweitens die Kreditgewährung der berichtenden Banken an Nichtbanken in entwickelten Ländern und Offshore Zentren sowie drittens die Forderungen der berichtenden Banken an Banken und Nichtbanken in Entwicklungsländern. Nach dem beschriebenen Ansatz der Bank Für Internationalen Zahlungsausgleich ergibt sich Ende September 2001 ein geschätztes Volumen des Eurogeldmarkts von 11.271,4 Mrd. US-Dollar (BANK FÜR INTERNATIONALEN ZAHLUNGSAUSGLEICH, 2002, S. 18, 20). Nach Tabelle II.2.1 setzt sich das Volumen des Eurogeldmarkts folgendermaßen zusammen. Den größten Anteil mit fast 53 v.H. des Gesamtvolumens stellen die Forderungen der Banken an Banken in entwickelten Ländern dar, gefolgt von den Forderungen der Banken an Nichtbanken in entwickelten Ländern mit einem Anteil in Höhe von rund 26 v.H. Fast 80 v.H. des gesamten Eurogeldmarktvolumens entfallen somit auf Gläubiger aus entwickelten Ländern, während Banken und Nichtbanken aus Offshore Zentren als Gläubiger rund 11 v.H. des Gesamtvolumens repräsentieren.

[41] Zu den berichtenden Banken zählen im Jahr 2000 Kreditinstitute des sogenannten Berichtsgebiets. Dieses umfasst die Zehnergruppe (Belgien, Deutschland, Italien, Frankreich, Großbritannien, Japan, Kanada, Niederlande, Schweden und USA) sowie Luxemburg, Dänemark, Finnland, Irland, Österreich, Spanien, Bahamas, Bahrein, Hong Kong, Kaiman-Inseln, Singapur, Niederländische Antillen und Offshore-Center in Panama (BORCHERT, 2001b, S. 399).

		Mrd. US-Dollar
Forderung der Banken an Banken in	entwickelten Ländern	5.951,70
	Offshore Zentren	882,50
Kredite der Banken an Nichtbanken in	entwickelten Ländern	2.894,70
	Offshore Zentren	384,50
Forderung der Banken gegenüber ... in gebietsfremden Ländern	Banken	384,10
	Nichtbanken	490,40
nicht aufgliederbare Forderungen der Banken	an Banken	198,20
	an Nichtbanken	85,30
Gesamt		11.271,40

Tab. II.2.1: Volumen des Eurogeldmarkts im September 2001

Quelle: Bank für Internationalen Zahlungsausgleich, 2002, S. 18, 20.

2.2.3 Zinsverbund und Zinsbildung

Der folgende Unterabschnitt soll zweierlei verdeutlichen: Erstens soll gezeigt werden, dass zwischen dem Eurogeldmarkt und den nationalen Geldmärkten ein Zinsverbund besteht. Zweitens sollen die zinsbestimmenden Faktoren auf dem Eurogeldmarkt benannt werden. Der nachfolgende Abschnitt folgt Büschgen (BÜSCHGEN, 1998, S. 239f).

Der Zinsverbund des Eurogeldmarkts mit anderen nationalen Geldmärkten ist in der prinzipiellen Wahlfreiheit der Akteure zu sehen, wo sie ihre Transaktionen tätigen wollen. Sowohl Gläubiger als auch Schuldner können an nationalen Geldmärkten oder auch am Eurogeldmarkt auftreten und Transaktionen in fremder Währung abschließen. Der Eurogeldmarkt ist daher eine Alternative zu fremden Geldmärkten. Eine deutsche Geschäftsbank kann zum Beispiel Dollarkredite in den USA oder am Eurogeldmarkt nachfragen oder geben. Wegen der geringen Regulierung des Eurogeldmarkts wird in der Regel der geforderte Kreditzins in den USA höher sein als am Eurogeldmarkt, d.h. die deutsche Bank bekäme ihren gewünschten Kredit am Eurogeldmarkt günstiger. Der US-Sollzins stellt daher eine Art Obergrenze für Kredite in US-Dollar am Eurogeldmarkt dar. Umgekehrt wird auch eine Einlage in den USA mit einem geringeren Zinssatz versehen sein als eine Einlage in US-Dollar am Eurogeldmarkt. Auch hier wären die nationalen

US-Habenzinssätze als eine Zinsuntergrenze für den Eurogeldmarkt aufzufassen. Der Grund hierfür liegt in einer Ersparnis von Mindestreserven bei den am Eurogeldmarkt tätigen Banken. Während Geschäftsbanken in den USA auf Einlagen eine Mindestreserve bei dem Federal-Reserve-System halten müssen, entfällt diese Verpflichtung am Eurogeldmarkt. Die für die am Eurogeldmarkt tätigen Institute resultierende Kostenersparnis wird z.T. an die Einleger in – im Vergleich zu den USA – attraktiveren Sätzen weitergegeben. Ein weiterer Einflussfaktor der Konditionen am Eurogeldmarkt ist der Großhandelscharakter sowie der geringe Regulierungsgrad dieses Markts. Auch diese beiden Faktoren senken die mit den Geschäften der Banken verbundenen Kosten im Vergleich zu Transaktionen auf nationalen Geldmärkten. Resultierende Vorteile werden in den Zinssätzen am Eurogeldmarkt z.T. an die Einleger und Nachfrager weitergegeben. Mit anderen Worten sollte die Anlage und die Aufnahme von Mitteln am Eurogeldmarkt in der Regel zu Konditionen möglich sein, die attraktiver sind als ein Engagement am jeweiligen nationalen Markt. Wenn nun die Zinsen auf dem Eurogeldmarkt zu stark von Zinsen für vergleichbare Engagements auf nationalen Geldmärkten abweichen und die entstehenden Zinsdifferenzen deshalb nicht mit dem Großhandelscharakter sowie dem geringen Regulierungsgrad erklärt werden können, dann werden Arbitrageprozesse einsetzen und das Zinsdifferential abbauen. Nationale Märkte und der Eurogeldmarkt hängen daher über diesen Zinsverbund bzw. über Arbitrageprozesse zusammen.

Zusammenfassend lässt sich festhalten, dass die Zinsbildung am Eurogeldmarkt weitgehend durch das Zusammenspiel von Angebot und Nachfrage nach Liquidität erfolgt. Ein weiterer Einflussfaktor der Zinsbildung am Eurogeldmarkt ist der oben beschriebene Großhandelscharakter des Markts sowie der Zinsverbund. Am Eurogeldmarkt werden Kredite gehandelt, die in verschiedenen Währungen denominiert sind; dabei sind die nationalen Soll- und Habenzinsen dieser Devisen in der Regel die Ober- und Untergrenzen der Zinsentwicklung für entsprechend denominierte Engagements am Eurogeldmarkt.[42] Wie oben gezeigt wurde, wäre andernfalls ein Engagement am Eurogeldmarkt nicht sinnvoll. Weitere Einflussfaktoren der Zinsbildung am Eurogeldmarkt stehen mit der Zinssatzparitätentheorie in Verbindung. Die gesicherte Zinsparität zwischen Einlagen am Eurogeldmarkt, die in verschiedenen Währungen denominiert sind, kann als erfüllt gelten (JARCHOW, RÜHMANN, 2000, 88f).

Die Zinsparitätentheorie ist ein Modell zur Erklärung des kurzfristigen Wechselkurses zwischen Währungen. Sie beschreibt einen Gleichgewichtszustand zwi-

---

[42] In gewisser Weise ergibt sich ein indirekter Einfluss nationaler Zentralbanken auf den Eurogeldmarkt. Die Zentralbanken beeinflussen durch die Geldpolitik die jeweils nationalen Geldmarktkonditionen; diese haben wegen des Zinsverbunds Auswirkungen auf den Eurogeldmarkt. Einen direkten Einfluss einer Zentralbank auf den Eurogeldmarkt gibt es nicht (BÜSCHGEN, 1998, S. 239).

schen zwei vergleichbaren Anlagen in den betrachteten Ländern und dem Wechsel- bzw. dem Terminkurs zwischen den Währungen. Genauer muss der Swap-Satz zweier Währungen der Zinsdifferenz zwischen den Anlagen in den Ländern entsprechen.[43] Übertragen auf den Eurogeldmarkt ist der Zins einer Einlage am Eurogeldmarkt von der Verzinsung einer vergleichbaren Einlage in einer anderen Währung sowie vom Kassa- und vom Terminkurs zwischen diesen Währungen abhängig.

Die gesicherte Zinsparität lautet (JARCHOW, RÜHMANN, 2000, S. 85):

$$1+i=(1+i_a)\frac{w_T}{w}. \tag{1}$$

In dieser Gleichung steht i für den Inlandszins, i_a für den Auslandszins, w ist der aktuelle Wechselkurs in Preisnotierung und w_T der Terminkurs der betrachteten Währungen. Geht man von einer Konstanz der Zinssätze aus, dann besteht zwischen dem aktuellen Wechselkurs und dem Terminkurs eine proportionale Beziehung. Gleichung (1) kann umgeformt werden zu:

$$\frac{w_T-w}{w}=(i-i_a)\frac{1}{1+i_a}\approx(i-i_a). \tag{2}$$

Aus dieser Formulierung der gesicherten Zinsparität wird deutlich, dass der Swap-Satz in einer Näherung der Zinsdifferenz entspricht. Wie oben bereits erwähnt worden ist, kann diese Beziehung als auf dem Eurogeldmarkt erfüllt angesehen werden. Auf diesen Markt übertragen, stellen i bzw. i_a die Zinssätze für Einlagen in zwei Währungen am Eurogeldmarkt dar; w und w_T sind dann der aktuelle Wechselkurs bzw. der aktuelle Kurs für ein Devisentermingeschäft mit einer Laufzeit, die heute beginnt und im Zeitpunkt der Fälligkeit der Einlagen endet. Schreibt man die Gleichung (2) um, so erhält man (3):

$$i=i_a+\frac{w_T-w}{w}. \tag{3}$$

Hiernach werden die Zinsen einer Einlage am Eurogeldmarkt durch den Swap-Satz der Währungen, d.h. durch den Kassa- und den Terminkurs, sowie durch die Höhe der Zinsen einer vergleichbaren Einlage in der anderen Währung bestimmt. Damit sind als dritter Einflussfaktor der Zinssätze am Eurogeldmarkt die aktuellen

[43] Man bezeichnet als Swap-Satz die Differenz zwischen Terminkurs und Kassakurs, wobei diese Differenz anschließend auf den Kassakurs bezogen wird (ROSE, SAUERNHEIMER, 1995, S. 188). In der Literatur wird zum Teil auch nur die Differenz aus Terminkurs und Kassakurs als Swap-Satz bezeichnet (EUROPÄISCHE ZENTRALBANK, 2002b, S. 19).

Wechselkurse und Terminkurse jener Währungen relevant, in denen die gehandelten Kredite denominiert sind.

Alternativ zum Terminkurs werden auch Terminspekulanten die Zinsbildung am Eurogeldmarkt durch ihren für das Ende der Laufzeit erwarteten Kassakurs beeinflussen. Diese Aussage folgt aus der ungesicherten Zinsparität. Hierbei wird sich wegen der Tätigkeit von risikoneutralen Terminspekulanten der Terminkurs dem erwarteten Wechselkurs am Fälligkeitstag anpassen. Im Gleichgewicht gilt dann:

$$w_T = w^{erw}. \tag{4}$$

Hieraus folgt für die ungesicherte Zinsparität:

$$w = \frac{1+i_a}{1+i} w^{erw}. \tag{5}$$

Wenn man nach i auflöst, erhält man wieder als Näherung:

$$i = i_a + \frac{w^{erw} - w}{w}. \tag{6}$$

Somit hängen die Zinsen am Eurogeldmarkt über den Terminkurs auch von den Erwartungen der Terminspekulanten bezüglich des zum Erfüllungszeitpunkt gültigen Kassakurses ab.

III. Der Geldmarkt im Euro-Währungsgebiet

3 Zur aktuellen Situation des Geldmarkts im Euro-Währungsgebiet

Wie bereits in der Einleitung zum ersten Kapitel ausgeführt wurde, ist die Zweckmäßigkeit einer Definition des Geldmarktbegriffs vor dem verfolgten Analysegegenstand zu sehen (DEPPE, 1980, S. 290). Will man einen engen Geldmarktbegriff, der den Geldhandel unter Banken aufzeigt, dann wird man ein anderes Konzept wählen als bei einer möglichst umfassenden Darstellung des Geldmarktgeschehens, das u.a. auch Geschäfte zwischen Geschäftsbanken und der Zentralbank beinhaltet.

Im ersten Fall kann man sich auf eine Definition des Geldmarktbegriffs nach Gestrich und Brehmer beschränken, die sich ausschließlich auf die Geschäfte der Kreditinstitute untereinander bezieht. Bei diesen Geschäften erfolgt keine Veränderung der Zentralbankgeldmenge, sondern nur eine Umverteilung. Beschränkt man sich in der Analyse auf den Geldhandel unter Kreditinstituten, dann ist diese traditionelle Definition des Geldmarkts auch dann sinnvoll, wenn in der Realität ein entwickelter Geldmarkt vorliegt.

Im Fall einer umfassenden Definition des Geldmarktbegriffs wird man neben dem Markt für Zentralbankgeld unter Banken auch die Geschäfte der Kreditinstitute mit der Zentralbank betrachten. Diese letztgenannten Geschäfte verändern die Zentralbankgeldmenge, falls nicht durch eine entsprechende Zentralbankpolitik eine solche Veränderung bewusst verhindert wird. Will man das Geschehen am modernen Geldmarkt möglichst umfassend darstellen, dann muss man auch solche Geschäfte einbeziehen, die zu geldmarktähnlichen Konditionen abgeschlossen werden. Neben die oben genannten Transaktionen treten dann u.a. noch die Wertpapieremissionen der Banken, der Unternehmen und des Staats sowie der Abschluss von Derivaten.

Der in dieser Arbeit verfolgte Geldmarktbegriff soll umfassender Natur sein und geht über eine enge Abgrenzung hinaus. Er beinhaltet den Geldhandel unter Banken, die Geschäfte der Banken mit der Zentralbank sowie die Emissionen von kurzfristigen Wertpapieren durch Banken, Unternehmen und durch den Staat. Hinzu kommt noch ein Handel mit Kurzläufern und Derivaten.[44]

Folgt man der Europäischen Zentralbank, dann kann der Geldmarkt des Euro-Währungsgebiets in vier Bereiche unterteilt werden (EUROPEAN CENTRAL BANK, 2001e, S. 26f). Es handelt sich hierbei erstens um einen Cash-Bereich, auf dem der Geldhandel mit unbesicherten Krediten, Repos und Devisenswaps stattfindet. Der zweite Bereich umfasst den Handel mit Geldmarktpapieren verschiedener Emittenten. Neben diesen Bereichen steht ein weiterer, auf dem Derivate gehan-

[44] Gründe für das Entstehen eines Geldmarkts wurden bereits im Abschnitt 1.1 genannt.

delt werden. Das letzte Segment unterliegt dem direkten Einfluss der Zentralbank. Auf ihm findet die Rahmensetzung der geldpolitischen Konditionen sowie die geldpolitische Feinsteuerung statt.[45]

Eine ähnliche Vorgehensweise wird auch im weiteren Verlauf dieser Arbeit gewählt. Die hier vorgenommene Zerlegung des Geldmarkts des Euro-Währungsgebiets erfolgt – anders als bei der Europäischen Zentralbank – in drei Teile und orientiert sich an den zur Zeit am Geldmarkt des Euro-Währungsgebiets vertretenen Handelsobjekten bzw. an deren Emittenten. Inhaltlich werden diese drei Teile in drei Kapiteln dargestellt.

Der erste Teil wird im vierten Kapitel geschildert und beinhaltet den Handel mit Zentralbankgeld in Form von Krediten, mit Papieren sowie mit Repos und Devisenswaps als besondere Geschäfte. Innerhalb dieses Teils wird nach Banken, Unternehmen und dem Staat, d.h. nach Emittenten, unterschieden. Im zweiten Teil wird der Handel mit Derivaten, also mit Zinsswaps und Zinsfutures, zusammengefasst; dieses ist Gegenstand des fünften Kapitels. Der dritte Teil schließlich wird als Regulierungsgeldmarkt bezeichnet. Die Regulierungsgeschäfte des Geldmarkts zwischen der Zentralbank und den Geschäftsbanken werden im siebten Kapitel beschrieben.

Das sechste Kapitel soll die quantitative Entwicklung und die Bedeutung des Handels mit den einzelnen bisher angesprochenen Papieren und Krediten seit dem Beginn der Übernahme der geldpolitischen Verantwortung durch die Europäische Zentralbank verdeutlichen. Zum einen bedeutet diese Übernahme, dass die Geldpolitik für die Mitglieder des Euro-Währungsgebiets vereinheitlicht wurde. Für Geschäftsbanken aus diesen Ländern besteht nun gleicher Zugang zur Refinanzierung bei der Europäischen Zentralbank. Zum anderen bedeutet er aber auch, dass die ehemals nationalen Geldmärkte zu einem euroweiten Markt zusammengeschlossen wurden. Diese Entwicklung, von nationalen Märkten hin zu einem völlig integrierten Geldmarkt im Euro-Währungsgebiet, ist auf Teilbereichen schon relativ weit vorangeschritten, auf anderen Teilmärkten besteht noch großer Harmonisierungsbedarf. Im Einzelnen werden diese Entwicklungen im sechsten Kapitel erläutert.

Ausgangspunkt der Beschreibung des Geldmarkts im Euro-Währungsgebiet ist daher folgende Abbildung III.3.1. Sie zeigt die angesprochene Dreiteilung des Geldmarkts und damit die Grobgliederung des folgenden Teils der Arbeit.

---

[45] Genauer stellt die Europäische Zentralbank dem Cash-Segment ein Derivat-Segment gegenüber. Der Handel mit Papieren findet auf einem Geldmarkt im weiteren Sinne statt. Der Regulierungsgeldmarkt wird in dieser Darstellung nicht explizit erwähnt (EUROPEAN CENTRAL BANK, 2001e, S. 26f).

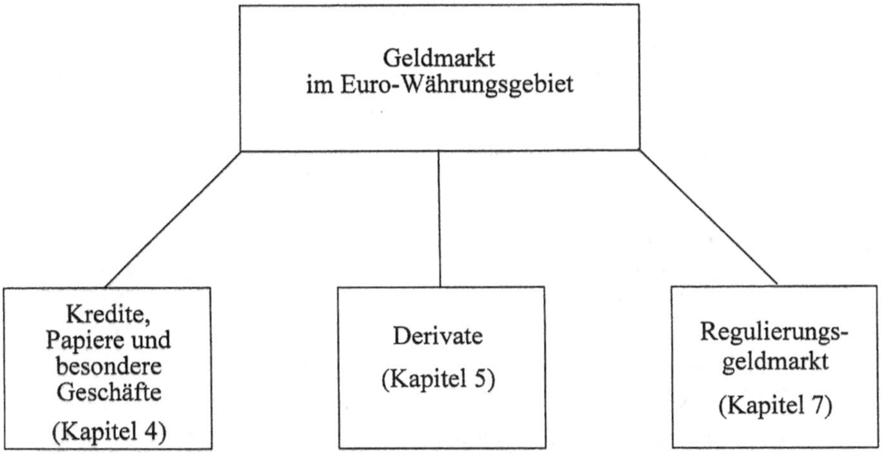

Abb. III.3.1: Geldmarkt im Euro-Währungsgebiet

Der nachfolgende Teil dieses Kapitels soll dazu verwendet werden, den Geldmarkt des Euro-Währungsgebiets näher zu charakterisieren, bevor die einzelnen Bestandteile ab dem vierten Kapitel im Detail geschildert werden. Neben einer Beschreibung dieses Markts soll das dritte Kapitel für den Leser auch ein Wegweiser des weiteren Vorgehens sein.

Das Kapitel vier beschreibt die Kredite, Papiere und besonderen Geschäfte des Geldmarkts. In Anlehnung an Hasewinkel erfolgt eine Untergliederung des vierten Kapitels nach den beteiligten Gruppen im Handel mit den oben genannten Objekten. Im Rahmen dieser Unterteilung sind zuerst die Banken zu nennen. Ihre Geschäfte mit Krediten, Papieren sowie mit Devisenswaps und Repos behandelt der Abschnitt 4.1. Eine Teilmenge dieser Geschäfte stellen die unbesicherten, reinen Geldhandelskredite unter Banken dar. Die Banken handeln hierbei Zentralbankgeld durch das Gewähren von Tagesgeldern, Ultimogeldern und Termingeldern. Diese reinen Geldmarktkredite beschreiben die Unterabschnitte 4.1.1.1 bis 4.1.1.3; sie sind das Kernstück des horizontalen Liquiditätsausgleichs zwischen Kreditinstituten.

Ebenfalls eine Art von Kreditgewährung zwischen Banken stellen die Repos und die Devisenswaps dar. Im Unterschied zu den reinen Geldmarktkrediten und den Devisenswaps stellen die Repos aber besicherte Kredite dar, da in diesem Fall eine Kreditgewährung nur gegen die Stellung von Sicherheiten geschieht. Diese Formen der Kreditgewährung – nämlich die Repos und die Devisenswaps – erläutert der Unterabschnitt 4.1.3.

Auf dem Geldmarkt des Euro-Währungsgebiets haben die Geschäftsbanken auch die Möglichkeit, sich durch Emission von Geldmarktpapieren – in diesem Fall durch Emission von Certificates of Deposit – kurzfristige Einlagen zu verschaffen. Die Certificates of Deposit werden daher im Unterabschnitt 4.1.2 behandelt.

Eine weitere Gruppe der Geldmarktakteure, die das vierte Kapitel behandelt, sind die Unternehmen. Sie haben wie die Banken die Möglichkeit Wertpapiere am Geldmarkt des Euro-Währungsgebiets zu emittieren. Diese Commercial Papers dienen der kurzfristigen Unternehmensfinanzierung und stellen für Unternehmen eine Alternative zu kurzfristigen Bankkrediten dar. Die von Unternehmen emittierten Commercial Papers werden sowohl am Geldmarkt des Euro-Währungsgebiets als auch am Eurogeldmarkt emittiert.[46] Eine besondere Variante der Commercial Papers am Eurogeldmarkt bezeichnet man als Euronotes. Commercial Papers und Euronotes werden im Abschnitt 4.2 beschrieben.

Weiterhin tritt auch der Staat am Geldmarkt auf und emittiert kurzfristige Staatspapiere, zum Beispiel unverzinsliche Schatzanweisungen. Hierdurch verschafft sich der Staat kurzfristige Liquidität. Diese Papiere werden in den Unterabschnitten 4.3.2 bis 4.3.5 behandelt. Es handelt sich hierbei neben den unverzinslichen Schatzanweisungen um Bundeskassenscheine und Bundesschatzanweisungen.

Neben den genannten kurzfristigen staatlichen Wertpapieren werden am Geldmarkt des Euro-Währungsgebiets auch Staatspapiere gehandelt, die nur aufgrund ihrer Restlaufzeit dem kurzfristigen Spektrum des Geldmarkts zugeordnet werden können. Man bezeichnet diese aus dem Kapitalmarkt stammenden Papiere wegen ihrer nur noch kurzen Restlaufzeit als Kurzläufer. Diese Kurzläufer stellen geldmarktnahe Instrumente dar. Mögliche Kurzläufer werden im Abschnitt 4.4 beschrieben.

Mit diesen Ausführungen ist das vierte Kapitel abgeschlossen. Bevor genauer auf den Inhalt des fünften und sechsten Kapitels eingegangen wird, folgt in Abbildung III.3.2 eine Darstellung aller Handelsobjekte, auf die im Folgenden näher eingegangen wird.

Der zweite, oben erwähnte Teilbereich des Geldmarkts im Euro-Währungsgebiet umfasst den Handel mit Derivaten und wird im fünften Kapitel beschrieben. Dabei wird im Abschnitt 5.1 auf Zinsswaps und im Abschnitt 5.2 auf Zinsfutures eingegangen.

Im siebten Kapitel werden dann die Geschäfte zwischen der Europäischen Zentralbank und den Geschäftsbanken erörtert. Dieser Bereich unterliegt dem direkten Einfluss der Zentralbank. Auf ihm findet die Rahmensetzung der geldpolitischen Konditionen sowie die Aktionen der geldpolitischen Feinsteuerung statt. Im Rah

[46] Dies gilt auch für andere im vierten Kapitel angesprochene Papiere.

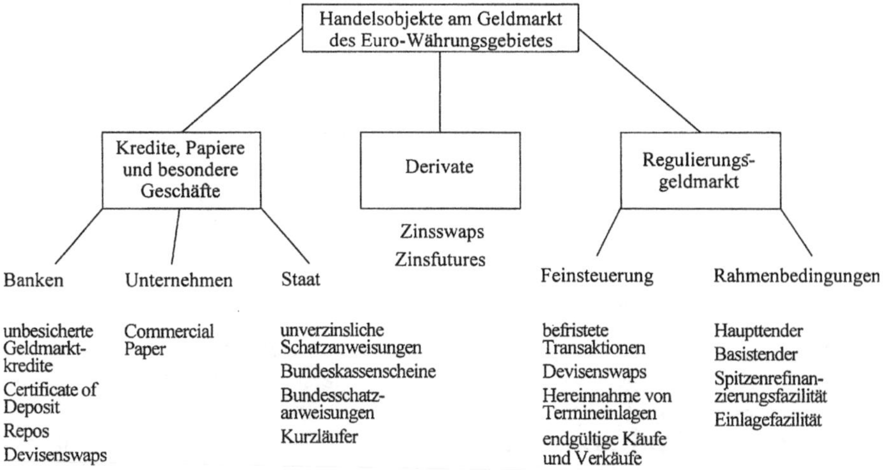

Abb. III.3.2: Handelsobjekte am Geldmarkt des Euro-Währungsgebiets

men des 7. Kapitels werden die Offenmarktgeschäfte im Abschnitt 7.1 und die zwei ständigen Fazilitäten im Abschnitt 7.2 behandelt. Im Abschnitt 7.1 werden erstens das Hauptrefinanzierungsgeschäft (Unterabschnitt 7.1.1), zweitens das längerfristigere Refinanzierungsgeschäft (Unterabschnitt 7.1.2) und drittens die Geschäfte der Feinsteuerung (Unterabschnitt 7.1.3) erläutert. Die Spitzenrefinanzierungsfazilität wird im Unterabschnitt 7.2.1 und die Einlagefazilität wird im Unterabschnitt 7.2.2 behandelt.

Nach diesem Überblick der am Geldmarkt vorhandenen Handelsobjekte sollen nun noch einige Ausführungen zu institutionellen Details des Geldmarkts im Euro-Währungsgebiet folgen.

Der Organisationsgrad des Geldmarkts ist hoch (Wholesale Markt). Aus deutscher Sicht hat sich der Kreis der Marktteilnehmer stark erweitert. Zu den Teilnehmern zählen jetzt in- und ausländische Banken, Zentralbanken, Unternehmen, Kapitalsammelstellen und – in ihrer Rolle als Emittenten – auch Staaten. Während die Banken untereinander Geld zu Geldmarktkonditionen handeln, tätigen die einzelnen Nichtbanken am Markt Transaktionen zu Geldmarktusancen. Die hierbei abgeschlossenen Geschäfte werden zu geldmarktähnlichen Konditionen eingegangen. Gemeinsam ist allen Akteuren, dass sie in ihrer Eigenschaft als Nachfrager von Liquidität beste Bonität durch entsprechende Urteile von Rating-Gesellschaften vorweisen müssen.

Statt der Bundesbank ist jetzt die Europäische Zentralbank der Marktregulierer; die Bundesbank fungiert allerdings – wie andere nationale Zentralbanken auch –

über das Europäische System der Zentralbanken weiterhin als ein ausführendes Organ der Europäischen Zentralbank auf deutschem Hoheitsgebiet.

Auf dem Geldmarkt des Euro-Währungsgebiets kann ein „Geldmarktpapier" wie folgt charakterisiert werden. Es handelt sich hierbei um ein Papier mit kurzer Laufzeit und einfachen Cash-Flow[47], das von Unternehmen, dem Staat oder von Geschäftsbanken mit jeweils bester Bonität emittiert wird. Ein solches Geldmarktpapier ist sehr liquide und deshalb schnell und ohne Kursverluste am organisierten Geldmarkt zu verkaufen.

4 Kredite, Papiere und besondere Geschäfte des Geldmarkts

Dieses Kapitel soll die einzelnen Handelsobjekte des Geldmarkts des Euro-Währungsgebiets näher charakterisieren. Dazu wird zuerst in Abschnitt 4.1 der Bankengeldmarkt beschrieben, auf dem unbesicherte Kredite, Certificates of Deposit und Repos sowie Devisenswaps gehandelt werden. Hieran schließt sich im Abschnitt 4.2 die Darstellung des Unternehmensgeldmarkts mit den dort vertretenen Commercial Papers; es folgt der Abschnitt 4.3, in dem jene Papiere vorgestellt werden, die der Staat am Geldmarkt emittiert. Schließlich geht der Abschnitt 4.4 auf Kurzläufer ein.

4.1 Kredite, Papiere und besondere Geschäfte des Bankengeldmarkts

In diesem Abschnitt werden die Kredite, die im reinen Geldhandel unter Kreditinstituten gewährt werden, beschrieben. Weiter werden die von Banken am Geldmarkt des Euro-Währungsgebiets emittierten Certificates of Deposit sowie besondere Geschäfte unter Banken erläutert. Der Unterabschnitt 4.1.1 beschreibt die unbesicherten Kredite, während im Unterabschnitt 4.1.2 die Certificates of Deposit behandelt werden. Im Unterabschnitt 4.1.3 wird im Rahmen der besonderen Geschäfte auf Repos und Devisenswaps eingegangen.

4.1.1 Unbesicherte Geldmarktkredite des Bankengeldmarkts

Das Gewähren bzw. das Nehmen von Geldmarktkrediten wird in der Praxis auch als (reiner) Geldhandel bezeichnet. Bei den hoch standardisierten Geschäften am unbesicherten Geldmarkt wird mit Zentralbankguthaben gehandelt. Kennzeich-

---

[47] Der Cash-Flow bildet den Zahlungsstrom einer Transaktion ab. Während sich die Geschäfte auf dem Geldmarkt durch eine sehr einfache Struktur des Cash-Flows – meist nur eine Anlage und Rückzahlung zuzüglich der Zinsen – auszeichnen, herrschen am Kapitalmarkt kompliziertere Strukturen vor. Im Fall einer am Kapitalmarkt begebenen Anleihe (sofern es sich nicht um einen Zero-Bond handelt, bei dem keine jährlichen Zinsen anfallen) sind zu der Anfangsauszahlung und der Rückzahlung in Regel noch jährliche Zinszahlungen zu berücksichtigen. Der resultierende Cash-Flow wird dadurch komplizierter (HASEWINKEL, 1993, S. 80f).

nend für diese Geschäfte ist, dass sie ohne Übertragung von Sicherheiten entweder direkt zwischen den Parteien oder über einen Broker durchgeführt werden. Die an diesen Geschäften teilnehmenden Banken müssen aus diesem Grund beste Bonität haben, die durch entsprechende Einschätzungen durch Rating-Agenturen dokumentiert werden. Darüber hinaus setzen sich die Geschäftsbanken in Abhängigkeit des Ratings ihrer Geschäftspartner eigene Limite bei der Vergabe unbesicherter Geldmarktkredite. Die Laufzeiten der gehandelten Kredite bewegen sich zwischen der Bereitstellung von Liquidität „über Nacht" bis hin zu Einjahresgeldern. Die Abschlüsse der Transaktionen erfolgen in der Regel telefonisch oder über elektronische Handelssysteme und werden schriftlich oder auch elektonisch über S.W.I.F.T.[48] bestätigt (GRILL, PERCZYNSKI, 2000, S. 316). Hierbei muss das Kreditvolumen, der Beginn der Laufzeit, die Laufzeit selber und der Zins verhandelt werden. Am Geldmarkt nennen die teilnehmenden Banken einen Brief- und einen Geldsatz.[49] Die gleichzeitige Nennung von Sätzen, zu denen die Banken bereit sind, Gelder anzunehmen und abzugeben, erhöht die Markttransparenz und erleichtert das Durchhandeln, d.h. das Aufnehmen und sofortige Weiterverleihen, von Geld (GRILL, PERCZYNSKI, 2000, S. 316). Die Laufzeit eines Geldmarktkredits beginnt mit dem Settlement, d.h. mit dem Zeitpunkt, an dem der Kreditnehmer über die Kreditsumme bei der Zentralbank verfügen kann.

Die am Geldmarkt gehandelten Kredite können in Tagesgelder, tägliche Gelder, Tagesgeld bis auf weiteres sowie in TOM/NEXT- und SPOT/NEXT-Geschäfte gegliedert werden, die alle im Unterabschnitt 4.1.1.1 beschrieben werden. Hinzu kommen noch Termingelder (Unterabschnitt 4.1.1.2) und Ultimogelder (Unterabschnitt 4.1.1.3).

4.1.1.1 Tagesgelder

Man unterscheidet Tagesgeld, tägliches Geld, Tagesgeld bis auf weiteres sowie die TOM/NEXT- und die SPOT/NEXT-Geschäfte; von diesen Geschäften ist das Tagesgeld – auch in der Form als TOM/NEXT- oder SPOT/NEXT-Geschäft – das Wichtigste.[50] Das Tagesgeld bis auf weiteres hat nach wie vor im Geldhandel deutscher Institute eine große Bedeutung, wogegen tägliches Geld heute kaum

---

[48] Das S.W.I.F.T. (Society for Worldwide Interbank Financial Telecommunication) System dient zur Übermittlung von Finanznachrichten an Banken und andere Finanzdienstleister. Neben administrativen Nachrichten können Daten den Zahlungs- und Wertpapierverkehr sowie die Geld- und Devisenmarktgeschäfte betreffend versendet werden. Daneben bietet das S.W.I.F.T System noch weitere, spezielle Dienste. Siehe hierzu genauer Grill, Perczynski (GRILL, PERCZYNSKI, 2000, S. 469f).

[49] In der Bankenpraxis nennen Kreditinstitute einen Geld- und einen Briefsatz. Während die Banken zum Geldsatz bereit sind, einen Kredit nachzufragen, wollen sie zum Briefsatz einen Kredit anbieten. (GRILL, PERCZYNSKI, 2000, S. 316).

[50] Die Begriffe TOM/NEXT und SPOT/NEXT stehen für tomorrow / next day mit einwerktägiger Valuta bzw. für spot / next day mit zweiwerktägiger Valuta.

noch verbreitet ist (BÜSCHGEN, 1998, S. 190). Während Tagesgelder eine Laufzeit von einem Tag bzw. von weniger als einem Tag haben und es keiner weiteren Kündigung bedarf, wird im Fall des täglichen Gelds eine unbefristete Laufzeit mit beidseitiger, eintägiger Kündigungsfrist des Kredits vereinbart (BÜSCHGEN, 1998, S. 190); im Fall des Tagesgelds bis auf weiteres (day to day money) wird ebenfalls ein Kredit mit unbefristeter Laufzeit abgeschlossen, allerdings kann dieser Kredit täglich bis gegen 11 Uhr von beiden Seiten mit Wirkung für diesen Tag gekündigt werden (BÜSCHGEN, 1998, S. 190). Soweit nichts Anderes vereinbart ist, wird der Zinssatz täglich neu fixiert (JARCHOW, 2003, S. 363). Nach Büschgen bietet das Tagesgeld bis auf weiteres im Vergleich zum traditionellen Tagesgeld und zum täglichen Geld praktische Vorteile, da es täglich verfügbar ist (BÜSCHGEN, 1998, S. 190). Man bezeichnet das tägliche Geld und das Tagesgeld bis auf weiteres wegen der Notwendigkeit einer Kündigung auch als Kündigungsgelder (call money). Schließlich gibt es auch die Möglichkeit, einen länger laufenden Geldmarktkredit abzuschließen. Man bezeichnet solche Geldmarktkredite mit einer festen Laufzeit als terminiertes Tagesgeld (JARCHOW, 2003, S. 364).

Das traditionelle Tagesgeld ist ein Kreditgeschäft, dessen Rückzahlung samt Verzinsung ohne weitere Kündigung innerhalb von 24 Stunden nach Geschäftsabschluss erfolgen muss. Die Tagesgelder stellen somit die Kreditgeschäfte mit den kürzesten Laufzeiten dar. Praktisch gesehen ergibt sich eine Laufzeit des Kredits über Nacht, weshalb diese Gelder im angelsächsischen Bereich als overnight money bezeichnet werden. Eine längere Laufzeit des Tagesgelds ergibt sich nur dann, wenn das Geschäft vor einem Feiertag oder an einem Freitag abgeschlossen wird. Im ersten Fall läuft das Geschäft über den Feiertag bis zum nächsten Werktag; im zweiten Fall läuft das Geschäft bis zum Montag. Der vereinbarte Zins gilt dann über den Feiertag bzw. über das Wochenende. Im Euro-Währungsgebiet hat sich der EONIA (Euro Overnight Index Average) für diese Art von Geldhandel als ein Referenzzinssatz etabliert.[51]

Während Tagesgeld und tägliches Geld schon vor 1990 üblich waren, sind die TOM/NEXT- und die SPOT/NEXT-Geschäfte in Deutschland erst seit zehn Jahren üblich. Bei TOM/NEXT-Geschäften vereinbaren die Parteien heute, dass ein Kreditgeschäft getätigt wird, dessen Laufzeit am folgenden Tag beginnt und genau einen Tag dauert. Mit einem SPOT/NEXT-Geschäft vereinbaren die Parteien heute, dass in zwei Tagen ein Kreditgeschäft getätigt wird, dessen Dauer ein Tag ist.

[51] Der EONIA ist ein Referenzzinssatz für über Nacht-Geschäfte im Geldhandel unter Kreditinstituten. Zu seiner Berechnung melden 49 Banken mit bester Bonität (EUROPEAN CENTRAL BANK, 2001c, S. 37, Stand: 19.01.2001) die Zinssätze für ihre in Euro denominierten Kredite im über Nacht-Geldhandel. Aus diesen Zinssätzen wird dann ein gewichteter Durchschnitt gebildet (EUROPEAN CENTRAL BANK, 2001e, S. 128).

Folgende Tabelle II.4.1 soll die zeitliche Dimension von traditionellem Tagesgeld (overnight money) und Tagesgeld als TOM/NEXT- bzw. SPOT/NEXT-Geschäft verdeutlichen. Das Beispiel wurde entnommen aus Grill und Perczynski (GRILL, PERCZYNSKI, 2000, S. 317).

	Abschlusstag	Laufzeitbeginn	Fälligkeit
Overnight	10.06. (Mo.)	10.06. (Mo.)	11.06. (Di.)
TOM/NEXT	10.06. (Mo.)	11.06. (Di.)	12.06. (Mi.)
SPOT/NEXT	10.06. (Mo.)	12.06. (Mi.)	13.06. (Do.)

Tab. III.4.1: Zeitliche Dimensionen von Geldmarktkrediten

Quelle: GRILL, PERCZYNSKI, 2000, S. 317.

Während bei dem traditionellen Tagesgeld Abschlusstag und Laufzeitbeginn zusammenfallen, ist dieses bei den TOM/NEXT- und SPOT/NEXT-Geschäften nicht der Fall. Man spricht daher im Fall des Tagesgelds von gleichtägiger Valutierung, während bei TOM/NEXT-Geschäften eine eintägige Valutierung bzw. bei SPOT/NEXT-Geschäften eine zweitägige Valutierung angewendet wird. In allen Fällen erfolgt die Rückzahlung sowie die Verzinsung einen Tag nach der Valutierung.

Das terminierte Tagesgeld ist ein Geldmarktkredit mit einer Laufzeit zwischen mehr als einem Tag und weniger als 30 Tagen. Auch hier gibt es standardisierte Laufzeiten, etwa 10-Tagegeld. Die Verzinsung erfolgt nach dem Kalender, so dass auch der 31. Tag eines Monats verzinst wird (GRILL, PERCZYNSKI, 2000, S. 317).

4.1.1.2 Termingelder

Unter den Termingeldern versteht man auf dem Geldmarkt Kredite mit fester Laufzeit oder mit einer Kündigungsfrist (BÜSCHGEN, 1998, S. 191). Im Rahmen der Geschäfte mit fester Laufzeit werden Geldmarktkredite mit einer Mindestlaufzeit von einem Monat vereinbart. In diesem Segment des Geldhandels haben sich Laufzeiten von einem Monat bis hin zu 12 Monaten als Standardlaufzeiten etabliert. Neben diesen Fristen kommen am Geldmarkt auch Kreditgeschäfte mit hiervon abweichender Laufzeit, die zum Teil den Zeitraum eines Jahres übersteigen, zustande (JARCHOW, 2003, S. 364). Diese Laufzeiten sind dann nicht standardisiert und somit das Ergebnis individueller Verhandlungen der beteiligten Banken.

Auch dieses Marktsegment ist, wie der Tagesgeldmarkt auch, stark durch die gängigen Marktusancen geprägt. Die Valutierung des Kreditbetrags erfolgt wie im Fall der SPOT/NEXT-Geschäfte zwei Tage nach Geschäftsabschluss. Mit dem Zeitpunkt der Anschaffung des Kreditbetrags (Settlement) beginnt auch die Verzinsung des Kredits über die ausgehandelte Laufzeit. Die Zinsermittlung erfolgt nach der Eurozinsmethode (actual/360). Hierbei werden die zu verzinsenden Tage genau ausgezählt und dann auf ein Jahr mit 360 Tage bezogen.[52] Zinsen werden in der Regel mit der Rückzahlung des Kapitals am Laufzeitende fällig. Im Bereich des Handels mit Termingeldern kommt dem EURIBOR (Euro Interbank Offered Rate) der Status eines Referenzzinssatzes zu.[53]

Nach Jarchow fragen die Banken u.a. aus zwei Motiven Termingelder nach, obwohl diese höher verzinst werden müssen als Tagesgeld bzw. Tagesgeld bis auf weiteres. Der Grund für den höheren Zinsaufwand bei Termingeldern im Vergleich zu Tagesgeldern liegt im Anstieg des Risikos aufgrund der längeren Laufzeit des unbesicherten Kredits. Die Gründe der Nachfrage nach Termingeldern sind dann in folgenden Punkten zu sehen. Erstens fragen Banken Termingelder nach, wenn sie erkennen, dass ihre Liquiditätsdisposition die Hereinnahme eines längerfristigen Kredits erfordert, weil entweder ein solcher Bedarf tatsächlich vorliegt, oder weil man sich längerfristig aktuelle Konditionen in Erwartung eines steigenden Zinsniveaus sichern will. Ein zweites Motiv für das Eingehen eines Termingeldkredits kann eine bereits heute bekannte, starke Nachfrage der Bankkunden nach Liquidität an einem späteren Zeitpunkt sein. Solche starken Liquiditätsanspannungen liegen zum Beispiel vor Weihnachten bzw. am Jahresende vor. Zu diesen Terminen wollen sich die Banken eher langfristig Liquidität verschaffen, da mit einer Anspannung der Liquiditätssituation und höheren Zinssätzen dann auch im Tagesgeldhandel unter Banken gerechnet werden muss (JARCHOW, 2003, S. 365).

4.1.1.3 Ultimogelder

Kennzeichnend für Ultimogelder ist, dass die Laufzeit dieser Geldmarktkredite entweder kurz über den Monatsultimo oder kurz über den Jahresultimo hinausgeht. Diese Tatsache macht eine Zuordnung der Ultimogelder, je nach deren Laufzeit, sowohl zu den Termingeldern als auch zu den terminierten Tagesgeldern

---

[52] Jarchow (JARCHOW, 2003, S. 365) führt hierfür folgendes Beispiel an: Ein Geldmarktkredit wird am 29.04. gewährt. Er soll am 01.08. fällig sein. Nach den gängigen Usancen wird der Kreditbetrag am 01.05. valutiert; es beginnt am 01.05. ebenfalls die Verzinsung. Der zu zahlende Zins errechnet sich bei der Methode (act/360) aus:

$$Z = \frac{i}{100} \cdot \frac{n}{360} \quad .$$

Hierbei bezeichnet n die Laufzeit in Tagen, also 92 Tage. Mit i wird der Zinssatz p.a. bezeichnet.

[53] Der EURIBOR stellt einen täglich ermittelten Referenzzinssatz. Vgl. Fußnote 34.

möglich. Weist ein Ultimogeld eine Laufzeit von mehr als 30 Werktagen auf (maximal sechs Monate), dann ordnet man diesen Kredit den Termingeldern zu. Ist die Laufzeit des Ultimogeldes hingegen kürzer als diese Frist, spricht man von terminiertem Tagesgeld (JARCHOW, 2003, S. 365).

4.1.2 Papiere des Bankengeldmarkts: Certificates of Deposit

Unter Certificates of Deposit[54] versteht man verbriefte Termineinlagen bei Geschäftsbanken (GRILL, PERCZYNSKI, 2000, S. 318). Erste Märkte für diese Papiere entstanden in den USA um 1960, auf dem Eurogeldmarkt 1966 und in Großbritannien 1968. Mitte der 70er bis Mitte der 80er Jahre des letzten Jahrhunderts erfolgte die Einführung dieser Titel in den meisten europäischen Staaten. Die größten Märkte befanden sich bis Mitte der 90er Jahre des letzten Jahrhunderts in den USA, Japan, Großbritannien und am Eurogeldmarkt (HASEWINKEL, 1993, S. 144f). Zum besseren Verständnis des Charakters der Certificates of Deposit sollen zunächst einige knappe Ausführungen zu Sicht- und zu Termineinlagen folgen.

Private und Unternehmen können Sicht- und Termineinlagen bei Banken unterhalten. Der Vorteil der Sichteinlagen besteht darin, dass sie eine sehr liquide Anlageform darstellen. Sichteinlagen können auf Sicht in Zahlungsmittel umgewandelt werden. Es handelt sich hierbei also um täglich fällige Gelder. Aufgrund der Tatsache, dass Sichteinlagen im Rahmen des Zahlungsverkehrs der Kunden praktisch sofort durch eine Barabhebung, Scheck oder eine Überweisung abgerufen werden können, ist die Verzinsung dieser Einlagen relativ gering. Eine Sichteinlage wird nicht verbrieft und hat keine vereinbarte Laufzeit bzw. Kündigungsfrist (JARCHOW, 2003, S. 6f).

Termineinlagen unterscheidet man in Festgelder und Kündigungsgelder. Im Fall der Festgelder wird eine Laufzeit, im Fall der Kündigungsgelder eine Kündigungsfrist vereinbart. Ein Festgeld kann nur nach Ablauf der Laufzeit und ein Kündigungsgeld kann nur bei Einhaltung der Kündigungsfrist ohne Abzug in Zahlungsmittel umgewandelt werden. Will der Kunde jedoch vor diesem Datum über den Anlagebetrag verfügen, dann kann er dies nur tun, wenn er in beiden Fällen eine Strafe in Form von Vorschusszinsen in Kauf nimmt (JARCHOW, 2003, S. 7). Hieraus wird deutlich, dass Termingelder weniger liquide Anlageformen darstellen als Sichteinlagen und dass demzufolge die Verzinsung der Termineinlagen auch höher ist als im Fall der Sichteinlagen. Termineinlagen sind Buchschulden und lauten auf den Namen des Investors (GRILL, PERCZYNSKI, 2000, S. 318).

Certificates of Deposit stellen – wie bereits erläutert – eine verbriefte Termineinlage dar. Genauer emittieren Geschäftsbanken im Rahmen einer Daueremission

[54] Im deutschen Sprachgebrauch werden diese Papiere auch als Einlagenzertifikate oder Depositenscheine bezeichnet (EILENBERGER, 1996a, S. 505 und TEBROKE, 1995, S. 716).

unbesicherte nicht börsennotierte Einlagenzertifikate, die das Gläubigerrecht an einer Termineinlage verbriefen. Dieses Zertifikat lautet auf einen Nennbetrag und enthält Angaben zur Fälligkeit und der Verzinsung (PERRIDON, STEINER, 1999, S. 172). Im Gegensatz zu den oben erläuterten Termineinlagen stellen Certificates of Deposit verbriefte Inhaberpapiere dar.

Die Einlagenzertifikate werden als Kuponpapiere emittiert und orientieren sich an Geldmarktzinsen. Die Verzinsung ist bei kürzerer Laufzeit fest und liegt leicht über der Verzinsung von laufzeitgleichen Schatzwechseln, da Banken eine im Vergleich zum Staat geringere Bonität aufweisen (TEBROKE, 1995, S. 716). Man spricht in diesem Fall von Fixed Rate Certificates of Deposit. Länger laufende Papiere werden mit einem variablen Kupon ausgestattet, wobei dieser an einen Referenzzinssatz, in der Regel an LIBOR oder EURIBOR, gebunden ist. Solche Papiere nennt man Floating Rate Certificates of Deposit. In beiden Fällen erfolgt die Zinszahlung bei Fälligkeit des Papiers. Hierzu muss der Inhaber das Wertpapier der entsprechenden Bank vorlegen (EILENBERGER, 1996b, S. 77).

Als Emittenten der Certificates of Deposit kommen nur Geschäftsbanken in Frage (TEBROKE, 1995, S. 716 und PERRIDON, STEINER, 1999, S. 172); Nachfrager dieser Papiere sind Geldmarktfonds, Versicherer, Kapitalsammelstellen, Private, Staaten sowie Unternehmen (EILENBERGER, 1996a, S. 505). Im Zentrum der Anlageentscheidung dieser Investoren steht meist die kurzfristige Anlage von überschüssiger Liquidität. Der Handel mit Certificates of Deposit erfolgt überwiegend telefonisch oder über elektronische Handelssysteme.

Das Spektrum der Laufzeiten der Certificates of Deposit reicht vom Geldmarktbereich bis in den Kapitalmarktbereich. Daher sind Laufzeiten zwischen wenigen Tagen bis zu fünf Jahren möglich (HASEWINKEL, 1993, S. 143). Am Geldmarkt hauptsächlich gehandelte Papiere weisen eine Laufzeit zwischen ein und neun Monaten auf (TEBROKE, 1995, S. 716).

Der Grund für die Emission von Certificates of Deposit durch Banken liegt in der Tatsache, dass diese Instrumente den Banken einen Einfluss auf ihr Passivgeschäft erlauben (MATTES, 1995, S. 1705).[55] Während Termin- und Sichteinlagen im Rahmen der Passivgeschäfte einer ständigen Revision der Investitionsentscheidung durch Kunden unterliegen, ist es für eine Bank möglich, durch die Daueremission von Certificates of Deposit Passiva zu akquirieren, deren Volumen bis zu ihrer Fälligkeit nicht mehr von Kunden beeinflusst werden können. Der

---

[55] Aus der Sicht von Geschäftsbanken ist ein Passivgeschäft Ausdruck der Disposition von Gläubigern über ihre Einlagen bei den Banken. Ein Bankkunde verfügt bei einem Passivgeschäft über seine Forderung gegen die betreffende Bank. *„Hieraus resultiert in der Bankbilanz eine Änderung der Passivseite, ohne dass gleichzeitig der Bestand an Aktiva, die keine inländischen Zahlungsmittel darstellen, verändert wird.“* (JARCHOW, 2003, S. 18f). Als Beispiel für den beschriebenen Vorgang gilt die Umwandlung von Termineinlagen in Sichteinlagen und umgekehrt. Im ersten Fall tritt eine Geldschöpfung ein, im zweiten Fall eine Geldvernichtung.

Charakter der Daueremission dieser Titel macht die Aufbringung hoher Passivpositionen möglich. Zwar können Investoren untereinander die Einlagenzertifikate handeln, doch stellt das gesamte Emissionsvolumen beschaffter Passiva nun ein Datum dar. Einzig durch eine Rückkaufentscheidung der Bank kann das Volumen der betreffenden Passivposition vor Fälligkeit verändert werden (TEBROKE, 1995, S. 716).

Problematisch ist in diesem Zusammenhang zu sehen, dass die Mittelzufuhr bei Banken nur von kurzer Dauer ist. Die Emission von Einlagenzertifikaten ist daher von Hasewinkel als Geldmarktzwischenfinanzierung bewertet worden (HASEWINKEL, 1993, S. 143). Zwar werden auch Einlagenzertifikate im Rahmen von Daueremissionen begeben, doch müssen auch diese Papiere nach einer abgelaufenen Tranche erst erfolgreich untergebracht werden.

Dagegen zählt als Vorteil dieser Papiere ihre Flexibilität. Certificates of Deposit sind kurzfristig und schnell emittierbar und verursachen dabei keine hohen Emissionskosten (TEBROKE, 1995, S. 716).

Für Anleger ist von großer Bedeutung, dass die Einlagenzertifikate fungible, d.h. handelbare, Wertpapiere darstellen. Wie bereits erläutert, sind Certificates of Deposit Inhaberpapiere, die von Investoren vor ihrer Fälligkeit an andere weiterveräußert werden können. Es wird hierbei keine Strafe in Form von Vorschusszinsen fällig wie im Fall der Auflösung einer reinen Termineinlage bei Banken. Den Investoren ist somit die Revision ihrer Investitionsentscheidung möglich, wenn sie über Liquidität verfügen müssen bzw. falls sie eine aus ihrer Sicht attraktivere Investitionsmöglichkeit entdecken. Mit anderen Worten: Die Investoren können sich von ihrem Engagement leicht trennen; Strafen in Form von Vorschusszinsen beeinflussen ihre Anlageentscheidungen nicht. Es existiert ein Sekundärmarkt in London und Luxemburg, auf dem Certificates of Deposit gehandelt werden (EILENBERGER, 1996b, S. 77).

4.1.3 Besondere Geschäfte des Bankengeldmarkts

In Folgenden sollen Repos,[56] und Devisenswaps beschrieben werden. Zuerst werden die Repos im Unterabschnitt 4.1.3.1 behandelt. Hierbei wird auf die Definition, charakteristische Merkmale und Marktusancen bei Repo-Geschäften eingegangen. Anschließend werden Devisenswaps im Unterabschnitt 4.1.3.2 vorgestellt. Auch hier wird auf Definition und Merkmale eingegangen.

[56] Die Repos stehen kurz für Repurchase Agreements und stellen eine besondere Transaktion am Geldmarkt, in der Regel zwischen Banken, dar.

4.1.3.1 Repos

Ein Repo-Geschäft[57] unter Geschäftsbanken stellt die befristete Gewährung eines Kredits gegen die Übertragung von Sicherheiten, nämlich gegen Wertpapiere, dar. Hierbei verkauft der Pensionsgeber[58] Wertpapiere an den Pensionsnehmer. Die Besonderheit ist, dass ein Repo-Geschäft den Rückkauf der Sicherheiten per Termin, d.h. am Ende der Repo-Laufzeit, beinhaltet (DEUTSCHE BUNDESBANK, 2000a, S. 26 und EUROPÄISCHE ZENTRALBANK, 2002c, S. 61).

Diese Definition impliziert, dass die als Sicherheit dienenden Papiere durch Rückkauf zu dem Pensionsgeber zurückkehren, d.h. grundsätzlich muss der Pensionsnehmer Wertpapiere von der gleichen Art zurückgeben.[59] Beim Abschluss eines Repos müssen sich die Parteien daher über die als Sicherheit dienenden Wertpapiere, über den Zeitpunkt des Rückkaufs sowie über den Preis des Rückkaufs bzw. über einen Zinssatz einigen.

Ein Repo-Geschäft vereint in sich Merkmale von zwei grundsätzlich verschiedenen Transaktionen: nämlich von besicherten Krediten und von definitiven Transaktionen (outright transactions). In diesem Sinne kann der Pensionsnehmer die vom Pensionsgeber übertragenen Wertpapiere während der Laufzeit verkaufen (EUROPÄISCHE ZENTRALBANK, 2002c, S. 62). Insbesondere bei den Special Collateral Repos wird dieses interessant, weil so lieferbare Anleihen für Future-Kontrakte zum Beispiel an der Eurex beschafft werden können. Die Möglichkeit des Verkaufs der unterliegenden Papiere spricht dem Repo eher den Charakter einer definitiven Transaktion als eines besicherten Kredits zu (LUMPKIN, 1993, S. 59f).

Auf der anderen Seite erfolgt bei größeren Veränderungen des Kurswerts der Sicherheiten eine quantitative Anpassung (marked to market) (EUROPÄISCHE ZENTRALBANK, 2002c, S. 62). Diese Anpassung entspricht eher dem Charakter eines besicherten Geschäfts als dem Charakter einer definitiven Transaktion. Der

---

[57] Im US-amerikanischen Sprachgebrauch werden zwei Begriffe für ein Repo Geschäft verwendet, je nach dem Blickwinkel des Betrachters. Ein Pensionsgeber (er verkauft zu Beginn Wertpapiere und ist daher der Kreditnehmer) wird das Geschäft ebenfalls als Repo bezeichnen; für den Pensionsnehmer (er bezahlt zu Beginn, gewährt also den Kredit) jedoch ist dieses Geschäft ein „Reverse Repo“ oder ein „Matched Sale-Purchase Agreement“. Eine weitere amerikanische Besonderheit ist, dass ein Geschäft nach seinem Initiator bezeichnet wird. Wenn also der Pensionsgeber ein Geschäft anbahnt, spricht man von einem Repo, andernfalls von einem Reverse Repo. Von dieser Regel gibt es Ausnahmen. Wenn das Fed System als Initiator im Rahmen der Offenmarktpolitik kurzfristig Liquidität zur Verfügung stellt, spricht man trotzdem von einem Repo Geschäft. (LUMPKIN, 1993, S. 59).

[58] In der Ausgangslage hat der Pensionsgeber eine long Position in Wertpapieren und der Pensionsnehmer eine long Position in Geld.

[59] Nach Lumpkin gibt es zumindest in den USA eine kleine Einschränkung: In den USA ist es möglich, dass statt der ursprünglichen Papiere dem Rückkauf andere ähnliche Wertpapiere zu Grunde liegen (LUMPKIN, 1993, S. 59).

Pensionsgeber kann vom Pensionsnehmer aufgefordert werden, zusätzliche Sicherheiten zu stellen, wenn ein gewisser Kursverlust der unterliegenden Papiere eingetreten ist. Ebenso kann bei einem Kursanstieg der Sicherheiten der Pensionsgeber die Herausgabe eines Teils der Sicherheiten fordern (LUMPKIN, 1993, S. 63).

Ein Repo-Geschäft unter Geschäftsbanken ist nicht mit einem am offenen Markt getätigten Wertpapierpensionsgeschäft der Zentralbank zu verwechseln. Bei einem Repo findet das Geschäft ohne Beteiligung der Zentralbank statt; ein am offenen Markt getätigtes Wertpapierpensionsgeschäft hingegen bedingt die Beteiligung der Zentralbank. Im weiteren Verlauf soll der Ausdruck „Repo" ein Geschäft ohne Beteiligung der Zentralbank bezeichnen.[60]

Man unterscheidet – wie oben angedeutet – zwei verschiedene Arten von Repo-Geschäften: das „General Collateral Repo" und das „Special Collateral Repo".

Im Fall des General Collateral Repos steht das Interesse eines Pensionsgebers an einem Kreditgeschäft im Vordergrund, wobei der Kredit durch Wertpapiere – in der Regel bonitätsmäßig erstklassige Staatsanleihen – besichert wird. Pensionsgeber und Pensionsnehmer müssen sich u.a. über das als Sicherheit dienende Wertpapier einigen; wichtig ist hierbei, dass kein bestimmtes Papier Grundlage des Geschäfts sein muss. Im Zentrum des General Collateral Repo steht somit die kurzfristige Liquiditätsbeschaffung (DEUTSCHE BUNDESBANK, 2000a, S. 27).

Bei einem Special Collateral Repo ist dieses anders. Hier besteht ein Interesse des Pensionsnehmers an einem bestimmten speziellen Wertpapier, wobei dann dem Geld die Rolle der Sicherheit zufällt. Aus diesem Grund ist hier die Beschaffung eines Wertpapiers im Vordergrund zu sehen (DEUTSCHE BUNDESBANK, 2000a, S. 27). Ein Special Collateral Repo wird u.a. – wie oben schon erwähnt worden ist – zur Beschaffung von Anleihen eingesetzt, die im Zuge eines Future-Kontrakts geliefert werden müssen (EUROPEAN CENTRAL BANK, 2001f, S. 13).[61] Im Rahmen eines Futures wird in einem Zeitpunkt t_0 vereinbart, dass in einem Zeitpunkt t_1 in der Zukunft ein Basiswert (z.B. eine Anleihe) zu einem in t_0 vereinbarten Preis gekauft oder verkauft wird. Es ist denkbar, dass der Verkäufer der Anleihe diese zum Zeitpunkt t_0 gar nicht besitzt und sie deshalb – falls kein Barausgleich vorgesehen ist – beschaffen muss, da die Lieferung der Wertpapiere zum Zeitpunkt t_1 zu erfolgen hat. In diesem Fall kann der Verkäufer versuchen, die benötigten An-

---

[60] Im US-amerikanischen Sprachgebrauch ist diese Aussage einzuschränken. Wie in Fußnote 57 erläutert worden ist, bezeichnet man in den USA liqiditätszuführende Offenmarktgeschäfte des Fed Systems sehr wohl als Repos (LUMPKIN, 1993, S. 59). Auch die Europäische Zentralbank bezeichnet ihre liquiditätszuführenden Offenmarktgeschäfte als Repos (EUROPÄISCHE ZENTRALBANK, 2002c, S. 61).

[61] Auch andere Wertpapiere wie z.B. private Anleihen können durch ein Special Collateral Repo beschafft werden. Bedingung hierfür ist, dass die betreffenden Wertpapiere zum einen nicht hochliquide, zum anderen aber bonitätsmäßig erstklassig sind.

leihen über ein Special Collateral Repo zu beschaffen. Auf Charakteristika von Futures wird genauer im Abschnitt 5 eingegangen. Ebenso kann man mit einem Special Collateral Repo Wertpapiere besorgen, die im Rahmen von Forward-Geschäften short verkauft worden sind (HASEWINKEL, 1993, S. 121 und LUMPKIN, 1993, S. 68). Auch bei einem Forward-Geschäft wird in t_0 beschlossen, dass in einem Zeitpunkt t_1 in der Zukunft ein Wertpapier zu einem in t_0 vereinbarten Preis gekauft oder verkauft wird. Im Unterschied zu Futures werden Forward-Geschäfte nicht börsenmäßig gehandelt. Während die Futures stark standardisierte Geschäfte sind, werden Forward-Geschäfte „over the counter" abgeschlossen und sind deshalb wenig standardisiert. Auch im Fall der Forward-Geschäfte ist es möglich, dass der Verkäufer die Wertpapiere in t_0 gar nicht besitzt, also eine short Position aufweist (Leerverkauf), und sie daher durch ein Special Collateral Repo für die Lieferung in t_1 besorgen muss.

Nach der Definition eines Repos sowie nach der Klärung der verschiedenen Motive für Repo-Geschäfte sollen nun einzelne Merkmale dieser Geschäfte wie Verzinsung, Laufzeiten, Teilnehmer u.a. behandelt werden.

Die Verzinsung des gewährten Kredits im Rahmen eines Repo-Geschäfts ergibt sich aus dem bei Geschäftsabschluss festgelegten Rückkaufspreis der Wertpapiere bzw. aus der Vereinbarung eines Zinses. Zum einen ist denkbar, dass die Papiere unterschiedliche Verkaufs- und Rückkaufkurse aufweisen. In diesem Fall ist der Rückkaufkurs höher als der Verkaufkurs; die Kursdifferenz spiegelt den Zins wider und muss sich an Geldmarktsätzen mit vergleichbarer Laufzeit orientieren. Zum anderen ist es auch üblich, dass die Wertpapiere zu gleichen Kursen verkauft und zurückgekauft werden. Hier ist dann aber zusätzlich die Fixierung eines in der Regel festen Zinses, des Repo-Satzes, der sich wiederum an Sätzen von Geldmarktkrediten mit vergleichbarer Laufzeit orientiert, notwendig (HASEWINKEL, 1993, S. 115f). Es kommen auch Repo-Geschäfte mit variablem Zins vor (INTERNATIONAL SECURITIES MARKET ASSOCIATION, 2002, S. 8). Aufgrund der Tatsache, dass ein besichertes General Collateral Repo-Geschäft im Vergleich zu einem laufzeitgleichen Geldmarktkredit ein geringeres Risiko aufweist, ist auch der Repo-Satz meist geringer als der Zins eines Geldmarktkredits gleicher Laufzeit (DEUTSCHE BUNDESBANK, 2000a, S. 26 und EUROPÄISCHE ZENTRALBANK, 2002c, S. 65). Ein weiterer Einflussfaktor für die Zinsgestaltung ist die Verfügbarkeit von geeigneten Sicherheiten für Repos (LUMPKIN, 1993, S. 60). Im Fall der Special Collateral Repos liegt der Repo-Satz ebenfalls in der Regel unter dem Satz für unbesicherte Geldmarktkredite gleicher Laufzeit (EUROPÄISCHE ZENTRALBANK, 2002c, S. 66).

Bei der Verzinsung eines Repo-Geschäfts muss betont werden, dass der Pensionsnehmer nur den vereinbarten Zins bzw. die vereinbarte Kursdifferenz der Wertpapiere erhält. Die Verzinsung eines Repos orientiert sich, wie oben erläutert, in erster Linie an Geldmarktkonditionen, jedenfalls nicht an eventuellen Kuponzahlungen aus dem unterliegenden Papier. Anfallende Kupon- oder Zinszahlungen, die der Schuldner des unterliegenden Wertpapiers während der Laufzeit des Repos leistet, fallen dem Pensionsgeber zu. Sie beeinflussen daher den Zinsertrag des Pensionsnehmers nicht (LUMPKIN, 1993, S. 60).

Repo-Geschäfte sind dem kurzfristigen Laufzeitenspektrum des Geldmarkts zuzuordnen. Prinzipiell kommen Laufzeiten von über Nacht bis zu einem Jahr, gelegendlich auch darüber hinaus, in Betracht. Innerhalb dieser Spanne kann die Laufzeit eines Repos den Bedürfnissen der Handelspartner angepasst werden. Während die Repo-Geschäfte im Bereich der über Nacht laufenden Transaktionen nur eine relativ geringe Bedeutung haben, sind sie als TOM/NEXT- und SPOT/NEXT-Geschäfte weit verbreitet. Auch im Laufzeitbereich zwischen einem Tag und einer Woche oder zwischen einer Woche und einem Monat werden sie schwerpunktmäßig eingesetzt (EUROPEAN CENTRAL BANK, 2001f, S. 11). Daneben kommen wie bei Tagesgeldern auch Transaktionen „bis auf weiteres“, auch Open Basis Repos genannt, vor. Diese Repo-Geschäfte bis auf weiteres sind wie Tagesgelder bis auf weiteres eine Aneinanderreihung von über Nacht-Geschäften, wobei werktäglich über Fortsetzung des Geschäfts, Anpassung der Sicherheiten, Volumen und Zins verhandelt werden muss (LUMPKIN, 1993, S. 60). Open Basis Repos können von beiden Seiten unter Einhaltung einer Kündigungsfrist gekündigt werden (INTERNATIONAL SECURITIES MARKET ASSOCIATION, 2002, S. 20f). Alle anderen Repo-Geschäfte sind nur schwer zu prolongieren. Eine weitere Besonderheit im Bereich der Laufzeit stellen die Forward-Forward-Repos dar. In diesem Fall wird ein Repo-Kontrakt heute geschlossen, wobei das Geschäft erst (mehr als zwei Tage) in der Zukunft beginnt (INTERNATIONAL SECURITIES MARKET ASSOCIATION, 2002, S. 21).

Die zwei Hauptfunktionen der Repo-Geschäfte wurden bereits erwähnt, nämlich erstens die Aufnahme oder Anlage von Liquidität (General Collateral Repo). Diese Funktion ist die wichtigste der Repo-Geschäfte. Die Besicherung des Kredits ist als Alternative zu einem reinen Geldmarktkredit zu sehen. Die zweite wichtige Funktion ist die Beschaffung eines speziellen Wertpapiers (Special Collateral Repo).

Darüber hinaus stellen Repos eine Möglichkeit für den Pensionsgeber dar, seine Finanzierungskosten gegenüber einem unbesicherten Kredit zu senken. Der Pensionsgeber nutzt hierbei die im Vergleich zu sich selbst bessere Bonität des Emittenten der unterliegenden Papiere aus, um am Geldmarkt liquide Mittel aufzunehmen. Der Pensionsnehmer hat ebenfalls einen Vorteil, da er durch das Repo-Geschäft seine Mittel zu Geldmarkt ähnlichen Konditionen anlegen kann, wobei das Risiko durch die Wertpapierbesicherung geringer als bei einem unbesicherten Kredit ausfällt. Insbesondere bei längeren Laufzeiten gewinnt diese Überlegung an Attraktivität (DEUTSCHE BUNDESBANK, 2000a, S. 26).

Ein weiterer Vorteil der Repo-Geschäfte im Vergleich zu unbesicherten Krediten im Handel unter Banken liegt in der Tatsache, dass unbesicherte Kredite nicht in unbegrenzter Höhe vergeben werden (DEUTSCHE BUNDESBANK, 2000a, S. 27). Vielmehr existieren Limite, die die geldmarktaktiven Häuser im Kredithandel mit anderen Banken sich selbst aus Risikoaspekten setzten. Ein Repo-Geschäft ist nun nichts anderes als ein besicherter Geldmarktkredit, wodurch die Kreditbegrenzung zu einer Frage der Qualität und Quantität der unterliegenden Papiere wird. Darüber hinaus muss der Geldgeber einen unbesicherten Kredit in Höhe von 20 v.H. des Buchwerts mit Eigenkapital unterlegen (BÜSCHGEN, 1998, S. 1132). Wird der Kredit dagegen im Rahmen eines Repos mit Papieren eines OECD-Staats besichert, dann muss dieses Repo-Geschäft nicht durch Eigenkapital unterlegt werden (BÜSCHGEN, 1998, S. 1131). Im Hinblick auf aufsichtsrechtliche Normen wie den § 10 KWG lässt sich daher mit einem Repo gegenüber einem unbesicherten Kredit Eigenkapitalunterlegung sparen (DEUTSCHE BUNDESBANK, 2000a, S. 26).[62]

Die Volumina der im Euro-Währungsgebiet gehandelten Kontrakte müssen nach dem Motiv (Liquiditäts- oder Wertpapierbeschaffung) differenziert werden. Im Fall der General Collateral Repos, die als Alternative zum unbesicherten Kredit gelten, ist mittlerweile ein Volumen von 100 Mio. Euro Standard. Es kommen jedoch auch Geschäfte mit einem Volumen von 1 Mrd. oder 2 Mrd. Euro vor (EUROPEAN CENTRAL BANK, 2001f, S. 14 und EUROPÄISCHE ZENTRALBANK, 2002c, S. 68).

Die Volumina der Transaktionen am Special Collateral Repo-Markt sind vergleichsweise geringer, weil bei diesen Geschäften das Interesse an der Beschaffung eines besonderen Papiers besteht. Im Euro-Währungsgebiet haben sich bei diesen Geschäften Volumina von 20 Mio. bis 50 Mio. Euro als Standard herausgebildet. Große Transaktionen können jedoch auch mehr als 100 Mio. Euro aufweisen (EUROPEAN CENTRAL BANK, 2001f, S. 14).

Als unterliegende Sicherheiten eines General Collateral Repos werden in der Regel Anleihen – staatliche und (weniger häufig) private – genutzt. In letzter Zeit werden auch vereinzelt Aktien und andere Wertpapiere als Sicherheiten verwendet. Ihr Anteil ist – gemessen an den Staatspapieren – aber noch gering (EUROPÄISCHE ZENTRALBANK, 2002c, S. 69). Gemeinsam ist allen als Sicherheiten dienenden Papieren, dass sie von Schuldnern guter Bonität stammen müssen (LUMPKIN, 1993, S. 62). Aus diesem Grund stellen Staatspapiere nach wie vor den überwältigenden Teil der als Sicherheiten genutzten Papiere dar (EUROPEAN CENTRAL BANK, 2001f, S. 14).[63] Das Risiko eines Repo-Geschäfts ist also davon

---

[62] Genauer wird auf diese aufsichtsrechtliche Norm, den § 10 KWG, im Rahmen des Zinsrisikomanagements mit Derivaten (Unterabschnitt 5.1.1 bzw. Abschnitt 5.3, sowie Fußnote 110) eingegangen.

[63] Bei einem Special Collateral Repo besteht das Interesse an einem bestimmten Wertpapier. Dieses kann eine Anleihe oder eine Aktie sein. Hier ist das Geld als Sicherheit zu sehen.

abhängig, wie riskant und volatil die unterliegenden Papiere (Kursrisiko) sind bzw. wie sich die Bonität des Emittenten der Papiere entwickelt (HASEWINKEL, 1993, S. 116). Hinzu kommt noch das allgemeine Zinsänderungsrisiko am Geldmarkt. Insbesondere bei längeren Laufzeiten müssen dieses Aspekte berücksichtigt werden.

Zur quantitativen Ermittlung des Werts der Sicherheiten geht man von aktuellen Marktwerten der Papiere aus. Zu diesem Marktwert werden eventuelle während der Laufzeit des Geschäfts anfallende Zinsen hinzugezählt. Anschließend wird von diesem Wert ein Teil, ein sogenannter „haircut", abgezogen. Die Höhe des Abzugs orientiert sich grundsätzlich an zwei Kriterien. Einerseits hängt die Höhe des haircut von der Kursvolatilität des unterliegenden Wertpapiers bei gegebener Zinsveränderung ab; andererseits hängt die Höhe des Abzugs auch von der Bonität des Emittenten des als Sicherheit dienenden Wertpapiers ab (LUMPKIN, 1993, S. 62f). Um das Risiko des Kreditgebers (Pensionsnehmer) zu senken, wird der Preis eines Repo-Geschäfts durch die Abzüge unterhalb des aktuellen Marktwerts der Wertpapiere gedrückt. Tägliche Überprüfungen des Marktwerts der Sicherheiten sowie gegebenenfalls quantitative Anpassungen gewährleisten, dass zu jeder Zeit ausreichend Sicherheiten, gemessen am Kreditvolumen des Repos, vorhanden sind (LUMPKIN, 1993, S. 63).

Repos werden in der Regel unter Geschäftsbanken abgeschlossen. In jüngster Zeit treten außer den Banken auch Nichtbanken wie große Kapitalgesellschaften, Versicherungen und Kapitalsammelstellen am Repo-Markt auf (EUROPÄISCHE ZENTRALBANK, 2002c, S. 69). Grenzüberschreitende Geschäfte und Transaktionen in nationalem Rahmen werden zu etwa gleichen Teilen abgeschlossen. Ist eine Bank Pensionsnehmer, dann „bezahlt" diese die Wertpapiere mit Zentralbankguthaben. Hier lässt sich das Repo-Geschäft gut in seiner Funktion als besicherte Alternative zu Geldmarktkrediten unter Banken erkennen.[64]

Neuere Entwicklungen am Repo-Markt des Euro-Währungsgebiets zielen darauf ab, den Markt für Repos transparenter und attraktiver im Vergleich zu unbesicherten Krediten zu gestalten. Im Rahmen dieser Bemühungen ist seit März 2002 die Veröffentlichung eines Referenzzinssatzes für den Repo-Markt im Euro-Währungsgebiet zu nennen. Dieser Referenzzinssatz, der „EUREPO", wird von europäischen Bankenverbänden für General Collateral Repos erstellt.[65] Ähnlich wie bei der Berechnung des EURIBOR werden bei der Ermittlung des EUREPO zur Zeit 38 bonitätsmäßig beste Banken werktäglich nach den General Collateral Repo-Sätzen für Geschäfte mit bonitätsmäßig ebenso guten Banken für verschiedene Laufzeiten von TOM/NEXT bis hin zu 12 Monaten befragt. Ziel ist es, durch den EUREPO eine höhere Markttransparenz zu erhalten sowie neue Geschäftsfel-

---

[64] Falls eine Nichtbank der Pensionsnehmer ist, dann wird mit Sichtguthaben bei Banken bezahlt.

[65] Zum EUREPO siehe genauer www.eurepo.org.

der, etwa durch Swaps zwischen EURIBOR und EUREPO, aufzubauen (FRANKFURTER ALLGEMEINE ZEITUNG, 2002a, S. 26).

Abschließend sollen in diesem Teil noch die Ergebnisse einer neuen Analyse des Repo-Markts im Euro-Währungsgebiet angeführt werden. Diese Studie gibt Einblick in die aktuelle Marktsituation. Sie wurde im Dezember 2001 zum zweiten Mal unter Beteiligung von Banken durch die International Securities Market Association (ISMA) durchgeführt.[66] [67]

Als Schätzgröße für das Volumen des gesamten Repo-Markts im Euro-Währungsgebiet nennt die ISMA-Studie einen Wert in Höhe von 2.298 Mrd. Euro (INTERNATIONAL SECURITIES MARKET ASSOCIATION, 2002, S. 17). Dieser Wert ist nicht – wie in Fußnote 66 angedeutet – um Doppelzählungen bereinigt worden. Er repräsentiert das Volumen ausstehender Repo-Geschäfte von 55 Banken im Dezember 2001 sowie von 11 Banken im Juni 2001.

Die 55 Banken gaben in der Umfrage im Dezember 2001 weiter an, dass 44,7 v.H. der Geschäfte dieser Kreditinstitute mit ihren Partnern direkt abgeschlossen worden sind, während bei 40,1 v.H. der Geschäfte ein Broker in Anspruch genommen wurde. Durch elektronischen Handel wurden bereits 15,2 v.H. aller Transaktionen angebahnt (INTERNATIONAL SECURITIES MARKET ASSOCIATION, 2002, S. 17). Die wachsende Bedeutung des elekronischen Repo-Handels resultiert aus den Vorteilen eines elektronischen Handelsplatzes. Zum einen herrscht im elektronischen Handel eine große Markttransparenz bezüglich der Repo-Sätze. Zum anderen können die Teilnehmer Transaktionskosten einsparen, da die Abwicklung schneller und günstiger verläuft. Ein dritter Vorteil des elektronischen Handels liegt in dem relativ einfachen Netting von Repos und Reverse Repos. Über elektronische Handelssysteme, die einem Clearing System angeschlossen sind, können die Marktteilnehmer die Ansprüche und Verbindlichkeiten aus Repos und Reverse

---

[66] Im Dezember 2001 haben 55 in Europa tätige Banken an der Umfrage teilgenommen, während in der vorherigen Umfrage im Juni 2001 nur 48 Banken teilnahmen. Von diesen 48 Banken haben 11 an der Umfrage im Dezember nicht teilgenommen. Um einen Schätzer des Repo-Marktvolumens zu erhalten, wurden im Dezember die Daten dieser 11 Banken bezüglich des Volumens ihrer ausstehenden Repo Geschäfte zu dem Volumen der 55 Banken gezählt. In allen anderen Untersuchungen wurden die 11 Banken nicht weiter beachtet (INTERNATIONAL SECURITIES MARKET ASSOCIATION, 2002, S. 7). Zur Interpretation der Ergebnisse der Studie muss noch erwähnt werden, dass das Volumen des Gesamtmarkts durch das ausstehende Volumen an einem Stichtag approximiert wird.

Weiter muss beachtet werden, dass das Volumen des Gesamtmarkts Doppelzählungen enthalten kann. Den beteiligten Banken war es zum Teil nicht möglich, ihre Geschäfte nach der Art des Partners zu differenzieren. Daher existiert keine verlässliche Schätzgröße des Anteils der unter Banken im Euro-Währungsgebiet abgeschlossenen Geschäfte (INTERNATIONAL SECURITIES MARKET ASSOCIATION, 2002, S. 11f).

[67] Die teilnehmenden Kreditinstitute werden in der Studie im Anhang B aufgezählt. Neben den deutschen Großbanken befinden sich darunter u.a. auch BNP Paribas, ABN Amro, JP Morgan Chase sowie weitere (INTERNATIONAL SECURITIES MARKET ASSOCIATION, 2002, S. 29f).

Repos miteinander verrechnen, so dass sie nur die Differenz zu bedienen oder zu bekommen haben (EUROPÄISCHE ZENTRALBANK, 2002c, S. 70).

Unter den abgewickelten Transaktionen am Repo-Markt haben nach der ISMA-Studie Repo-Geschäfte, die mit heimischen Partnern abgeschlossen werden, etwa dieselbe Bedeutung wie grenzüberschreitende Transaktionen. Während 45,6 v.H. aller Transaktionen der betrachteten 55 Banken im nationalen Rahmen abgeschlossen wurden, repräsentieren die grenzüberschreitenden Geschäfte einen leicht größeren Anteil aller Transaktionen, nämlich 45,8 v.H. Die übrigen Transaktionen waren nicht aufgliederbar. Interessant ist, dass beinahe ebenso viele grenzüberschreitende Geschäfte mit Partner außerhalb wie innerhalb des Euro-Währungsgebiets geschlossen werden. Im Fall der grenzüberschreitenden Transaktionen, die mit Partnern innerhalb des Euro-Währungsgebiets geschlossen werden, sind dieses 22,2 v.H. aller Transaktionen, während mit Partnern außerhalb des Euro-Währungsgebiets 23,6 v.H. aller Transaktionen getätigt werden. Grenzüberschreitende Geschäfte mit Partnern außerhalb des Euro-Währungsgebiets werden meist mit Londoner Banken durchgeführt (INTERNATIONAL SECURITIES MARKET ASSOCIATION, 2002, S. 17f).

Der Großteil der gehandelten Repos wurde in Euro denominiert; in der ISMA-Umfrage gaben die Banken an, dass mit 76,7 v.H. der Euro als Transaktionswährung vorherrschte. Mit deutlichem Abstand folgten das Pfund Sterling mit 11,2 v.H., der US-Dollar mit 7,7 v.H. sowie der japanische Yen mit 1,7 v.H. Verschwindend war der Anteil jener Geschäfte, bei denen die unterliegenden Papiere und der Kredit in unterschiedlichen Währungen ausgestaltet waren. Diese sogenannten Cross Currency Repos machten 3,4 v.H. aller Geschäfte aus (INTERNATIONAL SECURITIES MARKET ASSOCIATION, 2002, S. 19).

Ebenso wie die Verwendung des Euros als Transaktionswährung dominiert, ist auch die Verwendung von Sicherheiten aus dem Euro-Währungsgebiet bei weitem vorherrschend. Die Banken gaben an, dass 78,3 v.H. aller Sicherheiten aus dem Euro-Währungsgebiet stammten, während 11,2 v.H. aus Großbritannien und 1,5 v.H. aus den USA kamen.[68] Interessant ist weiter die Verteilung der Anteile der Herkunft der Wertpapiere innerhalb des Euro-Währungsgebiets. Nach der Studie stammten 35,7 v.H. aller Papiere aus Deutschland, 19,2 v.H. aus Italien, 6,7 v.H. aus Belgien, 6,1 v.H. jeweils aus Frankreich und Spanien, 1,8 v.H. aus Griechenland sowie 1,6 v.H. aller Papiere aus den Niederlanden. Von den als Si-

[68] Unerklärt bleibt die Tatsache, dass der Anteil der Cross Currency Repos nur 3,4 v.H. beträgt, während 7,7 v.H. der Transaktionen in US-Dollar denominiert sind, aber nur 1,5 v.H. der Wertpapiere aus den USA stammen. Mit anderen Worten müsste der Anteil der Cross Currency Repos höher sein. Die ISMA-Studie nennt als Grund für die Diskrepanz, dass ein Teil der Cross Currency Repos als „Tri-Party Repos" geschlossen werden und hierbei unter Umständen falsch in der Umfrage gemeldet werden (INTERNATIONAL SECURITIES MARKET ASSOCIATION, 2002, S. 20).

cherheiten dienenden Wertpapieren waren mit 91,2 v.H. der Großteil Staatspapiere. (INTERNATIONAL SECURITIES MARKET ASSOCIATION, 2002, S. 19f).

Die berichtenden Kreditinstitute haben im Dezember 2001 mit 90,4 v.H. Repos abgeschlossen, die eine feste Verzinsung beinhalteten. Nur 7,1 v.H. der getätigten Transaktionen wiesen eine variable Verzinsung auf. Verschwindend war der Anteil der Open Basis Repos. Sie machten laut der ISMA-Umfrage nur 2,5 v.H. aller ausstehenden Geschäfte aus (INTERNATIONAL SECURITIES MARKET ASSOCIATION, 2002, S. 20f).

Der Spektrum der Restlaufzeiten der Repo-Geschäfte reicht am Stichtag der Datenerhebung von sehr kurzfristigen Engagements bis hin zu Geschäften, die noch länger als sechs Monate laufen. Im Bereich der Restlaufzeiten kleiner als sieben Tage waren 31,4 v.H. der getätigten Geschäfte angesiedelt. Geschäfte mit einer Restlaufzeit zwischen sieben Tagen und einem Monat machten 23,5 v.H. aller Transaktionen aus. Eine Restlaufzeit zwischen einem und drei Monaten wiesen 13,6 v.H. und eine Restlaufzeit zwischen drei und sechs Monaten wiesen 7,4 v.H. der Geschäfte auf. Bei 17,3 v.H. war die Restlaufzeit größer als sechs Monate. Die Forward-Forward-Repos hatten einen Anteil von 6,8 v.H. (INTERNATIONAL SECURITIES MARKET ASSOCIATION, 2002, S. 21).

Zum Schluss sollen noch einige Angaben zur Verteilung der Marktanteile der betrachteten 55 Banken erfolgen. Die aktivsten 10 Kreditinstitute vereinigten zusammen 60 v.H. aller Transaktionen auf sich, während der Anteil der aktivsten 20 Banken bei 82 v.H. und der Anteil der aktivsten 30 Banken bei 94 v.H. lag (INTERNATIONAL SECURITIES MARKET ASSOCIATION, 2002, S. 22).

4.1.3.2 Devisenswaps

Neben den Repos werden am Bankengeldmarkt – im Rahmen besonderer Geschäfte – noch Devisenswaps (foreign exchange swap) abgeschlossen. Im folgenden Unterabschnitt sollen Devisenswaps vorgestellt und anhand ihrer wichtigsten Merkmale charakterisiert werden.[69]

Allgemein bezeichnet man einen Devisenswap als eine Kombination eines Devisenkassa- und eines Devisentermingeschäfts mit demselben Geschäftspartner (HASEWINKEL, 1993, S. 110). Genauer vereinbaren zwei Parteien, dass in einem Zeitpunkt t_0 ein Fremdwährungsbetrag gegen Euro zum gültigen Kassawechselkurs (w_0) gekauft wird. Weiter beinhaltet die Vereinbarung, dass am Ende der Laufzeit des Swaps der Fremdwährungsbetrag wieder gegen Euro verkauft wird, allerdings zu dem in t_0 fixierten Terminwechselkurs ($w_{0,1}$) der beiden Währungen. Ebenfalls möglich ist ein umgekehrtes Geschäft, nämlich die Verknüpfung eines

[69] Weitere Ausführungen zu Swapgeschäften, die am Geldmarkt des Euro-Währungsgebiets getätigt werden, findet der Leser in den Kapiteln 5 und 7. Dort werden im Kapitel 5 Zinsswaps und im Kapitel 7 Devisenswaps unter Beteiligung der Zentralbank behandelt.

Kaufs von Euro gegen Fremdwährung per Kasse mit einem Verkauf der Euro gegen Fremdwährung per Termin. Devisenswaps sind aufgrund ihrer Dauer dem kurzfristigen Laufzeitenspektrum des Geldmarkts zuzuordnen und werden aus zwei Motiven geschlossen: Erstens kann ein Devisenswap für Banken eine Anlage von liquiden Mitteln (Euro Zentralbankgeld) in einer ausländischen Währung darstellen. In diesem Fall ist der Swap als Alternative einer Anlage am heimischen Geldmarkt zu sehen. Zweitens kann ein Kreditinstitut im Ausland (d.h. in Fremdwährung) einen Kredit aufnehmen und sich durch den Abschluss eines Devisenswaps Liquidität in Form von Euro Zentralbankgeld verschaffen. In beiden Fällen werden die dazu notwendigen Devisentransaktionen in der Form eines Devisenswaps durchgeführt. Während die Devisentransaktionen – wie bereits erwähnt – mit demselben Geschäftspartner abgeschlossen werden, erfolgt die Anlage bzw. die Kreditaufnahme in der Regel bei Dritten. Aus diesem Grund muss eine Laufzeitenkongruenz der Anlage bzw. der Kreditaufnahme mit dem Devisenswap hergestellt werden: Die Laufzeit des Termingeschäfts entspricht daher der Laufzeit der Anlage bzw. der Laufzeit der Kreditaufnahme. Im Folgenden sollen die beiden oben erwähnten Motive erörtert werden.

Zuerst soll das Motiv der Anlage von Liquidität im Mittelpunkt stehen. Eine Geschäftsbank im Euro-Währungsgebiet (A-Bank) verfügt über überschüssige Barreserven, die sie im Rahmen eines Devisenswaps verzinslich für sechs Monate bei der C-Bank im Ausland, zum Beipiel am Geldmarkt in den USA, anlegen will. Die hierfür notwendigen Devisentransaktionen schließt die A-Bank mit der B-Bank ab. Der Anlagebetrag habe ein Volumen von 10 Mio. Euro und der ausländische Zinssatz betrage fünf v.H. per annum. Der Kassawechselkurs sei w_0 = 1€/1$.

Die A-Bank verkauft in t_0 die 10 Mio. Euro per Kasse an die B-Bank und erhält im Gegenzug von dieser 10 Mio. US-Dollar. Diese Transaktion ist ein Kassageschäft zum in t_0 gültigen Wechselkurs w_0. Die A-Bank legt den aus dem Kassageschäft erhaltenen Dollarbetrag dann in den USA bei der C-Bank zum Zinssatz in Höhe von fünf v.H. per annum für sechs Monate an. Die A-Bank kann nach sechs Monaten mit einer Rückzahlung ihres Anlagebetrags inklusive fälliger Zinsen von der C-Bank rechnen: Bei einem Zinssatz von fünf v.H. per annum fallen in t_1 10,25 Mio. US-Dollar Tilgung und Zinsen an. Um keinem Wechselkursrisiko ausgesetzt zu sein, verkauft die europäische A-Bank diesen (sicheren) Betrag in t_0 per Termin an die B-Bank. Der ebenfalls in t_0 fixierte Terminkurs sei $w_{0,1}$ = 0,95 €/$.[70]

Eine erwähnenswerte Besonderheit des Termingeschäfts ist die Tatsache, dass sowohl der Verkäufer als auch der Käufer bis auf einen noch zu behandelnden

[70] In der Praxis wird nicht der Terminkurs vereinbart, sondern der sogenannte Report oder Deport. Report und Deport werden auch Swap-Satz genannt und bezeichnen die Differenz zwischen Termin- und Kassakurs. Ist der Terminkurs größer als der Kassakurs, handelt es sich um einen Report, andernfalls um einen Deport (GRILL, PERCZYNSKI, 2000, S. 506).

eventuellen Barausgleich keine tatsächlichen Zahlungen leisten. Die dem Geschäft unterliegenden Kapitalbeträge werden also nicht tatsächlich ausgetauscht. Man spricht vielmehr von einem fiktiven Austausch der unterliegenden Beträge. In Abhängigkeit der tatsächlichen Wechselkursentwicklung ergibt sich dennoch am Ende der Laufzeit des Devisenswaps in der Regel eine Differenz zwischen der Rückzahlung zum vereinbarten Terminkurs und dem Gegenwert dieser Rückzahlung zu dem dann tatsächlich geltenden Kassakurs der Währungen. Wegen dieser zu erwartenden Differenz muss einer der Partner schließlich eine reale Ausgleichszahlung (Barausgleich) vornehmen. Das folgende Beispiel soll den Zahlungsstrom eines Devisenswaps verdeutlichen, wobei von den oben gegebenen Daten ausgegangen wird:

In t_0 sei der Wechselkurs zwischen Euro und Dollar gegeben durch w_0 = 1 €/\$. Der in t_0 geltende Terminkurs für t_1 (sechs Monate später) sei $w_{0,1}$ = 0,95 €/\$. Es wird weiter davon ausgegangen, dass in t_0 ein Betrag von 10 Mio. Euro zu w_0 gegen 10 Mio. US-Dollar getauscht werden soll. Mit diesen Angaben ergibt sich für das Kassageschäft des Swaps folgende Struktur, wie die Abbildung III.4.1 zeigt.

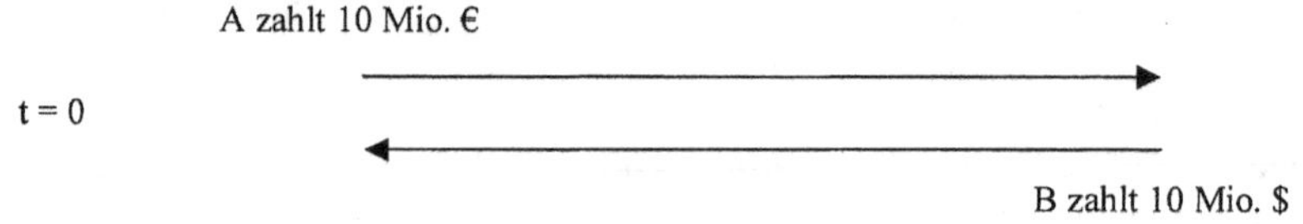

Abb. III.4.1: Kassageschäft des Devisenswaps

In t_0 wurde für die Rückzahlung ein Terminkurs von $w_{0,1}$ = 0,95 €/\$ vereinbart. Es ergibt sich dann ein antizipierter Wert der Rückzahlung von 9,7375 Mio. Euro für 10,25 Mio. US-Dollar.[71] Der tatsächliche Wechselkurs, der am Ende der Laufzeit auf dem Kassamarkt herrscht, wird aber in der Regel von dem in t_0 vereinbarten Terminkurs abweichen. Da keine tatsächlichen Kapitalbeträge ausgetauscht werden, muss A die 10,25 Mio. US-Dollar in t_1 am Kassamarkt verkaufen. A erzielt bei dieser Transaktion den in t_1 geltenden Kassakurs, während aus dem Termingeschäft B sich gegenüber A verpflichtet hat, pro Dollar den Terminkurs in Höhe von 0,95 € zu zahlen. Es ergibt sich eine tatsächliche Ausgleichszahlung einer der Partner, da in der Regel der in t_1 geltende Kassakurs w_1 von dem in t_0 fixierten

[71]Man erhält diesen Wert durch Multiplikation des Terminkurses ($w_{0,1}$ = 0,95 €/\$) mit dem Dollarbetrag (10,25 Mio. \$). Der Terminkurs (Forward Rate of Exchange) gibt an, wie viele Einheiten inländischer Währung man auf der Grundlage eines heute geschlossenen Vertrags in einem bestimmten Zeitpunkt in der Zukunft (t) für eine Einheit der Fremdwährung zahlen muss. Der tatsächliche Wechselkurs in t wird vom vereinbarten Terminkurs abweichen.

Terminkurs $w_{0,1}$ abweichen wird. Genauer erhält A (Verkäufer der Termindevisen) eine Ausgleichzahlung von B (Käufer der Termindevisen), wenn der tatsächliche Kassakurs in t_1 kleiner als der in t_0 ausgehandelte Terminkurs ist. Abbildung III.4.2. zeigt den Barausgleich aus dem Termingeschäft.

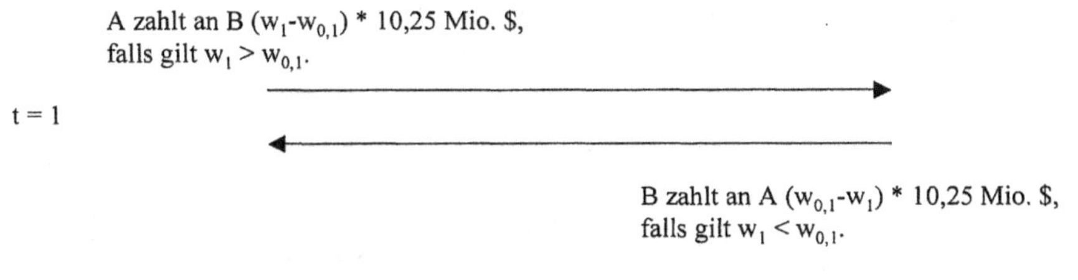

Abb. III.4.2: Barausgleich im Termingeschäft des Devisenswaps

Um die Höhe der Ausgleichszahlungen zu demonstrieren, sollen drei mögliche Wechselkursszenarien betrachtet werden. Zunächst wird unterstellt, dass in t_1 der tatsächliche Wechselkurs w_1 = 0,93 €/$ betragen möge. Danach wird angenommen, dass genau der vereinbarte Terminkurs dem Wechselkurs in t_1 entspricht; als letztes Szenario wird ein Wechselkurs von 0,97 €/$ angenommen. Die Ausgleichszahlungen zeigt die folgende Überlegung der Cash-Flows bei alternativen Kassawechselkursen in t_1 für die A-Bank:

Einerseits erlöst die A-Bank im ersten Szenario 9,5325 Mio. Euro durch einen Verkauf der 10,25 Mio. US-Dollar zum in t_1 gültigen Kassawechselkurs von w_1 = 0,93 €/$. Aus dem Termingeschäft mit der B-Bank steht der A-Bank andererseits bei einem Terminkurs von $w_{0,1}$ = 0,95 €/$ ein antizipierter Wert der Rückzahlung von 9,7375 Mio. Euro zu. Die Differenz zwischen dem größeren Terminwechselkurs $w_{0,1}$ und dem Kassawechselkurs w_1 muss der Käufer der Termindevisen (B-Bank) an den Verkäufer der Termindevisen (A-Bank) pro Fremdwährungseinheit in t_1 vergüten. Zusammengefasst bekommt die A-Bank eine Ausgleichszahlung in Höhe von:

$$\text{Ausgleichszahlung} = \left(w_{0,1} - w_1\right) \cdot 10{,}25\ \text{Mio.}\ \$ = \frac{0{,}02\ €}{\$} \cdot 10{,}25\ \text{Mio.}\ \$ = 0{,}205\ \text{Mio.}\ €$$

Im zweiten Szenario erlöst die A-Bank zunächst 9,7375 Mio. Euro aus dem Kassaverkauf der 10,25 Mio. US-Dollar in t_1, die dem antizipierten Wert der 10,25 Mio. Dollar zum in t_0 vereinbarten Terminkurs entsprechen. Da in diesem Fall der Kassawechselkurs in t_1 dem in t_0 vereinbarten Terminkurs gleicht, findet keine Ausgleichszahlung statt.

Im dritten Szenario soll der Kassawechselkurs w_1 auf 0,97 €/$ steigen und somit über dem Terminkurs $w_{0,1}$ liegen. Hier erlöst die A-Bank zuerst aus dem Kassaverkauf der 10,25 Mio. US-Dollar 9,9425 Mio. Euro, während ihr aus dem Termingeschäft mit der B-Bank nur die antizipierten 9,7375 Mio. Euro zustehen. Die Differenz zwischen dem größeren Kassawechselkurs w_1 und dem Terminwechselkurs $w_{0,1}$ muss der Verkäufer der Termindevisen (A-Bank) an den Käufer der Termindevisen (B-Bank) pro Fremdwährungseinheit in t_1 vergüten. Zusammengefasst bekommt die B-Bank von der A-Bank eine Ausgleichszahlung in Höhe von:

$$\text{Ausgleichszahlung} = \left(w_1 - w_{0,1}\right) \cdot 10{,}25\,\text{Mio.}\,\$ = \frac{0{,}02\,€}{\$} \cdot 10{,}25\,\text{Mio.}\,\$ = 0{,}205\,\text{Mio.}\,€$$

Das zweite Motiv für den Abschluss eines Devisenswaps, nämlich die Beschaffung von Euro-Zentralbankgeld durch Kreditaufnahme im Ausland, soll im Folgenden nur kurz erwähnt werden, da wesentliche Bestandteile bereits im vorangegangenen Fall erläutert wurden. In diesem Fall beabsichtigt ein europäisches Kreditinstitut (A-Bank) Kapital im Ausland, zum Beispiel bei einer US-amerikanischen Bank, für sechs Monate zu beschaffen. Hierzu nimmt die A-Bank einen Dollarkredit bei der C-Bank auf. Um die kreditierten Dollar in Euro zu tauschen, wird ein Kassageschäft mit der B-Bank abgeschlossen. Die A-Bank muss den Kredit in sechs Monaten (t_1) inklusive Zinsen bei der C-Bank tilgen. Da der Kreditzinssatz bekannt ist, kann die Bank berechnen, wie hoch der Dollarbetrag ist, den sie zur Tilgung in t_1 benötigt. Um keinem Wechselkursrisiko ausgesetzt zu sein, kauft die A-Bank in t_0 die benötigten Dollar bei der B-Bank per Termin. Genau wie im vorangegangenen Beispiel kann in Abhängigkeit der Entwicklung des Wechselkurses zum Tilgungszeitpunkt t_1 wieder eine Ausgleichszahlung einer der beiden Partner, A und B, fällig werden.

Nachdem das Wesen der Devisenswaps erläutert worden ist, sollen nun einige charakteristische Merkmale dieser Geschäfte wie Teilnehmer, Organisation des Markts sowie Laufzeiten u.a. erörtert werden.

Die Teilnehmer am Geldmarkt im Handel mit Devisenswaps sind in erster Linie in- und ausländische Geschäftsbanken. Aus diesem Grund werden die Devisenswaps hier im Rahmen der besonderen Geschäfte am Bankengeldmarkt erläutert. Seltener treten auch in- und ausländische Industrie- und Handelsunternehmen sowie Kapitalsammelstellen an diesem Markt auf (HASEWINKEL, 1993, S. 112).

Der Handel ist hoch organisiert und wird telefonisch und elektronisch, direkt oder über Broker abgewickelt. Handelsobjekt ist in- und ausländisches Zentralbankgeld, wobei die jeweilige Zentralbankgeldmenge des Inlands bzw. des Auslands in einem System flexibler Wechselkurse nicht durch die Geschäfte verändert wird, da bei diesen Geschäften keine Zentralbank mitwirkt.[72] Besteht dagegen ein System fester Wechselkurse, dann führen z.B. Kapitalimporte zu einer Ausweitung der inländischen Geldmenge.

Die Funktionen der Devisenswaps am Geldmarkt stehen im Einklang mit den Motiven, aus denen sie geschlossen werden. Wie bereits ausgeführt worden ist, werden Devisenswaps geschlossen, um entweder eine Anlage von Liquidität am ausländischen Geldmarkt zu tätigen, oder um sich Euro-Zentralbankgeld durch einen Auslandskredit zu beschaffen. Der Devisenswap stellt bei diesen Geschäften die notwendigen Devisentransaktionen zum Zweck einer Wechselkurssicherung dar.

Im Rahmen der Devisenswaptransaktionen sind Laufzeiten von wenigen Tagen bis zu einem Jahr oder länger üblich. Während bisher Devisenswaps mit Laufzeiten von ein, zwei, drei, sechs und zwölf Monaten üblich waren, findet man am Geldmarkt des Euro-Währungsgebiets heute auch TOM/NEXT- und SPOT/NEXT- sowie overnight- Devisenswaps (HASEWINKEL, 1993, S. 112 und EUROPEAN CENTRAL BANK, 2001f, S. 11). Diese Swaps mit einer extrem kurzen Laufzeit machen allerdings nur einen geringen Anteil aller Geschäfte mit einer solchen Laufzeit am Bankengeldmarkt aus. Im Bereich der längeren Laufzeiten, ab drei Monaten, gewinnen sie jedoch an Bedeutung.[73]

Die mit Devisenswaps verbundenen Geschäfte sind nicht risikolos. Einzig das Wechselkursänderungsrisiko lässt sich mit einem Devisenswap beseitigen. Es verbleibt aber zum einen das generelle Ausfallrisiko des Termingeschäftspartners; zum anderen findet bei einer Anlage von Mittel – wie oben beschrieben – keine Besicherung statt.

4.2 Papiere des Unternehmensgeldmarkts: Commercial Papers

In diesem Abschnitt sollen zuerst die Commercial Papers beschrieben werden. Euronotes stellen Abwandlungen der Commercial Papers dar und werden aus diesem Grund danach behandelt.[74]

Bevor auf die Definition von Commercial Papers eingegangen wird, soll daran erinnert werden, dass es auf dem Geldmarkt des Euro-Währungsgebiets keine

[72] Im Rahmen der Feinsteuerung werden auch Devisenswaps zwischen Geschäftsbanken und der Zentralbank abgeschlossen. Diese Geschäfte finden aber am Regulierungsgeldmarkt statt und verändern die Zentralbankgeldmenge. Devisenswaps unter Mitwirkung der Zentralbank werden im Kapitel 7 behandelt.

[73] Genauer werden die Anteile der Handelsobjekte am Geldmarkt differenziert nach den üblichen Fristigkeiten im Kapitel 6 besprochen.

[74] Aus der Literatur geht hervor, dass von den hier besprochenen Papieren nur die Commercial Paper an nationalen Geldmärkten gehandelt werden. Am Eurogeldmarkt hingegen werden neben den Euro-Commercial Paper auch die Euronotes gehandelt (EILENBERGER, 1997, S. 92f).

EWWU-weit standardisierten Wertpapiere gibt. Die Ausgestaltung der Wertpapiere im Detail folgt nationalen Usancen. Neben deutschen Commercial Papers werden deshalb am Geldmarkt des Euro-Währungsgebiets auch französische, spanische usw. gehandelt. Im Rahmen dieser Arbeit können nicht die Ausprägungen aller verschiedenen am Geldmarkt des Euro-Währungsgebiets gehandelten Commercial Papers beschrieben werden. Der Verfasser beschränkt sich daher hauptsächlich auf die Vorstellung deutscher und angelsächsischer Gegebenheiten. Anschließend wird auf besondere Unterschiede zwischen Commercial Papers der Mitgliedstaaten des Euro-Währungsgebiets hingewiesen.

Commercial Papers bestehen schon lange als Form der Unternehmensfinanzierung. Die ersten Vorläufer der Commercial Papers wurden bereits 1820 in den USA gehandelt (HASEWINKEL, 1993, S. 192). Heute sind Commercial Papers in den USA nach den Treasury Bills die wichtigsten Geldmarktpapiere (SHARP, ALEXANDER, BAILEY, 1995, S. 388). Der US-Markt für Commercial Papers ist mit Abstand der weltweit größte dieser Art (BANK FÜR INTERNATIONALEN ZAHLUNGSAUGLEICH, 2001, Tab. 3.1, S. 27). In Europa bildeten sich Märkte für diese Papiere erst sehr viel später, nämlich in den 80er Jahren des letzten Jahrhunderts. So entstanden in Schweden und Spanien nationale Märkte zu Beginn der 80er Jahre; in Frankreich, Großbritannien und in den Niederlanden sowie am Eurogeldmarkt wurde der Handel mit Commercial Papers (bzw. mit Euro- Commercial Papers) Mitte der 80er Jahre aufgenommen (DRUKARCZYK, 1999, S. 411). In Deutschland wurde 1985 damit begonnen, die Attraktivität des deutschen Finanzplatzes durch die Einführung international gebräuchlicher Finanzinstrumente zu stärken. Im Rahmen dieser Neuerungen erfolgten die ersten Emissionen von Commercial Papers im Februar 1991. Bis dahin hatten die im Januar 1991 abgeschaffte Börsenumsatzsteuer[75] sowie die ebenfalls zu diesem Zeitpunkt abgeschaffte staatliche Genehmigungspflicht für inländische Schuldverschreibungen[76]

[75] Die 1881 eingeführte Börsenumsatzsteuer belastete durch Stempelmarken an Börsen gehandelte Wertpapiere. Im weiteren Verlauf entwickelte sie sich zu einer Kapitalverkehrsteuer und belastete u.a. den Kauf von Aktien und Schuldverschreibungen. Gerade Papiere mit extrem kurzer Laufzeit wurden durch diese Steuer unattraktiv. Im Zuge des ersten Finanzmarktförderungsgesetzes vom 22. Februar 1990 wurde sie zur Stärkung des Finanzplatzes Deutschland zum 1. Januar 1991 abgeschafft (BUNDESMINISTERIUM DER FINANZEN, 1998, S. 167 und PAHLKE, 1988, S. 262).

[76] Ebenfalls im Zuge der Bemühungen zur Stärkung der Attraktivität des Finanzplatzes Deutschland wurde durch das „Gesetz zur Vereinfachung der Ausgabe von Schuldverschreibungen vom 17. Dezember 1990“ die staatliche Genehmigung der Ausgabe von Schuldverschreibungen zum 1. Januar 1991 abgeschafft. Eine Emission von Commercial Paper wurde durch das Gesetz mit hohen Transaktionskosten belastet. Die staatliche Genehmigung wäre für jede einzelne Ausgabe eines revolvierenden Commercial Paper-Programms notwendig gewesen. Zusätzlich verlangte das Gesetz im Rahmen des Gläubigerschutzes eine Besicherung. Diese gesetzlichen Forderungen waren nach Hasewinkel der Grund für sehr hohe Transaktionskosten, die eine Emission dieser Papiere in Deutschland unattraktiv machten (HASEWINKEL, 1993, S. 216f).

die Entwicklung eines Markts für Commercial Papers in Deutschland verhindert (WÖHE, BILSTEIN, 1998, S. 263 und HASEWINKEL, 1993, S. 215).

Die Deutsche Bundesbank definiert Commercial Papers als unbesicherte Inhaberschuldverschreibung (DEUTSCHE BUNDESBANK, 1993a, S. 61). Die Laufzeit des Commercial Papers ist dem kurzfristigen Spektrum zuzuordnen; in Deutschland sind Laufzeiten von zwei Tagen bis maximal zwei Jahren (minus einem Tag) üblich, wobei der Schwerpunkt der Laufzeiten zwischen 30 und 90 Tagen, d.h. im unterjährigen Bereich, liegt (EUROPEAN CENTRAL BANK, 2001f, S. 29 und HASEWINKEL, 1993, S. 177f). Ab einer Laufzeit von zwei Jahren spricht man von Medium Term Notes; diese Papiere gleichen den Commercial Papers, werden aber hier aufgrund ihrer Laufzeit dem Kapitalmarkt zugeordnet (WÖHE, BILSTEIN, 1998, S. 263).[77]

Im angelsächsischen Bereich sind Laufzeiten der Commercial Papers für die USA von einem Tag bis zu maximal 269 Tagen üblich, wobei der Schwerpunkt der Laufzeiten hier bei 30 bis 35 Tagen liegt (HAHN, 1993, S. 106).[78] In Großbritannien existiert derzeit keine Mindestlaufzeit. Die maximale Laufzeit beträgt jedoch im Allgemeinen ein Jahr (EUROPEAN CENTRAL BANK, 2001f, S. 29). Charakteristisch für Commercial Papers ist, dass die Laufzeit dieser Papiere sehr flexibel im Rahmen der oben genannten Laufzeitbeschränkungen variiert werden kann. Es ist daher möglich, den Finanzierungsbedarf des Emittenten mit dem Anlagehorizont der Investoren unter Berücksichtigung des Zinsniveaus in Einklang zu bringen (PERRIDON, STEINER, 1999, S. 425 und HASEWINKEL, 1993, S. 177). Grund für die hohe Laufzeitflexibilität dieser Papiere ist die Tatsache, dass Commercial Papers üblicherweise nicht als Einzelemission begeben werden, sondern im Rahmen eines revolvierenden Emissionsprogramms (DRUKARCZYK, 1999, S. 410).

Ein solches Commercial Papers-Programm ist eine Vereinbarung zwischen dem Emittenten und Geschäftsbanken zur revolvierenden Emission von Teilschuldverschreibungen. Im Rahmen dieser fünf bis sieben Jahre geltenden Vereinbarung wird das maximale Volumen aller ausstehenden Papiere fixiert. Innerhalb dieser Zeitspanne erlaubt das Programm dem Emittenten jederzeit die Emission einzelner, revolvierender Tranchen von Commercial Papers bis zu dem vertraglich vereinbarten Gesamtvolumen. Wichtig hierbei ist, dass das emittierende Unternehmen die Entscheidung darüber behält, ob die Emission einer Tranche überhaupt

---

[77] Es scheint in der Literatur keine stringente Abgrenzung der Commercial Paper von den Medium Term Notes hinsichtlich der Laufzeit zu geben. Andere Autoren erwähnen in der Literatur zuweilen auch Medium Term Notes mit einer Laufzeit von 12 Monaten und zählen diese zum Geldmarkt (BÜSCHGEN, 1998, S. 192).

[78] Ab einer Laufzeit von 270 Tagen müssen Wertpapiere in den USA bei der Securities and Exchange Commission (SEC) u.a. durch Aufstellung eines Emissionsprospekts registriert werden. Diese Auflage bedeutet z.T. erhebliche Kosten, die durch eine entsprechend kurze Laufzeit vermieden werden können (HAHN, 1993, S. 105f).

stattfindet und welches Volumen bzw. welche Laufzeit sie gegebenenfalls hat. Mit anderen Worten kann ein Unternehmen durch das Programm Commercial Papers tranchenweise emittieren, ist aber hierzu nicht verpflichtet. Gerade diese Aufteilung des Gesamtvolumens in einzelne Tranchen sowie die oben erwähnte Laufzeitflexibilität ermöglicht eine bedarfsgerechte und dem aktuellen Zinsniveau angepasste Emissionstätigkeit des Unternehmens (DRUKARCZYK, 1999, S. 410 und WÖHE, BILSTEIN, 1998, S. 263).

In einem Commercial Papers-Programm fungieren die Geschäftsbanken als Arrangeure und Platzeure der Emission. Da die Papiere meist nicht an Börsen gehandelt werden (WÖHE, BILSTEIN, 1998, S. 263), bieten Arrangeure und Platzeure sie überwiegend sowohl inländischen wie ausländischen Investmentfonds, Versicherern, Kapitalsammelstellen, Unternehmen, aber auch privaten (Groß-) Anlegern im Rahmen einer Privatplatzierung an (DRUKARCZYK, 1999, S. 411). Der Arrangeur ist für Aushandlung, Vertragsschluss und Organisation des Programms verantwortlich. Er erhält für diese Tätigkeit eine Provision. Der Platzeur hingegen platziert die Wertpapiere beim Publikum (HASEWINKEL, 1993, S. 179ff). Zum Teil treten die Arrangeure zusammen mit den Platzeuren an die Investoren heran und versuchen, die Emission bei „best effort" am Markt – falls möglich – unterzubringen. Verbunden mit der Tätigkeit von Arrangeur und Platzeur ist keinerlei Garantie für die Unterbringung der Wertpapiere am Markt. Das Unterbringungsrisiko am Markt trägt der Emittent alleine; die beteiligten Banken übernehmen also keine Papiere von ihm und stellen ihm auch keine Ersatzkredite in Höhe des nicht platzierten Volumens in Aussicht (DRUKARCZYK, 1999, S. 411 und WÖHE, BILSTEIN, 1998, S. 263). Hiervon zu unterscheiden ist die – zwar äußerst selten – anzutreffende Funktion des Platzeurs als Händler mit schon platzierten Commercial Papers (HASEWINKEL, 1993, S. 181). Aufgrund der im Allgemeinen recht kurzen Laufzeit der Papiere[79] und der Tatsache, dass die Laufzeit der Papiere sehr flexibel zwischen Emittent und Anleger abgestimmt werden kann, bildet sich praktisch kein Sekundärmarkt. Investoren halten diese Titel meist bis zu ihrer Fälligkeit (HASEWINKEL, 1993, S. 178 und SHARPE, ALEXANDER, BAILEY, 1995, S. 389). Gelegentlich erweisen sich aber Platzeure – insbesondere in den USA – auch als Händler und nehmen von ihnen platzierte Papiere zurück (HASEWINKEL, 1993, S. 181).

Bisher wurden die Emittenten von Commercial Papers lediglich als „Unternehmen" charakterisiert. Im Folgenden soll gezeigt werden, dass die Emission von diesen Papieren nur Unternehmen offen steht, die besondere Qualifikation hierzu haben. Aufgrund der Tatsache, dass Commercial Papers unbesicherte Teilschuldverschreibungen darstellen, ist eine besonders gute Bonität des Emittenten erforderlich. Wegen dieser Beschränkung können Industrie-, Handels- und Dienst-

[79] Wie schon erwähnt worden ist, beträgt die durchschnittliche Laufzeit eines Commercial Paper in den USA z.B. nur 30 bis 35 Tage (HAHN, 1993, S. 106).

leistungsunternehmen nur mit bester Bonität Commercial Papers emittieren. Die Bonität eines Emittenten wird in den USA und zum Teil auch in Europa durch ein tadelloses Rating zur Bedienung kurzfristiger Verbindlichkeiten dokumentiert. Ohne ein Rating kommt eine Emission von Commercial Papers z.B. in den USA nicht in Frage. Auch im Euro-Währungsgebiet und in Großbritannien wird das Rating immer stärker zu einer Voraussetzung für die Emission (EUROPEAN CENTRAL BANK, 2001f, S. 30). In den USA nehmen international bekannte Rating-Agenturen wie Moody's und Standard & Poor's das Rating für Emittenten vor. Genauer wird die Rating-Agentur von einem Unternehmen beauftragt, dessen Möglichkeiten zur Bedienung der Commercial Papers zu evaluieren. Diese Evaluation ist in den USA mittlerweile eine Grundvoraussetzung zur Emission von Commercial Papers. Sie dient zur Einschätzung des Risikos für Investoren (HAHN, 1993, S. 114ff). Neben Unternehmen mit bester Bonität kann auch die öffentliche Hand, d.h. der Staat, Commercial Papers begeben (EUROPEAN CENTRAL BANK, 2001f, S. 7).

Wie bedeutend ein Commercial Papers Rating ist, zeigt die aktuelle Entwicklung des Nettoabsatzes dieser Papiere in den USA und am Eurogeldmarkt (BANK FÜR INTERNATIONALEN ZAHLUNGSAUSGLEICH, 2001, Tab. 3.1, S. 27). Auf beiden Märkten brach der Absatz dieser Papiere ein. Am Eurogeldmarkt sank er von 27,1 Mrd. US-Dollar im vierten Quartal 2000 auf 16,1 Mrd. US-Dollar im ersten Quartal 2001. Insgesamt standen damit Ende März 2001 am Eurogeldmarkt Commercial Papers in einer Höhe von 238,5 Mrd. US-Dollar aus. Die Entwicklung des Nettoabsatzes in den USA war noch dramatischer: Wurde im vierten Quartal 2000 noch ein Nettoabsatz von 42,5 Mrd. US-Dollar verzeichnet, sank dieser im ersten Quartal 2001 auf –63,1 Mrd. US-Dollar. Das Volumen des US-Markts für Commercial Papers betrug Ende März 2001 trotz des Absatzeinbruchs 1.539 Mrd. US-Dollar und übertraf damit alle übrigen Märkte für Commercial Papers. Eine ähnliche Entwicklung (des Nettoabsatzes an Commercial Papers) traf für die übrigen nationalen Märkte zu.

Als Grund für diese Absatzeinbrüche nennt die Bank für Internationalen Zahlungsausgleich u.a. die Verschlechterung des Kredit-Ratings bedeutender Emittenten von Commercial Papers (BANK FÜR INTERNATIONALEN ZAHLUNGSAUSGLEICH, 2001, S. 29). Als Folge hiervon schwindet am Eurogeldmarkt und in den USA die Bereitschaft der Arrangeure und Platzeure zur Durchführung von Commercial Papers Emissionen. Weiter unterliegen einige Investoren gesetzlichen Beschränkungen in der Auswahl ihrer Positionen. Daher müssen z.B. Geldmarktfonds das Kredit-Rating eines Emittenten vor einem Engagement beachten. Entspricht das Kredit-Rating des betreffenden Emittenten nicht den gesetzlichen Qualitätsanforderungen, dann können Geldmarktfonds Papiere dieses Emittenten nicht mehr erwerben. Drittens kann in den USA eine Verschlechterung der Möglichkeiten zur Bedienung von kurzfristigen Verbindlichkeiten bei Emittenten (zum Beispiel DAIMLER-CHRYSLER) eine Kündigung sogenannter Backup Lines of

Credit auslösen, deren Vorliegen in den USA eine Grundvoraussetztung für ein Rating darstellt (BANK FÜR INTERNATIONALEN ZAHLUNGSAUSGLEICH, 2001, S. 29).[80] Dem Emittenten wird hierdurch eine Emission stark erschwert, z.T. unmöglich.

Commercial Papers werden in der Regel als unverzinsliche Diskontpapiere emittiert (PERRIDON, STEINER, 1999, S. 423).[81] Die Papiere werden unter pari, d.h. mit einem Abschlag (Diskont), begeben und zum Nennwert (zu pari) getilgt. Dem Abschlag entspricht die Verzinsung. Die Höhe des Zinssatzes orientiert sich an Referenzzinssätzen des Geldmarkts wie dem LIBOR oder dem EURIBOR. In Abhängigkeit des Ratings eines Emittenten wird noch ein Aufschlag oder ein Abschlag von diesen Referenzsätzen fällig, wobei ein Abschlag in der Regel nur staatlichen Emittenten gewährt wird. Der Auszahlungsbetrag, den ein Emittent durch eine erfolgreiche Platzierung erhält, wird mit der Euromethode ermittelt.[82] Das folgende der Illustration dienende Beispiel wurde aus Wöhe, Bilstein (WÖHE, BILSTEIN, 1998, S. 264) entnommen:

Ein Unternehmen emittiert erfolgreich eine Tranche Commercial Papers mit einem Tranchenvolumen von 20 Mio. €. Die Laufzeit beträgt genau 39 Tage, der Zins inklusive Provisionen ist auf 7,49 v.H. und p.a. festgesetzt. Mit diesen Angaben ergibt sich nach der unten stehenden Formel für das Unternehmen ein Auszahlungsbetrag durch die Emission in Höhe von rund 19,84 Mio. €.

$$AB = \frac{NB}{(1+Z)^{\frac{T}{360}}}.$$

Hierbei bezeichnet AB den Auszahlbetrag, NB den Nennbetrag, T die taggenaue Laufzeit und Z den p.a. Zins inklusive Provisionen.

Commercial Papers werden an hoch organisierten Märkten gehandelt. Der Handel selbst findet telefonisch oder elektronisch statt. Er verändert nicht die Zentralbankgeldmenge, da die Zentralbank gar nicht am Handel teilnimmt (HASEWINKEL, 1993, S. 185).

Nach der Vorstellung der wesentlichen Elemente eines Commercial Papers soll nun die Frage nach Vorteilen, Nachteilen sowie dem Zweck einer solchen Finanzierungsmethode erörtert werden.

---

[80] Backup Lines of Credit werden in diesem Abschnitt weiter unten beschrieben.

[81] Gelegentlich findet man auch verzinsliche Commercial Paper. Hierbei erfolgen Emission und Tilgung zu pari, wobei aber eine separate Zinszahlung fällig wird (HAHN. 1993, S. 107 und EILENBERGER, 1996b, S. 85).

[82] Bei der Euromethode werden die Zinstage genau abgezählt und dann auf ein Jahr mit 360 Tagen bezogen.

Commercial Papers stellen eine Art der kurzfristigen Fremdfinanzierung durch Emission von Teilschuldverschreibungen dar. Gelegentlich werden die Commercial Papers auch im Rahmen der langfristigen Finanzierung erörtert wie bei Drukarczyk (DRUKARCZYK, 1999, S. 410ff); in diesem Fall wird besondere Betonung auf den langfristigen Charakter der Commercial Papers-Programme gelegt.

In ihrer Eigenschaft als kurzfristige Fremdfinanzierungsquelle für Unternehmen stehen diese Papiere in Konkurrenz zu kurzfristigen, revolvierenden Bankkrediten (PERRIDON, STEINER, 1999, S. 422). Während in Deutschland und in anderen Staaten des Euro-Währungsgebiets die Finanzierungsstruktur der Unternehmen als bankenorientiert oder kreditlastig bezeichnet werden muss, herrscht in den USA eine starke Neigung zur Unternehmensfinanzierung durch Emission von Anleihen und Aktien vor. Der traditionelle Bankkredit spielt dort nur eine vergleichsweise geringe Rolle (EUROPÄISCHE ZENTRALBANK, 2000, S. 42). In den USA ist daher die Verbriefung von Fremdkapital (Securitization)[83] viel stärker verbreitet als in Europa. Tendenziell lässt sich für die Teilnehmer der EWWU in der jüngsten Vergangenheit ein Wachstum der Märkte kurzfristiger privater Anleihen feststellen, wobei das Volumen des Markts aber deutlich unter demjenigen der USA liegt (EUROPÄISCHE ZENTRALBANK, 2000, S. 45). Diese Tendenz könnte erstens den Beginn einer Verschiebung der Gewichtung von indirekter Finanzierung per Bankkredit hin zu einer direkten Finanzierung durch Emission von Wertpapieren in der EWWU bedeuten (EUROPÄISCHE ZENTRALBANK, 2000, S. 50). Zweitens verlieren Banken Teile des Kreditgeschäfts und damit Einnahmequellen. Insbesondere verlieren sie das Kreditgeschäft mit Schuldnern sehr guter Bonität, wodurch sich Auswirkungen auf die Struktur der verbleibenden Kredite der Banken ergeben. Auf der anderen Seite erhalten die Banken durch ihre Tätigkeiten als Unterstützer der Emission im Sinne des Arrangeurs oder Platzeurs Provisionseinnahmen (PERRIDON, STEINER, 1999, S. 422). Es ergibt sich somit für Banken eine Verlagerung ihrer Einnahmequellen.

Ein wichtiger Vorteil der Commercial Papers ist bereits genannt worden: die hohe Flexibilität dieser Papiere bezüglich ihrer Laufzeit und ihres Volumens. Beide können im Rahmen der Vereinbarung zwischen Emittent und Arrangeur sehr flexibel gehandhabt werden. Insbesondere bei der Wahl einer recht kurzen Laufzeit ist es möglich, revolvierende Tranchen an aktuelle Zinsentwicklungen am Geldmarkt anzupassen (PERRIDON, STEINER, 1999, S. 425).

Als weiterer Vorteil dieser Papiere ist die Tatsache zu sehen, dass die Auflegung eines Commercial Papers-Programms mit vergleichsweise geringen Transaktionskosten verbunden ist, wobei dennoch große Summen am Geldmarkt aufgenommen werden können. Es fallen hier neben Provisionen für Arrangeure und

[83] Unter Securitization versteht man die Substitution einer Kreditfinanzierung durch die Emission von Wertpapieren. Den Banken kommt bei diesen Geschäften statt der Kreditvergabe eine Vermittlerrolle zwischen Emittent und Investor zu (EILENBERGER, 1996b, S. 360f).

Platzeure Kosten für Verbriefung sowie gegebenenfalls Kosten für eine Börseneinführung an. Die Kapitalaufnahme selbst ist – wie bereits erwähnt – fast zu Geldmarktkonditionen möglich, da sich die Verzinsung grundsätzlich an Geldmarktsätzen zuzüglich eines Aufschlags oder Abschlags in Abhängigkeit der Bonität des Emittenten orientiert. Damit sind diese Konditionen in der Regel attraktiver als eine Finanzierung per Bankkredit mit gleicher Fristigkeit (DRUKARCZYK, 1999, S. 412). Brealey und Myers betonen diesen Vorteil. Mittels eines Commercial Papers-Programms umgehen die US-Unternehmen bester Bonität die Banken; im Vergleich zu einem Kredit können sie sich bis zu 1,5 Prozentpunkte unter der Prime Rate finanzieren (BREALEY, MYERS, 1991, S. 799).[84]

Eng verbunden mit den Kosten eines Commercial Papers-Programms ist dessen Volumen zu sehen. Das Volumen eines Commercial Papers-Programms unterliegt einerseits rechtlichen Mindestbeschränkungen, andererseits wirtschaftlichen. Rechtlich muss das Volumen heute in Deutschland mindestens 100 Mio. Euro betragen. Eine einzelne Tranche hat im Euro-Währungsgebiet ein Volumen von mehreren Millionen Euro und ein einzelnes Commercial Papers hat einen Nennwert von 1000 Euro bis zu 1 Mio. Euro (EUROPEAN CENTRAL BANK, 2001f, S. 29). Die Wirtschaftlichkeit eines Programms mag andere höhere Volumina fordern.

Verbunden mit dem Kostenargument des letztgenannten Punkts ist noch ein weiterer Vorteil der Commercial Papers. Eine Finanzierung durch diese Papiere ist auch deshalb mit geringen Transaktionskosten verbunden, weil erstens keine staatliche Genehmigungspflicht und zweitens keine Publizitätspflichten bestehen (WÖHE, BILSTEIN, 1998, S. 263 und S. 265).

Im Zusammenhang mit Commercial Papers-Programmen soll noch auf eine weitere Besonderheit eingegangen werden. Ein Commercial Papers-Emittent muss in der Lage sein, seine Papiere bei Fälligkeit zu bedienen. Wie bereits erläutert, wird ihm diese Fähigkeit durch international tätige Rating-Agenturen bescheinigt. Um aber ein Rating zu erhalten, muss der Emittent insbesondere in den USA nachweisen, dass er über Bankguthaben und oder über Kreditlinien (sogenannte Backup Lines of Credit) verfügt, die ihm die Bedienung seiner kurzfristigen Schulden ermöglichen (HAHN, 1993, S. 116 und SCHÄFER, 1997, S. 293). Verbunden mit der Existenz der Backup Lines of Credit ist keinerlei Übernahmegarantie für nichtplatzierte Commercial Papers durch Banken. Die Backup Lines of Credit stellen vielmehr eine Grundvoraussetzung dar, damit die emittierende Gesellschaft ein Rating zur Emission von Commercial Papers erhält und danach erst Papiere emittieren kann. Schäfer betont den „Signaleffekt“ dieser Kreditlinien zur Bedienung kurzfristiger Verbindlichkeiten für Investoren, da von ihnen *„... ein glaub-*

[84] Die Prime Rate ist jener Kreditzins, der den bonitätsstärksten Schuldner einer Bank gewährt wird.

würdiges Signal ...“ bezüglich der Kreditwürdigkeit des Emittenten ausgeht (SCHÄFER, 1997, S. 293).

Die Kreditlinien (Backup Lines of Credit) können verschieden ausgestaltet sein. Sie können in zugesagten befristeten Krediten mit einer Laufzeit von einem Tag bis zu 90 Tagen sowie in der Möglichkeit bestehen, von einer oder mehreren Banken Kredite abzurufen. Im Rahmen dieser letzten Alternative ermöglichen Banken durch einen Vertrag dem Unternehmen bei Bedarf auf Kredite zurückzugreifen. Diese Vereinbarung läuft in der Regel mehrere Jahre, wobei die Verzinsung an einen Referenzzinssatz gebunden ist. In Abhängigkeit von der Bonität des Emittenten muss dieser einen Aufschlag auf den Referenzzinssatz zahlen. Hierbei kann ein zu Beginn des Vertrags ausgehandelter fester Satz oder ein in Abhängigkeit der aktuellen Bonität schwankender Satz fällig werden (HAHN, 1993, S. 116).

Die jüngste Entwicklung am Geldmarkt – insbesondere in den USA – ist ein eindrucksvolles Beispiel für die Bedeutung des Ratings und der Backup Lines of Credit. Der Zusammenbruch des US-Energieversorgers ENRON hat zu einer Neueinschätzung des Risikopotentials ausstehender Commercial Papers-Programme in den USA geführt. Namhafte US-Unternehmen wie TYCO und QWEST zwang diese Neueinschätzung ihre Commercial Papers-Programme einzustellen und Backup Lines of Credit in Anspruch zu nehmen. Selbst Unternehmen wie GENERAL ELECTRIC – mit einer vom Markt als ausgezeichnet angesehenen Bonität – mussten ihre Commercial Papers Engagements einschränken. Die gleiche Entwicklung trifft noch stärker auf FORD, GENERAL MOTORS, AT&T sowie BRITISH TELECOM und – wie bereits erwähnt – auf DAIMLER-CHRYSLER zu (FRANKFURTER ALLGEMEINE ZEITUNG, 2002b, S. 25).

Es ist bereits deutlich geworden, dass die Backup Lines of Credit eine Voraussetzung für die Evaluation der Möglichkeiten eines Unternehmens zur kurzfristigen Fremdkapitalaufnahme darstellen. Sie verbessern nicht das Ergebnis der Rating-Agenturen, sondern sind – wie bereits erwähnt – Voraussetzung. Sinn und Zweck dieser Liquiditätszusage ist die Bedienung ausstehender Papiere im Falle einer unvorhergesehenen Illiquidität. Diese kann Folge eines Unfalls, sinkender Kreditwürdigkeit oder Folge der allgemeinen Marktentwicklung sein (HAHN, 1993, S. 117).

Nach der Behandlung der Commercial Papers soll nun noch kurz auf die am Eurogeldmarkt gehandelten Euro-Commercial Papers und auf die Euronotes[85] eingegangen werden (EILENBERGER, 1997, S. 92). Am Eurogeldmarkt gehandelte Commercial Papers werden als Euro-Commercial Papers bezeichnet. Euronotes

---

[85] Euronotes stellen Papiere dar, die auch mit dem Begriff der „Revolving Underwriting Facilities“ (RUF) oder mit „Note Issuance Facilities“ (NIF) bezeichnet werden. Beide Begriffe beziehen sich auf kurzfristige Papiere, die im Rahmen einer revolvierenden Daueremission begeben werden. Als weiteres Charakteristikum kommt hinzu, dass Geschäftsbanken Garantien geben oder Notkredite stellen, falls die Papiere nicht am Markt unterzubringen sind. (BÜSCHGEN, 1998, S. 189).

gleichen in wesentlichen Merkmalen den Euro-Commercial Papers: Euronotes sind ebenfalls Diskontpapiere mit kurzer Laufzeit (bis zu sechs Monaten), die im Rahmen eines Programms revolvierend begeben werden. Sie unterscheiden sich von den oben behandelten Euro-Commercial Papers insofern, als dass sie eine Underwriter Garantie aufweisen (PERRIDON, STEINER, 1999, S. 423). Am Eurogeldmarkt werden also mit einer Garantie versehene Euro-Commercial Papers als Euronotes bezeichnet. Auf einem nationalen Geldmarkt trägt – wie bereits erwähnt – der Emittent einer Tranche von Commercial Papers das volle Platzierungsrisiko. Dieses gilt auch für die Emission von Euro-Commercial Papers am Eurogeldmarkt (EILENBERGER, 1996b, S. 153). Der Emittent von Euronotes am Eurogeldmarkt hat dagegen eine Übernahmegarantie für seine Papiere oder die Zusage einer Kreditlinie durch die beteiligten Banken erhalten. Entweder übernehmen die Banken die nicht platzierten Papiere, oder aber sie räumen dem Emittenten eine Kreditlinie zur Überbrückung der Liquiditätsanspannung ein (DRUKARCZYK, 1999, S. 474).

Zum Abschluss dieses Abschnitts sollen noch einige Ausführungen zu der Unterschiedlichkeit der gehandelten Commercial Papers auf dem Geldmarkt des Euro-Währungsgebiets erfolgen.

Die Commercial Papers des Euro-Währungsgebiets weisen in ihren charakteristischen Merkmalen zum Teil große Unterschiede auf. Im Folgenden sollen einige Unterschiede exemplarisch genannt werden. Auf einen Teil dieser Unterschiede wurde oben schon hingewiesen. Die Darstellung folgt der Europäischen Zentralbank (EUROPEAN CENTRAL BANK, 2001f, S. 29ff).

Erste Unterschiede ergeben sich bei den potentiellen Emittenten dieser Wertpapiere. In den Mitgliedstaaten der EWWU treten sowohl finanzielle als auch nichtfinanzielle Unternehmen als Emittenten auf. In Großbritannien und in Finnland begeben auch Gebietskörperschaften sowie in Belgien, Großbritannien und Frankreich auch internationale Organisationen Commercial Papers.

Die Laufzeiten der emittierten Papiere hängen – wie bereits gesagt – stark von nationalen Regelungen wie Steuern oder Regulierungsvorschriften ab. In Großbritannien und Belgien existiert keine Mindestlaufzeit. In den Staaten, die eine solche Beschränkung kennen, variiert diese erheblich. So muss ein Commercial Papers in Finnland und Frankreich mindestens einen, in Deutschland zwei und in Spanien und Irland sieben Tage laufen. Italien fordert gar eine Laufzeit von mindestens drei Monaten. Obergrenzen für die Laufzeit von Commercial Papers existieren in allen Ländern außer in Belgien. In den meisten Ländern gilt die Frist eines Jahres als Obergrenze der Laufzeit. Ausnahmen hiervon bilden nur Deutschland und Portugal, in denen eine Laufzeit von zwei Jahren möglich ist. In Spanien sind es drei Jahre.

Neben den bereits geschilderten Mindestvolumina von Commercial Papers, die aus Wirtschaftlichkeitsüberlegungen in der Praxis resultieren, gibt es auch institutionelle Beschränkungen. Bezogen auf Commercial Papers existieren in den Ländern zum Teil Mindestnennbeträge. In Spanien ist dieser Betrag 1000 Euro; in Deutschland 1 Mio. Euro. Dazwischen bewegen sich die Regelungen in den anderen Staaten. Ausnahmen bilden nur Portugal und Irland, in denen keine Mindestnennbeträge für Commercial Papers vorgeschrieben sind. Für ein ganzes Commercial Papers-Programm existiert ein Mindestvolumen in Deutschland von 100 Mio. Euro. Es sei nochmals betont, dass diese Beschränkungen institutioneller Natur sind; in der Praxis ergeben sich aufgrund der anfallenden Kosten ebenfalls Mindestvolumina, die beachtet werden müssen, damit ein solches Programm wirtschaftlich Sinn macht.

In den meisten Mitgliedstaaten des Euro-Währungsgebiets werden die Commercial Papers als Diskontpapiere begeben. Dies ist zum Beispiel der Fall in Deutschland, Spanien und auch in Belgien, sofern die Laufzeit maximal ein Jahr beträgt. In Belgien ist es üblich, Papiere mit einer Laufzeit von bis zu einem Jahr als Diskontpapiere zu begeben. Papiere mit einer darüber hinausgehenden Laufzeit werden mit Kupon emittiert. In anderen Staaten der EWWU (Irland, Frankreich und Portugal) können die Emittenten sich zwischen der Emission als Diskontpapier oder als verzinstes Papier entscheiden. Diese Entscheidung wird zum Teil auch mit Rücksicht auf die Interessen der Investoren getroffen. Im Falle der Emission als verzinstes Papier kann ein fester oder ein variabler Zinssatz Anwendung finden. In Großbritannien werden Commercial Papers als Diskontpapiere emittiert.

Während in den USA das Rating eine Grundvoraussetzung zur Emission von Commercial Papers darstellt, ist dieses nur in einigen Staaten Europas verbreitet wie in Großbritannien, Deutschland, Irland und Frankreich. Es hat jedoch nicht den Stellenwert wie in den USA.

Diese sehr kurzen Ausführungen sollten zeigen, dass es innerhalb des Euro-Währungsgebiets keine standardisierten Commercial Papers gibt. Dieses ist auch der Grund für die nach wie vor große Segmentierung am Markt des Euro-Währungsgebiets für verbriefte Geldmarktpapiere.

4.3 Papiere staatlicher Emittenten

Nach der Beschreibung der unbesicherten Geldmarktkredite, der von Banken emittierten Papiere und der von ihnen getätigten besonderen Geldmarktgeschäfte sowie der Geldmarktpapiere des Unternehmenssektors sollen jetzt die Geldmarktpapiere betrachtet werden, die die staatliche Seite emittiert. Grundsätzlich kann man die von staatlicher Seite emittierten Papiere nach ihren Ursprungslaufzeiten dem Geldmarkt oder dem Kapitalmarkt zuordnen. In der vorliegenden Arbeit können nicht alle Papiere behandelt werden, die von den einzelnen Teilnehmerstaaten im Euro-Währungsgebiet emittiert werden. Deshalb wird hier in erster Linie auf die Papiere des deutschen Staats abgestellt. Es soll an dieser Stelle nur der Hinweis genügen, dass ausländische Staaten im Euro-Währungsgebiet vergleichbare Papiere emittieren.

Differenziert man staatliche Papiere nach der Laufzeit in Geldmarkt- und in Kapitalmarktpapiere, dann würden nach dieser Sicht die kurzfristigen Papiere mit einer Laufzeit bis zu einem Jahr (in Deutschland auch bis zu zwei Jahren (GRILL, PERCZYNSKI, 2000, S. 317f)) dem Geldmarkt zugerechnet. Hierunter fallen die unverzinslichen Schatzanweisungen (Unterabschnitt 4.3.2), die Bundeskassenscheine (Unterabschnitt 4.3.3) sowie die Bundesschatzanweisungen (Unterabschnitt 4.3.4) und vom Staat emittierte Commercial Papers (GRILL, PERCZYNSKI, 2000, S. 317).[86] Die letztgenannten Papiere wurden bereits im vorausgegangenen Kapitel ausführlich diskutiert; der Leser sei daher auf diese Stelle verwiesen. Es soll aber hier noch einmal deutlich gemacht werden, dass auch der Staat Commercial Papers am Geldmarkt des Euro-Währungsgebiets emittieren kann. Eine Emission von Euro-Commercial Papers am Eurogeldmarkt ist ebenfalls möglich und wurde zum Beispiel von Belgien, Irland, Italien und Portugal genutzt, um sich Liquidität bei neuen Investoren zu verschaffen (EUROPEAN CENTRAL BANK, 2001f, S. 15). Der Unterabschnitt 4.3.1 behandelt Fragen, die für alle deutschen Staatspapiere von Bedeutung sind.

Nach dem Kriterium der Laufzeit wären dann alle übrigen vom Staat emittierten Papiere auf dem Kapitalmarkt anzusiedeln. Auf ihm findet dann der Handel mit Bundesanleihen, Bundesobligationen und Bundesschatzbriefen statt.

---

[86] Finanzierungsschätze sind ebenfalls kurzfristige deutsche Wertpapiere, die unter pari emittiert und zu pari getilgt werden (Diskontpapiere). Das Besondere an diesen Papieren ist, dass es sie in zwei Laufzeitvarianten gibt. Die erste Variante, die Finanzierungsschätze des Typs 1 haben eine Laufzeit von circa 12 Monaten, während die Finanzierungsschätze des Typs 2 gut zwei Jahre laufen (GRILL, PERCZYNSKI, 2000, S. 218). Die Daueremission dieser Wertpapiere erfolgt monatlich durch freihändigen Verkauf. Die Konditionen der Papiere werden monatlich, zum Teil auch während einer Emission (also während des laufenden Monats), der aktuellen Marktentwicklung angeglichen. Eine Börseneinführung der Papiere ist nicht vorgesehen, ebenso ist eine vorzeitige Rückgabe der Papiere ausgeschlossen (DEUTSCHE BUNDESBANK, 2000b, S. 39). Finanzierungsschätze kann grundsätzlich jeder erwerben außer Kreditinstitute. Hierbei ist allerdings der Erwerb dieser Papiere auf maximal 250.000 Euro pro Person und Geschäftstag beschränkt. Der Mindestauftragswert liegt zur Zeit bei 500 Euro. Der Bund will durch die Emission von Finanzierungsschätzen kein von vornherein fixiertes Volumen am Geldmarkt aufnehmen; das Emissionsvolumen ist somit offen und hängt von den Konditionen, d.h. vom Absatzerfolg, ab. Die vom deutschen Staat emittierten Finanzierungsschätze werden nicht dem Geldmarkt zugerechnet, und zwar aus zwei Gründen. Erstens zielt der Emittent mit den Ausgestaltungsmerkmalen dieser Papiere auf Privatanleger; zweitens sind die Papiere unter Banken nicht handelbar. Finanzierungsschätze werden daher hier nicht weiter behandelt.

Es stellt sich zum Schluss die Frage, weshalb im Rahmen dieser Arbeit überhaupt auf die länger laufenden Papiere eingegangen wird. Der Grund für die Beachtung der längerfristigen Papiere in dieser Arbeit liegt in der Möglichkeit, diese Papiere als Kurzläufer auf dem Geldmarkt zu handeln (HASEWINKEL, 1993, S. 81). Wenn ein ursprünglich dem Kapitalmarkt zuzuordnendes Papier nur noch eine kurze Restlaufzeit aufweist, dann kann es für Transaktionen am Geldmarkt interessant werden. Aus diesem Grund werden die möglichen deutschen Kurzläufer, d.h. die Bundesanleihen, die Bundesobligationen sowie die Bundesschatzbriefe im Abschnitt 4.4 behandelt.

4.3.1 Gemeinsame Merkmale der Papiere

Im Rahmen dieses Abschnitts sollen einige institutionelle Regelungen erläutert werden, die im Hinblick auf die Emission von deutschen Staatspapieren wichtig sind. Diese Regelungen gelten jeweils für alle oder wenigstens für einige der betrachteten Papiere des deutschen Staats. Sie beziehen sich teilweise auch auf die erst im Abschnitt 4.4 zu behandelnden Kurzläufer.

Zunächst ist festzuhalten, dass die Mehrheit der Bundeswertpapiere mit einer festen Verzinsung und jährlicher Zinszahlung emittiert werden. Dieses trifft auf die Bundesanleihen[87], die Bundesobligationen, die Bundesschatzanweisungen sowie auf die Bundesschatzbriefe vom Typ A zu. Die unverzinslichen Schatzanweisungen hingegen sind Diskontpapiere. Eine Verzinsung dieser Papiere ergibt sich aber trotzdem, da bei der Emission vom Nennwert ein Abschlag (Diskont) abgezogen wird. So werden die unverzinslichen Schatzanweisungen vom Bund unter pari emittiert und zu pari getilgt. Die Differenz zwischen dem Nennwert und dem Kaufpreis entspricht der Verzinsung. Zur Ermittlung der Verzinsung eines solchen Papiers wird die Eurozinsmethode (act/360) verwendet (GRILL, PERCZYNSKI, 2000, S. 317). Im Fall der Bundesschatzbriefe vom Typ B liegt zwar eine feste Verzinsung vor, doch werden diese Wertpapiere als Zinssammler emittiert, d.h. es werden die Zinsen über die Laufzeit des Wertpapiers angesammelt und nicht ausgeschüttet. Durch die Mitverzinsung bereits angesammelter Kupons ergibt sich ein Zinseszinseffekt. Erst am Ende der Laufzeit erfolgt eine Rückzahlung des Kapitals sowie der Zinsen und Zinseszinsen.

Alle Bundeswertpapiere werden nicht mehr als effektive Stücke emittiert und verbrieft. Der Gläubigeranspruch wird stattdessen als Wertrecht ausgestaltet, das einem Anteil an einer Sammelschuldbuchforderung bzw. Einzelschuldbuchforderung entspricht, und durch einen entsprechenden Eintrag im Bundesschuldbuch

---

[87] Einschränkend ist hier anzumerken, dass Bundesanleihen auch als Floater emittiert werden können. Im Jahr 1994 wurde zuletzt eine variabel verzinsliche Bundesanleihe (Wertpapierkenn-Nr.: 113 494) mit 10 jähriger Laufzeit und einer Verzinsung in Höhe des 3-Monats-EURIBOR abzüglich 0,25 v.H. emittiert (DEUTSCHE BUNDESBANK, www.bundesbank.de, Stand: 15.06. 2003).

verbrieft. Für den Staat als Emittenten ergeben sich hierdurch erhebliche finanzielle Vorteile: Druckkosten der Urkunden entfallen, die Verwaltung und die Verwahrung wird einfacher und günstiger. Für Gläubiger ist eine eventuelle Übertragung der Rechte an einem Papier ebenfalls mit geringeren Transaktionskosten verbunden (DEUTSCHE BUNDESBANK, 2000b, S. 34).

Manche Wertpapiere wie Bundesanleihen, Bundesschatzanweisungen und unverzinsliche Schatzanweisungen werden als Einzelemissionen begeben, für andere Papiere wird ein Daueremissionsverfahren angewendet. Hierunter fallen die Bundesschatzbriefe. Bundesobligationen werden zum Teil als Daueremission und zum Teil als Einzelemission begeben (DEUTSCHE BUNDESBANK, 2000b, S. 41f).

Im Rahmen der Emission von Bundeswertpapieren werden diese entweder durch ein Tenderverfahren oder durch einen freihändigen Verkauf begeben. Während für Bundesanleihen, Bundesobligationen, unverzinsliche Schatzanweisungen und Bundesschatzanweisungen das Tenderverfahren angewendet wird, erfolgen die Daueremission von Bundesschatzbriefen sowie von Teilen der Bundesobligationen durch freihändigen Verkauf. Bis auf die Obligationen, bei denen eine Dreimonatsfrist gilt, werden diese Papiere ständig über Landeszentralbanken und Banken verkauft. Bei einem freihändigen Verfahren sind – im Gegensatz zu dem Tenderverfahren – weder das Emissionsvolumen noch die Emissionsfrist vorab fixiert (DEUTSCHE BUNDESBANK, 2000b, S.44).

Im Rahmen des Tenderverfahrens können nur bestimmte Bieter auftreten, nämlich nur Angehörige der sogenannten „Bietergruppe Bundesemissionen". Bei Angehörigen der Bietergruppe Bundesemissionen handelt es sich um inländische Kreditinstitute und Wertpapierhändler sowie um inländische Niederlassungen von ausländischen Unternehmen, wobei alle Bieter die Erlaubnis zum Betreiben des Emissionsgeschäfts haben müssen. Neben dieser Erlaubnis müssen die Teilnehmer u.a. über eine „ausreichende Platzierungskraft" für die genannten Wertpapiere verfügen. Darüber hinaus müssen die Bieter regelmäßig im Laufe des Jahres an den einzelnen Emissionen durch Gebote teilnehmen (DEUTSCHE BUNDESBANK, 2000b, S. 44f).[88] Die Platzierungskraft und die Teilnahme an den Auktionen werden laufend überprüft, so dass einzelne Unternehmen aus dem Bieterkreis herausfallen bzw. neu einsteigen können.

Wie bereits ausgeführt worden ist, findet die Emission von Bundesanleihen, Bundesobligationen, von unverzinslichen Schatzanweisungen und Bundesschatzanweisungen im Tenderverfahren statt. Zunächst wird die Emission im Emissionskalender des Bundes aufgeführt. Sechs Tage vor der Emission wird die Emission

---

[88] Im Januar 2002 waren – neben anderen Unternehmen – folgende Bieter Angehörige der Bietergruppe Bundesemissionen: die deutschen Großbanken sowie CREDIT SUISSE FIRST BOSTON, ABN AMRO, UBS WARBURG und weitere international tätige Banken (DEUTSCHE BUNDESBANK, www.bundesbank.de/de/kredit/bundeswertpapiere.htm, Stand: 01. 01. 2002).

selbst mit Angaben zu Laufzeit, Volumen und weiterem organisatorischen Ablauf angekündigt. Einen Tag vor der Emission erfolgt die Ausschreibung des Tenders, d.h. es werden nochmals die genauen Konditionen der Emission wie Laufzeit, Volumen, Kupon, Zinstermine sowie der weitere organisatorische Ablauf veröffentlicht. Die Angehörigen der Bietergruppe Bundesemissionen geben darauf am Emissionstag bis 11 Uhr ihre Gebote ab. Nach Abschluss der Gebotsfrist erfolgt die Zusammenstellung der Gebote sowie die anschließende Zuteilung und Benachrichtigung der Bieter. Gegen 13 Uhr werden die Stücke zum Börsenhandel zugelassen. Einen Tag nach der Emission erfolgt die Eintragung der Wertrechte in das Bundesschuldbuch, zwei Tage nach der Emission findet die Valutierung statt (DEUTSCHE BUNDESBANK, 2000b, S. 47).

Im Rahmen der Emission börsennotierter Bundeswertpapiere (dieses sind die Bundesanleihen, die Bundesobligationen und die Bundesschatzanweisungen) wird bei der Emission ein Teil der Papiere zurückbehalten, um hiermit den Kurs dieser Wertpapiere pflegen zu können. Diese Aufgabe nimmt die Bundesbank wahr. Hierzu verkauft (gegebenenfalls kauft die Bundesbank auch Wertpapiere zur Kurspflege) sie diese zurückbehaltenen Papiere über die Börse und erhöht so nachträglich das Emissionsvolumen (DEUTSCHE BUNDESBANK, 2000b, S. 46).

4.3.2 Unverzinsliche Schatzanweisungen

Die unverzinslichen Schatzanweisungen des Bundes werden auch als „Bubills“ oder als „U-Schätze“ bezeichnet. Im Januar 2002 stehen zwei Emissionen unverzinslicher Schatzanweisungen des Bundes aus. Diese beiden haben ein Volumen von 10,223 Mrd. Euro und von 5,008 Mrd. Euro. Sie werden am 19.04. bzw. am 17.07. 2002 fällig.[89]

Die zur Zeit emittierten Bubills mit einer Laufzeit von sechs Monaten wurden erstmals 1996 begeben (DEUTSCHE BUNDESBANK, 2000a, S. 28). Sie sind kurzfristige Wertpapiere und dienen dem Bund zur kurzfristigen Liquiditätsbeschaffung. Ihre Emission erfolgt – wie bereits geschildert – im Tenderverfahren, wobei als Bieter nur Angehörige der Bietergruppe Bundesemission in Frage kommen. Der Erwerb dieser Papiere steht jedem Investor offen, obwohl in erster Linie ausländische Zentralbanken und institutionelle Anleger diese Wertpapiere kaufen. Emissionen dieser Papiere finden zur Zeit vierteljährlich statt und zwar im Januar, April, Juli und Oktober. Von April 2002 an werden die Bubills monatlich emittiert. Parallel dazu wurde das Volumen einer einzelnen Emission auf fünf Mrd. Euro begrenzt. Hintergrund dieser Änderung ist die Förderung des unterjährigen Bereichs am Geldmarkt. Mit dieser Änderung befinden sich ab Herbst 2002 unverzinsliche Schatzanweisungen des Bundes mit einem Volumen von insgesamt 30 Mrd. Euro im Umlauf, die das gesamte Spektrum der (Rest-) Laufzeiten bis zu

[89] Die Zahlen findet man unter www.bundesbank.de. Sie geben den Stand vom 14. Januar 2002 an.

sechs Monaten abdecken (BUNDESREPUBLIK DEUTSCHLAND FINANZAGENTUR, 2001, S. 1). Die Mindeststückelung beträgt eine Mio. Euro, das Mindestgebot der Bieter muss daher ebenfalls ein Volumen von mindestens einer Mio. Euro haben (DEUTSCHE BUNDESBANK, 2000b, S. 39).

Die unverzinslichen Schatzanweisungen des Bundes haben keinen Kupon; von diesem Ausstattungsmerkmal leitet sich auch der Name ab. Die U-Schätze werden – wie bereits erwähnt – als Diskontpapiere begeben, d.h. sie werden unter pari emittiert und vom Bund zu pari getilgt. Die Differenz zwischen dem Nennwert und dem Kaufpreis entspricht einer Verzinsung. Unverzinsliche Schatzanweisungen werden nicht an der Börse zum Handel eingeführt.

4.3.3 Bundeskassenscheine

Die Bundeskassenscheine stellen ein noch recht junges Bundeswertpapier dar, da sie erstmalig im November 1999 eingeführt wurden (DEUTSCHE BUNDESBANK, 2000a, S. 28). Man bezeichnet die Bundeskassenscheine auch als „Bund Cash Management Bills" oder noch kürzer als „Cash Bills". Der Bund verfolgt mit der Emission dieser Papiere das Ziel einer bedarfsgerechten Liquiditätssteuerung (DEUTSCHE BUNDESBANK, 2000b, S. 39).

Die Bundeskassenscheine können sehr variabel in ihrer Laufzeit ausgestaltet werden. Es ist möglich diese Papiere mit einer Laufzeit von sieben Tagen bis zu einem Jahr minus einem Tag auszustatten. In der Praxis herrschen Laufzeiten von einem Monat vor (GRILL, PERCZYNSKI, 2000, S. 318).

Cash Bills stellen ebenso wie die unverzinslichen Schatzanweisungen Diskontpapiere dar. Die Emission dieser Papiere erfolgt freihändig oder im Tenderverfahren, wobei nur die Mitglieder der Bietergruppe Bundesemissionen berechtigt sind, Gebote bei der Auktion abzugeben (DEUTSCHE BUNDESBANK, 2000b, S. 39). Die Verzinsung dieser Papiere mit einem Nominalwert ab fünf Mio. Euro wird nach der schon vorgestellten Eurozinsmethode ermittelt. Eine Börseneinführung der Cash Bills findet nicht statt.

4.3.4 Bundesschatzanweisungen

Bundesschatzanweisungen werden auch kurz als „Schätze" bezeichnet. Diese Papiere haben eine Laufzeit von zwei Jahren und werden alle Vierteljahr als Einmalemission im März, Juni, September und Dezember im Tenderverfahren über die Bietergruppe Bundesemissionen emittiert (DEUTSCHE BUNDESBANK, 2000b, S. 37). Nichtmitglieder dieser Gruppe können Mitglieder mit der Abgabe von Geboten beauftragen oder die Stücke nach der Emission im Börsenhandel erwerben.

Eine einzelne Emission der Bundesschatzanweisungen wird dabei neuerdings in zwei Tranchen zerlegt: zum einen in die Neuemission selbst mit einem Volumen von sieben Mrd. Euro und zum anderen in einen Aufstockungstender in Höhe von fünf Mrd. Euro. Während die eigentliche Neuemission in den oben genannten vier Monaten stattfindet, werden die Stücke der Aufstockung jeweils einen Monat später abgesetzt. Der Bund erreicht somit vierteljährlich ein Gesamtemissionsvolumen von 12 Mrd. Euro, das damit knapp zwei Mrd. Euro höher ausfällt als bisher (BUNDESREPUBLIK DEUTSCHLAND FINANZAGENTUR, 2001, S. 1f).

An der Börse werden die Bundesschatzanweisungen – wie oben dargestellt – im Sinne eines Sekundärmarkts gehandelt. Die Zinszahlung erfolgt jährlich; die Zinsen selbst werden im Verfahren (actual/actual) taggenau berechnet. Am 16. Juli 2003 waren Bundesschatzanweisungen mit einem Gesamtvolumen in Höhe von 94 Mrd. Euro im Umlauf.[90]

4.4 Kurzläufer

Der folgende Abschnitt soll einige der Wertpapiere beschreiben, die aufgrund ihrer Ursprungslaufzeit eindeutig dem Kapitalmarkt zuzuordnen sind, aber wegen ihrer nur noch sehr kurzen Restlaufzeit am Geldmarkt gehandelt werden. Im Wesentlichen kommen von den Papieren des deutschen Staats hierfür die Anleihen des Bundes und seiner Sondervermögen (Unterabschnitt 4.4.1), die Bundesobligationen (Unterabschnitt 4.4.2) und die Bundesschatzbriefe (Unterabschnitt 4.4.3) in Frage. Auf die Darstellung weiterer möglicher Kurzläufer wird verzichtet.

4.4.1 Bundesanleihen

Bundesanleihen („Bunds") werden seit 1952 in der Regel als festverzinsliche Papiere im Rahmen einer Einzelemission emittiert, um dem Bund langfristige Gelder zu verschaffen.[91] Eine Erhöhung des Volumens einer Neuemission ist durch Aufstockung und Marktpflege möglich. Derzeit werden vom Bund und seinen Sondervermögen zwei bis drei Bundesanleihen pro Jahr mit einer Laufzeit von 10 Jahren und von 30 Jahren emittiert (DEUTSCHE BUNDESBANK, 2000b, S. 34f und S. 41).

Die Bundesanleihen werden im Tenderverfahren über die Bietergruppe Bundesemissionen abgesetzt; anschließend findet ein Börsenhandel der Stücke statt, so dass der Erwerb der Stücke jedem offen steht. Das Volumen einer Bundesanleihe ist sehr hoch und beläuft sich zur Zeit inklusive Aufstockungen und Marktpflegebeträge auf bis zu 27 Mrd. Euro.[92] Die Bundesbank gibt als Motive für diese sehr

[90] Die Zahlen findet man unter www.bundesbank.de.

[91] Es existiert derzeit nur eine als Floater ausgestaltete Bundesanleihe. Siehe hierzu auch Fußnote 87.

[92] Die Zahlen findet man unter www.bundesbank.de. Dort findet man auch eine chronologische Liste der vom Bund emittierten Papiere inklusive ihrer Volumina.

hohen Beträge zum einen den Finanzbedarf des Bundes und zum anderen den Wunsch der Investoren nach einem liquiden Markt für die Bundesanleihen an (DEUTSCHE BUNDESBANK, 2000b, S. 35).

Eine Besonderheit der Bundesanleihen ist das seit Mitte 1997 zugelassene Stripping. Bei besonderen Bundesanleihen erlaubt der Gesetzgeber dem Gläubiger die Anleihe in einen Kapital- und in einen Zinsanspruch zu trennen (strippen) oder sie wieder zusammenzusetzen. Der Kapital-Strip sowie der Zins-Strip können an der Börse gehandelt werden (GRILL, PERCZYNSKI, 2000, S. 217). Durch die Zerlegung einer 10-jährigen Bundesanleihe im Ausgabezeitpunkt entstehen eine Reihe von Zerobonds, nämlich ein Zerobond mit 10-jähriger Laufzeit und zehn weitere Zerobonds, die aus den Zins-Strips resultieren. Diese Zins-Strips weisen Laufzeiten von einem bis zehn Jahren auf. Genau hierin liegt die Idee des Strippings: Der Emittent begibt eine 10-jährige Anleihe, ist aber danach durch das Strippen auf dem gesamten Spektrum der Laufzeiten bis hin zu 10 Jahren vertreten. In gewisser Weise ergeben sich durch das Strippen von Bundesanleihen auch kurzfristige, d.h. hier ein Jahr laufende Zerobonds, die im Rahmen der Geldmarktgeschäfte interessant sein können. Voraussetzung für eine erfolgreiche Etablierung der strippbaren Anleihen bleibt das Vorhandensein von genügend strippbarem Material (DEUTSCHE BUNDESBANK, 1997, S. 17f).

Die zur Zeit umlaufenden Bundesanleihen haben am 15. Juli 2003 ein Volumen von 444,188 Mrd. Euro. Von diesen Bundesanleihen entfällt ein Volumen von 363,404 Mrd. Euro auf strippbare Anleihen. Seit 1997 sind alle Anleihen des Bundes strippbar; früher emittierte Anleihen sind – mit einer Ausnahme – nicht strippbar. Diese Ausnahme stellt eine 6,25 v.H. Bundesanleihe von 1994 (Wertpapierkenn-Nr. 113 492) mit 30-jähriger Laufzeit dar. Auch sie ist strippbar.[93]

4.4.2 Bundesobligationen

Seit 1979 werden die Bundesobligationen („Bobls“) vom Bund mit einem festen Kupon in Serien emittiert, wobei der Ausgabekurs der Papiere einer Serie der aktuellen Marktlage angepasst wird. Beim Übergang zu einer neuen Serie, in der Regel nach drei Monaten, wird je nach der Marktzinslage der Kupon dieser Papiere verändert.

Bundesobligationen decken das mittelfristige Spektrum der Laufzeiten ab und weisen zur Zeit eine Laufzeit von fünf Jahren und sechs Monaten auf. Sie können im Rahmen einer Daueremission im freihändigen Verkauf oder im Rahmen einer Einzelemissionen durch ein Tenderverfahren begeben werden. Genauer wird zunächst eine Daueremission im freihändigen Verkauf durchgeführt, an die sich dann ein Aufstockungstender anschließt (DEUTSCHE BUNDESBANK, 2000b, S. 37).

---

[93] Die Zahlen zum Volumen der umlaufenden Bundesanleihen wurden entnommen aus: www.bundesbank.de.

Mit Ausgabe der Bundesobligationen der Serie 137 im August 2000 hat sich ein neuer Rhythmus der Emissionstätigkeit des Bundes herausgebildet. Seit diesem Zeitpunkt ist die Emission von Bundesobligationen auf nur zwei Serien pro Jahr beschränkt (DEUTSCHE BUNDESBANK, 2000b, S. 37).

Nach dem neuen Emissionsrhythmus wird im Februar zunächst eine neue Serie von Bundesobligationen als sechs-monatige Daueremission begeben. Während dieser Zeit können nur private und gemeinnützige Anleger die Papiere erwerben. Nach Ablauf von sechs Monaten beträgt die Restlaufzeit noch fünf Jahre. Zu diesem Zeitpunkt – im August – wird eine neue Serie ebenfalls als sechs-monatige Daueremission aufgelegt; diese Serie wird als Anschlusstender bezeichnet und trägt in der Regel einen neuen Kupon. Mit anderen Worten erfolgen also im Februar und im August jeweils Neuauflagen einer Serie von Bundesobligationen. Jede dieser Neuemissionen hat ein Volumen von rund 10 Mrd. Euro.

Um das Volumen einer Serie zu erhöhen, wird drei Monate nach ihrer Neuemission eine Aufstockung vorgenommen. Ziel dieser Aufstockung im Mai bzw. im November ist neben der Aufnahme von Geldern eine Vertiefung des Markts dieser Papiere. Die Aufstockung wird im Tenderverfahren durchgeführt; hierdurch erhöht sich das Volumen einer Serie um acht Mrd. auf dann 18 Mrd. Euro (BUNDESREPUBLIK DEUTSCHLAND FINANZAGENTUR, 2001, S. 2ff).

Insgesamt ergibt sich aus Neuemissionen im Februar und im August sowie durch Aufstockungen im Mai und im November ein vierteljährlicher Rhythmus. Am 21. Juli 2003 laufen Bundesobligationen im Gesamtvolumen von 155,124 Mrd. Euro um.[94] Nach dem freihändigen Verkauf bzw. nach dem entsprechenden Aufstockungstender können die Bundesobligationen von jedem an der Börse gehandelt werden. Die Zinszahlungen finden jährlich statt; die Zinsberechnung erfolgt taggenau nach dem Verfahren (actual/actual). Der Mindestauftragswert beträgt im freihändigen Verkauf zur Zeit 100 Euro.

4.4.3 Bundesschatzbriefe

Wie bereits ausgeführt worden ist, existieren die Bundesschatzbriefe in zwei Varianten, nämlich den Typen A und B. Beide stellen festverzinsliche Papiere dar mit der Besonderheit, dass die gewährten Zinsen mit sinkender Restlaufzeit in der Regel steigen. Hieraus resultiert ein Anreiz zum Halten des Papiers bis zur Fälligkeit.

Bundesschatzbriefe der Typen A und B unterscheiden sich in zweierlei Hinsicht. Erstens laufen die Briefe des Typs A sechs und jene des Typs B sieben Jahre. Daneben schüttet der Typ A jährlich Zinsen gemäß dem geltenden Kupon aus, während ein Brief des Typs B keine Zinsen ausschüttet, sondern diese über die

[94] Diese Zahlen wurden entnommen aus: www.bundesbank.de.

gesamte Laufzeit ansammelt und mit verzinst. Ein Brief des Typs B führt daher zu Zinseszinseinnahmen, die zusammen mit den Zinsen und dem Nennwert am Ende der Laufzeit ausgeschüttet werden (DEUTSCHE BUNDESBANK, 2000b, S. 38).

Ein Börsenhandel der Bundesschatzbriefe erfolgt nicht. Sie können aber liquidiert werden, indem der Gläubiger sie bis zu einem monatlichen Höchstbetrag von 5000 Euro zurückgibt. Dazu muss allerdings das erste Laufzeitjahr verstrichen sein. (GRILL, PERCZYNSKI, 2000, S. 217).

Neben der Beschaffung von mittelfristigen Geldern steht ein weiteres Ziel mit den Bundesschatzbriefen in Verbindung. Sie wurden 1969 eingeführt, um die Vermögensbildung der Bevölkerung zu fördern. Dieses Ziel wird auch an dem Adressatenkreis der Papiere deutlich: Sie zielen auf Private und auf gemeinnützige Institutionen als Anleger ab (DEUTSCHE BUNDESBANK, 2000b, S. 38).

Bundesschatzbriefe werden im Rahmen einer Daueremission durch freihändigen Verkauf begeben, ein standardisiertes Ausgabevolumen existiert nicht. Die Konditionen richten sich nach der Marktlage. Eine Veränderung der Marktlage resultiert in der Einstellung des Verkaufs der aktuellen Papiere. Es wird dann eine neue Emission mit veränderten Konditionen gestartet.

5 Derivate am Geldmarkt

Auf dem Geldmarkt des Euro-Währungsgebiets werden neben den im vierten Kapitel bereits behandelten Wertpapieren, Krediten und besonderen Geschäften noch Derivate, insbesondere Zinsswaps und Zinsfutures[95], gehandelt (EUROPEAN CENTRAL BANK, 2001e, S. 27). Die Entwicklung seit der Aufnahme der währungspolitischen Verantwortung durch die Europäische Zentralbank zeigt, dass im Bereich der Geldmarktderivate die Bedeutung von over the counter Geschäften wie z.B. Forward Rate Agreements[96] sehr stark nachließ, wogegen die Bedeutung von standardisierten börsengängigen Produkten wie Futures zunahm. Eine Ausnahme von dieser Tendenz im Rahmen der over the counter Geschäfte bilden lediglich die Zinsswaps, deren Nutzung ebenfalls stark zunahm; der Grund hierfür

[95] Unter dem Begriff „Zinsfutures" subsumiert man sowohl am Geldmarkt als auch am Kapitalmarkt gehandelte Futures. In dieser Arbeit werden die dem Kapitalmarkt zuzuordnenden Futures nicht behandelt. Siehe hierzu Büschgen (BÜSCHGEN, 1998, S. 1040).

[96] Ein Forward Rate Agreement (FRA) ist eine fiktive Geldanlage (aus der Sicht des Verkäufers, meist einer Bank) bzw. es stellt einen fiktiven Kredit (aus der Sicht des Käufers, einem Unternehmen) dar. Mit einem Forward Rate Agreement lassen sich Zinsänderungsrisiken durch die Festlegung von Konditionen absichern. Genauer vereinbaren zwei Parteien, dass an einem Zeitpunkt in der Zukunft Termingelder ge- bzw. verkauft werden. Die Besonderheit ist, dass bei diesem Geschäft die Kapitalbeträge nicht tatsächlich übertragen werden. Es wird vielmehr am Beginn der Laufzeit des Geschäfts ein Ausgleich zwischen dem in t_0 vereinbarten FRA-Zins und einem Referenzzinssatz geleistet. Ein Beispiel für ein FRA-Geschäft geben Wöhe und Bilstein (WÖHE, BILSTEIN, 1998, S. 271f).

liegt in den noch zu erörternden Vorteilen dieser Finanzderivate sowie auch in einer „Standardisierung“ dieser Geschäfte (SANTILLÁN, BAYLE, THYGESEN, 2000, S. 22).

Das folgende Kapitel 5 trägt der oben erwähnten Entwicklung Rechnung und stellt daher nur den Handel mit Zinsswaps sowie den Handel mit Zinsfutures als Vertreter der am Geldmarkt gehandelten Derivate dar, wobei im Abschnitt 5.1 auf Zinsswaps und im Abschnitt 5.2 auf am Geldmarkt gehandelte Futures eingegangen wird.

5.1 Zinsswaps

Der folgende Abschnitt soll den Handel mit Zinsswaps im Euro-Währungsgebiet beschreiben.[97] Hierzu werden im Unterabschnitt 5.1.1 die Ausgestaltungsmerkmale der Zinsswaps erläutert. In den Unterabschnitten 5.1.2 und 5.1.3 werden anschließend die Möglichkeiten der Nutzung von Zinsswaps im Rahmen des Zinsrisikomanagements sowie der Erzielung von Arbitragegewinnen erörtert.

5.1.1 Ausgestaltung von Zinsswaps

In einigen Bestandteilen ähneln die Zinsswaps den im vierten Kapitel beschriebenen Devisenswaps. Genauso wie letztere stellen die Zinsswaps ein Beispiel für individuell ausgehandelte over the counter Geschäfte dar. In Abgrenzung zu den im vierten Kapitel behandelten Devisenswaps sind die unterliegenden Kapitalbeträge eines Zinsswaps in derselben Währung denominiert.

Wie bereits erwähnt, werden die Zinsswaps als over the counter Geschäfte gehandelt; hierdurch wird nochmals ihr Charakter als Ergebnis einer individuellen Vereinbarung zwischen den Swap-Parteien deutlich. Wegen dieser Tatsache ist der Sekundärmarkt dieser Titel erheblich eingeschränkt. Weiter stellen die Zinsswaps ein Beispiel für unbedingte Termingeschäfte dar, d.h. keine der beiden Swap-Parteien hat ein Ausübungswahlrecht. Ist der Swap zustande gekommen, dann müssen beide Parteien ihren Verpflichtungen zum Tausch nachkommen.

Bei den hier betrachteten Zinsswaps wird – wie in Fußnote 97 erwähnt – eine Festzinskomponente gegen eine variable Zinszahlung getauscht, ohne dass die unterliegenden Kapitalbeträge ebenfalls ausgetauscht werden. Genauer vereinbaren zwei Parteien A und B, dass in der Zukunft Zinszahlungen auf einen Kapital-

[97] Es gibt eine Vielzahl möglicher Swapgeschäfte wie u.a. Zinsswaps, Währungsswaps oder kombinierte Zins- Währungsswaps. Einen groben Überblick gibt Büschgen (BÜSCHGEN, 1998, S. 463). Für die Geschäfte am Geldmarkt ist der Swap in einer Form besonders relevant, die auch als Kuponswap, Generic Swap oder als Plain Vanilla Swap bezeichnet wird. Es geht hierbei um den Tausch von festen gegen variable Zinsverpflichtungen, ohne dass die unterliegenden Kapitalbeträge ausgetauscht werden (EUROPÄISCHE ZENTRALBANK, 2000, S. 46).

betrag auszutauschen sind. Beide Parteien haben hierbei z.B. Kreditpositionen, die bezüglich der Laufzeit sowie des Betrags und der Währung übereinstimmen. Voraussetzung für das Zustandekommen des Swapgeschäfts sind daneben noch drei Bedingungen: Erstens müssen die beiden Parteien über eine vom Markt unterschiedlich eingeschätzte Bonität verfügen. Zweitens müssen die Partner an unterschiedlichen Zinszahlungsmodalitäten (fest und variabel) interessiert sein. Drittens müssen die Finanzierungsmöglichkeiten der beiden Parteien A und B „ ... *eine unterschiedliche Differenz der Zinskonditionen bei den festverzinslichen Positionen zum einen sowie bei den variabel verzinslichen Positionen zum anderen* [aufweisen].“ (BÜSCHGEN, 1998, S. 463). Ein Vergleich der Finanzierungsalternativen der Unternehmen lässt nur zwei mögliche Situationen zu: Zum einen kann jede der Unternehmungen einen absoluten Vorteil bei einer der Finanzierungsalternativen besitzen.[98] Zum anderen ist es möglich, dass eine Unternehmung bei beiden Arten der Finanzierung – fest und variabel – einen absoluten Vorteil vor der anderen Unternehmung besitzt (SCHIERENBECK, 1999, S. 134 und SCHIERENBECK, HÖLSCHER, 1998, S. 650). Während die Vorteilhaftigkeit des Zinsswaps im ersten Fall nahe liegt, soll nun kurz der Frage nachgegangen werden, warum auch im zweiten Fall ein Zinsswap von Vorteil ist. Zur Veranschaulichung eines Zinsswaps sollen folgende Konditionen angenommen werden, zu denen sich zwei Unternehmen A und B sowohl fest als auch variabel verschulden können. Das Beispiel erfolgt in Anlehnung an Büschgen (BÜSCHGEN, 1998, S. 463f):

Das Unternehmen A kann eine Finanzierung zu dem Festzinssatz in Höhe von 10 v.H. oder zu dem variablen Satz in Höhe von EURIBOR plus 0,5 v.H. erhalten. Das Unternehmen B erhält zur Finanzierung am Markt dagegen folgendes Angebot. Hier ist eine Kreditaufnahme zum festen Satz von 12 v.H. oder aber zu einem variablen Zins von EURIBOR plus 1,5 v.H. möglich. Während das Unternehmen A eine Präferenz für eine variable Zinsverpflichtung hat, soll das Unternehmen B an einer festen Zinsbindung interessiert sein. Zusammengefasst lassen sich die Finanzierungsalternativen der beiden Unternehmen in folgender Tabelle III.5.1 darstellen:

Unternehmen	Festzinssatz	Variabler Zinssatz
A	10 v.H.	EURIBOR + 0,5 v.H
B	12 v.H.	EURIBOR + 1,5 v.H.

Tab. III.5.1: Finanzierungsmöglichkeiten

[98] Demnach kann eine Situation existieren, in der das erste Unternehmen einen Vorteil in der Finanzierung zum festen Satz hat und eine variable Verzinsung will, während das zweite Unternehmen einen Vorteil bei der variablen Verzinsung aufweist und eine feste Finanzierung anstrebt. Auch hier ist ein Swap vorteilhaft (SCHIERENBECK, HÖLSCHER, 1998, S. 650).

Man erkennt, dass der Markt das Unternehmen A hinsichtlich der Bonität bei beiden Finanzierungsalternativen besser beurteilt, es liegt mit anderen Worten der oben angeführte zweite Fall vor. Wählten beide Unternehmen eine Finanzierung gemäß ihrer Präferenzen, dann zahlten beide die in Tabelle III.5.1 angegebenen Sätze: A zahlte EURIBOR + 0,5 v.H. und B zahlte 12 v.H.

Die Unternehmen A und B können nun die Kosten ihrer Kreditaufnahme durch einen Zinsswap senken, ohne dass sie ihre Präferenzen hinsichtlich der Zinszahlungsmodalität aufgeben müssten. Hierzu finanzieren sich die Unternehmen zu den jeweils relativ attraktiveren Sätzen und tauschen anschließend die Zinsverpflichtungen aus. Grundlage des Kalküls bildet die auf Ricardo zurückgehende Theorie komparativer Kosten (ROSE, SAUERNHEIMER, 1995, S. 353ff).

Angewendet auf das Beispiel in Tabelle III.5.1 zeigt sich zunächst, dass – wie oben bereits dargelegt – das Unternehmen A im Vergleich zu B sowohl im Bereich der festverzinslichen als auch im Bereich der variabel verzinslichen Finanzierungsangebote die attraktiveren Konditionen erhält. Demnach hat das Unternehmen A einen absoluten Vorteil gegenüber dem Unternehmen B in der Wahl der Finanzierung. Betrachtet man jedoch die Differenzen in den angebotenen Konditionen, dann erkennt man, dass die Festzinskonditionen der Unternehmen einen Unterschied von zwei v.H. und die variablen Zinskonditionen einen Unterschied von einem Prozent aufweisen. Mit anderen Worten: Es existieren trotz der absoluten Finanzierungsvorteile des Unternehmens A komparative Vorteile des Unternehmens B, da die Differenzen der Fest- bzw. der variablen Zinskonditionen unterschiedlich hoch sind. Aus diesem Grund sollte das Unternehmen A jene Finanzierung wählen, bei der sein Vorteil gegenüber dem Unternehmen B gerade besonders groß ist. Dieses ist der Festzinskredit. Das Unternehmen B wählt dann den variabel verzinslichen Kredit, bei dem es zwar einen absoluten Nachteil, aber einen komparativen Vorteil gegenüber A hat. Nach der Theorie komparativer Kosten nimmt A also den Festzinskredit zu 10 v.H. auf und B den variablen Kredit zu EURIBOR plus 1,5 v.H. In einem anschließenden Zinsswap tauschen die Unternehmen dann die Zinsverpflichtungen untereinander aus, so dass beide die gewünschte Art der Zinszahlung erreichen. Nach dem Swap zahlt A variable Zinsen, wohingegen B einen festen Satz, den sogenannten Swap-Satz, bezahlt.[99] Die von beiden Parteien im Rahmen des Swaps zu zahlenden Zinsen sind das Ergebnis einer Verhandlung zwischen den Parteien. Hier soll angenommen werden, dass der Vorteil durch den Swap sich auf beide Partner ungleich verteilt, sie also beide eine unterschiedlich hohe Zinskostenersparnis erzielen können. Während A durch den Swap eine Ersparnis gegenüber dem ihm angebotenen variabel verzinslichen Kredit in Höhe von 0,75 v.H. realisiert, kann B eine Erparnis von 0,25 v.H. ge-

[99] Den Festzinszahler bezeichnet man auch als Käufer des Swaps oder als Zahler, wogegen die Partei, die den variablen Satz aufbringt, auch als Verkäufer des Swaps oder Empfänger bezeichnet wird (SCHIERENBECK, 1999, S. 135).

genüber seiner Festzinsalternative verbuchen. Die hier angenommene Verteilung der Gewinne aus dem Swap muss in der Realität nicht so sein; vielmehr wird die Verteilung der Gewinne durch die individuelle Verhandlungsmacht der Partner bestimmt. Für die beiden Unternehmen ergibt sich dann die in Tabelle III.5.2 dargestellte Situation ihrer Zinsverpflichtungen:

	Unternehmen A	Unternehmen B
Kosten der Kreditaufnahme	10 v.H.	EURIBOR + 1,5 v.H.
Zu zahlender Swapzins*	EURIBOR + 1,5 v.H.	11,75 v.H.
Zu bekommender Swapzins*	11,75 v.H.	EURIBOR + 1,5 v.H.
Gesamte Finanzierungskosten	EURIBOR – 0,25 v.H.	11,75 v.H.
Kostenersparnis	0,75 v.H.	0,25 v.H.

Tab. III.5.2: Vorteile des Zinsswaps

Quelle: eigene Darstellung nach BÜSCHGEN, 1998, S. 463.

*Annahme: Aus Verhandlungen der Parteien ergibt sich ein Swap variabel EURIBOR + 1,5 v.H. gegen fest 11,75 v.H.

Wie aus der Tabelle III.5.2 hervorgeht, liegt der Vorteil des durchgeführten Zinsswaps für die Unternehmen A und B in einer Senkung der Zinsbelastung um jeweils 0,75 v.H. für A bzw. um 0,25 v.H. für B, wobei nun jedes Unternehmen diejenige Art der Zinsverpflichtung bekommen hat, die es ursprünglich wollte.

Treibende Kraft des hier vorgestellten Zinsswap-Geschäfts sind die oben genannten absoluten und komparativen Kostenvorteile. In der Praxis kann man sich vorstellen, dass diese absoluten und komparativen Kostenvorteile der Unternehmen aus einem unterschiedlichen Zugang zum Markt für Finanzierungen oder aus einer unterschiedlichen Einschätzung der Bonität durch die Kreditgeber resultiert.

Das oben angeführte Beispiel für einen einfachen Zinsswap macht noch eine weitere Eigenschaft der Swaps deutlich: ihren Derivate-Charakter. Derivate sind Finanzinstrumente, die den Cash-Flow einer Kombination anderer einfacherer Basisinstrumente nachbilden. In diesem Sinn lässt sich der Cash-Flow eines Zinsswaps durch zwei Kassainstrumente, nämlich durch eine Anleihe mit festen Kupons und durch eine Floating Rate Note[100] duplizieren.[101] Der Käufer des Zins-

[100] Eine Floating Rate Note ist eine Anleihe mit variablen Kupons, die sich an einem Referenzzinssatz, z.B. dem EURIBOR, orientieren.

swaps, d.h. der Festzinszahler, hat durch den Swap eine festverzinsliche Anleihe emittiert und gleichzeitig den Erlös in eine Floating Rate Note mit variabler Verzinsung und gleichem Nennwert investiert. Im Gegensatz hierzu hat der Verkäufer des Zinsswaps umgekehrt die Floating Rate Note emittiert und den Erlös in das festverzinsliche Papier mit gleichem Nennwert investiert (ELLER, SPINDLER, 1994, S. 154).

Nach der Erläuterung des Aufbaus eines Zinsswaps sollen nun die am Geldmarkt des Euro-Währungsgebiets getätigten Swap-Geschäfte näher charakterisiert werden. Es werden dabei Kontrakte mit verschiedenen Laufzeiten geschlossen. Die Kontrakte haben eine Laufzeit von bis zu einer Woche bis hin zu länger als ein Jahr. In allen Fällen wird aber eine feste Zinszahlung entweder gegen den EONIA oder den EURIBOR getauscht (SANTILLÁN, BAYLE, THYGESEN, 2000, S. 25). Im Bereich der „Übernacht-Indexswaps" werden während der Laufzeit beispielsweise feste Zinszahlungen gegen den EONIA als variablen Zinssatz getauscht, z.B. 14-Tagegeld gegen 10 revolvierende EONIA-Abschlüsse[102]. Mittlerweile kommt den Übernacht-Indexswaps auf dem Zinsswap-Segment des Geldmarkts im Euro-Währungsgebiet große Bedeutung zu (EUROPÄISCHE ZENTRALBANK, 2000, S. 46). Der EONIA ist für die Swap-Geschäfte am Geldmarkt des Euro-Währungsgebiets mittlerweile der Referenzzinssatz.

Das Volumen der gehandelten Zinsswaps ist sehr hoch. Im Bereich der Zinsswaps mit dreimonatiger Laufzeit waren im Sommer des Jahres 2001 Volumina von 500 Mio. Euro bis zu 1 Mrd. Euro üblich. Gelegentlich wurden in diesem Laufzeitbereich auch Swaps im elektronischen Handel abgeschlossen, die ein Volumen von bis zu 5 oder 10 Mrd. Euro haben. Im Bereich längerer Laufzeiten von sechs Monaten bis hin zu einem Jahr war ein Handelsvolumen der Zinsswaps von 100 bis 200 Mio. Euro üblich. Der Markt für darüber hinausgehende Laufzeiten wird von der Europäischen Zentralbank als annehmbar liquide bezeichnet (EUROPEAN CENTRAL BANK, 2001f, S. 18).

Der Großteil des Handels wird in London, Frankfurt und Paris telefonisch oder elektronisch abgewickelt (EUROPEAN CENTRAL BANK, 2001f, S. 17). Innerhalb des Markts sinkt der Anteil jener Banken, die aufgrund ihrer Umsätze eine Market

---

[101] Diese Eigenschaft der Derivate wird insbesondere bei der Ermittlung ihres Marktwerts genutzt. Das Duplikationsprinzip fordert, dass Finanzinstrumente, die den gleichen Cash-Flow aufweisen, auch erstens den gleichen Marktwert und zweitens das gleiche Risiko haben. Man kann daher komplexe Instrumente in einfache Basistitel zerlegen, diese Basistitel mit Marktpreisen bewerten, anschließend die Marktpreise der Basistitel wieder addieren und so einen Marktwert des komplexen Finanzinstruments ermitteln (ELLER, SPINDLER, 1994, S. 31).

[102] Es werden bei dem 2-Wochen-EONIA-Swap nur 10 revolvierende EONIA-Abschlüsse getauscht, da die am Freitag erzielten EONIA-Sätze auch auf Samstag und Sonntag angewendet werden.

Maker Funktion innehaben und zum Teil auch als Mittler (Intermediary)[103] auftreten. Die am Markt aktiven Institute konnten während dieses Konzentrationsprozesses Umsätze mit einer steigenden Anzahl von Klienten erzielen. Etwa 2/3 der Umsätze werden über Broker abgewickelt, wobei der Anteil dieser Geschäfte gegenüber direkten Abschlüssen aber sinkt (EUROPEAN CENTRAL BANK, 2001f, S. 17 und S. 19).

Neben dem oben beschriebenen (klassischen) Argument, nämlich der Senkung von Finanzierungskosten, werden als Motive für den Abschluss von Zinsswaps in der Literatur noch weitere Gründe genannt. Auf dem Geldmarkt ist dieses vor allem die Absicherung gegen das Zinsänderungsrisiko (hedging). Zweitens können mit Zinsswaps Möglichkeiten zur Arbitrage ausgenutzt werden (DEUTSCHE BUNDESBANK, 2000a, S. 29). In den folgenden zwei Unterabschnitten sollen die letztgenannten zwei Motive erläutert werden.

5.1.2 Zinsrisikomanagement mit Zinsswaps

Zunächst soll das Absichern einer riskanten Position gegen das Zinsänderungsrisiko behandelt werden. Allgemein versteht man unter hedging die Immunisierung einer riskanten Position gegen Veränderungen des Marktumfelds. Genauer hat ein betrachtetes Wirtschaftssubjekt eine riskante Position im Bestand, wenn deren Wert von einer nicht antizipierten Veränderung eines Marktzinses oder eines Marktpreises abhängt. Mit einem Hedge baut man eine zweite Position zu der abzusichernden auf, wobei z.B. eine gegebene Marktzinsveränderung dazu führen muss, dass sich die Wertentwicklung der beiden betrachteten Positionen (genau) gegenläufig entwickelt. Falls also die Marktzinsentwicklung zu einem Sinken des Werts der abzusichernden Position führt, dann muss genau diese Zinsveränderung in der Derivatposition einen steigenden Wert bewirken (BÜSCHGEN, 1998, S. 453). Mit anderen Worten: Es müssen die beiden Positionen bei gegebener Veränderung des Marktumfelds eine negative Korrelation ihrer Wertentwicklungen aufweisen.

Zinsswaps finden als Hedging-Instrumente Anwendung, wo offene festverzinsliche Positionen gegen das Zinsänderungsrisiko gesichert werden sollen (EUROPEAN CENTRAL BANK, 2001f, S. 17). Das folgende Beispiel soll in Anlehnung an Eller und Spindler die Wirkungsweise eines Zinsswaps zur Sicherung des Kurswerts eines festverzinslichen Papiers aufzeigen (ELLER, SPINDLER, 1994, S. 160f):

[103] Wenn sich eine Bank gegen Provision als Mittler betätigt, übermittelt sie die Zinszahlungen zweier Parteien. Die Bank schließt hierbei Verträge mit beiden Swap-Parteien, so dass der Swap erst über die Bank zustande kommen kann. Die Bank geht hierbei das Risiko ein, dass sie für ein bereits geschlossenes Geschäft keinen zweiten Swap-Partner finden kann (Mismatch Risiko) sowie das Risiko, dass eine der beiden Vertragsparteien ausfällt (SCHIERENBECK, HÖLSCHER, 1999, S. 656). Die Bank wird damit durch die Mittlerrolle selbst zum Risikoträger.

Ein Kreditinstitut hält eine festverzinsliche Anleihe oder ein Portfolio aus solchen Titeln und will diese Position gegen das Zinsveränderungsrisiko sichern, da steigende Marktzinsen erwartet werden. Die Bank sieht sich mit zweierlei Risiken konfrontiert. Zum einen besteht das Kursrisiko der Position, da mit steigenden Marktzinsen der Kurs der Papiere sinkt. Weiter kann die Bank nicht von den steigenden Marktzinsen profitieren. Durch einen Zinsswap ist es der Bank möglich, ihre festen Kuponerträge gegen variable Zinsen zu tauschen. Hierzu muss das Institut einen Zinsswap kaufen und den festen Swap-Satz[104] zahlen. Im Gegenzug erhält die Bank dann die variable Verzinsung, z.B. den EURIBOR. Der Verkäufer des Swaps ist an festen Zinsen interessiert, da er für die Zukunft sinkende Marktzinsen erwartet.[105] Es bestehen somit unterschiedliche Erwartungen seitens der Swap-Partner hinsichtlich der zukünftigen Marktzinsentwicklung. Zum anderen kann der Swap-Verkäufer auch ein „Market Maker" sein. Market Maker sind Institute, die aufgrund ihres Umsatzes an Zinsswaps ständig bereit sind, Transaktionen mit anderen Instituten auf deren Initiative hin abzuschließen. Hierzu veröffentlichen die Market Maker Konditionen für den Abschluss marktüblicher Zinsswaps, bei denen eine gewisse Standardisierung bezüglich der Laufzeit sowie des Volumens vorgenommen wurde (BÜSCHGEN, 1998, S. 1033). Abbildung III.5.1 zeigt das Hedging einer Anleihe mittels Zinsswap:[106]

Durch den Zinsswap hat die Bank die Risiken gehedgt. Wenn sich die Erwartungen als richtig erweisen und die Zinsen steigen, dann sinkt der Marktwert der abzusichernden Position. Gleichzeitig erhält die Bank steigende variable Zinsen (abzüglich des festen Swap-Satzes) aus dem Zinsswap. Sollte der Zinsanstieg wider Erwarten ausbleiben, dann erhält die Bank zwar die variable Marktverzinsung und zahlt den Swap-Satz. Gleichzeitig ist sie aber nicht von einem sinkenden Marktwert der Anleihen betroffen.

---

[104] Wie bereits erwähnt, bezeichnet man den festen Zinsatz im Zinsswap auch als Swap-Satz.

[105] Der Verkäufer des Swaps hat z.B. eine Floating Rate Note im Bestand. Diese Finanzinstrumente weisen eine variable Verzinsung z.B. in Höhe des 6-Monats-EURIBOR auf. Kennzeichnend für diese Titel ist weiter, dass die Verzinsung – in diesem Fall alle sechs Monate für die Dauer von sechs Monaten – auf dem aktuellen 6-Monats-EURIBOR festgesetzt wird. Zum Zeitpunkt der Festsetzung notiert das Wertpapier zu 100 v.H. Weicht der aktuelle EURIBOR von dem festgesetzten Satz ab, dann ergibt sich eine Kursveränderung der Floating Rate Note. Spätestens bei der nächsten Zinsfestsetzung jedoch notiert das Papier wieder zu 100 v.H.

Wenn der Verkäufer eine Floating Rate Note im Bestand hat und sinkende Marktzinsen erwartet, dann kann er mittels des Swaps seine variablen Zinserträge in feste tauschen. Realisieren sich seine Erwartungen, dann steigt zunächst zum einen der Kurswert seiner Papiere. Zum anderen profitiert er zusätzlich von höheren Zinseinnahmen.

[106] Abbildung III.5.1 wurde gegenüber Eller und Spindler modifiziert. Eller und Spindler erweitern das Beispiel, in dem die Bank die Anleihe durch Emission einer Floating Rate Note refinanziert. Bei steigenden Zinsen ist die Bank dann erstens dem Kursrisiko der Anleihe und zweitens einer steigenden Zinsbelastung aus der Floating Rate Note ausgesetzt.

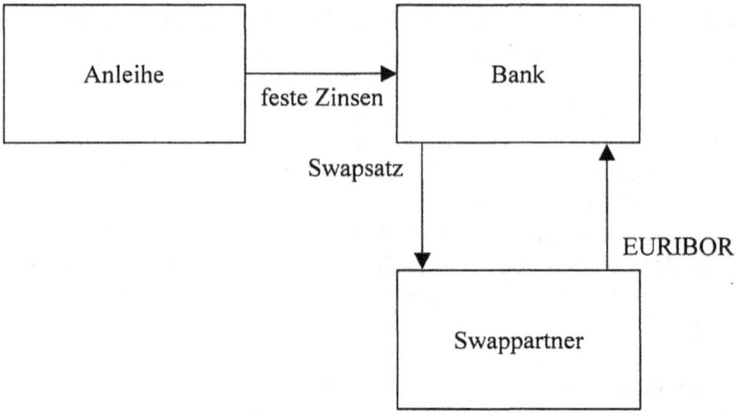

Abb. III.5.1: Hedging einer Anleihe mittels Zinsswaps

Quelle: ELLER, SPINDLER, 1994, S. 161.

Das oben genannte Beispiel illustriert die Immunisierung einer Aktivaposition (Asset Swap). Auch Passivpositionen lassen sich durch einen Zinsswap (Liability Swap) hedgen. Als Beispiel diene eine Unternehmung, die Kapital durch die Emission von Wertpapieren zu variablen Zinsen – z.B. gekoppelt an die Entwicklung des EURIBORs – aufnehmen will (ELLER, SPINDLER, 1994, S. 162f). Wenn die Unternehmung steigende Marktzinsen erwartet, bedeutet dieses, dass ihre Zinsaufwendungen steigen. Kauft das Unternehmen einen Zinsswap, dann kann es durch diese Transaktion die variable Zinsverpflichtung in eine feste tauschen. Der Verkäufer des Swaps hingegen hat die Erwartung fallender Marktzinsen. Er hat z.B. eine Floating Rate Note im Bestand und erhält aus dieser eine variable Verzinsung, nämlich den EURIBOR. Wenn sich die Erwartungen des Verkäufers realisieren und die Marktzinsen sinken, dann profitiert er durch den Swap erstens von einem zunächst steigenden Kurswert seiner Papiere sowie zweitens von höheren Zinserträgen. Wie im vorangegangenen Beispiel des Asset Swaps haben auch bei einem Liability Swap die Parteien unterschiedliche Erwartungen bezüglich der zukünftigen Marktzinsentwicklung. Auch bei einem Liability Swap kommt als potentieller Verkäufer ein Market Maker in Frage. Abbildung III.5.2 zeigt den Liability Swap:

Wie man aus der Abbildung III.5.2 erkennt, kann der Emittent seine variablen Zinsaufwendungen in feste tauschen. Das Risiko steigender Marktzinsen ist damit für die Position der variablen Anleihe gehedgt.

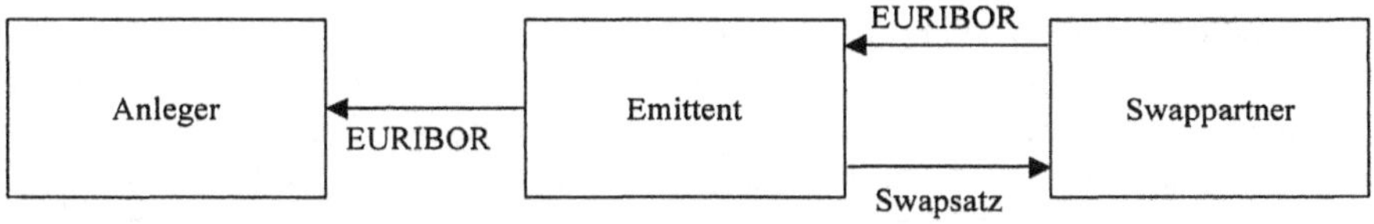

Abb. III.5.2: Hedging einer variabel verzinslichen Verbindlichkeit mittels eines Zinsswaps

Quelle: ELLER, SPINDLER, 1994, S. 163.

Das Hedging illustriert nur einen Teil der Vorteile des Zinsrisikomanagements mit Derivaten. Gleichfalls bedeutend ist die Tatsache, dass das Zinsveränderungsrisiko durch den Einsatz von Derivaten wie Zinsswaps flexibler und günstiger gesteuert werden kann als durch bilanzverändernde Maßnahmen. Im Vergleich zu bilanzverändernden Maßnahmen sparen Zinsswaps Eigenkapitalunterlegung (SANTILLÁN, BAYLE, THYGESEN, 2000, S. 24). Genauer ist hierzu Folgendes anzumerken:

Im Rahmen der Steuerung des Zinsrisikos können Kreditinstitute eine Risikolimitierung oder eine Risikooptimierung betreiben (SCHIERENBECK, 1999, S. 128). Im Rahmen einer Strategie der Risikolimitierung müssen Kreditinstitute eingegangene Zinsrisiken quantifizieren und den verfügbaren Mitteln zur Risikodeckung gegenüberstellen. Wird bei dieser Gegenüberstellung ein Missverhältnis von Deckungsmasse und eingegangenem Risiko deutlich, dann müssen Anpassungen zur Risikoreduktion vorgenommen werden.[107]

Die angestrebte Reduktion des Zinsrisikos kann im Rahmen der Risikolimitierung erstens durch bilanzwirksame Maßnahmen und zweitens durch den Aufbau von bilanzunwirksamen Derivatpositionen erfolgen. Die bilanzverändernden Maßnahmen zielen zum einen auf eine Veränderung der Konditionen im Kundengeschäft ab. Maßnahmen sind hierbei u.a. die Einführung von Limiten und Richtkonditionen. Zum anderen können bilanzverändernde Geschäfte am Geld- und Kapitalmarkt vorgenommen werden.[108] Verwendet man jedoch Derivate wie Zinsswaps, dann kann man die angestrebte Risikoreduktion in der Regel schneller, günstiger und flexibler erreichen und muss dabei zur Sicherung der eingegangenen Risikopositionen weniger Eigenkapital aufwenden (SCHIERENBECK, 1999, S. 134). Folgendes Beispiel soll die Ersparnis von Eigenkapitalunterlegung durch den Gebrauch von Zinsswaps gegenüber bilanzverändernden Maßnahmen verdeutlichen. Im Rahmen des Zinsrisikomanagements vergleicht ein Kreditinstitut

---

[107] Im Rahmen der Risikooptimierung müssen Risiken Chancen gegenüberstehen. Die Bank geht bei dieser Strategie bewusst Risiken ein, um Erträge zu erzielen (SCHIERENBECK, 1999, S. 129). Dieser Ansatz soll nicht weiter verfolgt werden.

[108] Zu diesen Maßnahmen siehe Schierenbeck (SCHIERENBECK, 1999, S. 129ff).

die Duration seiner festverzinslichen Aktiva- und Passivapositionen.[109] Es wird dabei festgestellt, dass die Duration der festverzinslichen Aktiva größer ist als die Duration der festverzinslichen Passiva. Dies bedeutet, dass im Durchschnitt die Bank eher den eigenen Verpflichtungen zu Zinszahlung und Tilgung nachkommen muss als ihr selbst Mittel aus Zinszahlungen und Tilgungen anderer zufließen. Ausgehend von dieser Situation erwartet das Institut für die Zukunft steigende Marktzinsen. Werden keine Anpassungen der Duration der Aktiva und der Passiva vorgenommen, dann ergibt sich aufgrund der im Durchschnitt eher zu leistenden Zahlungen ein Finanzbedarf für die betrachtete Bank. Wenn sich die Zinssteigerungserwartungen für die Zukunft realisieren, dann kann dieser Finanzbedarf nur noch zu gestiegenen Marktzinsen gedeckt werden kann (BÜSCHGEN, 1998, S. 1027).

Grundsätzlich stehen dem betrachteten Institut bei einer Strategie der Risikolimitierung – wie oben erwähnt – bilanzverändernde Maßnahmen sowie das Eingehen von Zinsswaps offen. Im Rahmen der bilanzverändernden Maßnahmen kann die Bank die Duration der festverzinslichen Aktiva und Passiva angleichen. Hierzu nimmt sie einen langfristigen Kredit bei einem anderen Institut auf und legt gleichzeitig die Mittel am Geldmarkt revolvierend an (SCHIERENBECK, 1999, S. 131). Der Bank fließen durch diese Transaktionen einerseits längerfristige festverzinsliche Passiva zu, wodurch die Duration der Passiva steigt; andererseits investiert die Bank die erhaltenen Mittel in kurzfristige, revolvierende festverzinsliche Geldmarktkredite, wodurch die Duration der Aktiva sinkt.

---

[109] Die Duration (D) ist mathematisch definiert als der Quotient aus der Summe der abdiskontierten – mit Restaufzeiten (t) gewichteten – Einzahlungen (Z_t) aus einer festverzinslichen Anleihe oder einem Portfolio solcher Titel und dem Barwert (P_0) der betrachteten Position (GERKE, BANK, 1998, S. 93):

$$D = \frac{\sum_{t=1}^{T} \frac{t \cdot Z_t}{(1+r)^t}}{\sum_{t=1}^{T} \frac{Z_t}{(1+r)^t}} = \frac{\sum_{t=1}^{T} \frac{t \cdot Z_t}{(1+r)^t}}{P_0}.$$

Man interpretiert die Duration, die die Dimension „Jahre“ hat, zum einen als durchschnittliche Kapitalbindungsdauer oder durchschnittliche Fälligkeit der Investition. Ein Investor kann im Durchschnitt nach D Jahren damit rechnen, dass seine im Zeitpunkt t_0 investierten Mittel durch Zinsen und Zinseszinsen zurückgeflossen sind (GERKE, BANK, 1998, S. 94). Eine weitere Anwendungsmöglichkeit der Duration folgt aus der Ableitung der Barwertformel nach dem Zins (r). Man erhält hierdurch einen Ausdruck für die Veränderung des Barwerts bei gegebener Zinssatzänderung:

$$\Delta P_0 = -\frac{D}{(1+r)} \cdot P_0 \cdot \Delta r .$$

Ein erster Vorteil der Zinsswaps gegenüber den bilanzverändernden Maßnahmen wird deutlich, wenn man sich vergegenwärtigt, dass sich das Zinsrisiko durch einen Zinsswap verhältnismäßig schnell und einfach hedgen lässt, ohne dass hierzu die bestehende Bilanzstruktur verändert werden müsste (FISCHER, 2001, S. 2040). Zinsswaps selber werden als bilanzneutrale Transaktionen aufgefasst, und zwar aus zwei Gründen. Zum einen werden bei einem Zinsswap keine Kapitalbeträge ausgetauscht; es erfolgt somit auch keine Anlage oder Kreditgewährung, die bilanziell zu erfassen wäre (SCHIERENBECK, 1999, S. 134). Zum anderen werden Zinsswaps als „schwebende Geschäfte" charakterisiert, da die in ihnen vertraglich vereinbarten Zinszahlungen erst in der Zukunft zu erfüllen sind. Schwebende Geschäfte sind grundsätzlich nicht zu bilanzieren (SPRIEßLER, 2001, S. 829). Bezogen auf das oben genannte Beispiel könnte das Kreditinstitut durch einen Zinsswap die Duration der festverzinslichen Aktiva senken bis eine Angleichung an die Duration der festverzinslichen Passiva erreicht ist. Hierzu muss die Bank festverzinsliche Forderungen durch einen Zinsswap in variabelverzinsliche Forderungen überführen.

Als Zwischenfazit lässt sich festhalten, dass beide erwähnten Alternativen geeignet sind, einen Ausgleich der Duration herbeizuführen. Der Vorteil der Zinsswaps gegenüber den bilanzverändernden Maßnahmen wird zweitens deutlich, wenn man aufsichtsrechtliche Normen, nämlich den § 10 des KWG, berücksichtigt. Der § 10 Abs. 1 KWG fordert eine angemessene Ausstattung der Kreditinstitute mit Eigenmitteln (SCHIERENBECK, HÖLSCHER, 1998, S. 134).[110] Die Angemessenheit der vorhandenen Eigenmittel bestimmt der Eigenmittelgrundsatz I des Bundesaufsichtsamts für das Kreditwesen. Nach dem Eigenmittelgrundsatz I gelten die Eigenmittel als angemessen, wenn das Verhältnis von haftendem Eigenkapital zu risikogewichteten Aktiva des betrachteten Instituts nicht weniger als acht v.H. beträgt.[111] Risikogewichtete Aktiva werden durch den Eigenmittelgrundsatz II des Bundesaufsichtsamts für das Kreditwesen bestimmt. Hierzu zählen Bilanzaktiva, außerbilanzielle Geschäfte, Swapgeschäfte sowie Termingeschäfte und Optionsrechte (GRILL, PERCZYNSKI, 2000, S. 516).

Im oben genannten Beispiel wurde das Zinsrisiko im Rahmen der bilanzverändernden Maßnahmen durch eine Kombination aus der Aufnahme langfristiger Mittel und der revolvierenden Anlage kurzfristiger Mittel gehedgt. Als Alternative dazu wurde ein Engagement in Zinsswaps genannt. Beide Alternativen sind nach

[110] Die Absätze 2 bis 7 des § 10 KWG definieren die Eigenmittel als Summe aus haftendem Eigenkapital und Drittrangmitteln. Bei den weiteren Ausführungen steht das Eigenkapital im Mittelpunkt. Näheres zum § 10 KWG siehe z.B. Grill, Perczynski (GRILL, PERCZYNSKI, 2000, S. 512ff) oder Büschgen (BÜSCHGEN, 1998, S.1109ff).

[111] Mit anderen Worten „ ... *darf die gewichtete Summe der erfassten risikobehafteten Geschäfte nicht größer als das 12,5fache des Eigenkapitals sein.* " (BÜSCHGEN, 1998, S. 1106).

dem Grundsatz II als Risikoaktiva zu klassifizieren und sind daher – risikogewichtet – nach dem Grundsatz I mit Eigenkapital zu decken.

Bei der Ermittlung der Summe der risikogewichteten Aktivapositionen einer Bank sind die Bilanzaktiva grundsätzlich zum Buchwert anzusetzen (BÜSCHGEN, 1998, S. 1125). Dieser Buchwert dient als Bemessungsgrundlage, auf die dann ein Adressengewichtungssatz[112] in Abhängigkeit des Ausfallrisikos der betrachteten Position angewendet wird. Anschließend erfolgt die Aggregation der risikogewichteten Aktivapositionen. Geht man wie oben davon aus, dass die im Beispiel erwähnte Bank im Rahmen ihres Zinsrisikomanagements die langfristig aufgenommenen Mittel bei einem anderen Institut innerhalb der Zone A[113] revolvierend zu Geldmarktkonditionen ohne Besicherung anlegt, dann muss die erstgenannte Bank diese Bilanzaktiva mit 20 v.H. des Buchwerts in die risikogewichtete Aggregation der Bilanzaktivapositionen einfließen lassen.

Im Rahmen der Zinsswaps ist die Bemessungsgrundlage ihr Nominalbetrag (SCHIERENBECK, HÖLSCHER, 1998, S. 142). Bevor die Adressenausfallsätze auf diese Bemessungsgrundlage angewendet werden können, muss für Derivate ein sogenanntes Kreditäquivalent berechnet werden. Genauer muss der Nominalbetrag der Derivate in ein Kreditäquivalent umgerechnet werden. Diese Berechnung wird für Derivate – wie z.B. Zinsswaps – nötig, da sich im Gegensatz zu Krediten das Ausfallrisiko nicht auf den Nomialbetrag der Transaktion bezieht. Bei Zinsswaps besteht das Ausfallrisiko vielmehr in einem sogenannten Eindeckungsrisiko.[114]

Die Ermittlung des Kreditäquivalenzbetrags kann durch zwei Verfahren erfolgen: die Laufzeiten- und die Marktbewertungsmethode. Während Handelsbuchinsti-

---

[112] Zur Zeit existieren im Grundsatz I folgende Adressengewichtungssätze je nach Bonität der Geschäftspartner: 0, 10, 20, 50, 70 und 100 v.H. Der Nullsatz findet Anwendung beim inländischen Staat sowie bei besonderen ausländischen Staaten und Zentralbanken. Ein Satz von 20 v.H. gilt z.B. für Kreditinstitute der Zone A (SCHIERENBECK, HÖLSCHER, 1998, S. 135).

[113] Die Bilanzpositionen werden durch die Adressengewichtungssätze risikoadjustiert. Diese Sätze berücksichtigen, ob eine Besicherung der Position durch unterlegte Pfänder vorliegt bzw. in welche Bonitätsklasse (Zentralbanken und öffentliche Hand, Banken und Kunde) der Vertragspartner einzuordnen ist. Zusätzlich wird auch nach dem Herkunftsland der Pfänder bzw. der Vertragspartner differenziert. Bonitätsmäßig gut bewertete Länder, die sogenannte Zone A, sind das Inland, Länder des europäischen Wirtschaftsraums sowie im Wesentlichen die Vollmitglieder der OECD. Alle übrigen Länder gehören der schlechterbewerteten Zone B an (SCHIERENBECK, HÖLSCHER, 1998, S. 135 und 137).

[114] Der Grund hierfür ist, dass bei einem Zinsswap keine Kapitalbeträge ausgetauscht werden. Kommt ein Swap-Partner seinen Verpflichtungen nicht mehr nach, dann ergibt sich für den verbleibenden Partner ein sogenanntes Eindeckungsrisiko. Hierbei besteht das Risiko darin, dass eine Ersatzbeschaffung von Mitteln nach dem Ausfall des Swap-Partners nur zu vergleichsweise ungünstigeren Konditionen möglich ist (BÜSCHGEN, 1998, S. 1033). Methoden zur Ermittlung des Kreditäquivalents erläutert z.B. Büschgen (BÜSCHGEN, 1998, S. 1128ff).

tute[115] die Marktbewertungsmethode anwenden müssen, können Nicht-Handelsbuchinstitute zwischen ihnen wählen. Nach der Marktwertmethode muss für die betrachtete Derivatposition das Eindeckungsrisiko ermittelt werden. Dazu sind sämtliche unsicheren Zinszahlungen aus der Risikoaktivaposition auf heute abzuzinsen und zu summieren. Anschließend wird ein laufzeitabhängiger Zuschlag zum Eindeckungsrisiko addiert. Der betreffende laufzeitabhängige Zuschlag kann dabei aus Tabellen (z.B. BÜSCHGEN, 1998, S. 1128) entnommen werden. Es ergibt sich dann das Kreditäquivalent nach der Marktwertmethode (BÜSCHGEN, 1998, S. 1128). Im Rahmen der Laufzeitenmethode errechnet sich das Kreditäquivalent durch „ ... *Multiplikation des Nominalvolumens mit dem risiko- und laufzeitabhängigen Gewichtungssatz.*“ (SCHIERENBECK, HÖLSCHER, 1998, S. 143). Dieser risiko- und laufzeitabhängige Gewichtungssatz ist ebenfalls aus Tabellen ersichtlich (z.B. SCHIERENBECK, HÖLSCHER, 1998, S. 144).

Unabhängig von der Wahl der Methode zur Berechnung des Kreditäquivalents wird auf Derivate wie Zinsswaps oder Termingeschäfte ein Adressenausfallsatz in Höhe von maximal 50 v.H. angewendet.[116] Diese bonitätsmäßig nicht zu erklärende Deckelung des Adressenausfallsatzes soll verhindern, dass die Pflicht zur Eigenmittelunterlegung von Derivaten gravierende Wettbewerbsnachteile deutscher Institute nach sich zieht (BÜSCHGEN, 1998, S. 1127). Aus diesem ausfallgewichteten Kreditäquivalenzbetrag kann dann die benötigte Eigenkapitalunterlegung für eine Derivatposition bestimmt werden.

Wenn die Bank einen Zinsswap abschließt, dann ergibt sich nach der Laufzeitenmethode für einen Zinsswap mit einer Restlaufzeit von bis zu einem Jahr und einem Nominalwert von 100 Mio. Euro ein Kreditäquivalenzbetrag von 0,5 Mio. Euro.[117] Der risikogewichtete Kreditäquivalenzbetrag beträgt dann nach Berücksichtigung der maximalen 50 v.H. Deckelung nur 0,25 Mio. Euro. Im Vergleich dazu geht ein unbesicherter Kredit unter Banken innerhalb der Zone A in die Aggregation der risikogewichteten Aktiva mit 20 v.H. des Buchwerts ein. Wenn ein Kreditvolumen von ebenfalls 100 Mio. Euro zu Grunde gelegt wird, sind

[115] Ein Kreditinstitut muss nach § 1 Abs. 12 KWG ein sogenanntes Handelsbuch führen und heißt Handelsbuchinstitut, wenn es die aus folgenden Geschäften resultierende Pflicht zum Führen des Handelsbuchs erfüllt: Handelsbuchpflichtige Transaktionen sind erstens das Halten von sämtlichen Finanzinstrumenten zu Handelszwecken bzw. für das Eigengeschäft. Weiter sind alle Finanzinstrumente in das Buch aufzunehmen, die im Rahmen des Zinsrisikomanagements von Handelsbuchpositionen genutzt werden. Drittens gehen Aufgabegeschäfte und viertens Forderungen aus Handelsbuchpositionen in das Handelsbuch ein. Nichthandelsbuchinstitute erfüllen zwar einen handelsbuchpflichtigen Tatbestand, bei ihnen ist aber das Geschäft volumenmäßig zu gering, so dass nach § 1 Abs. 12 eine „Bagatellgrenze“ greift (BÜSCHGEN, 1998, S. 1120f).

[116] Ein geringerer Satz kann angewendet werden, wenn die Voraussetzungen dafür gegeben sind (SCHIERENBECK, HÖLSCHER, 1998, S. 144).

[117] Dieses folgt aus der Multiplikation des Nominalbetrags mit Gewichtungssatz in Höhe von 0,5 v.H. Den Satz erhält man aus einer Tabelle, z.B. Schierenbeck, Hölscher (SCHIERENBECK, HÖLSCHER, 1998, S. 144).

sind dieses 20 Mio. Euro. Es zeigt sich also, dass Zinsswaps im Hinblick auf aufsichtsrechtliche Normen wie dem § 10 KWG Eigenkapital und damit auch Eigenmittelunterlegung sparen.

5.1.3 Arbitragegewinne durch Zinsswaps

Ein weiterer schon erwähnter Grund für die Nutzung von Zinsswaps ist die Möglichkeit, Arbitragegewinne zu erzielen (SANTILLÁN, BAYLE, THYGESEN, 2000, S. 24). Allgemein bezeichnet man als Arbitrage die gleichzeitige Ausnutzung von unterschiedlichen Kauf- und Verkaufspreisen oder –kursen für ein Gut (BÜSCHGEN, 1998, S. 453). Im Rahmen der Anwendung von Zinsswaps zur Erzielung eines Arbitragegewinns werden entweder synthetische Floating Rate Notes oder synthetische Anleihen konstruiert. In beiden Fällen erhofft man sich eine Verzinsung, die über der Verzinsung einer „normalen" Floating Rate Note bzw. über der Verzinsung einer „normalen" festverzinslichen Anleihe liegt (ELLER, SPINDLER, 1994, S. 163). Als Beispiel soll hier gezeigt werden, wie die Konstruktion einer synthetischen Floating Rate Note zu einem Arbitragegewinn führen kann. Die Argumentation folgt ebenfalls Eller und Spindler (ELLER, SPINDLER, 1994, S. 167f).

Ein Anleger habe eine festverzinsliche Anleihe mit einem Kupon von sechs v.H. im Depot. Diese Anleihe soll über einen Zinsswap in eine variable Verzinsung überführt werden. Ein Arbitragegewinn entsteht dann, wenn der vom Anleger im Swap zu zahlende Swap-Satz geringer ist als der Festzinssatz aus der Anleihe. Es wird angenommen, dass im Rahmen der Verhandlungen zwischen den Swap-Partnern ein Geschäft fest 5,5 v.H. gegen variabel EURIBOR zustande kommt. Mit anderen Worten erhält der Anleger zum einen den EURIBOR aus dem Swap und zum anderen den festen Zinssatz aus seiner Anleihe in Höhe von sechs v.H. Er zahlt aus dem Swap aber nur fest 5,5 v.H. Insgesamt hat der Anleger dann eine synthetische Floating Rate Note, deren Zinsertrag sich aus EURIBOR plus der Differenz zwischen empfangenen und geleisteten Festzinsen zusammensetzt. In diesem Beispiel liegt die Verzinsung der synthetischen Floating Rate Note mit EURIBOR plus 0,5 v.H. über dem Marktniveau (EURIBOR). Die Abbildung III.5.3 zeigt die Struktur dieser Transaktion:

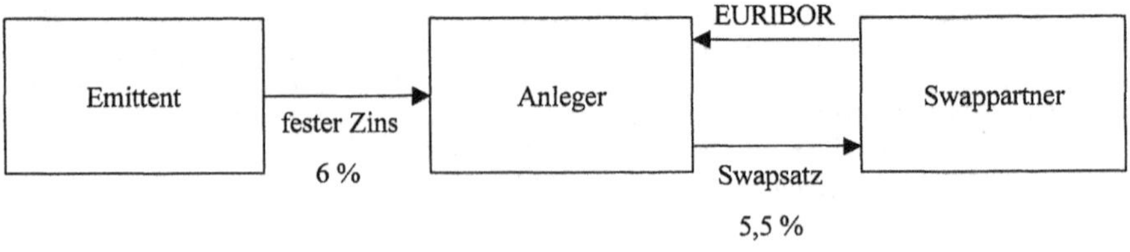

Abb. III.5.3: Arbitrage durch Konstruktion einer synthetischen Floating Rate Note

Quelle: ELLER, SPINDLER, 1994, S. 167.

Nach der Diskussion der Möglichkeiten zur Erzielung von Arbitragegewinnen durch das Eingehen von Zinsswaps sollen noch einige Anmerkungen zu Risikoaspekten bei Transaktionen mit diesen Derivaten erfolgen.

Verbunden mit Swaps im Allgemeinen ist ein Ausfallrisiko des Swap-Partners. Zum einen können die fälligen Zinszahlungen unsicher werden oder gar ausfallen, zum anderen kann auch die Rückzahlung ausgetauschter Kapitalbeträge prinzipiell unsicher werden. Der zweite Punkt – die Rückzahlung der Kapitalbeträge – ist im Rahmen der Zinsswaps nicht von Bedeutung, da bei diesen Geschäften keine Kapitalbeträge ausgetauscht werden. Hierauf wurde bereits in Fußnote 114 eingegangen. Das Ausfallrisiko ist noch insofern zu relativieren, da eine Partei, deren Partner die Zinszahlungen eingestellt hat, dieses ebenfalls tun wird (SCHIERENBECK, HÖLSCHER, 1998, S. 656f).[118]

5.2 Zinsfutures

Dieser Abschnitt soll die Zinsfutures beschreiben, die am Geldmarkt des Euro-Währungsgebiets gehandelt werden.[119] Dazu wird zuerst im Unterabschnitt 5.2.1 auf allgemeine Charakteristika und Ausgestaltung von Futures eingegangen, danach werden einige Details der am Geldmarkt des Euro-Währungsgebiets gehandelten EURIBOR-Futures erläutert. Anschließend werden die Motive für den Abschluss eines Zinsfutures im Unterabschnitt 5.2.2 erläutert.

5.2.1 Ausgestaltung von Zinsfutures

Im Allgemeinen versteht man unter einem Future eine Vereinbarung zwischen zwei Parteien über den Kauf oder Verkauf eines Basiswerts (underlying). Im Rahmen eines Future-Geschäfts wird außerdem vereinbart, dass erstens die Abwicklung des Geschäfts an einem Termin in der Zukunft stattfindet und dass zweitens der Transaktion ein bereits heute fixierter Preis zu Grunde gelegt wird (BÜSCHGEN, 1998, S. 459). Als Basiswerte werden i. Allg. Wertpapiere (Aktien und Renten), Indices, Güter, Währungen und u.a. auch kurzfristige Anlagen am Geldmarkt genutzt.

Futures sind ein Beispiel für unbedingte Termingeschäfte. Wird ein Future-Geschäft abgeschlossen, dann gehen beide Parteien eine Verpflichtung zur Abnahme bzw. zur Lieferung des Basiswerts gemäß den weiteren Bestimmungen ihres Ge-

---

[118] Je nach betrachtetem Swap-Geschäft können weitere Risiken auftreten. Bei einem Währungsswap etwa kommt noch ein Wechselkursrisiko hinzu (SCHIERENBECK, HÖLSCHER, 1998, S. 656).

[119] Neben den Futures werden am Geldmarkt des Euro-Währungsgebiets auch Optionen auf diese Titel gehandelt wie z.B. eine Option auf den 3-Monats- EURIBOR-Future (LIFFE, 1999, S. 9). Auch an der EUREX findet ein solcher Handel mit Optionen statt. Siehe hierzu (Stand 05.04.2002) www.eurexchange.com/marketplace/products. Optionen werden in der vorliegenden Arbeit nicht weiter behandelt; der Leser sei auf die Literatur verwiesen.

schäfts ein.[120] Mit anderen Worten: Keine der beiden Parteien hat ein Wahlrecht oder eine Option, beide Seiten müssen sich an den Vertrag halten.[121]

Futures sind Finanzderivate, die an der Börse gehandelt werden. Sie sind hoch standardisiert hinsichtlich ihrer Vertragsbestandteile sowie hinsichtlich des Börsenhandels, der – wie in Fußnote 121 angedeutet – über eine Clearing-Stelle[122] abgewickelt wird. Aus dieser hohen Standardisierung ergeben sich eine Reihe von Vorteilen für die Marktteilnehmer. Zum einen fördert die Standardisierung hinsichtlich der Vertragsbestandteile die Liquidität am Future-Markt und ermöglicht somit überhaupt erst einen Börsenhandel. Gleichzeitig reduziert die Standardisierung der Geschäfte die Transaktionskosten (BÜSCHGEN, 1998, S. 459). Zum anderen führt die Abwicklung des Handels über die Clearing-Stelle zu einer erheblichen Risikoreduktion, da zwei Kontraktpartner, die sich über den Abschluss eines Futures einig geworden sind, mit der Clearing-Stelle in Kontakt treten und dann das Geschäft über diese Abwicklungsstelle abschließen. Genauer schließt die Clearing-Stelle mit beiden Kontaktpartnern ein Geschäft ab, übernimmt dadurch das gesamte Bonitätsrisiko, so dass der Future zwischen den Parteien nur über die Clearing-Stelle zustande kommen kann. Für die Marktteilnehmer resultiert aus der Tätigkeit der Clearing-Stelle daher eine erhebliche Ersparnis an Transaktionskosten, da eine Bonitätsprüfung sowie eine laufende Bonitätskontrolle für die Geschäfte entfällt. Indirekt werden solche Bonitätsprüfungen und Kontrollen der Mitglieder durch die Clearing-Stelle laufend durchgeführt, worauf schon in Fußnote 122 hingewiesen wurde.

Eine weitere wichtige Aufgabe der Clearing-Stelle ist die Verrechnung von Gewinnen und Verlusten zwischen den Parteien aus der börsentäglichen Neubewertung der Future-Geschäfte während der Laufzeit. Im Zeitpunkt des Abschlusses eines Futures werden keine Zahlungen – bis auf die Stellung von Sicherheitsguthaben (margin) gegenüber der Clearing-Stelle – fällig. Mit diesen Sicherheiten sollen die Risiken des Geschäfts abgedeckt und die oben genannten täglichen Gewinne und Verluste aus der börsentäglichen Neubewertung des Futures verrechnet werden. Die Sicherheiten sind beim Unterschreiten einer gewissen Grenze

[120] Sollte eine Lieferung aus technischen Gründen – wie bei der Nutzung eines Index als Basiswert – unmöglich sein, dann wird ein Barausgleich vorgenommen. Ein Barausgleich findet auch dann statt, wenn eine Lieferung nicht erwünscht ist (BÜSCHGEN, 1998, S. 459).

[121] Es besteht die Möglichkeit aus einem Future-Geschäft auszusteigen, indem man seine offene Position glattstellt. Bei der Glattstellung kauft man verkaufte Futures zurück bzw. verkauft gekaufte Kontrakte. Da in jeden Kontrakt die Clearing-Stelle eintritt, kann die Glattstellung mit anderen Geschäftspartnern vereinbart werden und betrifft daher den ersten Kontraktpartner nicht (BÜSCHGEN, 1998, S. 1041).

[122] Die Marktteilnehmer (Banken) müssen Mitglieder der Clearing-Stelle sein. Damit Geschäfte abgeschlossen werden können, muss die Clearing-Stelle selbst über beste Bonität verfügen. Hierzu kontrolliert sie laufend die Bonität ihrer Mitglieder (BÜSCHGEN, 1998, S. 460).

sofort aufzufüllen, andernfalls droht eine Glattstellung des Kontrakts durch die Clearing-Stelle (BÜSCHGEN, 1998, S. 460 und GERKE, BANK, 1998, S. 445).[123]

Der folgende Teil soll einige Ausstattungsmerkmale der am Geldmarkt des Euro-Währungsgebiets gehandelten EURIBOR-Futures vorstellen. Die Entwicklung seit der Übernahme der geldpolitischen Verantwortung durch die Europäische Zentralbank zeigte, dass der (3-Monats-)EURIBOR-Future alle übrigen Terminkontrakte ersetzen konnte, wie z.B. den Euro-DM-Future (EUROPÄISCHE ZENTRALBANK, 2000, S. 46 und DEUTSCHE BUNDESBANK, 2000a, S. 29). Zur Zeit ist der EURIBOR-Future der bedeutende Geldmarkt-Future in Europa (EUROPEAN CENTRAL BANK, 2001f, S. 19).

Der EURIBOR-Future ist ein standardisiertes Termingeschäft bezüglich Basiswert, Laufzeit, Kontraktgröße und Erfüllung. Der Basiswert ist hierbei eine fiktive Anlage am Geldmarkt unter Banken. Diese Anlage hat eine Laufzeit von entweder einem Monat oder von drei Monaten und wird daher mit dem 1-Monats- bzw. mit dem 3-Monats-EURIBOR verzinst. Die Futures werden – je nach ihrer Laufzeit – in Kontraktgrößen von einer Mio. Euro im Fall des 3-Monats-EURIBOR-Futures und in einer Höhe von drei Mio. Euro im Fall des 1-Monats-EURIBOR-Futures angeboten (LIFFE, 1999, S. 8).[124] Am Ende der Laufzeit ist ein Barausgleich vorgesehen.

Der EURIBOR-Future entspricht deshalb einer Vereinbarung zwischen zwei Parteien, eine fiktive Anlage zu Konditionen des unbesicherten Geldhandels unter Banken für eine spätere Periode zu einem heute fixierten Preis zu tätigen (d.h. zu kaufen) oder zu gewähren (d.h. zu verkaufen).

Die börsentägliche Kursnotierung der Geldmarkt-Futures geschieht auf einer Indexbasis. Hierbei wird von dem Wert 100 derjenige implizite Terminzinssatz subtrahiert, der für die Laufzeit des Geschäfts gilt. Der Terminzinssatz kann hierbei einfach aus den Kassazinssätzen errechnet werden. Ein Beispiel soll dieses verdeutlichen (LIFFE, 1999, S. 32):

---

[123] Vergleichbare Sicherheiten müssen auch die Kunden von Banken leisten, wenn sie Banken beauftragen, Terminkontrakte abzuschließen. Die Banken sichern sich gegenüber ihren Kunden in vergleichbarer Weise ab, wie die Clearing-Stelle sich gegenüber den Banken absichert.

[124] Während an der LIFFE nur der 3-Monats-EURIBOR-Kontrakt gehandelt wird, findet an der EUREX ein Handel sowohl mit dem 3-Monats-EURIBOR- als auch mit dem 1-Monats-EURIBOR-Kontrakt statt (Stand 05.04.2002). Siehe hierzu www.eurexchange.com/marketplace/products. Dort werden - wie auch in der oben zitierten LIFFE Publikation – noch weitere Details des Handels wie Verfallsmonate u.a. genannt. Auf die Darstellung dieser Details wird hier verzichtet.

Der Kurs eines 3-Monats-EURIBOR-Future soll ermittelt werden. Es wird angenommen, dass dessen Laufzeit am 14. Dezember beginnt und am 14. März des folgenden Jahres endet. Das Datum der Kursermittlung (heute) sei der 15. Oktober. Insgesamt steht man vor dem Problem, einen Terminzinssatz für ein Geschäft ermitteln zu müssen, wobei das Geschäft in 60 Tagen beginnt und dann eine Laufzeit von 90 Tagen hat. Folgende Abbildung III.5.4 soll dieses Problem zeigen:

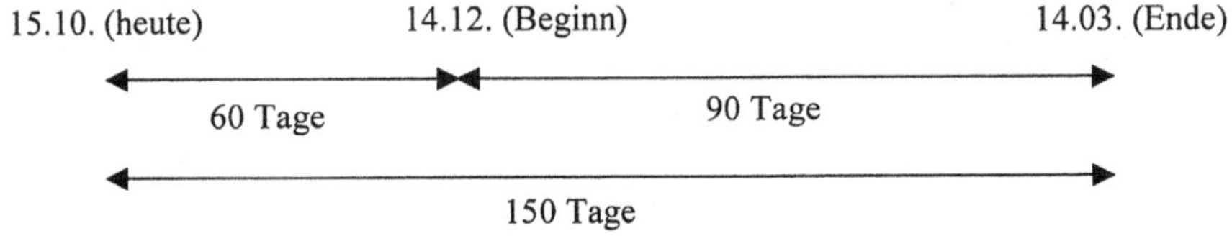

Abb. III.5.4: Kursermittlung bei Geldmarkt-Futures

Quelle: LIFFE, 1999, S. 32.

Die Kassazinsen für eine Anlage am Geldmarkt unter Banken sollen am 15.10. (heute) für 60 Tage 2,45 v.H. und für 150 Tage 2,6375 v.H. betragen.

Die Grundlage für die Berechnung des impliziten Terminzinssatzes bildet die Erwartungstheorie nach Fisher. Danach setzt sich ein aktueller langfristiger Zins (i_L) für n Perioden aus dem aktuellen kurzfristigen Zins (i_1) sowie aus den für die weiteren Perioden (2, 3, ..., n) erwarteten kurzfristigen Zinsen zusammen.

Die Erwartungstheorie geht davon aus, dass ein repräsentativer Anleger einen gegebenen Betrag langfristig für mehrere Perioden, z.B. für drei Perioden, anlegen kann, wobei jährliche Zinsen in Höhe von (i_L) anfallen. Zinsen werden nicht ausgeschüttet, sondern weiter verzinst. Der Investor erzielt bei dieser Anlage einen Erlös pro investierter Geldeinheit in Höhe von (JARCHOW, 2003, S. 151):

$$e_{L(3)} = (1 + i_L)^3. \tag{7}$$

Alternativ kann der Investor dreimal eine kurzfristige Anlage abschließen. Unter dieser zweiten Alternative wird der erwartete Erlös pro investierter Geldeinheit (e_k^*) durch folgenden Ausdruck beschrieben (JARCHOW, 2003, S. 151):

$$e_k^* = (1 + i_1) \cdot (1 + i_2^*) \cdot (1 + i_3^*). \tag{8}$$

In dem Ausdruck (8) stellt (i_1) den kurzfristig aktuellen Zinssatz der ersten Periode und (i_2^*) sowie (i_3^*) den für die zweite bzw. dritte Periode erwarteten kurzfristigen Zinssatz dar. Unter der Annahme, dass erstens die zukünftigen kurzfristigen Zinsen mit Sicherheit erwartet werden und dass zweitens alle Anleger homogene Erwartungen haben, ergibt sich das Marktgleichgewicht, wenn die Erlöse pro investierter Geldeinheit unter beiden Alternativen gleich sind (JARCHOW, 2003, S. 152):

$$e_L = e_k^*, \text{ d.h.}$$
$$\left(1 + i_{L(3)}\right)^3 = \left(1 + i_1\right) \cdot \left(1 + i_2^*\right) \cdot \left(1 + i_3^*\right). \tag{9}$$

Da kurzfristige und langfristige Wertpapiere Substitute darstellen, wird das Gleichgewicht über Anpassungen erfüllt.

In der Erwartungstheorie wird bei sicheren homogenen Erwartungen der Terminzinssatz durch den für den betreffenden Zeitraum erwarteten kurzfristigen Zins bestimmt:

$$i_n = i_n^*. \tag{10}$$

Hiermit folgt, dass der langfristige Kassazins ($i_{L(3)}$) durch den kurzfristigen Kassazins (i_1) und durch die Terminzinssätze (i_2) und (i_3) bestimmt wird:

$$\left(1 + i_{L(3)}\right)^3 = \left(1 + i_1\right) \cdot \left(1 + i_2\right) \cdot \left(1 + i_3\right). \tag{11}$$

In Gleichung (11) stellen daher ($i_{L(3)}$) und (i_1) Kassazinsen dar, wogegen (i_2) sowie (i_3) Terminzinssätze sind. Der Terminzinssatz (i_2) gilt dabei für ein Geschäft, das in einem Jahr beginnt und dann ein Jahr läuft; der Terminzinssatz (i_3) ist für ein Geschäft gültig, das in zwei Jahren beginnt und dann ein Jahr läuft.

Der implizite Terminzinssatz (i_3) kann ermittelt werden, indem zu der dreijährigen Anlage noch eine zweijährige Anlage betrachtet wird (JARCHOW, 2003, S. 154f). Analog zu der dreijährigen Anlage kann der Investor auch im Fall der zweijährigen Anlage zwischen einem langfristigen Engagement und revolvierenden kurzfristigen Anlagen entscheiden:

$$\left(1 + i_{L(2)}\right)^2 = \left(1 + i_1\right) \cdot \left(1 + i_2\right). \tag{12}$$

Dividiert man Gleichung (11) durch Gleichung (12), dann erhält man den impliziten Terminzinssatz (i_3):

$$i_3 = \frac{\left(1 + i_{L(3)}\right)^3}{\left(1 + i_{2(L)}\right)^2} - 1. \tag{13}$$

Da ($i_{L(3)}$) und ($i_{L(2)}$) Kassazinssätze mit einer Laufzeit von drei bzw. zwei Perioden sind, lässt sich der implizite Terminzinssatz (i_3) – wie unter der Gleichung (13) beschrieben – errechnen.[125]

Dieser kurze Exkurs sollte zeigen, dass man aus Kassazinssätzen implizite Terminzinssätze ableiten kann. Für das Problem der Kursermittlung von Geldmarkt-Futures überträgt man diese Überlegungen in den unterjährigen Bereich: Aus der Kassazinsstruktur können die gesuchten Terminzinssätze abgeleitet werden. Im Rahmen der Ermittlung des Kurses eines EURIBOR-Futures verwendet man z.B. folgende Gleichung zur Bestimmung des benötigten Terminzinssatzes (LIFFE, 1999, S. 33 und ELLER, SPINDLER, 1994, S. 82):

$$i = \left[\left(\frac{1 + \frac{\text{Zinssatz Gesamtlaufzeit}}{100} \cdot \frac{\text{Tage Gesamtlaufzeit}}{360}}{1 + \frac{\text{Zinssatz Vorlaufperiode}}{100} \cdot \frac{\text{Tage Vorlaufperiode}}{360}}\right) - 1\right] \cdot \frac{360}{\text{Differenz Tage}}. \quad (14)$$

In Gleichung (14) bezeichnet die Vorlaufperiode den Zeitraum von heute bis zum Beginn der Laufzeit des Terminkontrakts. Die Gesamtlaufzeit erstreckt sich dagegen von heute bis zum Ende des Geschäfts einschließlich der Laufzeit der Mittelaufnahme bzw. der Mittelanlage. Mit den im Beispiel angenommenen Daten dauert die Vorlaufperiode 60 Tage; die Gesamtlaufzeit beträgt 150 Tage. Setzt man außerdem noch die gegebenen Kassazinsen für 60 Tage bzw. 150 Tage in die Gleichung (14) ein, dann erhält man einen impliziten Terminzinssatz (i) p.a., der für eine Zeitspanne gilt, die in 60 Tagen beginnt und die dann 90 Tage läuft:

$$i = \left[\left(\frac{1 + \frac{2{,}6375}{100} \cdot \frac{150}{360}}{1 + \frac{2{,}45}{100} \cdot \frac{60}{360}}\right) - 1\right] \cdot \frac{360}{90} = 0{,}0275. \quad (15)$$

Aus Gleichung (15) erhält man den gesuchten Terminzinssatz (i) für das Beispiel in Abbildung III.5.4. Mit diesem impliziten Terminzinssatz lässt sich nun der Kurs des angenommenen Geldmarkt-Futures bestimmen, indem – wie oben ausgeführt – der Terminzinssatz, multipliziert mit 100, von dem Indexwert 100 sub-

[125] Der Terminzinssatz für die Periode n ergibt sich nach folgender Gleichung (JARCHOW, 2003, S. 155):

$i_n = \frac{(1 + i_{L(n)})^n}{(1 + i_{L(n-1)})^{n-1}} - 1$. Hierbei ist ($i_{L(n)}$) der langfristige Kassazins für n Perioden und ($i_{L(n-1)}$) der langfristige Kassazins für n-1 Perioden; (i_n) ist der Terminzinssatz.

trahiert wird. Der im Beispiel betrachtete EURIBOR-Future notiert dann am 15.10. (heute):[126]

$$\text{Kurs} = 100 - 2{,}75 = 97{,}25. \tag{16}$$

5.2.2 Zinsrisikomanagement mit Zinsfutures

Nach der Darstellung der an LIFFE und EUREX gehandelten EURIBOR-Futures soll der folgende Unterabschnitt das Motiv der Marktteilnehmer für den Abschluss dieser Geschäfte, nämlich das Zinsrisikomanagement (Hedging), erläutern (STEINER, 2001, S. 710). Darüber hinaus lässt sich – wie im Fall der Zinsswaps auch – mit Zinsfutures das Zinsveränderungsrisiko flexibler und günstiger steuern als durch bilanzverändernde Maßnahmen. Mit Zinsfutures kann man außerdem Eigenkapitalunterlegung im Hinblick auf den schon erwähnten § 10 KWG sparen. Die Entwicklung der Future-Geschäfte am Geldmarkt profitiert weiter von der jederzeit möglichen Reversibilität der Geschäfte durch einfache Glattstellung (EUROPEAN CENTRAL BANK, 2001f, S. 6 und S. 20).

Das Hedging soll nun kurz in Bezug auf die Geldmarkt-Futures erläutert werden. Definition und Grundprinzip eines Hedge wurden bereits im vorangegangenen Unterabschnitt 5.1.1 im Rahmen der Ausführungen zu Zinsswaps gegeben. Auf eine Wiederholung wird hier verzichtet; der Leser sei auf den Unterabschnitt 5.1.1 verwiesen.

Generell dienen die Geldmarkt-Futures zur Sicherung des (Kurs-) Werts von zinsempfindlichen Positionen. Durch den Future baut man eine Position auf, deren Kurswert sich bei gegebener Entwicklung des Marktzinses genau in die entgegengesetzte Richtung entwickelt wie der Wert der abzusichernden Position. Idealerweise sollten sich die Kurswertveränderungen von abzusichernder Position und Future Position infolge der Erhöhung oder Senkung der Marktzinsen vollständig kompensieren. Ein sogenannter „perfect hedge", der eine vollständige Kompensation der Kurswertveränderung der abzusichernden Position bewirkt, ist meist nicht möglich, da sich die Kurse der Kassa- und der Terminposition „ ... *zwar parallel, jedoch nicht identisch entwickeln* ..." (BÜSCHGEN, 1998, S. 1042). Die Abbildung III.5.5 macht den Einsatz von Zinsfutures deutlich:

---

[126] Aktuelle Kurse der EURIBOR-Futures findet man z.B. in den Finanzmarktseiten der FAZ. Der 3-Monats-EURIBOR-Future notierte am 23.04.2002 um 18:25 Uhr an der EUREX mit folgenden Schlusskursen und Fälligkeiten: Juni: 96,51; September: 96,24; Dezember: 95,91; März: 95,69 (FRANKFURTER ALLGEMEINE ZEITUNG, 24.04.2002c, S. 38).

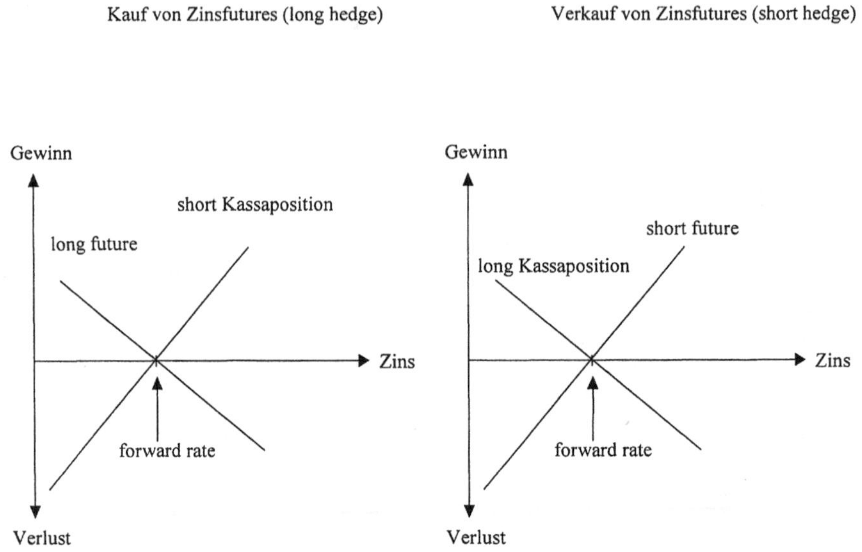

Abb. III.5.5: Hedging mit Zinsfutures

Quelle: BÜSCHGEN, 1998, S. 1042.

Zunächst soll auf den Verkauf von Zinsfutures eingegangen werden. Als long Kassaposition kommen beim short Hedging mit Zinsfutures eine bestehende Anlage aus verzinslichen Papieren oder eine geplante Kreditaufnahme – etwa am Geldmarkt – in Betracht. Diese beiden Fälle sollen kurz erörtert werden.

Hat man beispielsweise ein verzinsliches Papier (z.B. einen Kurzläufer) im Bestand (long Kassaposition), dessen Wert durch steigende Marktzinsen negativ beeinflusst wird, dann kann man diese Position durch einen Verkauf von Zinsfutures (short hedge) gegen das Risiko steigender Marktzinsen bzw. sinkender Kurse der Anlage absichern. In der Abbildung III.5.5 wird der Kurswert der long Kassaposition durch eine fallende Gerade dargestellt. Der fallende Verlauf bringt zum Ausdruck, dass der Kurswert der Kassaposition mit steigendem Zins sinkt. Ziel des Hedge ist es, eine Position aufzubauen, deren Wert sich bei gegebener Veränderung der Marktzinsen möglichst genau gegenläufig zum Wert der abzusichernden Kassaposition verändert. In Abbildung III.5.5 hat daher die short Future Position einen steigenden Verlauf. Man erkennt, dass Wertveränderungen in der Kassaposition durch Wertveränderungen in der Future-Position kompensiert werden. In der Summe wird der Wert der Kassaposition damit abgesichert.

Zu bedenken ist dabei, dass man durch diese Hedging-Strategie letztlich versucht, einen Kurswert unabhängig von der tatsächlichen Zinsentwicklung zu fixieren. Auch eventuelle Kursgewinne – durch sinkende Marktzinsen hervorgerufen – werden durch entsprechende Verluste aus dem Future-Geschäft kompensiert. Mit anderen Worten: Der Hedger sichert sich einen Kurswert aus Anlage und Future; er ist in der Summe nicht von zinsinduzierten Verlusten betroffen, er kann aber auch nicht mehr von zinsinduzierten Kursgewinnen profitieren (ELLER, SPINDLER, 1994, S. 123f).

Der zweite oben erwähnte Fall beinhaltet den Verkauf von Geldmarkt-Futures zur Fixierung des Zinses einer geplanten späteren Geldaufnahme am Geldmarkt. Das folgende Beispiel orientiert sich an Ruckriegel (RUCKRIEGEL, 1989, S. 137f): Eine Bank will am Geldmarkt des Euro-Währungsgebiets in drei Monaten (im Juni) einen Kredit in Höhe von 100 Mio. Euro bei einer anderen Bank aufnehmen, wobei der Kredit eine dreimonatige Laufzeit haben soll. Um den Kreditzins – und damit die Zinsbelastung der Bank – bereits heute (im März) fixieren zu können, verkauft die Bank heute am Geldmarkt Futures im Wert von 100 Mio. Euro auf den 3-Monats-EURIBOR und stellt diese Position nach drei Monaten, d.h. zum Beginn des Kredites, durch Rückkauf wieder glatt. Der Kurs des 3-Monat-EURIBOR-Futures betrage heute 90 Punkte, d.h. der aus den Kassazinsen abgeleitete implizite Terminzinssatz, der in drei Monaten für eine Laufzeit von drei Monaten gilt, beträgt 10 v.H. Im Folgenden soll anhand von zwei Szenarien gezeigt werden, dass für die Bank eine Fixierung des Kreditzinses trotz sich ändernder impliziter Terminzinssätze möglich ist.

Unter der Annahme, dass die Kassazinsstruktur bis zum Juni einen unveränderten impliziten Terminzinssatz von 10 v.H. bedeutet, sich dann aber so verändert, dass der neue implizite Terminzinssatz im Juni auf neun v.H. sinkt, ergibt sich folgende Situation für die Bank:

Einerseits kann die Bank für ihren ab Juni laufenden Kredit eine Ersparnis von Zinsaufwendungen verbuchen. Der Zinssatz für den dreimonatigen Kredit beträgt nun neun v.H. Bezogen auf eine Laufzeit von drei Monaten und einem Kreditbetrag von 100 Mio. Euro spart die Bank gegenüber dem Terminzinssatz vom März in Höhe von 10 v.H. einen Zinsaufwand in Höhe von:

$$\frac{100 \cdot 10^6 \text{ €} \cdot 90 \text{ Tage}}{100 \cdot 360 \text{ Tage}} = 250.000 \text{ €}.$$

Aus dem Verkauf von 100 Stück 3-Monats-EURIBOR-Futures ergeben sich folgende Zahlungen:[127]

Wegen der Veränderung des Terminzinssatzes steigt der Kurs eines Futures vor Glattstellung im Juni auf 91. Die Bank hat daher pro Future einen Verlust aus dem Future-Geschäft in Höhe von 200 Basispunkten (Ticks).[128] Bewertet man einen Tick mit 12,50 Euro, dann ergibt sich pro Future ein Verlust in Höhe von 2.500 Euro. Da insgesamt 100 Futures verkauft worden sind, beträgt der Gesamtverlust aus dem Future-Geschäft 250.000 Euro.

Analog ist denkbar, dass der implizite Terminzinssatz – durch Veränderung der Kassazinsen – im Juni auf 11 v.H. steigt. In diesem Fall resultieren für die Bank Mehraufwendungen an Zinsen aus dem Kredit ab Juni in Höhe von 250.000 Euro. Gleichzeitig erzielt die Bank nun einen Gewinn aus dem Future-Geschäft, da der Kurs des Futures auf 89 gesunken ist. Aus dem Sinken des Futurekurses um 200 Basispunkte resultiert ein Gewinn für die Bank von 2.500 Euro pro verkauftem Future. Bei 100 verkauften Kontrakten erhält sie somit 250.000 Euro.

In beiden Szenarien ergibt sich für die Bank insgesamt eine Fixierung ihrer Zinsbelastung. Die Bank nimmt den Kredit in beiden Fällen zu 10 v.H. auf; die Zinsbelastung ist abgesichert.

Im Fall eines Kaufs von Zinsfutures (long hedge) kommen als short Kassaposition eine geplante Anlage am Geldmarkt sowie ein bestehender Festzinskredit in Betracht. Der folgende Teil beschreibt kurz den Fall einer geplanten Anlage am Geldmarkt. Ziel ist die Sicherung der Verzinsung einer Anlage (ELLER, SPINDLER, 1994, S. 124).[129]

Wenn eine Bank eine Anlage am Geldmarkt des Euro-Währungsgebiets plant, kann sie die Verzinsung dieser Anlage durch den Kauf von Geldmarkt-Futures heute (im März) fixieren. Genauer soll eine Bank einen Betrag von 100 Mio. Euro in drei Monaten, d.h. im Juni, erhalten. Sie plant diesen Betrag im Juni zu Kondi-

---

127 Wie bereits oben erwähnt wurde, hat ein 3-Monats-EURIBOR-Future einen Kontraktwert von einer Mio. Euro. Die kleinste Wertveränderung dieses Futures beträgt 0,005 v.H. und heißt ein Basispunkt oder Tick. Ein Tick hat einen Wert von 12,5 Euro (LIFFE, 1999, S. 8). Den Wert eines Ticks erhält man aus folgender Formel:

$$\text{Tick} = \frac{(\text{Nominalwert} \cdot \text{kleinste Wertveränderung in Prozent} \cdot \text{Laufzeit Monate})}{100 \cdot 12\,\text{Monate}}$$

$$= \frac{10^6\,€ \cdot 0{,}005 \cdot 3\,\text{Monate}}{100 \cdot 12\,\text{Monate}} = 12{,}5\,€.$$

128 Man erhält die Anzahl der Ticks aus der Division der Kursveränderung (hier gleich 1) durch die kleinste Einheit (einen Tick gleich 0,005).

129 Das Beispiel ist das Gegenstück zu dem oben erörterten Fall, in dem ein Kreditinstitut Futures verkaufte, um einen Kreditzins zu sichern. Auch dieses Beispiel folgt – mit ansonsten identischen Annahmen – Ruckriegel (RUCKRIEGEL, 1989, S. 136f).

tionen des Geldhandels unter Banken am Geldmarkt für drei Monate zu investieren. Zur Zinsfixierung kauft die Bank im Juni fällige 3-Monats-EURIBOR-Futures und stellt diese vor der Investition glatt. Wie im oben erörterten Beispiel soll der Kurs des 3-Monats-EURIBOR-Futures im März 90 betragen, d.h. der implizite Terminzinssatz hat eine Höhe von 10 v.H.

Geht man wieder von der Annahme aus, dass der implizite Terminzinssatz bis Juni konstant bleibt, dann aber auf neun v.H. fällt, so ergibt sich für die anlegende Bank folgende Situation:

Die Bank erhält aus der Anlage ihrer Mittel 250.000 Euro weniger Zinseinnahmen.[130] Diesen Mindereinnahmen stehen jedoch Gewinne aus dem Future-Geschäft gegenüber. Der Kurs eines Futures beträgt nach der Zinsänderung 91. Hierdurch ergibt sich für die Bank ein Gewinn von 200 Basispunkten pro Future, insgesamt also ein Gewinn pro Future von 2.500 Euro. Bezogen auf die gekauften 100 Future erhält die Bank 250.000 Euro.[131]

Es zeigt sich, dass die Bank auch in diesem Fall in der Lage ist, durch den Kauf von Zinsfutures – unabhängig von der Entwicklung des impliziten Terminzinssatzes – ihren Zinsertrag aus einer Anlage am Geldmarkt zu fixieren.

Nach diesen Ausführungen zum Hedging mit Zinsfutures soll noch auf die Ersparnis von Eigenkapitalunterlegung durch den Einsatz von Futures eingegangen werden.

Wie bereits erwähnt, stellen Zinsfutures unbedingte Termingeschäfte dar. Zinsfutures werden deshalb nach dem Grundsatz II als Risikoaktiva klassifiziert und sind daher nach § 10 Abs. 1 KWG mit Eigenmitteln zu unterlegen. Bemessungsgrundlage der Zinsfutures ist der bei tatsächlicher Lieferung oder Abnahme entstehende Anspruch zu Marktpreisen (SCHIERENBECK, HÖLSCHER, 1998, S. 142f). Die Ermittlung des Kreditäquivalenzbetrags kann wieder durch die im Unterabschnitt 5.1.1 erwähnten zwei Verfahren erfolgen (Laufzeiten- und die Marktbewertungsmethode). Auf den so berechneten Kreditäquivalenzbetrag wird dann der Adressenausfallsatz, hier in Höhe von null v.H., angewendet (BÜSCHGEN, 1998, S. 1132). Zinsfutures sind damit anrechnungsfrei. Da die Clearing-Stelle in jeden Zinsfuture an der Börse als Kontraktpartner eintritt, übernimmt sie das volle Ausfallrisiko. Durch die bereits erwähnte börsentägliche Neubewertung der Titel bzw. durch die börsentägliche Verrechnung von Gewinnen und Verlusten aus Zinsfutures reduziert sich das Risiko dieser Kontrakte erheblich. Aufgrund dieser besonderen Umstände im Handel mit Zinsfutures lässt sich die Anrechnungsfreiheit erklären. Hier zeigt sich sehr deutlich, dass der Einsatz von Zinsfutues im Zins-

---

[130] Auf die Darstellung der Rechnungen wird im folgenden Teil verzichtet, da sie analog zu den Ausführungen im oben genannten Beispiel durchgeführt werden können.

[131] Tritt eine Erhöhung des impliziten Terminzinssatzes ein, dann steht einem Mehrertrag an Zinsen aus der Anlage ein gleich hoher Verlust aus 100 gekauften Futures gegenüber.

risikomanagement gegenüber bilanz-verändernden Maßnahmen Eigenmittelunterlegung im Hinblick auf § 10 KWG spart.

6 Entwicklungstendenzen des Geldmarkts im Euro-Währungsgebiet

Dieses sechste Kapitel soll die quantitativen Dimensionen, den Integrationsgrad sowie die Entwicklung des Handels mit den bisher beschriebenen Papieren, Krediten und anderen Geschäften auf dem Geldmarkt des Euro-Währungsgebiets seit der Aufnahme der geldpolitischen Verantwortung durch die Europäische Zentralbank verdeutlichen.

Hintergrund dieses Kapitels sind u.a. zwei Studien, die von der Europäischen Zentralbank in Verbindung mit nationalen Zentralbanken des Euro-Währungsgebiets und Großbritanniens 1999 und 2000 angefertigt worden sind. Ziel der ersten Studie war es, zum einen Aufschluss über das bestehende Integrationsniveau der nationalen Geld- und Bondmärkte in dem Anfang Januar 1999 entstandenen gemeinsamen Geld- und Bondmarkt des Euro-Währungsgebiets zu erlangen. Zum anderen sollten Aussagen über die Effizienz dieser neuen, gemeinsamen Geld- und Bondmärkte getroffen werden (SANTILLÁN, BAYLE, THYGESEN, 2000). Die wichtigsten Ergebnisse dieser Studie lassen sich kurz wie folgt darstellen:

Die ehemals nationalen Märkte für die unbesicherten Geldmarktkredite und für Zinsswaps sind bereits weit in die entsprechenden Teilmärkte des gemeinsamen Geldmarkts im Euro-Währungsgebiet integriert. Im Gegensatz dazu ist auf dem Markt für kurzlaufende Geldmarktpapiere die Integration noch nicht weit fortgeschritten, d.h. es liegt noch eine starke nationale Differenzierung vor. Der Repo-Markt ist weniger weit integriert als der Markt für die unbesicherten Geldmarktkredite, er zeigt aber zunehmende Integrationstendenzen (SANTILLÁN, BAYLE, THYGESEN, 2000, S. 11f).

Um diese Ergebnisse zu überprüfen, wurde im folgenden Jahr 2000 eine weitere Untersuchung vorgenommen (EUROPEAN CENTRAL BANK, 2001f). Ziel dieser Analyse war es, die Entwicklungstendenzen der Handelsobjekte im Vergleich mit der ersten Studie herauszuarbeiten. Bevor nun die Ergebnisse dieser zweiten Studie in den folgenden Unterabschnitten erläutert werden, sollen noch einige Anmerkungen zu den verwendeten Daten gemacht werden.

Das im Rahmen der Untersuchung des Geldmarkts verwendete Datenmaterial stammt von drei Quellen aus 11 Ländern.[132] Daten zum Handel mit Geldmarktpapieren wurden von der Europäischen Zentralbank zur Verfügung gestellt, während die Entwicklung der Derivate anhand von Handelsdaten der LIFFE

[132] Die teilnehmenden Länder sind Belgien, Deutschland, Spanien, Österreich, Frankreich, Irland, Italien, Luxemburg, Portugal, Finnland und Großbritannien. Deutsche Banken haben im Vergleich zu den Teilnehmern aus anderen Ländern nur qualitative, aber keine quantitativen Daten geliefert.

untersucht wurde. Im Rahmen der unbesicherten Kredite und Repos wurden Daten von ausgewählten Marktteilnehmern verwendet. Diese Daten können keinen Aufschluss über die tatsächliche Höhe der einzelnen Handelsvolumina am Geldmarkt liefern, gleichwohl sind sie aber im Vergleich mit dem Ergebnis aus dem Jahr 1999 in der Lage, Entwicklungen und Tendenzen aufzuzeigen. Mit anderen Worten: Die hier verwendeten Zahlen stellen eine qualitative Entwicklung dar. Aus ihnen lassen sich keine quantitativen, gesicherten Zahlen der tatsächlichen Handelsvolumina gewinnen (EUROPEAN CENTRAL BANK, 2001f, S. 5).

Der weitere Verlauf dieses sechsten Kapitels ist folgendermaßen aufgebaut: Der erste Abschnitt 6.1 erläutert die Entwicklung des Cash-Segments des Geldmarkts. Hierunter fallen die unbesicherten Geldmarktkredite, die Repos und Devisenswaps. Im Abschnitt 6.2 wird die Entwicklung der am Geldmarkt gehandelten kurzfristigen Geldmarktpapiere beschrieben. Die Emittenten sind – wie im vierten Kapitel bereits beschrieben – Banken, Unternehmen sowie der Staat. Im Anschluss daran behandelt der Abschnitt 6.3 die Entwicklung des Derivate-Segments am Geldmarkt des Euro-Währungsgebiets. Behandelt werden hier die Zinsswaps und Zinsfutures auf EONIA und EURIBOR.

6.1 Reine Geldmarktkredite, Repos und Devisenswaps

Dieser Abschnitt soll erstens die Entwicklung des Handels mit reinen Geldmarktkrediten, Repos und Devisenswaps zwischen Geschäftsbanken analysieren. Zweitens soll der Integrationsgrad nationaler Teilmärkte in die entsprechenden Segmente des Geldmarkts im Euro-Währungsgebiet untersucht werden.

Im Bereich der Entwicklung des Handels mit den oben genannten Objekten sind zwei Entwicklungen besonders interessant. Erstens ergab sich im Vergleich zu 1999 eine Verschiebung der quantitativen Bedeutung der hier betrachteten Handelsobjekte. Dieses wird im Unterabschnitt 6.1.1 betrachtet. Die bestehenden Integrationsniveaus der betrachteten Handelsobjekte werden im Unterabschnitt 6.1.2 behandelt. Zweitens ließ sich im Vergleich zu 1999 eine fortgesetzte Konzentration der Engagements auf extrem kurze Laufzeiten beobachten. Diese Entwicklung sowie einige Anmerkungen zu der Nutzung einzelner Handelsobjekte in Abhängigkeit spezifischer Laufzeiten wird im Unterabschnitt 6.1.3 beschrieben.

6.1.1 Entwicklung des Geldhandels

Betrachtet man die Gewährung von unbesicherten Krediten, Repos und Devisenswaps zusammen als Aktionen des Geldhandels, dann kann man zunächst ein Wachstum der durchschnittlichen Transaktionsvolumina gegenüber dem Jahr 1999 in Höhe von 13 v.H. feststellen. Die Entwicklung war jedoch nicht bei allen der drei betrachteten Komponenten gleich. Am auffälligsten ist das starke Wachstum der Repo-Geschäfte. In diesem Bereich konnte ein Zuwachs der durchschnittlichen Transaktionsvolumina von fast 30 v.H. festgestellt werden. Der im Jahr 1999 festgestellte Wachstumstrend hielt auch im Jahr 2000 an. Die Swap-Geschäfte konnten ebenfalls einen geringen Zuwachs erzielen. Zwar sank das durchschnittlich gehandelte Volumen dieser Geschäfte zunächst im Zuge der Festsetzung der nationalen Wechselkurse zum Euro, doch trat dann im Jahr 2000 eine leichte Erholung, d.h. im Durchschnitt steigende Umsätze, ein. Das durchschnittliche Transaktionsvolumen der unbesicherten Kreditgeschäfte blieb im Jahr 2000 im Vergleich zum Jahr 1999 fast konstant (EUROPEAN CENTRAL BANK, 2001f, S. 8f). Die Abbildung III.6.1 zeigt diese Entwicklungen im Jahresvergleich anhand einer Gegenüberstellung der Werte für das jeweils zweite Quartal. Referenzwert ist das durchschnittlich gehandelte Tagesvolumen im Handel der unbesicherten Kredite im zweiten Quartal des Jahres 1999.

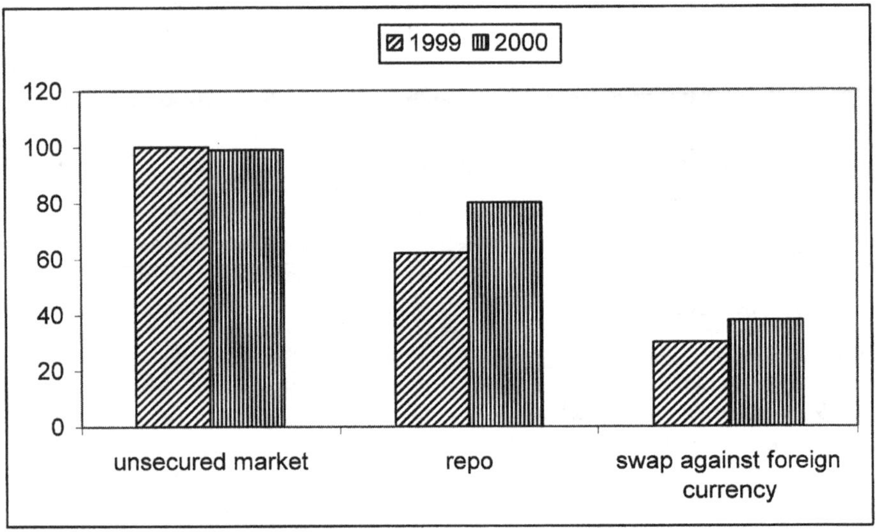

Abb. III.6.1: Entwicklung des Geldhandels

Quelle: EUROPEAN CENTRAL BANK, 2001f, S. 9.

Wie hier zu erkennen ist, sank im Jahr 2000 das im Durchschnitt täglich gehandelte Volumen der unbesicherten Kreditgeschäfte im Vergleich zum Vorjahr nur marginal, wogegen die Repo-Geschäfte und die Swap-Geschäfte ein Wachstum der durchschnittlichen täglichen Handelsvolumina verzeichnen konnten. Interessant ist weiter, dass die unbesicherten Kreditgeschäfte nach wie vor das höchste durchschnittliche Handelsvolumen pro Tag verzeichnen.

Als Konsequenz dieser Entwicklung müssen sich die prozentualen Anteile der betrachteten drei Komponenten am gesamten hier betrachteten Geldhandel verändern. Während im Jahr 2000 der Anteil der Repo-Geschäfte von 32 v.H. auf 37 v.H. gestiegen ist, wurde für die unbesicherten Kreditgeschäfte ein Sinken von 53 v.H. auf 47 v.H. festgestellt. Grund hierfür ist, dass sich im Vergleich zu 1999 das durchschnittliche tägliche Volumen der unbesicherten Kredite kaum veränderte, wobei aber der gesamte Geldhandel ein Wachstum von 13 v.H. verbuchen konnte. Aus diesem Grund muss der relative Anteil der unbesicherten Kredite gesunken sein. Für die Devisenswaps ergab sich ein Wachstum ihres Anteils an dem gesamten Geldhandel in Höhe von 1v.H. (EUROPEAN CENTRAL BANK, 2001f, S. 9). Die Abbildung III.6.2 verdeutlicht die Verschiebung der einzelnen Anteile der Komponenten an dem gesamten Geldhandel. Während der Anteil der Swaps nahezu konstant blieb, sank der Anteil der unbesicherten Kredite stark und der Anteil der Repos stieg kräftig an. Trotz dieser Veränderungen bleiben die unbesicherten Kreditgeschäfte nach wie vor dominierend, allerdings gewinnen die Repo-Geschäfte an Bedeutung.

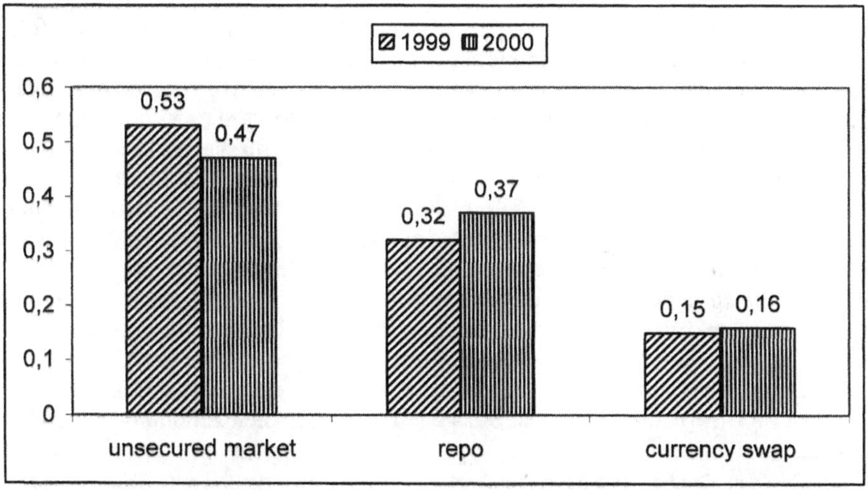

Abb. III.6.2: Entwicklung der relativen Marktanteile von unbesicherten Krediten, Repos und Devisenswaps im Geldhandel

Quelle: EUROPEAN CENTRAL BANK, 2001f, S. 9.

6.1.2 Integrationsniveaus der Geldhandelsobjekte

Dieser Unterabschnitt behandelt das Integrationsniveau der unbesicherten Kredite, Devisenswaps und Repos auf dem Geldmarkt des Euro-Währungsgebiets.[133] Generell hat die Einführung des Euros mit der Festsetzung der nationalen Wechselkurse sowie mit der Errichtung der Europäischen Zentralbank große Veränderungen an den europäischen Märkten bewirkt. Die Integration nationaler Teilmärkte in entsprechende Segmente des Geldmarkts im Euro-Währungsgebiet verlief sehr unterschiedlich. Neben Beispielen für eine relativ problemlose, weitgehende und schnelle Integration stehen andere Beispiele für einen eher schleppenden und zähen Verlauf. Mit anderen Worten war also die Entwicklung der Integration nicht für alle Handelsobjekte gleich. Aus diesem Grund muss man bei der Betrachtung des Integrationsniveaus des gesamten Geldmarkts des Euro-Währungsgebiets zwischen den einzelnen Handelsobjekten differenzieren. Eine relative reibungslose und erfolgreiche Integration gelang in erster Linie dort, wo die nationalen Handelsusancen, Gesetze und Vorschriften schon stark angeglichen waren. In allen anderen Fällen bilden technische, steuerliche und rechtliche Vorschriften sowie unterschiedliche nationale Handelsusancen Hemmnisse für die Integration (BANK FÜR INTERNATIONALEN ZAHLUNGSAUSGLEICH, 2000, S. 139).

Die unbesicherten Kredite können als Beispiel für eine reibungslose und erfolgreiche Integration nationaler Märkte in den Geldmarkt des Euro-Währungsgebiets angeführt werden. Sichtbar wird dieses zum einen an der Konvergenz der Tagesgeldsätze im Euro-Währungsgebiet (EUROPÄISCHE ZENTRALBANK, 2000, S. 43) sowie an kontinuierlich sinkenden Geld-Brief-Spannen für Tagesgelder im Euro-Währungsgebiet (BANK FÜR INTERNATIONALEN ZAHLUNGSAUSGLEICH, 2000, S. 140). Zum anderen wird die erfolgreiche Integration an der Tatsache deutlich, dass der Markt für unbesicherte Kredite im Vergleich zu nationalen Märkten vor Einführung des Euros erheblich vertieft und verbreitert worden ist. Diese Entwicklung belegt eine Umfrage des Systems der Europäischen Zentralbanken unter den geldmarktaktivsten Geschäftsbanken, wonach die Umsätze der unbesicherten Kreditgeschäfte im Zuge der europäischen Währungsunion im zweiten Quartal 1999 gegenüber dem vierten Quartal 1998 deutlich gesteigert werden konnten (DEUTSCHE BUNDESBANK, 2000a, S. 24).[134] Es ergaben sich Erhöhungen der Han-

---

[133] Angaben zum Grad der Integration der Geldmarktpapiere sowie der Derivate finden sich in den Abschnitten 6.2 und 6.3.

[134] Wie bereits im Unterabschnitt 6.1.1 erwähnt, kam diese Entwicklung im Jahr 2000 zum Stillstand. Obwohl im Jahr 2000 im Vergleich zu 1999 der gesamte Geldhandel (unbesicherte Kredite, Repos und Devisenswaps) expandierte, blieb das durchschnittlich gehandelte Tagesvolumen der unbesicherten Geldmarktkredite annähernd konstant. Während die relativen Anteile von Repos und Devisenswaps expandierten, sank der relative Anteil der unbesicherten Kredite am gesamten Geldhandel. Als Grund für die Konstanz des durchschnittlichen Volumens der unbesicherten Kredite nennt die Europäische Zentralbank die starke Konzentration der kleineren und mittleren Institute auf den Handel mit unbesicherten Geldmarktkrediten (EUROPEAN CENTRAL BANK, 2001f, S. 12).

delsvolumina im Bereich des Tagesgelds in Höhe von 61 v.H. in Deutschland bzw. in Höhe von 43 v.H. im gesamten Euro-Währungsgebiet. Mit dieser Entwicklung ging auch eine starke Ausweitung des grenzüberschreitenden Kreditgeschäfts einher. Laut oben erwähnter Umfrage handeln die geldmarktaktivsten Kreditinstitute bereits mehr als die Hälfte aller unbesicherten Kreditgeschäfte grenzüberschreitend. Nach der Deutschen Bundesbank belaufen sich die täglich über TARGET[135] abgewickelten grenzüberschreitenden Geldhandelsgeschäfte im Durchschnitt auf 350 Mrd. Euro (DEUTSCHE BUNDESBANK, 2000a, S. 24f).

Während die unbesicherte Kreditgewährung im Spektrum der Laufzeiten bis zu 14 Tagen in Deutschland sowie in dem gesamten Euro-Währungsgebiet zum Teil stark expandierte,[136] ergaben sich für beide Gebiete im Bereich der längerfristigen Termingelder sinkende Umsätze. Als mögliche Erklärung hierfür kann eine Verlagerung dieser längerfristigeren Geschäfte auf besicherte Kredite, d.h. auf Repos, angeführt werden, weil mit steigender Laufzeit das Ausfallrisiko weniger gut eingeschätzt werden kann (DEUTSCHE BUNDESBANK, 2000a, S. 25). In diesem Fall bieten Repos durch die Hinterlegung von Wertpapieren eine ungleich höhere Sicherheit als unbesicherte Kredite.

Im Euro-Währungsgebiet nehmen Banken unterschiedlicher Größe am Geldhandel teil. Während Repos und Devisenswaps in erster Linie nur von den großen Kreditinstituten abgeschlossen werden, nehmen an dem Handel mit unbesicherten Einlagen zwischen Banken auch die mittleren und die kleineren Häuser teil (EUROPEAN CENTRAL BANK, 2001f, S. 12). Im Unterschied zu den kleineren und mittleren Banken werden (zumindest in Deutschland) die grenzüberschreitenden Geschäfte in erster Linie von den größeren Kreditinstituten abgewickelt. Es kristallisiert sich offenbar eine Aufgabenverteilung zwischen den großen, geldmarktaktiven Kreditinstituten und den kleineren Banken heraus. Zunächst findet in nationalem Rahmen ein Teil des Liquiditätsausgleichs statt. An diesen schließt sich dann ein weiterer, horizontaler Liquiditätsausgleich auf internationaler Ebene im Euro-Währungsgebiet, der von den Großbanken durchgeführt wird. Diese Beobachtung ist für deutsche Verhältnisse nicht neu. Auch vor 1999 ergab sich eine solche Struktur des nationalen Liquiditätsausgleichs in Deutschland. Die großen Banken agierten damals genauso wie heute als Verteiler von Zentralbankliquidität (DEUTSCHE BUNDESBANK, 2000a, S. 26). Die Handelsusancen tragen der Entwicklung ebenfalls Rechnung. Im grenzüberschreitenden Geschäft dominieren die

---

[135] Bei TARGET handelt es sich um ein Trans-European Automated Real-time Gross settlement Express Transfer System. Hiermit werden Großzahlungen und Wertpapierübertragungen im grenzüberschreitenden Zahlungsverkehr der 15 EU-Staaten abgewickelt (EUROPEAN CENTRAL BANK, 2001d, S. 5).

[136] Eine Ausnahme bilden Gelder mit einer Laufzeit von einer Woche. Während diese unbesicherten Kredite in Deutschland stark expandierten, ergab sich trotzdem für das gesamte Euro-Währungsgebiet ein kräftiges Sinken (DEUTSCHE BUNDESBANK, 2000a, S. 24).

über Nacht Gelder; im deutschen Rahmen ist der Handel „bis auf weiteres" häufiger anzutreffen (DEUTSCHE BUNDESBANK, 2000a, S. 25).

Nach den unbesicherten Krediten soll nun das Integrationsniveau der nationalen Repo-Märkte in das entsprechende Segment des Geldmarkts im Euro-Währungsgebiet behandelt werden. Im Zuge der Aufnahme der währungspolitischen Verantwortung durch die Europäische Zentralbank 1999 wurde in der oben erwähnten Umfrage eine Steigerung sowohl des durchschnittlichen Kontraktvolumens als auch der gesamten Umsätze festgestellt (DEUTSCHE BUNDESBANK, 2000a, S. 26). Zum Teil ist diese Erhöhung der durchschnittlichen und der gesamten Repo-Umsätze auf ein zunehmendes grenzüberschreitendes Geschäft mit längeren Laufzeiten als über Nacht zurückzuführen. Unter Risikoaspekten erscheinen den Teilnehmern längerfristigere Transaktionen mit neuen Partnern – insbesondere im grenzüberschreitenden Bereich – durch eine Besicherung attraktiver als ohne Hinterlegung der Kredite durch Wertpapiere (DEUTSCHE BUNDESBANK, 2000a, S. 27).

Mittlerweile weist ein durchschnittlicher General Collateral Repo-Kontrakt ein Volumen von 100 Mio. Euro auf. Zum Teil werden auch Geschäfte bis zu einer Höhe von zwei Mrd. Euro abgeschlossen. Die Special Collateral Repos haben ein durchschnittliches Volumen von 20 bis 50 Mio. Euro. Es werden aber auch Abschlüsse bis zu einer Höhe 100 Mio. Euro getätigt (EUROPEAN CENTRAL BANK, 2001f, S 14).

Insgesamt ist die Integration der nationalen Repo-Märkte noch nicht soweit vorangeschritten wie dies bei unbesicherten Krediten der Fall ist. Es herrscht nach wie vor eine starke nationale Segmentierung des Repo-Markts vor (BANK FÜR INTERNATIONALEN ZAHLUNGSAUSGLEICH, 2000, S. 141). Hierfür gibt es mehrere Gründe. Die Europäische Zentralbank nennt u.a. folgende (EUROPÄISCHE ZENTRALBANK, 2000, S. 44):

Ein Grund dürfte in unterschiedlichen nationalen Vorschriften, Gesetzen und Usancen den Handel mit Repos betreffend liegen. Zur Zeit sind die Repo-Geschäfte in den einzelnen Mitgliedstaaten noch unterschiedlich geregelt, was naturgemäß einen internationalen Repo-Handel erschwert. Ein weiterer Grund ist eng mit dem vorgenannten verbunden. Aufgrund der Tatsache, dass die Repo-Geschäfte sehr stark von nationalem Recht geprägt sind, überrascht es nicht, dass auch die technischen Aspekte der Abwicklung sowie die Verwaltung der unterliegenden Sicherheiten von Staat zu Staat anders geregelt ist. Dieses ist in erster Linie ein technisches Problem, das jedoch den Handel ebenfalls erschwert und behindert. Ferner hemmen unterschiedliche steuerliche Aspekte und die Tatsache, dass es im Euro-Währungsgebiet keine generelle Übereinkunft darüber gibt, welche Papiere als Sicherheit für Repos dienen können, den grenzüberschreitenden Handel. Zur Zeit orientiert sich die Herkunft der Sicherheiten daran, wo die Transaktion abgeschlossen wird. Mit anderen Worten werden einem in Italien abgeschlossenen Repo-Geschäft auch in der Regel italienische Papiere zu Grunde liegen. Derzeit dominiert mit 70 v.H. die Verwendung einheimischer Papiere. Diese Papiere sind zu 90 v.H. festverzinsliche Staatspapiere; nur in Frankreich werden verstärkt auch variabel verzinsliche Anleihen des Staates genutzt (EUROPEAN CENTRAL BANK, 2001f, S. 14).

Neben den juristischen und technischen Hemmnissen darf nicht übersehen werden, dass auch die Motive[137] für Repo-Geschäfte eine Segmentierung eher fördern als abbauen, da sich – je nach betrachtetem Motiv – die Geschäfte auf bestimmten Teilmärkten konzentrieren. Im Rahmen der General Collateral Repos haben sich Italien und Belgien als bevorzugte Handelsplätze der Marktteilnehmer etabliert. Gründe für diese Entwicklung liegen in der regen Emissionstätigkeit dieser beiden Staaten.[138] Es gibt daher am Markt eine große Menge an Papieren dieser Emittenten.

Im Segment der Special Collateral Repos ist der deutsche Teilmarkt führend. Es besteht bei diesen Geschäften das Interesse an einer deutschen Bundesanleihe. Ein Special Collateral Repo wird auf dem deutschen Markt hauptsächlich abgeschlossen, um in den Besitz solcher Papiere zu kommen, die im Rahmen der Eurex-Future-Kontakte benötigt werden (EUROPEAN CENTRAL BANK, 2001f, S. 13).[139]

Trotz unterschiedlicher rechtlicher Bestimmungen, trotz unterschiedlicher Settlement-Systeme und trotz unterschiedlicher Motive für ein Repo-Geschäft kann man am Repo-Markt des Euro-Währungsgebiets – wie eingangs erwähnt – eine Tendenz steigender Umsätze beobachten. Die Europäische Zentralbank erkennt in dieser Tendenz eine zunehmende Vertrautheit der Marktteilnehmer mit den verschiedenen Eigenarten und Besonderheiten der Repo-Geschäfte in den einzelnen Mitgliedstaaten (EUROPEAN CENTRAL BANK, 2001f, S. 12).

Nach den Repo-Geschäften soll nun kurz die Integration der Devisenswaps behandelt werden. Der Markt für Devisenswaps zwischen Banken ist – wie die Märkte für Derivate am Geldmarkt auch – ein Beispiel für eine weitgehende und schnelle Integration (EUROPÄISCHE ZENTRALBANK, 2002a, S. 79). Auf dem Swapmarkt werden zunehmend grenzüberschreitende Transaktionen getätigt, was zu einer erheblichen Vertiefung der Liquidität dieses Markts führt.

---

137 Genauer werden die beiden Motive für Repo- Geschäfte im Unterabschnitt 4.1.3.1 erläutert.

138 Im Dezember 2000 beliefen sich das ausstehende Volumen italienischer Staatspapiere auf 987 Mrd. Euro; zur selben Zeit hatten die ausstehenden Papiere aus Belgien ein Volumen von 200 Mrd. Euro. Im Vergleich hierzu wiesen deutsche Papiere ein Volumen von 609 und französische ein Volumen von 616 Mrd. Euro auf (EUROPEAN CENTRAL BANK, 2001c, S. 10).

139 Siehe hierzu genauer Unterabschnitt 4.1.3.1.

6.1.3 Konzentration auf extrem kurze Laufzeiten

Die zweite oben angesprochene Tendenz ist eine fortgesetzte Konzentration der Engagements auf extrem kurze Laufzeiten, die im Folgenden behandelt werden soll. Im Jahr 1999 wiesen 90 v.H. der Transaktionen im Handel mit unbesicherten Krediten, Repos und Devisenswaps eine Laufzeit von bis zu einem Monat auf. Ein Jahr später machen diese Geschäfte bereits 93 v.H. aus. Während die Geschäfte mit einer Laufzeit über Nacht nur marginal schrumpften, wurden Geschäfte mit ein wenig längerer Laufzeit zum Teil stark ausgeweitet. Diese Entwicklung betraf vor allem die Segmente der TOM/NEXT- und SPOT/NEXT-Geschäfte, ebenso die Geschäfte mit Laufzeiten von bis zu einer Woche und – etwas schwächer – von bis zu einem Monat. Geschäfte mit deutlich längeren Laufzeiten, d.h. von mehr als drei Monaten bis hin zu einem Jahr und darüber hinaus, wiesen im Jahr 2000 im Vergleich zum Vorjahr zum Teil deutlich geringere Transaktionsvolumina auf. So ist das Geschäft mit einer Laufzeit von über einem Jahr stark rückläufig. Abbildung III.6.3 verdeutlicht diesen Sachverhalt.

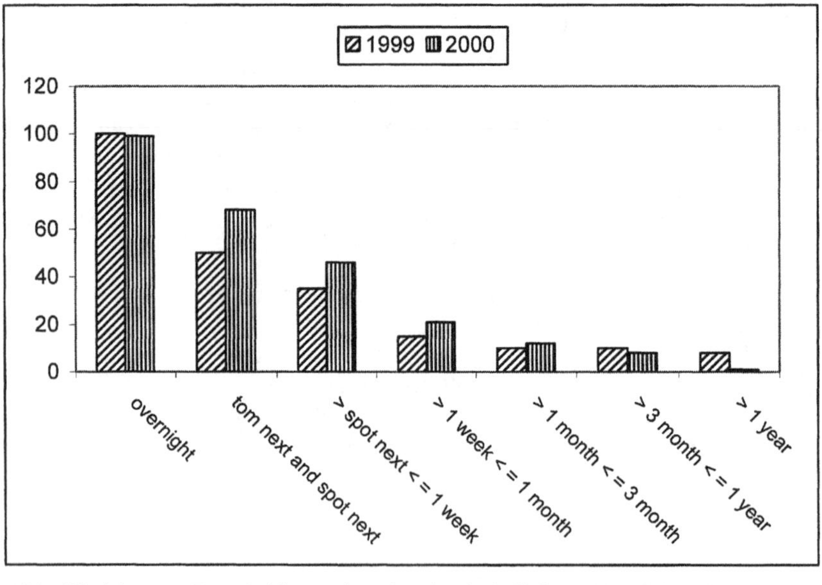

Abb. III.6.3: Entwicklung des durchschnittlichen Handelsvolumens von unbesicherten Krediten, Repos und Devisenswaps

Quelle: EUROPEAN CENTRAL BANK, 2001f, S. 10.

Gründe für diese Entwicklung sind im Zusammenhang von wöchentlichen Refinanzierungsoperationen und den durchschnittlich in der Mindestreserveperiode zu haltenden Reserven zu sehen (EUROPEAN CENTRAL BANK, 2001f, S. 12).[140] Durch die Dispositionen der Kunden z.B. über ihre Einlagen verändern sich die von Banken zu haltenden Mindestreserven ständig, während die Refinanzierung der Banken nur wöchentlich erfolgen kann. Da die Mindestreservepflicht nur im Perioden- Durchschnitt zu erfüllen ist, können Kreditinstitute temporäre Überschüsse und Fehlbeträge auf ihrem Mindestreservekonto innerhalb der laufenden Periode hinnehmen und „verrechnen". Die nur durchschnittlich zu erfüllende Mindestreservepflicht erlaubt einem Institut darüber hinaus, eine „intertemporale Arbitrage" vorzunehmen. Ist der Zinssatz für über Nacht-Geschäfte geringer als jener Zins, der für diese Geschäfte bis zum Ende der Mindestreserveperiode erwartet wird, dann lohnt es sich für die Kreditinstitute Kredite nachzufragen. Hierdurch können sie zu vergleichsweise günstigen Konditionen einen Mindestreserveüberschuss aufbauen. Ist der Zinssatz für über Nacht-Geschäfte dagegen höher als der für diese Geschäfte bis zum Ende der Mindestreserveperiode erwartete, dann werden die Banken Kredite anbieten und tendenziell einen Mindestreservedefizit aufwei-

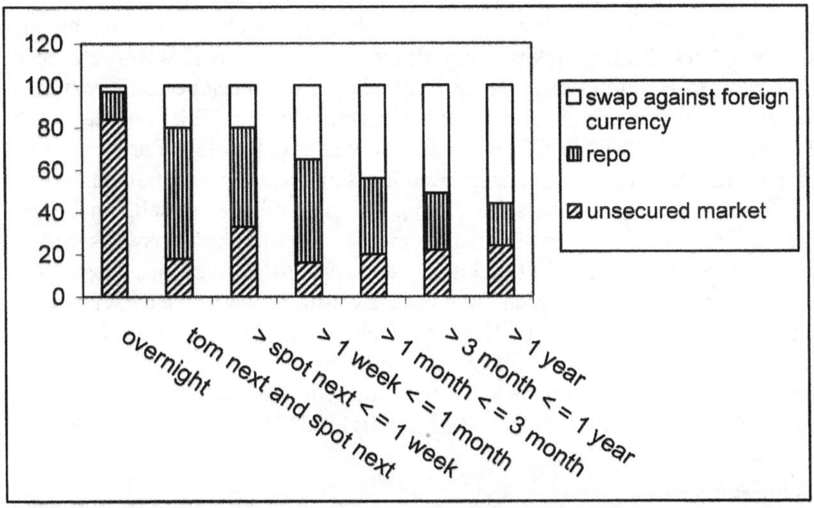

Abb. III.6.4: Struktur des Geldhandels mit unbesicherten Krediten, Repos und Devisenswaps in Abhängigkeit verschiedener Laufzeiten

Quelle: EUROPEAN CENTRAL BANK, 2001f, S. 11.

[140] Die Mindestreservepflicht der Banken wird genauer im Kapitel 11 untersucht.

sen (EUROPEAN CENTRAL BANK, 2001e, S. 71). Dieser Zusammenhang bewirkt eine Konzentration der Engagements am kurzen Ende des Laufzeitspektrums, nämlich im Wesentlichen der TOM/NEXT- und SPOT/NEXT-Geschäfte. Ein weiterer Grund für diese Entwicklung ist das Risikomanagement der eingegangenen Positionen. Im Hinblick auf das Risiko werden kurzfristige Engagements bevorzugt (EUROPEAN CENTRAL BANK, 2001f, S. 12).

Abbildung III.6.4 zeigt die Struktur des Geldhandels unter Berücksichtigung der verschiedenen Laufzeiten im Jahr 2000.

Abschließend sollen die wichtigsten Trends kommentiert werden. Zuerst ist festzustellen, dass im Bereich der über Nacht-Geschäfte die unbesicherte Kreditgewährung dominiert. Als Grund hierfür kann angeführt werden, dass die unbesicherte Kreditgewährung technisch relativ einfach zu bewerkstelligen ist; im Vergleich zu Repos müssen bei unbesicherten Krediten keine Sicherheiten gestellt werden. Hinzu kommt, dass das Kreditrisiko wegen der extrem kurzen Laufzeit im Vergleich zu längerfristigen Engagements begrenzt ist (EUROPEAN CENTRAL BANK, 2001f, S. 10).

Betrachtet man längerfristige Anlagezeiträume, dann werden unbesicherte Kredite im Zeitablauf zunehmend riskanter, da der Gläubiger sich einer zunehmenden Ungewissheit über die Entwicklung der Bonität des Schuldners ausgesetzt sieht. Daher werden im Bereich der längeren Laufzeiten die unbesicherten Kredite von besicherten Repos verdrängt. Repos selbst setzen sich im Segment der TOM/NEXT- und der SPOT/NEXT-Geschäfte sowie im Bereich darüber hinaus gehender Laufzeiten durch. In diesem Bereich scheinen die zusätzlichen technischen Erfordernisse der Handelsabwicklung weniger problematisch. Im Bereich längerer Laufzeiten, d.h. ab drei Monaten, sind jedoch die Devisenswaps vorherrschend. Ein Grund für diese Entwicklung kann in den Motiven des Abschlusses der Devisenswaps gesehen werden. Wie bereits erwähnt, werden Devisenswaps in Verbindung mit einer Geldanlage (Kreditaufnahme) an ausländischen Geldmärkten abgeschlossen. Da diese Anlagen (Kreditaufnahmen) zumeist eine längerfristigere Dauer haben, dominieren sie den Laufzeitenbereich über drei Monaten am Geldmarkt (EUROPEAN CENTRAL BANK, 2001f, S. 11).

6.2 Geldmarktpapiere

Das Vorgehen dieses Abschnitts orientiert sich am vorangegangenen Abschnitt 6.1. Daher soll hier zunächst die Entwicklung des Handels mit Geldmarktpapieren wie Certificates of Deposit, Commercial Papers und Staatspapieren aufgezeigt werden.[141] Hierzu werden im Unterabschnitt 6.2.1 die Entwicklungen der Brutto-

[141] Genauere Ausführungen zu dem Charakter und den Eigenschaften der betrachteten Papiere werden für die Certificates of Deposit im Unterabschnitt 4.1.2, für die Commercial Paper im Abschnitt 4.2 und für die Staatspapiere im Abschnitt 4.3 gegeben.

emissionen sowie die Entwicklung der ausstehenden Volumina kurzlaufender Papiere geschildert. Anschließend soll im Unterabschnitt 6.2.2 der vorhandene Integrationsgrad der einzelnen nationalen Teilmärkte in das entsprechende Segment des Geldmarkts im Euro-Währungsgebiet behandelt werden.

6.2.1 Entwicklung des Handels mit Geldmarktpapieren

Dieser Unterabschnitt behandelt die Entwicklung der Emissionstätigkeit von Banken, Unternehmen sowie von staatlicher Seite. Auch im Bereich der am Geldmarkt des Euro-Währungsgebiets gehandelten Wertpapiere ergaben sich bei einem Vergleich der Jahre 1999 und 2000 zum Teil erhebliche Veränderungen.

Betrachtet man die Brutto-Emissionstätigkeit der drei angesprochenen Emittentengruppen, dann stellt man zunächst im Durchschnitt eine Stagnation der monatlichen Bruttoemissionen im Jahr 1999 fest. Im folgenden Jahr zog das Bruttoemissionsverhalten deutlich an: Gegenüber dem Jahr 1999 stiegen die gesamten Bruttoemissionen von Banken, Unternehmen und dem Staat um 44 v.H. Insgesamt wurden im gesamten Jahr 2000 kurzfristige Wertpapiere in einer Höhe von 3.317 Mrd. Euro emittiert (EUROPEAN CENTRAL BANK, 2001f, S. 15f). Die Entwicklung der Brutto-Emissionen in den Jahren 1999 und 2000 zeigt Abbildung III.6.5 in Mrd. Euro.

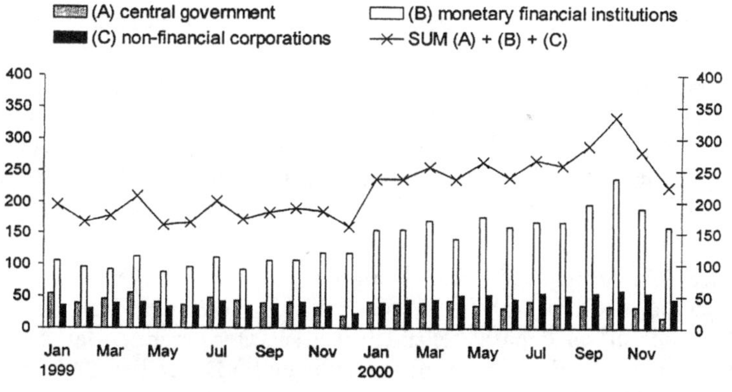

Abb. III.6.5: Bruttoemission kurzfristiger Wertpapiere von Staat, Banken und Unternehmen

Quelle: EUROPEAN CENTRAL BANK, 2001f, S. 16.

Interessant ist nun, wie sich die Entwicklung des Bruttoemissionsvolumens auf die einzelnen Emittentengruppen verteilt. Dieses zeigt ebenfalls die Abbildung III.6.5. Betrachtet man die Bruttoemissionstätigkeit der drei Gruppen, dann erkennt man, dass Kreditinstitute in beiden Jahren deutlich die höchste Bruttoemissionstätigkeit aufweisen. Man erkennt außerdem, dass die Kreditinstitute eine Steigerung der Bruttoemissionen im Jahresvergleich in Höhe von 66 v.H. verzeichnen. Dieses kann Ausdruck der Bemühungen der Banken sein, sich über den Markt zu refinanzieren. Eine ähnliche Entwicklung gilt auch für die Bruttoemissionsvolumina der Unternehmen. Nach einer Stagnation in 1999 ergibt sich dort im Jahr 2000 ein Zuwachs von 45 v.H. Im Gegensatz zu diesen beiden Gruppen sinken die Bruttoemissionen der staatlichen Stellen im Jahresvergleich in Höhe von 12 v.H.

Man erkennt aus der Abbildung III.6.5 weiter, dass bis zum Herbst 1999 staatliche Stellen höhere Bruttoemissionsvolumina aufweisen als Unternehmen. Erst ab dem Jahr 2000 kehrt sich diese Entwicklung um. Hierfür lassen sich mehrere Ursachen anführen, von denen die Europäische Zentralbank folgende nennt (EUROPEAN CENTRAL BANK, 2001f, S. 15): Erstens treffen Unternehmen mit ihrem Angebot an Papieren auf eine vergrößerte potentielle Anlegerschaft im gemeinsamen Geldmarkt des Euro-Währungsgebiets. Zweitens wurde das mit diesen Papieren verbundene Risiko für Investoren durch zunehmendes Rating der Kreditwürdigkeit der Emittenten transparenter. Drittens kann das steigende Emissionsvolumen der Unternehmen mit einem Trend zur direkten Finanzierung der Unternehmen erklärt werden. Viertens können die sinkenden staatlichen Emissionsvolumina Hinweis auf die in vielen Staaten zunehmenden Konsolidierungsanstrengungen der Haushalte sein. Weiter kann die sinkende kurzfristige Kapitalnachfrage von staatlicher Seite auch als ein Hinweis darauf gedeutet werden, dass Staaten einen Teil der kurzfristigen Kapitalnachfrage in das mittel- bis langfristige Segment verlegt haben. Ebenso ist – wie bereits erwähnt – eine teilweise Verlagerung der staatlichen Kapitalnachfrage zum Beispiel von Belgien, Irland, Italien und Portugal auf den Eurogeldmarkt durch die Emission von Euro-Commercial Papers zu beobachten.

Nach der Schilderung der Entwicklung der Bruttoemissionen von kurzfristigen Wertpapieren im Euro-Währungsgebiet soll nun die Entwicklung der ausstehenden Volumina dieser Papiere behandelt werden. Der gesamte Markt für kurzfristige Wertpapiere im Euro-Währungsgebiet hatte im Dezember 2000 ein Volumen in Höhe von 569 Mrd. Euro. Dieses Volumen lag nur knapp unter dem Vorjahreswert. Während im Verlauf des Jahres 1999 das ausstehende Volumen der Papiere annähernd konstant blieb, stieg dieses zu Beginn des Jahres 2000 leicht an und sank gegen Ende wieder. Abbildung III.6.6 zeigt diese Entwicklung in Mrd. Euro (EUROPEAN CENTRAL BANK, 2001f, S. 16f).[142]

[142] In der Abbildung III.6.6 werden Unternehmen und Banken zusammen dargestellt und im Text – in Abgrenzung zum Staat – als Private bezeichnet.

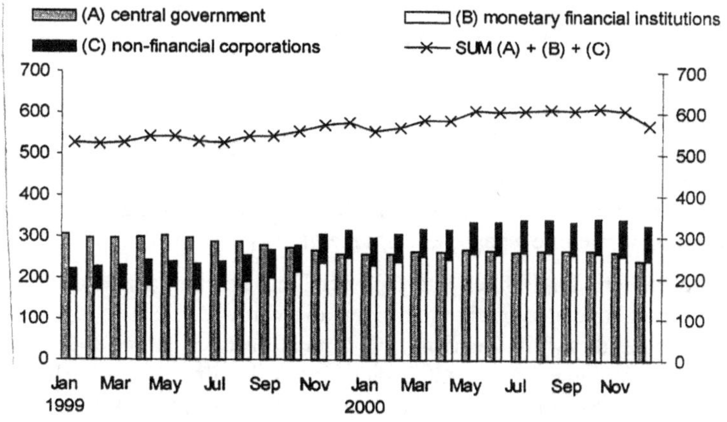

Abb. III.6.6: Volumen der ausstehenden Papiere am Geldmarkt des Euro-Währungsgebiets

Quelle: EUROPEAN CENTRAL BANK, 2001f, S. 16.

Die unterschiedliche Entwicklung der Volumina ausstehender Papiere von Banken, Unternehmen und dem Staat ist ebenfalls aus der Abbildung III.6.6 ersichtlich. Betrachtet man die ausstehenden Volumina der kurzfristigen Wertpapiere am Geldmarkt des Euro-Währungsgebiets differenziert nach den Emittentengruppen, dann erkennt man zunächst zwei Trends. Es ist zu erkennen, dass die staatlichen Papiere im Jahr 1999 deutlich den größten Einzelposten der drei Emittentengruppen darstellen. Im Jahr 2000 schließen die ausstehenden Volumina der Bankenpapiere zu jenen der Staatspapiere auf. Die im Vorjahr deutliche Dominanz der Volumina staatlicher Papiere ist zu einem nur noch kleinen Vorsprung geschmolzen; im Juli, August und Dezember weisen die Banken- und die Staatspapiere so gut wie gleiche ausstehenden Volumina auf. Diese Entwicklung wird auf Seite der staatlichen Papiere im Jahr 1999 durch tendenziell sinkende ausstehende Volumina und im Jahr 2000 durch eine Stabilisierung auf vergleichsweise geringerem Niveau begünstigt. Im Gegensatz hierzu weisen die Bankenpapiere in der zweiten Hälfte des Jahres 1999 große Zuwächse auf. Im Jahr 2000 tritt eine Stabilisierung des ausstehenden Volumens der Bankenpapiere auf vergleichsweise stark gestiegenem Niveau ein.

Die von Unternehmen emittierten Papiere spielen in beiden Jahren dem Volumen nach die kleinste Rolle. Auffällig ist hier, dass bis zum Herbst 1999 das ausstehende Volumen dieser Papiere annähernd konstant bleibt, dann aber ansteigt. Ein ähnliches Muster gilt auch für das Jahr 2000. Nach einer Konstanz des ausstehenden Volumens der Unternehmenspapiere verzeichnet dieses ab Herbst 2000 Zuwächse.

Insgesamt gesehen bedeuten diese Entwicklungen, dass der relative Anteil des Volumens der Staatspapiere am Gesamtvolumen des Markts sinken muss, wobei gleichzeitig der Anteil des Volumens der Bankenpapiere stark zunimmt bzw. jener Anteil der Unternehmenspapiere leicht steigt.

Fast man die Papiere der Banken und jene der Unternehmen als Papiere der „Privaten" zusammen und vergleicht man dann diese mit den Staatspapieren, dann erkennt man folgende zweite Tendenz. Bis zum Herbst des Jahres 1999 dominiert das ausstehende Volumen der Staatspapiere jenes der Privaten. Ab Herbst 1999 jedoch kehrt sich dieses um und das Volumen der von Privaten emittierten Papiere ist größer als das Volumen der Staatspapiere. Diese Tendenz ist die Folge der oben beschriebenen Entwicklungen der Einzelposten.

6.2.2 Integrationsniveau des Handels mit Geldmarktpapieren

Der nun folgende Unterabschnitt betrachtet die Integration der ehemals nationalen Märkte für kurzfristige Staats-, Unternehmens- und Bankenpapiere in den Geldmarkt des Euro-Währungsgebiets. Generell ist anzumerken, dass der Integrationsgrad deutlich hinter jenem der unbesicherten Kredite liegt (EUROPÄISCHE ZENTRALBANK, 2000, S. 43 und S. 45). Auch in diesem Fall sorgen rechtliche, steuerliche und abwicklungstechnische Differenzen in den Teilnehmerländern der Währungsunion dafür, dass das volle Potential des Markts nicht entfaltet werden kann (EUROPEAN CENTRAL BANK, 2001f, S. 14). In Deutschland – zum Beispiel – bestand lange Zeit keine Notwendigkeit für Unternehmen, Commercial Papers zu emittieren, und zwar aus zwei Gründen: Zum einen deckten Unternehmen in Deutschland ihren kurzfristigen Finanzbedarf lange Zeit indirekt und problemlos durch die Aufnahme kurzfristiger Bankkredite. Erst in letzter Zeit zeichnet sich eine Abkehr von der indirekten hin zur direkten Finanzierung ab. Zum anderen befanden sich Unternehmen in Deutschland lange Zeit in einem sehr preisstabilen Umfeld, weshalb die Unternehmen eine eher langfristige Finanzierung bevorzugten. Aus diesen Gründen wies der deutsche Commercial Papers Markt zum Beginn der Währungsunion 1999 einen geringeren Entwicklungsstand auf als entsprechende ausländische Teilmärkte (DEUTSCHE BUNDESBANK, 2000a, S. 29).

Wie bereits ausgeführt wurde, ist die Frage einer schnellen und erfolgreichen Integration von den vorgefundenen Entwicklungsstadien und aktuellen Zuständen der nationalen Teilmärkte abhängig. Im Fall der unbesicherten Kredite waren die Voraussetzungen für eine erfolgreiche und schnelle Integration gegeben. Im Fall der kurzfristigen Wertpapiere jedoch muss man das Nebeneinander von verschiedenen rechtlichen Rahmenbedingungen, Settlement-Systemen usw. sehen. Aus diesem Grund ist noch erheblicher Harmonisierungsbedarf auf dem Markt für kurzfristige Papiere vorhanden. Zum Beginn des Jahres 1999 attestiert die Europäische Zentralbank den nationalen Primär- und Sekundärmärkten für kurzfristige Wertpapiere, dass diese „... *in den meisten EWU- Ländern unterentwickelt oder gar nicht existent* ... " waren (EUROPÄISCHE ZENTRALBANK, 2000, S. 45).

Die gravierendsten Hemmnisse für eine weitere Integration dieser Märkte bestehen aus Sicht der Europäischen Zentralbank in zwei Punkten (EUROPÄISCHE ZENTRALBANK, 2000, S. 45): Erstens sieht sie die grenzüberschreitenden Geschäfte stark behindert, da im Euro-Währungsgebiet bisher einheitliche Mechanismen zu deren Abwicklung fehlen. Zweitens kritisiert die Europäische Zentralbank, dass nach wie vor im Euro-Währungsgebiet ein Nebeneinander verschiedener rechtlicher Vorschriften, steuerlicher Behandlung und Settlement-Systeme existiert.

6.3 Derivate

In diesem Abschnitt wird die Entwicklung und das Integrationsniveau des Handels mit Zinsswaps und Zinsfutures am Geldmarkt des Euro-Währungsgebiets dargestellt. Der Unterabschnitt 6.3.1 betrachtet die Entwicklung bei den Zinsswaps, während der Unterabschnitt 6.3.2 die Zinsfutures behandelt.

6.3.1 Entwicklung und Integrationsniveau des Handels mit Zinsswaps

In diesem Unterabschnitt sollen zwei Aspekte behandelt werden. Zuerst wird auf die Entwicklung des Handels mit Zinsswaps im Euro-Währungsgebiet und danach auf das Integrationsniveau der ehemals rein nationalen Märkte auf dem gemeinsamen Geldmarkt der Teilnehmer der Währungsunion eingegangen.

Die Entwicklung des Handels mit Zinsswaps unterschiedlicher Laufzeiten in den Jahren 1999 und 2000 stellt die Abbildung III.6.7 dar (EUROPEAN CENTRAL BANK, 2001f, S. 18).

In der Abbildung III.6.7 sind die durchschnittlichen täglich gehandelten Volumina von Zinsswaps – differenziert nach Laufzeiten – abgebildet. Referenzgröße ist das durchschnittliche Volumen der gehandelten Zinsswaps mit einer Laufzeit bis zu einer Woche im zweiten Quartal des Jahres 1999. Wie man aus der Abbildung erkennt, verzeichnen die Swap-Geschäfte im Jahresvergleich über alle betrachteten Laufzeiten hinweg Zuwächse. Während bei den kürzeren Laufzeiten (bis zu einer Woche, eine Woche bis zu einem Monat und ein Monat bis zu drei Monaten) mehr als eine Verdoppelung zu berichten ist, fiel das Wachstum bei den längeren Laufzeiten weniger dramatisch aus. Die Geschäfte mit einer Laufzeit von drei Monaten bis zu einem Jahr haben sich „nur" verdoppelt; Geschäfte mit einer

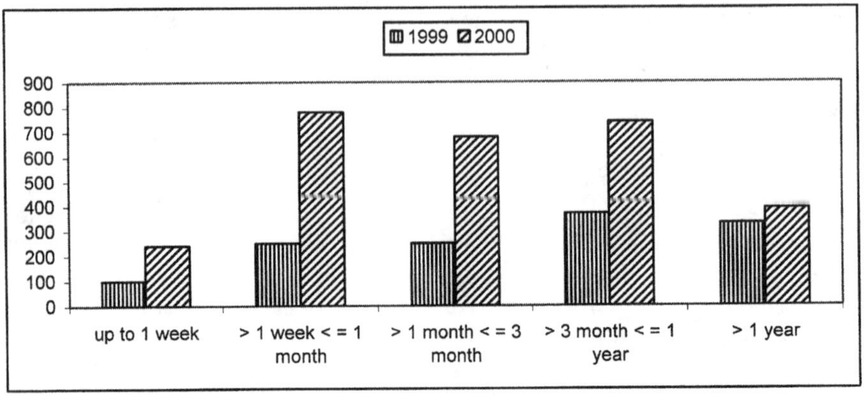

Abb. III.6.7: Entwicklung des Handels mit Zinsswaps unterschiedlicher Laufzeiten

Quelle: EUROPEAN CENTRAL BANK, 2001f, S. 18.

längeren Laufzeit als ein Jahr weisen dagegen ein vergleichsweise geringes Wachstum auf. Gemessen an der oben genannten Referenzgröße werden im Bereich der Laufzeiten größer eine Woche und bis zu einem Jahr die bei weitem höchsten durchschnittlichen Tagesvolumina umgesetzt.

Das insgesamt sehr starke Wachstum der Zinsswaps im Geldmarkt des Euro-Währungsgebiets wird mit den im fünften Kapitel genannten Motiven für das Eingehen eines Zinsswaps wie u.a. Finanzierungsvorteilen, Hedging und der Ersparnis von Kapitalunterlegung im Hinblick auf § 10 KWG erklärt (EUROPEAN CENTRAL BANK, 2001f, S. 17f).[143]

Der zweite Aspekt, das bestehende Integrationsniveau des Zinsswap-Markts, ist als sehr hoch zu bezeichnen (EUROPEAN CENTRAL BANK, 2001f, S. 17). Die Deutsche Bundesbank nennt als einen Grund für dieses hohe Integrationsniveau des Swap-Markts die reibungslose Etablierung des Referenzzinssatzes EONIA am Geldmarkt (DEUTSCHE BUNDESBANK, 2000a, S. 29).

[143] Der Leser sei auf den Abschnitt 5.1 verwiesen. Dort werden die genannten Motive ausführlich erläutert.

6.3.2 Entwicklung und Integrationsniveau des Handels mit Zinsfutures

Ebenso wie im vorangegangenen Unterabschnitt soll im Folgenden zuerst die Entwicklung des Handels mit Zinsfutures im Euro-Währungsgebiet erörtert werden. Daran schließt sich die Darstellung des Integrationsniveaus der ehemals rein nationalen Märkte für diese Titel auf dem gemeinsamen Geldmarkt des Euro-Währungsgebiets.

Zur Zeit wird der Großteil aller Geschäfte mit Geldmarkt-Futures in Europa an der LIFFE abgewickelt. Dieses gilt sowohl für die insgesamt dominierenden EURIBOR-Futures als auch für die beiden anderen erwähnenswerten Produkte, nämlich den 3-Monats-STERLING-Future und den 3-Monats-EUROSWISS-Future. Da die LIFFE derzeit einen Marktanteil von 98 v.H. am gesamten Handel mit EURIBOR-Futures hat, wird bei der Betrachtung der Entwicklung des Handels mit Geldmarkt-Futures im Euro-Währungsgebiet auf die Entwicklung an der LIFFE abgestellt (EUROPEAN CENTRAL BANK, 2001f, S. 19 und ebenso www.LIFFE.com). Die Entwicklung des Handels an der LIFFE soll daher als Schätzgröße für die gesamte Entwicklung des Handels mit EURIBOR-Futures angesehen werden. Die Abbildung III.6.8 stellt den Handel mit Geldmarkt-Futures an der LIFFE in den Jahren 1999 und 2000 dar (EUROPEAN CENTRAL BANK, 2001f, S. 19):

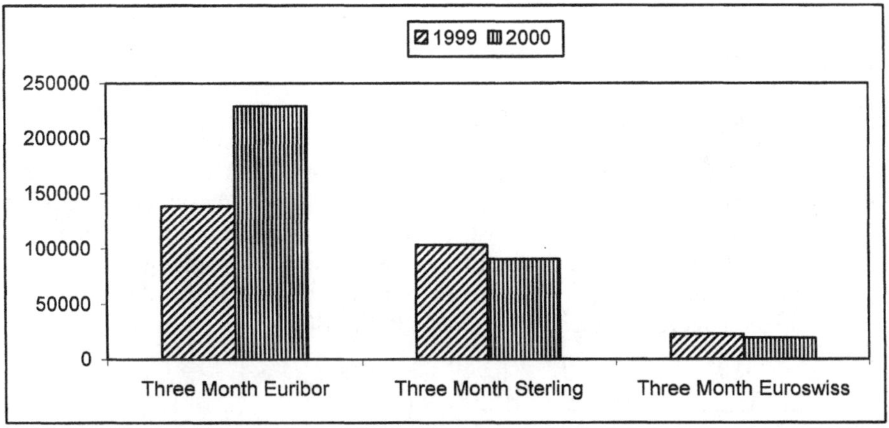

Abb. III.6.8: Entwicklung des Handels mit Geldmarkt-Futures an der LIFFE

Quelle: EUROPEAN CENTRAL BANK, 2001f, S. 19.

Die Abbildung III.6.8 zeigt die an der LIFFE durchschnittlich täglich gehandelte Anzahl der EURIBOR-, STERLING- und der EUROSWISS-Futures. Man erkennt erstens, dass der Handel mit EURIBOR-Geldmarkt-Futures im Vergleich zum Jahr 1999 deutlich gesteigert werden konnte, während die durchschnittliche Anzahl der täglichen eingegangenen Kontrakte im Handel mit den anderen beiden Geldmarkt- Futures abnahm. Als Konsequenz hieraus erkennt man weiter, dass die gesteigerten Umsätze mit EURIBOR-Futures im Jahr 2000 zu einer deutlichen Dominanz des Handels mit EURIBOR-Futures an der LIFFE führten. Die Bedeutung der anderen gehandelten Produkte (3-Monats-STERLING- und der 3-Monats-EUROSWISS-Future) hat daher stark abgenommen. Die Europäische Zentralbank sieht in einem „Konzentrationseffekt" eine mögliche Erklärung für das starke Wachstum der gehandelten EURIBOR-Futures (EUROPEAN CENTRAL BANK, 2001f, S. 20). Genauer ist als Grund für das Wachstum der Umsätze an der LIFFE eine Präferenz der Wirtschaftssubjekte für liquide Märkte verantwortlich; Investoren wollen auf möglichst liquiden Märkten ihre zinsempfindlichen Positionen hedgen. Mit ihrem überragenden Marktanteil am Handel mit EURIBOR-Futures ist die LIFFE daher bevorzugter Handelsplatz.

Das Integrationsniveau der Geldmarkt-Futures im Euro-Währungsgebiet ist ebenfalls sehr hoch und spiegelt sich in der Tatsache wider, dass alle ehemals nationalen Geldmarkt-Futures wie z.B. der EURO-DM-Future oder der EURO-LIRA-Future durch den EURIBOR-Future ersetzt worden sind (DEUTSCHE BUNDESBANK, 2000a, S. 29).

7 Geschäfte des Regulierungsgeldmarkts

Das folgende Kapitel 7 soll die Geschäfte am Geldmarkt des Euro-Währungsgebiets behandeln, die unter Beteiligung der Europäischen Zentralbank abgeschlossen werden. Diese Geschäfte dienen dazu, die geldpolitischen Ziele des Eurosystems zu erreichen.[144] Die Europäische Zentralbank nutzt bei ihren Geschäften am Geldmarkt als geldpolitische Instrumente Offenmarktgeschäfte und ständige Fazilitäten. Ferner ist für das Geldmarktgeschehen die Ausgestaltung der Mindestreservepflicht von Belang.[145] Offenmarktgeschäfte behandelt der Abschnitt 7.1; die ständigen Fazilitäten werden im Abschnitt 7.2 erläutert.

---

[144] Wichtigstes Ziel ist die Sicherung der Preisniveaustabilität. Ist dieses Ziel erreicht, dann kann die Europäische Zentralbank die Wirtschaftspolitik der Mitgliedstaaten unterstützen, wenn hierdurch die Preisniveaustabilität nicht gefährdet wird (EUROPÄISCHE ZENTRALBANK, 2002b, S. 4).

[145] Die Mindestreservepflicht ergänzt das geldpolitische Instrumentarium der Europäischen Zentralbank. Da in dem Kapitel 7 nur Geschäfte zwischen der Europäischen Zentralbank und Kreditinstituten behandelt werden, geht der Verfasser hier nicht weiter auf die Mindestreserve ein. Ausführungen zur Mindestreserve findet der Leser im Zusammenhang mit der Entwicklung des Tagesgeldsatzes im Abschnitt 10.2.

7.1 Offenmarktgeschäfte

Dieser Abschnitt soll die Offenmarktgeschäfte (open market operations) der Europäischen Zentralbank am Geldmarkt des Euro-Währungsgebiets behandeln. Mit Offenmarktgeschäften nimmt die Europäische Zentralbank Einfluss auf die Zinsbildung am Geldmarkt des Euro-Währungsgebiets. Die Geschäfte werden durchgeführt, um Geldmarktzinssätze zu beeinflussen und – davon nicht losgelöst – die Liquidität am Geldmarkt nach den Zielvorstellungen der Zentralbank zu regulieren sowie geldpolitische Signale der Zentralbank zu übermitteln (EUROPÄISCHE ZENTRALBANK, 2002b, S. 14). Die Konditionen, zu denen Offenmarktgeschäfte von der Zentralbank angeboten werden, orientieren sich daher an den Zielen der Zentralbank. Offenmarktgeschäfte werden ausschließlich von der Zentralbank angeboten. Sie finden in der Form von Mengentendern, Zinstendern und bilateralen Geschäften statt.[146]

Die Teilnahme an den Offenmarktgeschäften mit der Zentralbank steht nicht jedem Institut offen. Artikel 19.1 der ESZB-Satzung bestimmt, dass ein Kreditinstitut erstens der Mindestreservepflicht unterliegen muss, um an den Geschäften mit der Europäischen Zentralbank teilnehmen zu können.[147] Zweitens muss ein Bieter „finanziell solide" sein und drittens der Aufsicht über Kreditinstitute innerhalb der EU unterliegen. Banken, die zwar im Euro-Währungsraum tätig sind, dort aber nicht ihren aufsichtsrechtlichen Sitz haben, können jedoch ebenfalls an den Geschäften mit der Europäischen Zentralbank teilnehmen, wenn sie einen Nachweis erbringen, dass sie einer vergleichbaren Bankenaufsicht in dem Land ihres Stammsitzes unterliegen. Viertens muss das Kreditinstitut die operationalen Kriterien erfüllen, die entweder die Europäische Zentralbank oder eine nationale Zentralbank als ausführendes Organ an die Geschäfte knüpfen (EUROPÄISCHE ZENTRALBANK, 2002b, S. 10). Das Eurosystem verfolgt mit der Aufstellung von Zulassungskriterien zu diesen Geschäften mehrere Ziele. Zum einen soll die Teilnahme an den Offenmarktgeschäften möglichst vielen Bietern offenstehen; zum anderen soll eine Gleichbehandlung der Bieter durch diese Kriterien erreicht werden (EUROPÄISCHE ZENTRALBANK, 2002b, S. 10).

Im Rahmen ihrer geldpolitischen Einflussnahme durch Offenmarktgeschäfte kann die Europäische Zentralbank grundsätzlich auf folgende fünf geldpolitische Instrumente zurückgreifen: befristete Transaktionen (reverse transactions), endgültige Käufe und Verkäufe (outright purchases und sales), Devisenswaps (foreign exchange swaps), sowie die Hereinnahme von Termineinlagen (collec-

---

[146] Mengen- und Zinstender werden im Rahmen der Hauptrefinanzierungsgeschäfte erklärt. Bilaterale Geschäfte sind Transaktionen zwischen der Zentralbank und einem Kreditinstitut.

[147] In Deutschland waren im Jahr 2002 genau 2.363 Kreditinstitute berechtigt, Geschäfte mit der Europäischen Zentralbank abzuschließen. Der Anteil deutscher Institute an allen 6.900 Geschäftspartnern der Europäischen Zentralbank betrug zum Ende des Jahres 2001 daher 35 v.H. (DEUTSCHE BUNDESBANK, 2003a, S. 140).

tion of fixed term deposits) und die Emission von EZB-Schuldverschreibungen (issuance of debt certificates) (EUROPÄISCHE ZENTRALBANK, 2002b, S. 4 und S. 84f).[148] Diese geldpolitischen Instrumente der Offenmarktpolitik der Europäischen Zentralbank können – je nach verfolgtem Ziel, Verfahren und Laufzeit – in vier Gruppen eingeteilt werden: erstens das Hauptrefinanzierungsgeschäft sowie zweitens das längerfristige Refinanzierungsgeschäft. Feinsteuerungsmaßnahmen und strukturelle Operationen bilden die dritte bzw. vierte Gruppe (EUROPÄISCHE ZENTRALBANK, 2002b, S. 14). Für die Entwicklung am Geldmarkt sind die ersten drei Gruppen wichtig. Mit strukturellen Operationen hingegen nimmt die Europäische Zentralbank (u.a. durch die Emission von Schuldverschreibungen) längerfristig Einfluss auf die strukturelle Position der Geschäftsbanken (EUROPEAN CENTRAL BANK, 2001e, S. 68). Strukturelle Operationen haben daher einen längerfristigeren Charakter; die mit ihnen verbundenen Geschäfte werden deshalb nicht dem Geldmarkt zugeordnet und aus diesem Grund hier nicht weiter verfolgt.[149]

	Hauptrefinanzierungsgeschäft	Längerfristiges Refinanzierungsgeschäft	Feinsteuerungsoperationen	
Liquiditätsbereitstellung	befristete Transaktionen	befristete Transaktionen	befristete Transaktionen, Devisenswaps	endgültige Käufe
Liquiditätsabschöpfung	-	-	Devisenswaps, Hereinnahme von Termineinlagen, befristete Transaktionen	endgültige Verkäufe
Laufzeit	2 Wochen	3 Monate	nicht standardisiert	-
Rhythmus	wöchentlich	monatlich	unregelmäßig	unregelmäßig
Verfahren	Standardtender	Standardtender	Schnelltender, bilaterale Geschäfte	bilaterale Geschäfte

Tab. III.7.1: Offenmarktgeschäfte des Eurosystems

Quelle: EUROPÄISCHE ZENTRALBANK, 2002b, S. 7.

[148] Die Europäische Zentralbank definiert befristete Transaktionen als Transaktionen, „ ... *bei denen das Eurosystem refinanzierungsfähige Sicherheiten im Rahmen von Rückkaufsvereinbarungen kauft oder verkauft oder Kreditgeschäfte gegen Verpfändung refinanzierungsfähiger Sicherheiten durchführt.*“ (EUROPÄISCHE ZENTRALBANK, 2002b, S. 14).

[149] Der Leser sei bezüglich der geldpolitischen Instrumente im Rahmen struktureller Operationen – wie beispielsweise der Emission von Schuldverschreibungen – auf die Literatur verwiesen, z.B. Europäische Zentralbank (EUROPÄISCHE ZENTRALBANK, 2002b, S.14ff).

Eine Übersicht der geldpolitischen Instrumente im Rahmen der hier behandelten Offenmarktgeschäfte zeigt Tabelle III.7.1.

Wie man der Tabelle III.7.1 entnehmen kann, finden im Rahmen des Hauptrefinanzierungsgeschäfts und des längerfristigen Refinanzierungsgeschäfts nur liquiditätszuführende (befristete) Transaktionen statt, während das Eurosystem mit Feinsteuerungsoperationen Liquidität zuführen oder abschöpfen kann. Als liquiditätszuführende Instrumente der Feinsteuerung können neben den befristeten Transaktionen auch Devisenswaps und endgültige Käufe eingesetzt werden. Eine Liquiditätsabschöpfung durch Feinsteuerungsoperationen kann durch befristete Transaktionen, Devisenswaps, Hereinnahme von Termineinlagen und durch endgültige Verkäufe erfolgen. Der Unterabschnitt 7.1.1 behandelt das Hauptrefinanzierungsgeschäft, während der Unterabschnitt 7.1.2 das längerfristige Refinanzierungsgeschäft beschreibt. Im Unterabschnitt 7.1.3 wird auf die geldpolitischen Instrumente der Feinsteuerungsoperationen eingegangen.

7.1.1 Hauptrefinanzierungsgeschäfte

Das hier betrachtete Hauptrefinanzierungsgeschäft, auch Haupttender genannt, (main refinancing operations) ist das wichtigste geldpolitische Instrument der Europäischen Zentralbank, um die drei im Kapitel 7 genannten Ziele der Offenmarktgeschäfte zu realisieren (EUROPEAN CENTRAL BANK, 2001e, S. 61). Daneben stellt das Hauptrefinanzierungsgeschäft die bedeutendste Form der Refinanzierung für den Finanzsektor des Euro-Währungsgebiets dar (EUROPÄISCHE ZENTRALBANK, 2002b, S. 15). Im Jahr 2002 wurden rund 70 v.H. der gesamten Refinanzierungsmasse den Banken durch das Hauptrefinanzierungsgeschäft zur Verfügung gestellt (DEUTSCHE BUNDESBANK, 2003a, S. 141).

Genauer ist das Hauptrefinanzierungsgeschäft eine befristete Transaktion, bei der durch eine Versteigerung den Geschäftsbanken Zentralbankgeld befristet für (in der Regel) zwei Wochen zugeführt wird. Gleichzeitig müssen die Geschäftsbanken Sicherheiten bei der Zentralbank hinterlegen, wenn sie sich an dem Hauptrefinanzierungsgeschäft beteiligen. Als refinanzierungsfähige Sicherheiten kommen hierbei Wertpapiere staatlicher und privater Emittenten in Frage (EUROPÄISCHE ZENTRALBANK, 2002b, S. 15).[150]

[150] Die ESZB-Satzung bestimmt, dass alle liquiditätszuführenden Geschäfte mit der Zentralbank durch eine Übertragung von Eigentum oder durch ein Pfand seitens der Geschäftspartner abgesichert sein müssen. Ziel dieser Bestimmung ist es, das Eurosystem vor Verlusten aus den Geschäften mit den Kreditinstituten zu bewahren. Um zu gewährleisten, dass auch zwischen den Geschäftsbanken bei den Transaktionen mit der Europäischen Zentralbank eine Gleichbehandlung erreicht wird, werden an die Verwendung von Wertpapieren als Sicherheiten Bedingungen geknüpft. Es werden erstens nur Wertpapiere akzeptiert, für die im gesamten Euro-Währungsgebiet die gleichen Kriterien gelten (Kategorie I Sicherheiten). Um regionalen Besonderheiten in der Ausgestaltung von Wertpapieren Rechnung zu tragen, wurde eine weitere Klasse von Sicherheiten eingeführt, nämlich die Kategorie II Sicherheiten. Diese haben nur eine regionale Bedeutung (EUROPÄISCHE ZENTRALBANK, 2002b, S. 38ff).

Die Europäische Zentralbank bietet jede Woche nach dem Tenderkalender ein liquiditätszuführendes Hauptrefinanzierungsgeschäft als Standardtender an. Ausführende Organe dieser Versteigerung von Zentralbankgeld sind die nationalen Zentralbanken. Diese Form der Refinanzierung ist dadurch gekennzeichnet, dass erstens die Versteigerung nach einem vorab veröffentlichten Ablaufplan erfolgt und zweitens die Ankündigung des Tenders sowie die Veröffentlichung der Zuteilungen innerhalb einer Zeitspanne von 24 Stunden erfolgen müssen (EUROPÄISCHE ZENTRALBANK, 2002b, S. 26).

Wie im Abschnitt 7.1 bereits erwähnt worden ist, steht die Teilnahme an den Offenmarktgeschäften mit der Zentralbank nicht jedem Institut offen. Zur Teilnahme am Hauptrefinanzierungsgeschäft sind jene Institute berechtigt, die neben den eingangs erwähnten allgemeinen Anforderungen zur Teilnahme an den Offenmarktgeschäften noch weitere aufsichtsrechtliche Anforderungen erfüllen (DEUTSCHE BUNDESBANK, 2002, S. 158f). Diese weiteren aufsichtsrechtlichen Anforderungen werden in Deutschland von der Deutschen Bundesbank aufgestellt, da diese die geldpolitischen Geschäfte des Eurosystems auf deutschem Hoheitsgebiet ausführt. Genauer verlangt die Deutsche Bundesbank, dass Bieter bei Geschäften der Hauptrefinanzierung neben einem Pfandkonto und einem Landeszentralbank-Girokonto auch einen Anschluss an das automatische Bietungssystem haben (DEUTSCHE BUNDESBANK, 2002, S. 158f).[151]

Ein Standardtender kann entweder als Mengentender oder als Zinstender durchgeführt werden (JARCHOW, 2003, S. 462). Im Fall eines Mengentenders gibt die Europäische Zentralbank einen Zinssatz bekannt, zu dem sie im Rahmen des Hauptrefinanzierungsgeschäfts bereit ist, Kredite gegen Sicherheiten an die Geschäftsbanken zu gewähren. Dieser Zins spiegelt den aktuellen geldpolitischen Kurs der Zentralbank wider; ihm kommt daher die Funktion eines Leitzinssatzes zu. Die potentiellen Teilnehmer dieses Geschäfts müssen bei der Zentralbank nur den von ihnen gewünschten Betrag zu dem von der Zentralbank festgesetzten Zinssatz angeben. Folgendes Beispiel soll einen Mengentender illustrieren[152]:

Die Europäische Zentralbank beschließt 75 Mio. Euro in einem Mengentender anzubieten, wobei die Höhe der zur Refinanzierung zur Verfügung stehenden Mittel den Bietern unbekannt ist. Insgesamt werden in Tabelle III.7.2 drei Banken betrachtet, die zu dem von der Europäischen Zentralbank festgelegten Zinssatz folgende Gebote über Euro-Beträge abgeben:

---

[151] Im gesamten Euro-Währungsgebiet waren zum Ende des Jahres 2002 rund 2.300 Kreditinstitute berechtigt an den Offenmarktgeschäften teilzunehmen, darunter 1.387 deutsche Institute. Tatsächlich nahmen an den Geschäften des Haupttenders im Durchschnitt 200 deutsche und 107 ausländische Institute teil (DEUTSCHE BUNDESBANK, 2003a, S. 140).

[152] Das Beipiel folgt Jarchow (JARCHOW, 2003, S. 463).

Kreditinstitut	Gebot in Mio. Euro	Zuteilung in Mio. Euro
Bank A	30	15
Bank B	50	25
Bank C	70	35
Summe	150	75

Tab. III.7.2: Mengentender

Quelle: JARCHOW, 2003, S. 463.

Da die Banken – wie bereits oben erwähnt – das Volumen des Mengentenders nicht kennen, kann der Fall eintreten, dass die Summe der Gebote – wie im Beispiel angenommen – das geplante Tendervolumen übertrifft. Die Zuteilung der Mittel auf die Bieter findet dann durch eine Repartierung statt. Hierbei wird eine Zuteilungsquote ermittelt, die das Verhältnis des von der Zentralbank geplanten Volumens der Refinanzierung zu den abgegebenen Geboten darstellt. Im oben angeführten Beispiel wurde von der Zentralbank ein Volumen von 75 Mio. Euro zur Refinanzierung angesetzt, wobei aber Gebote für insgesamt 150 Mio. Euro vorliegen. Die Zuteilungsquote beträgt daher 50 v.H. Mit anderen Worten: Die Kreditinstitute bekommen auf der Basis der so ermittelten Zuteilungsquote genau die Hälfte der von ihnen gewünschten Beträge.

Nach der Erläuterung des Mengentenders soll jetzt der Zinstender beschrieben werden. Zunächst ist festzustellen, dass bei einem Zinstender das beabsichtigte Zuteilungsvolumen den Bietern ebenfalls unbekannt ist. Im Gegensatz zu einem Mengentender müssen die Bieter eines Zinstenders neben dem gewünschten Betrag auch noch den Zinssatz angeben, zu dem sie eine Refinanzierung bei der Zentralbank wünschen. Außerdem kann die Zentralbank bei einem Zinstender einen Mindestbietungssatz (minimum bid rate) bestimmen. Es werden dann von der Zentralbank nur diejenigen Gebote beachtet, die zum Mindestbietungssatz oder zu einem höheren Zinssatz abgegeben worden sind. Mit der Festsetzung eines Mindestbietungssatzes verfolgt die Europäische Zentralbank das Ziel, dem Markt Signale über die zukünftige Zinsentwicklung zu geben. Insofern kommt dem Mindestbietungssatz bei Anwendung eines Zinstenders (wie dem Festsatz bei einem Mengentender) eine Funktion als Leitzins zu. Neben dem Mindestbietungssatz veröffentlicht die Europäische Zentralbank eine Prognose des Liquiditätsbedarfs der Banken. Diese Prognose soll den Kreditinstituten bei der Fixierung ihrer eigenen Gebote helfen (EUROPÄISCHE ZENTRALBANK, 2001b, S. 62).

Das folgende Beispiel in Tabelle III.7.3 folgt wieder Jarchow (JARCHOW, 2003, S. 464). Betrachtet werden drei Kreditinstitute, die sich im Rahmen eines Zinstenders refinanzieren wollen. Das von der Europäischen Zentralbank zur Verfügung gestellte Refinanzierungsvolumen sei 115 Mio. Euro.

Zinssatz in v.H.	Bank A	Bank B	Bank C	Gebot / Zinssatz	Gebote kumuliert	Zuteilung
4,0	0	10	5	15	15	15
3,8	5	15	10	30	45	30
3,6	10	20	20	50	95	50
3,4	10	10	20	40	135	20
3,2	0	10	5	15	150	0
Summe	25	65	60	150		115

Tab. III.7.3: Zinstender

Quelle: JARCHOW, 2003, S. 464.

Bei der Zuteilung in einem Zinstenderverfahren werden zuerst die Gebote berücksichtigt und zugeteilt, die den höchsten Zinssatz aufweisen. In dem oben dargestellten Fall würde die Europäische Zentralbank daher aus dem Refinanzierungsbetrag zuerst der Bank B 10 und der Bank C fünf Mio. Euro zuteilen. Danach werden alle weiteren Gebote, geordnet nach sinkenden Zinssätzen, berücksichtigt. Auch in dem hier gewählten Beispiel übersteigen die kumulierten Gebote der drei beteiligten Bieter das von der Europäischen Zentralbank beabsichtigte und zur Verfügung gestellte Refinanzierungsvolumen, d.h. auch in diesem Fall wird eine Repartierung notwendig. Im Gegensatz zu einem Mengentender werden bei einem Zinstender nur jene Gebote repartiert, bei denen die kumulierten Gebote das geplante Refinanzierungsvolumen übersteigen. Im oben dargestellten Beispiel ist dieses bei einem Zinssatz von 3,4 v.H. der Fall. Bei diesem sogenannten marginalen Zinssatz ist die kumulierte Nachfrage (135 Mio. Euro) höher als das beabsichtigte Refinanzierungsvolumen (115 Mio. Euro). Es findet daher eine Repartierung der Gebote zum marginalen Zinssatz von 3,4 v.H. statt. Die Repartierungsquote wird analog zum Beispiel in Tabelle III.7.2 ermittelt, indem das Verhältnis von noch zur Verfügung stehender Refinanzierungsmasse zu den Geboten zum marginalen Zinssatz ermittelt wird. Auch hier ergibt sich eine Repartierungsquote von 50 v.H.

Eine weitere Besonderheit des Zinstenders stellt die Ermittlung des fälligen Zinses bei der Zuteilung dar. Zum einem kann die Zuteilung nach amerikanischem Verfahren durchgeführt werden. Hierbei werden die zugeteilten Beträge zu den individuellen Bietungssätzen berücksichtigt.[153] Zum anderen ist eine Zuteilung nach holländischem Verfahren möglich. Hierbei werden alle Zuteilungen aus dem Zinstender zum marginalen Zinssatz vorgenommen.[154] Im Vergleich zum amerikanischen Verfahren ist die Refinanzierung über das holländische Verfahren aus der Sicht der Geschäftsbanken in der Regel billiger.

Im Jahr 2002 hat die Europäische Zentralbank im Rahmen der Hauptrefinanzierung 49 Zinstender mit einem durchschnittlichen Volumen von 132 Mrd. Euro angeboten (DEUTSCHE BUNDESBANK, 2003a, S. 141). Seit der Übernahme der geldpolitischen Verantwortung durch die Europäische Zentralbank wurden bis zum Ende Juni 2000 die Hauptrefinanzierungsgeschäfte als Mengentender ausgestaltet. Seit Ende Juni 2000 werden bis auf weiteres alle Haupttender der Europäischen Zentralbank als Zinstender mit amerikanischer Zuteilung durchgeführt (DEUTSCHE BUNDESBANK, 2000c, S. 15). Gründe für den Wechsel werden bei dem noch zu diskutierenden Einfluss des Bieterverhaltens auf die Entwicklung der Geldmarktsätze im Kapitel 12 diskutiert.[155]

7.1.2 Längerfristige Refinanzierungsgeschäfte

Ebenso wie das Hauptrefinanzierungsgeschäft stellt auch das längerfristige Refinanzierungsgeschäft (longer-term refinancing operations) eine befristete Transaktion dar, bei der dem Geschäftsbankensektor temporär gegen Sicherheiten Zentralbankgeld zugeführt wird. Als Sicherheiten können – wie bei dem Haupttender auch – Wertpapiere der Kategorie I und II verwendet werden.[156]

Das längerfristige Refinanzierungsgeschäft, auch Basistender genannt (DEUTSCHE BUNDESBANK, 2003a, S. 141), wird wie der Haupttender durch die nationalen Zentralbanken als ausführende Organe der Europäischen Zentralbank abgewickelt. Die längerfristigen Refinanzierungsgeschäfte werden als Standardtender durchgeführt, wobei die Geschäftspartner ebenso wie bei dem Haupttender den

---

[153] Genauer bekäme beispielsweise die Bank B 10 Mio. Euro zu vier v.H., 15 Mio. Euro zu 3,8 v.H., 20 Mio. Euro zu 3,6 v.H. und schließlich fünf Mio. Euro zu 3,4 v.H.

[154] Hier bekäme die Bank B 50 Mio. Euro zu 3,4 v.H.

[155] Anfang 2003 beschloss der EZB-Rat u.a. eine Verkürzung der Laufzeit der bestehenden Hauptrefinanzierungsgeschäfte. Statt wie bisher wöchentlich Liquidität für zwei Wochen zu versteigern, sollen die Haupttender weiterhin wöchentlich aber mit einer Laufzeit von einer Woche erfolgen. Den Hintergrund dieser Reformüberlegungen stellt die Beobachtung dar, dass Zinsänderungserwartungen der Banken verbunden mit den Wirkungen der bestehenden Haupttender sowie der Mindestreservepflicht zu übermäßigen, von der Europäischen Zentralbank nicht erwünschten Zinsreaktionen durch Über- und Unterbietungen der Tender am Geldmarkt führen. Genauer hierzu siehe Neyer (NEYER, 2002). Die Änderungen werden im I. Quartal 2004 wirksam (DEUTSCHE BUNDESBANK, 2003a, S. 142ff).

[156] Siehe hierzu den Unterabschnitt 7.1.1.

allgemeinen Anforderungen der Europäischen Zentralbank sowie jenen Anforderungen der involvierten nationalen Zentralbank an Geschäftspartner bei Offenmarktgeschäften genügen müssen (EUROPÄISCHE ZENTRALBANK, 2002b, S. 15 und DEUTSCHE BUNDESBANK, 2002, S. 158f).[157]

Trotz der Gemeinsamkeiten bestehen zwischen dem längerfristigen Refinanzierungsgeschäft und dem oben beschriebenen Hauptrefinanzierungsgeschäft in vielerlei Hinsicht Unterschiede. Zunächst unterscheiden sich die beiden Geschäfte der Refinanzierung bezüglich ihres Rhythmuses und ihrer Laufzeit: Das längerfristige Refinanzierungsgeschäft wird monatlich angeboten und hat eine Laufzeit von drei Monaten (EUROPÄISCHE ZENTRALBANK, 2002b, S. 15). Weiter ist das Volumen der Refinanzierung über das längerfristige Refinanzierungsgeschäft viel geringer als jenes der Hauptrefinanzierungsgeschäfte. Nur etwa 30 v.H. des gesamten Refinanzierungsvolumens stellte die Europäische Zentralbank im Jahr 2002 über das längerfristige Refinanzierungsgeschäft den Kreditinstituten zur Verfügung (DEUTSCHE BUNDESBANK, 2003a, S. 141).

Unterschiede des Basistenders zum Haupttender bestehen auch in den verfolgten Zielen. Mit den längerfristigen Refinanzierungsgeschäften sollen keine Signale über den geldpolitischen Kurs der Europäischen Zentralbank vermittelt werden. Stattdessen sollen diese Geschäfte die Liquiditätsbereitstellung verstetigen, wobei sich die Europäische Zentralbank gewissermaßen als „Preisnehmer“ verhält (EUROPÄISCHE ZENTRALBANK, 2002b, S. 15). Insbesondere bei den kleineren Banken trägt der Basistender zu erhöhter Planungssicherheit im Rahmen der Liquiditätsdisposition bei (DEUTSCHE BUNDESBANK, 2002, S. 160).

Wie der Haupttender kann auch der Basistender als Zins- oder als Mengentender ausgestaltet sein.[158] Im Jahr 2002 wurden insgesamt 12 Zinstender mit amerikanischen Zuteilungsverfahren zur Refinanzierung eingesetzt. Während bei den Haupttendern das Refinanzierungsvolumen den Bietern unbekannt war, wurde dieses bei den Geschäften mit einem Basistender vorab bekannt gegeben. Es betrug im Fall der Basistender durchschnittlich 54,8 Mrd. Euro (DEUTSCHE BUNDESBANK, 2003a, S. 141).

7.1.3 Geschäfte zur Feinsteuerung

Im Rahmen der geldpolitischen Feinsteuerung (fine- tuning operations) setzt die Europäische Zentralbank nach Tabelle III.7.1 folgende Instrumente ein: befristete Transaktionen, Devisenswaps, die Hereinnahme von Termineinlagen sowie end-

---

[157] An den Basistendern der Europäischen Zentralbank nahmen im Jahr 2002 von den 2.300 berechtigten Instituten im Durchschnitt 133 deutsche und 53 ausländische Geschäftsbanken teil (DEUTSCHE BUNDESBANK, 2003a, S. 140).

[158] Zins- und Mengentender wurden bereits im Rahmen des Hauptrefinanzierungsgeschäfts im Unterabschnitt 7.1.1 erläutert.

gültige Käufe bzw. Verkäufe. Mit diesen Instrumenten soll ebenfalls auf die Geldmarktzinsen und auf die Liquiditätslage der Kreditinstitute Einfluss genommen werden. Genauer wendet die Europäische Zentralbank die Feinsteuerungsoperationen an, um Zinsausschläge zu glätten oder zu neutralisieren, die sich aus einer von der Europäischen Zentralbank nicht antizipierten Veränderung der Liquiditätslage der Kreditinstitute ergeben haben (EUROPÄISCHE ZENTRALBANK, 2002b, S. 16). Die hier betrachteten geldpolitischen Instrumente zeichnen sich im Gegensatz zu den Haupt- und Basistendern durch ein hohes Maß an Flexibilität aus.

Ähnlich wie bei den beiden Refinanzierungsgeschäften ist die Teilnahme an den Geschäften zur Feinsteuerung beschränkt auf Marktteilnehmer, die wieder besonderen Anforderungen genügen müssen (EUROPÄISCHE ZENTRALBANK, 2002b, S. 16 und S. 10f). Da es sich auch hier um Geschäfte mit der Zentralbank handelt, müssen die potentiellen Geschäftspartner zunächst einmal die allgemeinen Anforderungen des Eurosystems für Offenmarktgeschäfte erfüllen. Neben diesen allgemeinen Anforderungen bestehen für die Teilnahme an Schnelltendern, bilateralen Geschäften und Devisenswaps noch weitere, den Teilnehmerkreis einengende Bedingungen. Danach müssen die Geschäftspartner der Europäischen Zentralbank im Rahmen der Schnelltender und der bilateralen Geschäfte am Geldmarkt des Euro-Währungsgebiets besonders aktiv sein. Für die Teilnahme an den Devisenswaps verlangt die Europäische Zentralbank von Geschäftspartnern die Fähigkeit, Devisenswapgeschäfte effizient und jederzeit durchführen zu können. Dieser Anforderung werden ebenfalls nur jene Banken gerecht, die am Devisenmarkt sehr aktiv handeln. Einzig im Bereich der endgültigen Transaktionen existieren keine weiteren Teilnahmerestriktionen (EUROPÄISCHE ZENTRALBANK, 2002b, S.10). Zum Ende des Jahres 2002 konnte die Deutsche Bundesbank als ausführendes Organ der Europäischen Zentralbank auf maximal 41 Geschäftspartner für befristete Transaktionen, endgültige Transaktionen und Termineinlagen zurückgreifen, während für eventuelle Devisenswaps nur maximal 15 Institute als Geschäftspartner zur Verfügung standen. Im gesamten Euro-Währungsgebiet standen der Europäischen Zentralbank, vertreten durch die nationalen Zentralbanken, insgesamt 141 Banken für befristete Transaktionen, endgültige Transaktionen und Termineinlagen und 74 Kreditinstitute für Devisenswaps zur Verfügung (DEUTSCHE BUNDESBANK, 2003a, S. 141).

Im folgenden Teil beschreibt der Unterabschnitt 7.1.3.1 die befristeten Transaktionen der Feinsteuerung, während im Unterabschnitt 7.1.3.2 auf Devisenswaps unter Beteiligung der Europäischen Zentralbank eingegangen wird. Der Unterabschnitt 7.1.3.3 behandelt die Hereinnahme von Termineinlagen und im Unterabschnitt 7.1.3.4 werden die endgültigen Käufe und Verkäufe der Europäischen Zentralbank im Rahmen der Feinsteuerung beschrieben.

7.1.3.1 Befristete Transaktionen zur Feinsteuerung

Durch eine befristete Transaktion im Rahmen der Feinsteuerung des Geldmarkts wird dem Markt temporär entweder Liquidität zugeführt oder entzogen. Während die liquiditätszuführenden Geschäfte in der Regel durch Schnelltender abgewickelt werden, erfolgt eine Abschöpfung von Liquidität in der Regel über bilaterale Geschäfte.[159] Im Unterschied zu einem Standardtender wird ein Schnelltender innerhalb von einer Stunde von der Ankündigung bis zur Veröffentlichung der Ergebnisse abgeschlossen (EUROPÄISCHE ZENTRALBANK, 2002b, S. 26). Auch bei der Verwendung eines Schnelltenders sind die nationalen Zentralbanken das ausführende Organ der Europäischen Zentralbank. Im Fall der bilateralen Geschäfte zur Feinsteuerung kann die Europäische Zentralbank auch selbst tätig werden.

Wie bereits erwähnt worden ist, sind die befristeten Transaktionen der Feinsteuerung von der Europäischen Zentralbank sehr flexibel einzusetzen. Dieses wird zum einen im Gebrauch der Schnelltender deutlich, zum anderen zeigt sich die hohe Flexibilität dieser Instrumente aber auch in der fehlenden Standardisierung der Geschäfte. Für befristete Transaktionen existieren weder Laufzeitbeschränkungen noch ein Rhythmus, nach dem das Instrument anzuwenden ist (EUROPÄISCHE ZENTRALBANK, 2002b, S. 16).

Wie bei den Haupt- und Basistendergeschäften erfolgt auch bei den befristeten Transaktionen eine Besicherung der Geschäfte. Hierbei werden die bereits im Unterabschnitt 7.1.1 erwähnten Sicherheiten der Kategorien I und II verwendet (EUROPÄISCHE ZENTRALBANK, 2002b, S. 16).

Im Jahr 2001 musste die Europäische Zentralbank nur wenige Feinsteuerungsoperationen durchführen. Als Reaktion auf die Anspannungen am Geldmarkt wegen der Terroranschläge von New York vom 11. September wurden beispielsweise zwei Schnelltender angeboten. Diese Mengentender hatten einen festen Zins von 4,25 v.H. und eine Laufzeit von einem Tag (DEUTSCHE BUNDESBANK, 2002, S. 160).

7.1.3.2 Devisenswaps

In diesem Unterabschnitt sollen die Devisenswapgeschäfte erläutert werden, auf die die Europäische Zentralbank zurückgreifen kann (die sie aber bisher noch nicht angewendet hat). Mit diesen Geschäften versucht die Zentralbank die Liquidität der Geschäftsbanken und dadurch die Geldmarktzinsen zu beeinflussen. Ein Devisenswap mit der Europäischen Zentralbank ist ein Geschäft, bei dem „ ... *das Eurosystem Euro per Kasse gegen eine Fremdwährung kauft (oder verkauft) und diese gleichzeitig per Termin zu einem festgelegten Datum verkauft (oder kauft).*"

[159] Grundsätzlich ist auch eine liquiditätszuführende Transaktion über ein bilaterales Geschäft durchführbar (EUROPÄISCHE ZENTRALBANK, 2002b, S. 16).

(EUROPÄISCHE ZENTRALBANK, 2002b, S. 18). Im Prinzip ist daher ein Devisenswapgeschäft der Zentralbank nur eine Verknüpfung eines Kassa-Geschäfts mit einem Termingeschäft, wobei erstens der Preis und der Zeitpunkt der Erfüllung des Termingeschäfts bereits heute (im Abschlusszeitpunkt) festgelegt werden. Zweitens werden sowohl das Kassa- als auch das Termingeschäft mit demselben Partner durchgeführt. Handelsobjekt sind hierbei Devisen, d.h. einerseits Euro-Beträge und andererseits ein Betrag, der in einer gängigen Fremdwährung denominiert ist, wie z.B. dem US-Dollar.

Devisenswaps sind nicht standardisierte geldpolitische Instrumente, die in der Regel von den nationalen Zentralbanken im Auftrag der Europäischen Zentralbank als bilaterale Geschäfte oder im Schnelltenderverfahren durchgeführt werden.[160] Es gibt weder eine vorgeschriebene Laufzeit dieser Devisenswaps, noch ist der Rhythmus, in dem diese Geschäfte durchgeführt werden, vorab festgelegt.

Wie aus der Tabelle III.7.1 hervorgeht, können die Devisenswaps eingesetzt werden, um Liquidität zuzuführen oder abzuschöpfen. Will die Europäische Zentralbank dem Bankensektor Liquidität temporär zuführen, dann kauft sie Devisen gegen Euro per Kasse und verkauft die Devisen gegen Euro per Termin. Ein liquiditätsabschöpfendes Geschäft dagegen besteht aus einem Kassa-Verkauf von Devisen gegen Euro und in einem Kauf von Devisen gegen Euro per Termin.

Zum Abschluss eines Devisenswapgeschäfts zwischen der Europäischen Zentralbank und einem Kreditinstitut ist die Fixierung des sogenannten Swap-Satzes notwendig (EUROPÄISCHE ZENTRALBANK, 2002b, S. 18f). Der Swap-Satz bezeichnet hier die Differenz aus vereinbartem Terminkurs und dem aktuellen Kassakurs bei Geschäftsabschluss.[161] Er wird berechnet als:

$$\text{Swap-Satz} = \text{Terminkurs} - \text{Kassakurs}, \qquad (17)$$

und zwar sowohl bei Anwendung eines Tenders als auch im Fall eines bilateralen Geschäfts. In Abhängigkeit der Zinsniveaus für vergleichbare Anlagen in den Heimatländern der betrachteten Währungen wird der Swap-Satz positiv, negativ oder gleich null sein. Unter Berücksichtigung der Mengennotierung der Wechselkurse erhält man aus Gleichung (1) die gesicherte Zinsparität:[162]

[160] Im Rahmen bilateraler Geschäfte kann die Europäische Zentralbank auch selbst Devisenswaps abschließen (EUROPÄISCHE ZENTRALBANK, 2002b, S. 19).

[161] Der Wechselkurs wird bei Devisenswapgeschäften mit der Zentralbank in Mengennotierung formuliert.

[162] Die Herleitung der gesicherten Zinsparität erfolgt bei Jarchow und Rühmann mit einem Wechselkurs in Preisnotierung (JARCHOW, RÜHMANN, 2000, S. 85). Abweichend davon wird hier von einem Wechselkurs in Mengennotierung ausgegangen.

$$w_T = \frac{1+i_a}{1+i} \cdot w. \tag{18}$$

Für den Swap-Satz bedeutet das Ergebnis (18) Folgendes: Ist das Auslandszinsniveau höher als der Inlandszins (gilt also $i_a > i$), dann muss der Terminkurs höher als der Kassakurs sein. Der Aufschlag auf den Terminkurs bewirkt, dass der Swap-Satz nach Gleichung (17) in diesem Fall positiv ist. Ein negativer Swap-Satz ergibt sich dagegen, wenn der Terminkurs gegenüber dem Kassakurs mit einem Abschlag notiert wird, wenn also der Terminkurs kleiner als der Kassakurs ist. In diesem zweiten Fall ist dann das Auslandszinsniveau kleiner als das Inlandszinsniveau (JARCHOW, 2003, S. 468f).

Die folgenden Ausführungen sollen einen Devisenswap illustrieren, wie ihn Geschäftsbanken mit der Europäischen Zentralbank durchführen können. Die Darstellung orientiert sich an Jarchow (JARCHOW, 2003, S. 470). Es wird erstens angenommen, dass der Terminkurs in Mengennotierung gegenüber dem Kassakurs einen Aufschlag aufweist. Hieraus folgt, dass der Auslandszins größer als der Inlandszins ist. Der Swap-Satz ist daher positiv. Zweitens wird angenommen, dass der Kassakurs 1,100 Dollar / Euro beträgt. Drittens soll das Beispiel einen liquiditätszuführenden Devisenswap darstellen. Das Eurosystem will Euro per Kasse gegen Dollar verkaufen und per Termin die Euros gegen Dollar zurückkaufen. Viertens soll das Geschäft als Zinstender abgewickelt werden, wobei drei Banken als Bieter berücksichtigt werden. Fünftens will das Eurosystem über den Devisenswap höchstens ein Volumen von 150 Mio. Euro zuteilen.

Im Rahmen des hier betrachteten liquiditätszuführenden Geschäfts müssen die Bieter zu gegebenen positiven Swap-Sätzen Euro-Beträge nennen, die sie von der Europäischen Zentralbank per Kasse gegen Fremdwährung erwerben wollen. Führt die Europäische Zentralbank dagegen ein liquiditätsabschöpfendes Geschäft durch, dann geben die Kreditinstitute bei gegebenen positiven Swap-Sätzen Gebote über Euro-Beträge ab, die sie an das Eurosystem per Kasse gegen Fremdwährung verkaufen wollen (JARCHOW, 2003, S. 471). Die Tabelle III.7.4 zeigt das Bieterverhalten der drei Banken in Mio. Euro bei dem hier betrachteten liquiditätszuführenden Swapgeschäft mit der Europäischen Zentralbank.

Bevor die Zuteilung der Beträge erörtert wird, soll der Swap-Satz in Hinblick auf die Abwicklung des Swapgeschäfts anhand eines Beispiels noch etwas genauer erläutert werden. Wie aus der Tabelle III.7.4 hervorgeht, ist beispielsweise die A-Bank bereit, einen Devisenswap mit dem Eurosystem über 5 Mio. Euro zum Swap-Satz (x 10.000) in Höhe von 6,60 abzuschließen. Der Kassakurs, zu dem das Eurosystem Euro gegen Dollar an die A-Bank verkauft, beträgt 1,100 Dollar pro Euro. Der Rückkauf der Euro durch die Europäische Zentralbank findet zum Swap-Satz (x 10.000) in Höhe von 6,60 statt. Dies bedeutet, dass die Euro päische Zentralbank die Euros zu einem Terminkurs von 1,100660 Dollar pro Euro zurückkauft.

Swap-Satz x 10.000	Bank A	Bank B	Bank C	Gebote / Swap-Satz	Gebote kumuliert	Zuteilung
6,60	5	10	10	25	25	25
6,65	10	10	15	35	60	35
6,70	20	40	20	80	140	80
6,75	0	20	20	40	180	10
6,80	0	15	5	20	200	0
Gesamt	35	95	70	200		150

Tab. III.7.4: Devisenswap als Zinstender

Quelle: JARCHOW, 2003, S. 470.

Das Beispiel ist so gewählt, dass das geplante Zuteilungsvolumen der Zentralbank von 150 Mio. Euro durch die kumulierten Gebote von 200 Mio. Euro überschritten wird, weshalb eine Repartierung nötig wird. Die Zuteilung findet in der Weise statt, dass die Europäische Zentralbank mit dem kleinsten Swap-Satz beginnend die Gebote aufsteigend berücksichtigt.[163] Der Grund für dieses Vorgehen liegt in Vorteilen für die Zentralbank. Unter den hier getroffenen Annahmen – einem positiven Swap-Satz – wird der Euro per Termin mit Aufschlag gehandelt. Je geringer nun der Swap-Satz ist, desto vergleichsweise günstiger kann die Zentralbank die Euro-Beträge zurückkaufen. Im Beispiel der Tabelle III.7.4 wird deshalb die Europäische Zentralbank zuerst der A-Bank fünf Mio. Euro sowie der B-Bank und der C-Bank jeweils 10 Mio. Euro zum Swap-Satz (x 10.000) in Höhe von 6,60 zuteilen. Anschließend werden die Gebote zu den nächsthöheren Swap-Sätzen berücksichtigt. Im Beispiel übertrifft die kumulierte Nachfrage bei einem Swap-Satz (x 10.000) von 6,75 das von der Zentralbank bereitgestellte Refinanzierungsvolumen von 150 Mio. Euro. Zu diesem marginalen Swap-Satz in Höhe von 6,75 müssen die Gebote repartiert werden. Die Repartierungsquote bildet das Verhältnis des noch zur Verfügung stehenden Tendervolumens zu den Geboten beim marginalen Swap-Satz von 6,75 ab. Es ergibt sich hier eine Quote von 25 v.H., da einem Restvolumen von 10 Mio. Euro zusätzliche Gebote von 40 Mio. Euro gegenüberstehen. Wie im Fall der als Zinstender ausgestalteten Hauptrefinanzierungsgeschäfte lassen sich auch bei den Devisenswaps – sofern diese als Zinstender abgewickelt werden – zwei Zuteilungsverfahren unterscheiden. Zum

[163] Führt die Europäische Zentralbank einen liquiditätsabsorbierenden Devisenswap bei positivem Swap-Satz durch, dann beginnt die Zuteilung mit dem höchsten Swap-Satz in absteigender Reihenfolge (JARCHOW, 2003, S. 471). Hierdurch werden zuerst jene Geschäfte abgewickelt, die für die Geschäftsbanken vergleichsweise teuer sind.

einen ist die Zuteilung nach holländischem Verfahren möglich. Dabei werden alle zugeteilten Gebote mit dem marginalen Swap-Satz berücksichtigt.[164] Alternativ kann auch das amerikanische Zuteilungsverfahren angewendet werden. Hierbei werden die Gebote zu den individuellen Swap-Sätzen zugeteilt.[165]

7.1.3.3 Hereinnahme von Termineinlagen

Die Hereinnahme von Termineinlagen stellt ein weiteres Instrument der geldpolitischen Feinsteuerung für die Europäische Zentralbank dar. Wie aus der Tabelle III.7.1 hervorgeht, kann mit Termineinlagen bei der Europäischen Zentralbank nur Liquidität abgeschöpft werden. Genauer bietet die Europäische Zentralbank, vertreten durch die nationalen Zentralbanken, einem beschränkten Teilnehmerkreis die Einlage von festverzinslichen Termingeldern an. Diese Geschäfte haben ebenfalls keinen regelmäßigen Rhythmus, d.h. sie erfolgen bei Bedarf (EUROPÄISCHE ZENTRALBANK, 2002b, S. 20).

Die Zinsberechnung dieser Termineinlagen erfolgt nach der Euromethode (actual / 360), wobei die Zinszahlung am Ende der Laufzeit zusammen mit der Rückzahlung der Einlage stattfindet. Zwar haben die Einlagen keine standardisierte Laufzeit, doch ist eine Kündigung seitens der Geschäftsbanken ausgeschlossen. Weiter werden diese Termineinlagen nicht durch die Zentralbank besichert (EUROPÄISCHE ZENTRALBANK, 2002b, S. 20).

Die Hereinnahme von Termineinlagen kann durch Schnelltender erfolgen oder – seltener – durch bilaterale Geschäfte. Während die Schnelltender von den nationalen Zentralbanken als ausführende Organe der Europäischen Zentralbank durchgeführt werden, kann die Europäische Zentralbank im Rahmen der bilateralen Geschäfte auch selbst tätig werden (EUROPÄISCHE ZENTRALBANK, 2002b, S. 20).

Ein Beispiel soll die Hereinnahme von Termineinlagen illustrieren (JARCHOW, 2003, S. 471ff). Es wird angenommen, dass die Europäische Zentralbank im Rahmen eines Schnelltenders die Hereinnahme von Termineinlagen anbietet. Drei Banken wollen sich an diesem Geschäft beteiligen und geben zu Zinssätzen Gebote über einzulegende Euro-Beträge ab. Tabelle III.7.5 zeigt die Gebote der Banken in Mio. Euro bei alternativen Zinsen:

---

[164] Die B-Bank schließt auf der Grundlage des holländischen Verfahrens beispielsweise Devisenswaps über 65 Mio. Euro zum marginalen Swap-Satz in Höhe von 6,75 ab.

[165] In diesem Fall schließt die B-Bank auf der Grundlage des amerikanischen Verfahrens Devisenswaps über 10 Mio. Euro zum Swap-Satz von 6,60, 10 Mio. Euro zum Swap-Satz 6,65, 40 Mio. Euro zum Swap-Satz 6,70 und – da repartiert- fünf Mio. Euro zum Swap-Satz von 6,75 ab.

Zinssatz in v.H.	Bank A	Bank B	Bank C	Gebote / Zinssatz	Gebote kumuliert	Zuteilung
3,02	0	10	10	20	20	20
3,04	10	15	15	40	60	40
3,06	20	40	20	80	140	20
3,08	0	20	20	40	180	
3,10	0	10	10	20	200	
Gesamt	30	95	75			80

Tab. III.7.5: Hereinnahme von Termineinlagen

Quelle: JARCHOW, 2003, S. 474.

Es wird weiter angenommen, dass die Europäische Zentralbank ein Volumen für die Hereinnahme von Termineinlagen in Höhe von 80 Mio. Euro plant. Insgesamt übersteigen die kumulierten Gebote (200 Mio. Euro) das geplante Volumen der Termineinlagen bei der Zentralbank. Auch in diesem Beispiel wird eine Repartierung nötig.

Bei der Zuteilung geht die Zentralbank vom niedrigsten Zinssatz aus und teilt dann die Gebote zu aufsteigenden Zinssätzen zu. Hierdurch erreicht sie, dass zuerst die für sie billigsten Gebote realisiert werden. Bei einem Zinssatz von 3,06 v.H. wird das vorgesehene Volumen der Termineinlagen erreicht; bei diesem marginalen Zinssatz von 3,06 v.H. wird deshalb die bereits erwähnte Repartierung notwendig. Die Repartierungsqoute bildet wieder das Verhältnis des noch ausstehenden Abschöpfungsvolumens zu den Geboten beim Zinssatz in Höhe von 3,06 v.H. ab. Hier beträgt die Quote demnach 25 v.H. Die Zuteilungen können wieder zu dem bereits in dem Unterabschnitt 7.1.1 erläuterten holländischen Verfahren oder zum amerikanischen Verfahren vorgenommen werden.[166]

7.1.3.4 Endgültige Käufe und Verkäufe

Ein weiteres Instrument der Offenmarktgeschäfte zur Feinsteuerung sind die endgültigen Käufe und Verkäufe von refinanzierungsfähigen Wertpapieren (in der Regel Kategorie I Sicherheiten) durch die Europäische Zentralbank. Da bei diesen

[166] Die B-Bank kann nach der holländischen Methode Termingelder in Höhe von 35 Mio. Euro zum marginalen Zinssatz von 3,06 v.H. bei der Europäischen Zentralbank einlegen. Nach dem amerikanischen Verfahren könnte sie 10 Mio. Euro zu 3,02 v.H., 15 Mio. Euro zu 3,04 v.H. und 10 Mio. Euro zu 3,06 v.H. bei der Europäischen Zentralbank einlegen. Aus der Sicht der Banken ist die Zuteilung nach dem holländischen Verfahren in der Regel attraktiver.

Geschäften das Eigentum an den Wertpapieren ohne Rückkaufvereinbarung übertragen wird, müssen diese Geschäfte auch zu am Markt üblichen Konditionen, d.h. u.a. auch Marktpreisen, getätigt werden (EUROPÄISCHE ZENTRALBANK, 2002b, S. 17).

Dem Bankensektor im Euro-Währungsgebiet kann über endgültige Käufe und Verkäufe Liquidität dauerhaft zugeführt oder entzogen werden. Ebenso wie die anderen Maßnahmen zur geldpolitischen Feinsteuerung weisen auch die endgültige Käufe und Verkäufe keinen regelmäßigen Rhythmus ihrer Anwendung auf. Sie werden vielmehr unregelmäßig durchgeführt. Da es sich um endgültige Transaktionen handelt, fixiert die Europäische Zentralbank auch keine Laufzeit für diese Geschäfte (EUROPÄISCHE ZENTRALBANK, 2002b, S. 17).

Im Gegensatz zu anderen Instrumenten der Feinsteuerung können an endgültigen Käufen und Verkäufen mehr Geschäftspartner teilnehmen. Die Transaktionen selbst werden in der Regel von den nationalen Zentralbanken als bilaterale Geschäfte ausgeführt. Die Europäische Zentralbank kann aber auch selbst tätig werden (EUROPÄISCHE ZENTRALBANK, 2002b, S. 17).

7.2 Ständige Fazilitäten

Das Eurosystem ermöglicht dem Bankensektor ständig die Inanspruchnahme zweier Fazilitäten, nämlich der Spitzenrefinanzierungsfazilität und der Einlagefazilität. Mit beiden ständigen Fazilitäten verfolgt die Europäische Zentralbank drei Ziele. Erstens soll dem Bankensektor durch die Spitzenrefinanzierungsfazilität eine Refinanzierungsmöglichkeit geboten werden; mit der Einlagefazilität steht dem Bankensektor eine Anlagemöglichkeit zur Verfügung. Zweitens spielen beide Fazilitäten im Zusammenhang mit der Signalisierung des geldpolitischen Kurses der Europäischen Zentralbank eine Rolle. Hiermit zusammenhängend bilden drittens beide Fazilitäten im Allgemeinen eine Ober- und Untergrenze für den Tagesgeldsatz (EONIA) (EUROPÄISCHE ZENTRALBANK, 2002b, S. 5). Mit den Fazilitäten hat die Europäische Zentralbank deshalb einen Einfluss auf die Zinsen am Geldmarkt des Euro-Währungsgebiets, weil sie die Schwankungen der Geldmarktzinsen durch die Fazilitäten begrenzen kann (EUROPEAN CENTRAL BANK, 2001e, S. 61).[167] Der Unterabschnitt 7.2.1 beschreibt die Spitzenrefinanzierungsfazilität und der Unterabschnitt 7.2.2 behandelt die Einlagefazilität.

7.2.1 Spitzenrefinanzierungsfazilität

Wie in der Einführung bereits angedeutet worden ist, dient die Spitzenrefinanzierungsfazilität (marginal lending rate) der Überbrückung eines vorübergehenden Bedarfs an Zentralbankgeld bei den Kreditinstituten. Genauer können Banken bei

[167] Siehe hierzu genauer das Kapitel 11.

der Europäischen Zentralbank (bzw. bei den nationalen Zentralbanken) auf eigene Initiative einen über Nacht laufenden Kredit erlangen, um damit einen vorübergehenden Bedarf an Zentralbankgeld zu decken. Die Kreditinstitute müssen dabei einen Zins in Höhe der Spitzenrefinanzierungsfazilität zahlen und den Kredit durch refinanzierungsfähige Sicherheiten gegenüber dem Eurosystem unterlegen (EUROPÄISCHE ZENTRALBANK, 2002b, S. 22). Die Besicherung des aufgenommenen Überbrückungskredits kann grundsätzlich auf zweierlei Arten erfolgen. Zum einen kann die Kreditgewährung in Form eines durch Pfand besicherten Kredits erfolgen. Hierbei müssen die Gläubiger für die Kredite refinanzierungsfähige Pfänder hinterlegen.[168] Zum anderen kann die Kreditgewährung im Rahmen der Spitzenrefinanzierungsfazilität auch in Form eines Übernacht-Pensionsgeschäfts vorgenommen werden. In diesem Fall erwirbt die Europäische Zentralbank das Eigentum an refinanzierungsfähigen Sicherheiten und schließt gleichzeitig für den nächsten Geschäftstag ein Umkehrgeschäft ab (EUROPÄISCHE ZENTRALBANK, 2002b, S. 22).

Grundsätzlich ist die Teilnahme von Geschäftsbanken an der Inanspruchnahme der Spitzenrefinanzierungsfazilität nicht beschränkt. Teilnehmende Banken müssen lediglich die allgemeinen Anforderungen des Eurosystems an Geschäftspartner erfüllen, um diese Fazilität nutzen zu können; es existieren keine Unterschiede für Banken aus unterschiedlichen Ländern des Euro-Währungsgebiets. Einen wirklichen Hinderungsgrund für die Inanspruchnahme der Spitzenrefinanzierungsfazilität stellt nur eine nicht ausreichende Menge an Sicherheiten seitens der Gläubiger dar. Es existieren weder Höchstgrenzen noch sonstige Beschränkungen für die Inanspruchnahme der Fazilität (EUROPÄISCHE ZENTRALBANK, 2002b, S. 5f).[169]

Eine Inanspruchnahme der Spitzenrefinanzierungsfazilität hat eine Laufzeit von einem Tag. Am darauffolgenden Geschäftstag muss der Kredit inklusive fälliger Zinsen zurückgezahlt werden, wobei die Zinsberechnung nach der Euromethode erfolgt. Der Zins, d.h. die Spitzenrefinanzierungsfazilität, ist im Voraus bekannt und wird von der Europäischen Zentralbank veröffentlicht. Änderungen der Spitzenrefinanzierungsfazilität sind jederzeit durch das Eurosystem möglich. Eine

---

[168] Zusätzlich müssen die Gläubiger noch Anforderungen entsprechen, die die nationalen Zentralbanken als ausführende Organe der Europäischen Zentralbank an die Gewährung der Spitzenrefinanzierungsfazilität knüpfen (EUROPÄISCHE ZENTRALBANK, 2002b, S. 22).

[169] Weist ein Kreditinstitut am Ende eines Geschäftstags bei einer nationalen Zentralbank eine nicht gedeckte Schuldenposition auf, dann wird für diese Position von der Zentralbank automatisch ein Kredit über die Spitzenrefinanzierungsfazilität gestellt (JARCHOW, 2003, S. 475).

Änderung wird allerdings nicht sofort, sondern erst am nächsten Geschäftstag wirksam (EUROPÄISCHE ZENTRALBANK, 2002b, S. 23).[170]

Wie in der Einleitung bereits angedeutet worden ist, legt die Spitzenrefinanzierungsfazilität im Allgemeinen die Obergrenze der Zinsentwicklung am Geldmarkt fest. Geschäftsbanken sind grundsätzlich frei in ihrer Wahl, ob sie die Refinanzierungsgeschäfte mit anderen Geschäftsbanken auf dem Geldmarkt oder mit der Europäischen Zentralbank abschließen. So kann eine Geschäftsbank Kredite mit einer Laufzeit über Nacht bei anderen Banken nachfragen oder die Spitzenrefinanzierungsfazilität der Zentralbank in Anspruch nehmen. Im ersten Fall würde die Kredit suchende Bank den EONIA zahlen, im zweiten Fall den Spitenrefinanzierungssatz. Die Funktion der Spitzenrefinanzierungsfazilität als Obergrenze der Zinsentwicklung des EONIAs wird deutlich, wenn man die Anpassungsvorgänge betrachtet, die bei einer Überschreitung der Spitzenrefinanzierungsfazilität durch den EONIA wirksam werden. Diese Anpassungsvorgänge werden ausführlich im Abschnitt 11.1 behandelt. Der Leser sei auf den angegebenen Abschnitt verwiesen.

7.2.2 Einlagefazilität

Die Einlagefazilität (deposit facility) ist die zweite ständige Fazilität, die von der Europäischen Zentralbank zur Beeinflussung der Geldmarktzinsen zur Verfügung gestellt wird. Die Europäische Zentralbank bietet mit dieser Fazilität den Geschäftsbanken die Möglichkeit, überschüssige Liquidität bei den nationalen Zentralbanken über Nacht verzinslich anzulegen (EUROPÄISCHE ZENTRALBANK, 2002b, S. 23). Der Zinssatz, den die Europäische Zentralbank für diese Einlagen gewährt, ist der Einlagesatz. Die Geschäftsbanken erhalten von der Europäischen Zentralbank keine Sicherheiten während der Laufzeit der Einlage.

Geschäftsbanken können die Einlagefazilität in unbeschränkter Höhe auf eigene Initiative in Anspruch nehmen. Hierzu müssen die Banken lediglich einen Antrag bei den nationalen Zentralbanken stellen. Dieser Antrag darf nicht später als 30 Minuten nach dem Schluss des TARGET-Handels bei den nationalen Zentralbanken eingehen, damit diese den Antrag noch bearbeiten können (EUROPÄISCHE ZENTRALBANK, 2002b, S. 23f).[171]

Der Zugang der Kreditinstitute zu der Einlagefazilität ist nur durch die allgemeinen Anforderungen an Geschäftspartner reglementiert und daher für alle Kredit-

---

[170] Da die Spitzenrefinanzierungsfazilität ein geldpolitisches Instrument ist, wird sie gemäß den Zielvorstellungen der Zentralbank eingesetzt. Aus diesem Grund kann die Europäische Zentralbank den Zugang zur Fazilität auch nach ihren Zielen beschränken oder gar vollkommen verhindern (EUROPÄISCHE ZENTRALBANK, 2002b, S. 23).

[171] Am letzten Tag der Mindestreserveperiode werden Anträge noch bis zu einer Stunde nach TARGET-Schluss akzeptiert (EUROPÄISCHE ZENTRALBANK, 2002b, S. 24).

institute im gesamten Euro-Währungsgebiet einheitlich. Nur bei den operationalen Vorschriften können gewisse Unterschiede zwischen den nationalen Zentralbanken als ausführende Organe der Europäischen Zentralbank auftreten (EUROPÄISCHE ZENTRALBANK, 2002b, S. 23).

Eine Anlage liquider Mittel im Rahmen der Einlagefazilität hat eine Laufzeit von einem Tag. Am darauf folgenden Geschäftstag werden die Mittel inklusive fälliger Zinsen von der Europäischen Zentralbank an die Geschäftsbanken zurückgezahlt, wobei die Zinsberechnung auch hier nach der Euromethode erfolgt. Der Zins, den die Europäische Zentralbank zahlt, d.h. der Einlagesatz, ist im Voraus bekannt und wird von der Europäischen Zentralbank veröffentlicht. Änderungen der Einlagefazilität sind jederzeit durch das Eurosystem möglich. Eine Änderung wird allerdings nicht sofort, sondern erst am nächsten Geschäftstag wirksam (EUROPÄISCHE ZENTRALBANK, 2002b, S. 24).[172]

Die Einlagefazilität stellt im Allgemeinen die Untergrenze der Zinsentwicklung am Geldmarkt des Euro-Währungsgebiets dar, worauf in der Einleitung schon hingewiesen wurde. Kreditinstitute mit überschüssiger Liquidität können versuchen, am Geldmarkt unter Banken eine Anlagemöglichkeit für diese Mittel über Nacht zu finden. Ist dieses nicht möglich, dann steht diesen Instituten mit einem Überschuss an Liquidität die Möglichkeit offen, die Einlagefazilität der Zentralbank zu nutzen. Dass der Einlagesatz eine Untergrenze für die EONIA-Entwicklung darstellt, wird wieder aus Anpassungsvorgängen deutlich, die bei einer Unterschreitung der Einlagefazilität durch den EONIA wirksam werden. Diese Anpassungsvorgänge werden ebenfalls ausführlich im Abschnitt 11.1 behandelt. Der Leser sei auf den angegebenen Abschnitt verwiesen.

[172] Auch die Einlagefazilität ist ein geldpolitisches Instrument. Aus diesem Grund wird sie gemäß den Zielvorstellungen der Zentralbank eingesetzt. Die Europäische Zentralbank kann den Zugang zur Fazilität nach ihren Zielen beschränken oder gar vollkommen verhindern (EUROPÄISCHE ZENTRALBANK, 2002b, S. 24).

IV. Zinsbestimmende Faktoren am Geldmarkt des Euro-Währungsgebiets

8 Die zinsbestimmenden Faktoren im Überblick

Ziel dieses Teils IV. der vorliegenden Arbeit ist es, diejenigen Faktoren herauszustellen, die das Zinsniveau am Geldmarkt des Euro-Währungssystems beeinflussen. Diese noch zu präzisierenden Faktoren bewirken zum einen eine Veränderung der frei verfügbaren Barreserven im Geschäftsbankensektor des Euro-Währungsgebiets. Zum anderen haben zwei dieser Faktoren, nämlich die Tendergeschäfte der Europäischen Zentralbank und die von ihr bereitgestellten ständigen Fazilitäten sowie das Bieterverhalten der Geschäftsbanken bei diesen Geschäften, durch ihr Verhalten Einfluss auf die Entwicklung der Zinssätze am Geldmarkt des Euro-Währungsgebiets.

Grundsätzlich können die frei verfügbaren Barreserven im Geschäftsbankensektor als Ganzem durch Transaktionen der innerhalb des Euro-Währungsgebiets ansässigen Kreditinstitute mit anderen Geschäftspartnern verändert werden: erstens durch Geschäfte mit Banken außerhalb des Euro-Währungsgebiets, zweitens durch Transaktionen mit Nichtbanken sowie drittens durch Geschäfte mit der Europäischen Zentralbank (bzw. mit den nationalen Zentralbanken als ausführende Organe) (JARCHOW, 2003, S. 390). Im Gegensatz dazu werden bei Transaktionen des horizontalen Liquiditätsausgleichs unter Banken des Euro-Währungsgebiets die im Geschäftsbankensektor als Ganzem frei verfügbaren Barreserven nicht verändert, sondern nur umverteilt. Aus diesem Grunde sind in diesem IV. Teil nicht die Bewegungen von Zentralbankgeld zwischen den Banken im Euro-Währungsgebiet von Interesse. Es stehen vielmehr die Wirkungen jener Geschäfte mit Zentralbankgeld im Mittelpunkt, die zwischen Banken des Euro-Währungsgebiets und den oben genannten Geschäftspartnern stattfinden.

Der Bestand an frei verfügbaren Barreserven im Geschäftsbankensektor ist – wie bereits im Abschnitt 1.1 angedeutet – das Ergebnis der Reaktionen einzelner Banken erstens auf ein Liquiditätsproblem sowie zweitens auf unterschiedliche Liquiditätsentwicklungen im Geschäftsbankensektor.[173] Dieser Bestand an frei verfügbaren Barreserven bildet deshalb die Liquiditätssituation der Geschäftsbanken am Geldmarkt ab und bestimmt somit das herrschende Zinsniveau bei diesen Geschäften am Bankengeldmarkt. Da zwischen den Geldmarktgeschäften auf diesem Teilmarkt und den übrigen Teilmärkten eines umfassenden Geldmarktkonzepts enge Substitutionsbeziehungen herrschen, muss die Zinsentwicklung im

[173] Während das Liquiditätsproblem den Fall einer unzureichenden Barreserve bei Geschäftsbanken widerspiegelt, entstehen die Liquiditätsdivergenzen erstens, weil die Geschäftsbanken in unterschiedlichem Ausmaß von Zentralbankgeldbewegungen betroffen sind. Zweitens wirken sich die Entscheidungen der Nichtbanken unterschiedlich auf die Barreserven bei Banken aus. Vgl. hierzu den Abschnitt 1.1.

Geldhandel unter Banken auch einen Einfluss auf alle übrigen Geldmarktsätze haben. Mit anderen Worten resultiert aus dem Wirken der zinsbestimmenden Faktoren ein Einfluss auf die frei verfügbaren Barreserven im Geschäftsbankensektor als Ganzem und damit auch auf den Geldhandel unter Banken. Dieser hat wiederum – wegen der oben genannten engen Substitutionsbeziehungen aller Geldhandelsgeschäfte untereinander – einen Einfluss auf die gesamte Zinsentwicklung am Geldmarkt des Euro-Währungsgebiets (JARCHOW, 2003, S. 390).

Die Europäische Zentralbank hat durch die Geldpolitik (genauer durch die Gestaltung der Konditionen von Refinanzierungsgeschäften) ebenfalls einen Einfluss auf die Zinsentwicklung am Geldmarkt; ein weiterer Einfluss auf die Zinsentwicklung resultiert aus dem Verhalten der Bieter bei den Haupttendern.

Der IV. Teil ist im weiteren Verlauf folgendermaßen gegliedert: Im folgenden Kapitel sollen zuerst jene zinsbestimmenden Faktoren erläutert werden, die auf die frei verfügbare Barreserve im Geschäftsbankensektor einwirken; diese Faktoren werden in autonome und in dispositionsbedingte Faktoren unterteilt. Während der Abschnitt 9.1 die autonomen Faktoren behandelt, werden die dispositionsbedingten Faktoren im Abschnitt 9.2 analysiert. Danach wird im Kapitel 10 untersucht, wie die zinsbestimmenden Faktoren auf den Geldmarkt des Euro-Währungsgebiets einwirken, d.h. ob sie eine Verflüssigung oder Anspannung am Geldmarkt hervorrufen. Anschließend behandelt das Kapitel 11 die Möglichkeiten der Europäischen Zentralbank zur gezielten Einflussnahme auf die Zinssätze am Geldmarkt des Euro-Währungsgebiets. Im Kapitel 12 wird der Einfluss des Verhaltens der Bieter bei den Hauptrefinanzierungsgeschäften auf die Geldmarktsätze diskutiert.

9 Autonome und dispositionsbedingte zinsbestimmende Faktoren

In diesem Kapitel werden diejenigen zinsbestimmenden Faktoren erläutert, die auf die im Bankensektor frei verfügbare Barreserve einwirken. Während der Abschnitt 9.1 die autonomen Faktoren behandelt, werden die dispositionsbedingten Faktoren im Abschnitt 9.2 diskutiert.

9.1 Autonome zinsbestimmende Faktoren

Unter den autonomen zinsbestimmenden Faktoren subsummiert man solche Faktoren, deren Wirkung auf die frei vorhandene Barreserve im Bankensektor als Ganzem aus der Sicht der Kreditinstitute exogen, d.h. nicht beeinflussbar, ist.[174]

[174] Diese Aussage ist einzuschränken, da die Kreditinstitute auf mittlere bis lange Sicht sehr wohl durch entsprechende Maßnahmen einen Einfluss auf die Entwicklung einiger autonomer Faktoren haben können. Jarchow nennt als Beispiel hierfür die mittel- bis langfristige Ausweitung der Kreditvergabe durch Geschäftsbanken. Mit dieser Maßnahme steigt durch Barabhebungen zum einen der Bargeldumlauf, zum anderen ist durch die vermehrte Kreditvergabe eine Erhöhung des Mindestreserve-Solls der betreffenden Banken zu erwarten (JARCHOW, 2003, S. 390).

Nach Jarchow können folgende sechs autonome Faktoren eine Erhöhung oder eine Senkung des Bestands an frei vorhandener Barreserve im Bankensektor als Ganzem bewirken (JARCHOW, 2003, S. 390f):

1. Veränderungen des Bargeldumlaufs,
2. Veränderungen der Einlagen öffentlicher Haushalte beim Eurosystem,
3. Veränderungen der Nettoaktiva (Nettoposition) des Eurosystems in Gold und Devisen,
4. Entstehung und Ausschüttung von Gewinnen des Eurosystems,
5. Veränderungen des Mindestreserve-Solls sowie
6. sonstige autonome Faktoren.

Der folgende Abschnitt soll diese sechs autonomen Faktoren – in der oben genannten Reihenfolge – kurz behandeln.

ad 1) Eine Veränderung des Bargeldumlaufs kann erstens aus dem Wirtschaftswachstum einer Volkswirtschaft und zweitens aus saisonalen Besonderheiten der Bargeldnachfrage resultieren. In beiden Fällen werden Sichteinlagen in Bargeld umgewandelt, wodurch sich eine Veränderung des Bestands des umlaufenden Bargelds ergibt. Im Rahmen eines andauernden wirtschaftlichen Wachstums ist – unter bestimmten Bedingungen – eine permanente Senkung der frei vorhandenen Barreserven zu erwarten. Wenn der Wachstumsprozess der betrachteten Volkswirtschaft mit einem Wachstum der Kreditvergabe sowie der Geldmenge einhergeht, dann muss bei Konstanz der Bargeldquote (bzw. bei einer nur geringen Verringerung der Quote) der Bargeldumlauf steigen. Eine saisonale Veränderung des Bargeldumlaufs mit entsprechend temporärer Wirkung auf die frei verfügbaren Barreserven im Bankensektor ergibt sich durch eine saisonal starke Nachfrage nach Bargeld. Wie bereits im Abschnitt 1.1 erwähnt worden ist, steigt zum Beispiel kurz vor Festtagen oder vor dem Schulferienbeginn die Nachfrage nach Bargeld, wodurch dann die insgesamt frei verfügbaren Barreserven im Bankensektor belastet werden.

ad 2) Der zweite oben erwähnte autonome Faktor, nämlich die Veränderung der Einlagen öffentlicher Haushalte bei dem Eurosystem, hat ebenfalls einen spürbaren Einfluss auf die insgesamt frei verfügbaren Barreserven im Bankensektor. Im Zuge der Steuerzahlungen finden Überweisungen der Steuerträger an den Staat statt. Dieser Vorgang führt zum einen zu einer Verringerung der Sichteinlagen der Kunden bei Kreditinstituten; zum anderen ergibt sich für die Banken ein Abfluss von Zentralbankgeld, d.h. eine Belastung der Barreserven. Im Bankensektor als Ganzem resultiert durch die Steuerzahlungen eine Abnahme des Bestands frei vorhandener Barreserven. Umgekehrt führt die Verausgabung der Steuermittel zu einem Zufluss von

Zentralbankgeld zu den Geschäftsbanken, woraus sich tendenziell eine Erhöhung der insgesamt frei verfügbaren Barreserven im Bankensektor als Ganzem ergibt (JARCHOW, 2003, S. 391).

ad 3) Der Einfluss einer Veränderung der Nettoaktiva des Eurosystems auf die im Bankensektor frei verfügbaren Barreserven hängt mit dem herrschenden Wechselkursregime zusammen. Fasst man die Nettoaktiva als Summe aus dem Gold- und dem Devisenbestand einer Zentralbank auf und interpretiert man diese Nettoaktiva als „Währungsreserven", dann kann die Wahl des Wechselkursregimes einen Einfluss auf diesen Bestand haben. Für den Fall flexibler Wechselkurse stellt sich nach einer Störung auf dem Devisenmarkt ein neuer gleichgewichtiger Wechselkurs ein, ohne dass die Zentralbank interveniert. Wenn die Zentralbank am Devisenmarkt nicht interveniert, d.h. der Bestand an Währungsreserven deshalb auch konstant bleibt, dann ergibt sich auch keine Veränderung der frei verfügbaren Barreserven im Geschäftsbankensektor. Im Gegensatz dazu muss eine Zentralbank im Fall fester Wechselkurse am Devisenmarkt intervenieren, um einen Wechselkurs zu verteidigen oder um Schwankungen zu glätten. In diesem System wird die Zentralbank in der Regel gezwungen sein, Devisen zu verkaufen oder zu kaufen. Ergibt sich beispielsweise bei dem herrschenden Wechselkurs auf dem Devisenmarkt ein Überschussangebot an Devisen, dann muss die heimische Zentralbank diese am Markt kaufen, um den Wechselkurs zu verteidigen. Folge dieser Intervention am Devisenmarkt sind zum einen steigende Devisenbestände (d.h. eine Erhöhung der Nettoaktiva oder der „Währungsreserven") bei der Zentralbank. Zum anderen „bezahlt" die intervenierende Zentralbank die Devisen mit Zentralbankgeld, wodurch die Bestände der Geschäftsbanken an Zentralbankgeld zunehmen. In diesem Fall würde sich dann – neben einer Zunahme der Nettoaktiva der Zentralbank – eine Erhöhung der Barreserven im Bankensektor einstellen (JARCHOW, 2003, S. 391f).[175]

ad 4) Eine Veränderung der im Geschäftsbankensektor als Ganzem frei verfügbaren Barreserven ergibt sich ferner, wenn Gewinne beim Eurosystem entstehen bzw. wenn diese Gewinne ausgeschüttet werden. Gewinne der Zentralbank entstehen beispielsweise, weil die Geschäftsbanken die von der Europäischen Zentralbank gewährten Kredite verzinsen müssen. Hierdurch fließen Zentralbankgelder von den Kreditinstituten zu der Europäischen Zentralbank (bzw. zum Eurosystem). Durch den Abfluss von Zentralbankgeld aus dem Geschäftsbankensektor an das Eurosystem resultiert im Ge-

[175] Muss die Zentralbank dagegen Devisen verkaufen, um einen festen Wechselkurs zu halten, dann sinken zum einen die Nettoaktiva der Zentralbank. Zum anderen ergibt sich bei den Geschäftsbanken eine Abnahme des Bestands an Zentralbankgeld, wodurch für den Bankensektor als Ganzem mit einer Senkung des Bestands an frei verfügbaren Barreserven zu rechnen ist (JARCHOW, 2003, S. 392).

schäftsbankensektor eine Verknappung der frei verfügbaren Barreserven. Eine Erhöhung des Bestands an frei verfügbaren Barreserven ist hingegen im Allgemeinen zu erwarten, wenn das Eurosystem die Zentralbankgewinne an den Staat abführt. Die Gewinne fließen dann einem öffentlichen Haushalt zu und dienen der Finanzierung der Staatsausgaben, oder sie werden vom Staat bei Kreditinstituten eingelegt. In beiden Fällen ergibt sich eine Zunahme des Bestands an Barreserven bei den Kreditinstituten (JARCHOW, 2003, S. 392).

ad 5) Der Bestand an frei verfügbaren Barreserven im Geschäftsbankensektor wird duch eine bestehende Mindestreservepflicht beeinflusst, und zwar in zweierlei Hinsicht. Erstens erhöhen steigende mindestreservepflichtige Verbindlichkeiten bei Banken deren Mindestreserve-Soll: Wird beispielsweise Bargeld in Sichteinlagen konvertiert, dann erhöht sich der mindestreservepflichtige Bestand an Sichteinlagen und die Banken müssen höhere Mindestreserven bei der Zentralbank halten. Dieser Vorgang führt zu einer Senkung des Bestands an frei verfügbaren Barreserven im Bankensektor. Ein zweiter Einfluss der Mindestreserven auf den Bestand an frei verfügbaren Barreserven resultiert aus einer Veränderung der Mindestreservesätze. So führt beispielsweise eine Erhöhung des Mindestreservesatzes auf mindestreservepflichtige Verbindlichkeiten c.p. zu einem gestiegenen Mindestreserve-Soll und damit zu einer Senkung des Bestandes an frei verfügbaren Barreserven bei den Kreditinstituten (JARCHOW, 2003, S. 392).[176]

9.2 Dispositionsbedingte zinsbestimmende Faktoren

Der folgende Abschnitt soll die dispositionsbedingten zinsbestimmenden Faktoren behandeln. Im Gegensatz zu den oben beschriebenen autonomen Faktoren wird bei den dispositonsbedingten Faktoren eine Veränderung des im Geschäftsbankensektor frei verfügbaren Bestands an Barreserven durch Entscheidungen der Geschäftsbanken herbeigeführt. Jarchow nennt die folgenden vier dispositionsbedingten zinsbestimmenden Faktoren (JARCHOW, 2003, S. 391):[177]

1. Teilnahme an den Hauptrefinanzierungsgeschäften
2. Teilnahme am längerfristigen Refinanzierungsgeschäft
3. Inanspruchnahme der beiden ständigen Fazilitäten
4. sonstige Geschäfte.[178]

---

[176] Analog führt eine Senkung des Bestands an mindestreservepflichtigen Verbindlichkeiten im Bankensektor oder die Senkung des Mindestreservesatzes zu einer Zunahme des Bestands an frei verfügbaren Barreserven bei den Geschäftsbanken.

[177] Die im Folgenden angeführten Geschäfte zwischen Kreditinstituten und der Zentralbank werden im Kapitel 7 erläutert.

[178] Hierzu zählen z.B. die Feinsteuerungsoperationen.

Auch diese Einflussfaktoren sollen kurz behandelt werden.

ad 1) Durch die – aus Sicht der Kreditinstitute – freiwillige Teilnahme an den Hauptrefinanzierungsgeschäften mit dem Eurosystem fließen den Banken Zentralbankgelder zu, wodurch die Barreserven dieser Institute steigen. Hierdurch ergibt sich für den Bankensektor als Ganzem eine Erhöhung der frei verfügbaren Barreserven. Die Erhöhung der Barreserve ist jedoch nur temporär, da die Hauptrefinanzierungsgeschäfte derzeit in der Regel eine Laufzeit von zwei Wochen haben. Am Ende der Laufzeit müssen die Banken den Zentralbankkredit einschließlich fälliger Zinsen zurückzahlen. Die Tilgung bedeutet einen Abfluss von Zentralbankgeld von den Banken zum Eurosystem und damit eine Abnahme der Barreserven im Geschäftsbankensektor.

ad 2) Die Wirkung von längerfristigen Refinanzierungsgeschäften auf die Barreserven bei Geschäftsbanken entspricht dem Fall der oben erläuterten Hauptrefinanzierungsgeschäfte.

ad 3) Die Inanspruchnahme der Einlagefazilität sowie der Spitzenrefinanzierungsfazilität verändert die Barreserven von Geschäftsbanken, und zwar in folgender Weise: Legt ein Kreditinstitut überschüssige Liquidität zum Einlagesatz bei dem Eurosystem ein, dann sinkt der Bestand an Barreserven bei dieser Bank. Diese Verringerung der Barreserven ist jedoch nur temporär. Werden am darauf folgenden Werktag das Guthaben einschließlich Zinsen von der Europäischen Zentralbank zurückgezahlt, dann erfolgt ein Zufluss von Zentralbankgeld zu den Banken, also eine Erhöhung der Barreserven. Wenn ein Kreditinstitut einen über Nacht-Kredit zum Spitzenrefinanzierungssatz erhält, dann fließen dieser Bank zuerst Zentralbankgelder zu, wodurch die Barreserven der Bank steigen. Die Erhöhung der Barreserven ist jedoch ebenfalls nur temporär, da das Kreditinstitut den Kredit einschließlich Zinsen am nächsten Werktag zurückzahlen muss (JARCHOW, 2003, S. 393).

10 Verflüssigung und Anspannung am Geldmarkt des Euro-Währungsgebiets

Im Kapitel 8 wurde erwähnt, dass die im Bankensektor des Euro-Währungsgebiets frei verfügbaren Barreserven durch Geschäfte der Banken erstens mit Banken außerhalb des Euro-Währungsgebiets, zweitens durch Transaktionen mit Nichtbanken sowie drittens durch Geschäfte mit der Europäischen Zentralbank verändert werden. Die Konditionen im Geldhandel unter Banken werden wiederum von den im Bankensektor vorhandenen frei verfügbaren Barreserven beeinflusst. Aus diesem Grund müssen die im Kapitel 9 erläuterten Faktoren (wie schon erwähnt) einen Einfluss auf die Zinsentwicklung am Geldmarkt des Euro-Währungsgebiets haben, d.h. entweder führen sie zu einer Verflüssigung oder zu einer Anspannung der aktuellen Geldmarktsituation. Verbunden damit ist im ersten Fall eine Zinssenkung und im zweiten Fall eine Zinserhöhung. Die folgende Tabelle IV.10.1 zeigt noch einmal die im Kapitel 9 behandelten zinsbestimmenden Faktoren sowie deren Wirkung auf die Zinssätze am Geldmarkt des

Einflussgrößen	Änderung	Wirkungen auf den Geldmarkt
Bargeldumlauf	Zunahme	Anspannung
	Abnahme	Verflüssigung
Einlagen öffentlicher Haushalte beim Eurosystem	Zunahme	Anspannung
	Abnahme	Verflüssigung
Nettoauslandsaktiva des Eurosystems	Zunahme	Verflüssigung
	Abnahme	Anspannung
Gewinne des Eurosystems	Entstehung	Anspannung
	Ausschüttung	Verflüssigung
Mindestreservehaltung	Zunahme	Anspannung
	Abnahme	Verflüssigung
Hauptrefinanzierungsgeschäfte	Abschluss	Verflüssigung
	Auflösung	Anspannung
Längerfristiges Refinanzierungsgeschäft	Abschluss	Verflüssigung
	Auflösung	Anspannung
Inanspruchnahme der Spitzenrefinanzierungsfazilität	Zunahme	Verflüssigung
	Abnahme	Anspannung
Inanspruchnahme der Einlagefazilität	Abnahme	Verflüssigung
	Zunahme	Anspannung

Tab. IV.10.1: Wirkungen der zinsbestimmenden Faktoren am Geldmarkt des Euro-Währungsgebiets

Quelle: JARCHOW, 2003, S. 394.[179]

[179] Jarchow erwähnt in der Tabelle auch die sonstigen autonomen Faktoren und die sonstigen Geschäfte (JARCHOW, 2003, S. 394).

Euro-Währungsgebiets. In der Tabelle werden zuerst die Wirkungen der autonomen zinsbestimmenden Faktoren und anschließend die Wirkungen der dispositionsbedingten Faktoren dargestellt.[180] Die sonstigen autonomen Faktoren und die sonstigen (dispositionsbedingten) Geschäfte wurden nicht aufgenommen. Die Darstellung folgt Jarchow (JARCHOW, 2003, S. 394):

11 Einfluss der Europäischen Zentralbank auf die Zinsbildung

Das folgende 11. Kapitel soll die Einflussnahme der Europäischen Zentralbank auf die Entwicklung der Zinsen am Geldmarkt des Euro-Währungsgebiets erläutern. Im Mittelpunkt der Betrachtung steht dabei im Abschnitt 11.1 zuerst die Entwicklung des Tagesgeldsatzes (EONIA) innerhalb der durch die ständigen Fazilitäten markierten Grenzen. Danach wird im Abschnitt 11.2 der Einfluss der Mindestreservepflicht auf den Tagesgeldsatz untersucht.

11.1 Ständige Fazilitäten und die Entwicklung des Tagesgeldsatzes

Ziel dieses Abschnitts ist es, den Einfluss der ständigen Fazilitäten auf die Entwicklung des Tagesgeldsatzes (EONIA) zu erläutern. Wie bereits in den Unterabschnitten 7.2.1 und 7.2.2 erwähnt wurde, bilden der Spitzenrefinanzierungs- und der Einlagesatz eine Ober- bzw. eine Untergrenze für die Entwicklung des Tagesgeldsatzes (EONIA). Diesen Sachverhalt zeigt Abbildung IV.11.1 im Anhang zu Abschnitt 11.1. Weiter erkennt man dort, dass der EONIA in der Tendenz dem Hauptrefinanzierungssatz folgt.

Zunächst soll auf die Beziehung zwischen EONIA und den ständigen Fazilitäten eingegangen werden; anschließend folgen dann Erläuterungen zur Abhängigkeit des Tagesgeldsatzes von der Entwicklung des Hauptrefinanzierungssatzes.

Genauer lässt sich das Wirken der ständigen Fazilitäten als Grenzen der Entwicklung des Tagesgeldsatzes (EONIA) durch Anpassungen erklären, die bei einem Übertreten der Spitzenrefinanzierungs- oder bei einem Unterschreiten der Einlagefazilität durch den Tagesgeldsatz wirksam werden. Zuerst soll der Fall einer Überschreitung des Spitzenrefinanzierungssatzes behandelt werden. Danach wird auf den Fall einer Unterschreitung des Einlagesatzes eingegangen. Bei den folgenden Überlegungen muss man beachten, dass der Tagesgeldsatz (EONIA) sich auf ein unbesichertes Kreditgeschäft bezieht, während die Europäische Zentralbank die Inanspruchnahme der Spitzenrefinanzierungsfazilität durch Banken nur gegen Sicherheiten zulässt. Demzufolge wäre es denkbar, dass der EONIA den Zinssatz der Spitzenrefinanzierungsfazilität übersteigt, wenn eine

[180] Neben dem Wirken der oben genannten zinsbestimmenden Faktoren wurde bereits im Abschnitt 1.1 auf die Folge einer saisonal überdurchschnittlichen Nachfrage nach Liquidität seitens der Wirtschaftsubjekte an besonderen Terminen hingewiesen.

hinreichend große Zinsdifferenz zwischen dem unbesicherten und dem besicherten Zinssatz für über Nacht-Geschäfte auf dem Geldmarkt besteht (DEUTSCHE BUNDESBANK, 2000a, S. 18).[181] Die Inanspruchnahme der Einlagefazilität erfolgt dagegen ohne Besicherung durch die Zentralbank. Da in diesem Fall zwei laufzeitgleiche, unbesicherte Geschäfte betrachtet werden, ist eine Unterschreitung der Einlagefazilität durch den EONIA möglich.

Würde der EONIA über den Spitzenrefinanzierungssatz steigen, dann würden zwei Anpassungsmechanismen wirksam werden. Zum einen würden Kreditinstitute mit einer unzureichenden Barreserve eine Refinanzierung durch einen über Nacht-Kredit bei der Europäischen Zentralbank zum Spitzenrefinanzierungssatz vornehmen, da diese Alternative aus Sicht der betreffenden Kreditinstitute günstiger ist als die Nachfrage nach einem über Nacht-Kredit bei anderen Geschäftsbanken zum Tagesgeldsatz. Als Folge dieser Entscheidung der Kredit suchenden Banken wird die Nachfrage nach über Nacht-Krediten im Geldhandel unter Banken sinken. Weiter werden andere Geschäftsbanken (Arbitrageure) Kredite bei der Zentralbank zum Spitzenrefinanzierungssatz aufnehmen, um diese Mittel dann am Geldmarkt zum (vergleichsweise höheren) Tagesgeldsatz (EONIA) anzubieten. Die Tätigkeit von Kreditinstituten als Arbitrageure führt dazu, dass das Angebot an über Nacht-Krediten im Geldhandel unter Banken steigt. Zusammengefasst ergibt sich daher aus dem erstgenannten Anpassungsmechanismus eine Abnahme der Nachfrage nach über Nacht-Krediten unter Banken, während der zweite Mechanismus zu einer Erhöhung des Angebots an über Nacht-Krediten im Handel unter Banken führt. Da einem gestiegenen Angebot an Zentralbankgeld eine gesunkene Nachfrage gegenübersteht, muss der Tagesgeldsatz sinken, und zwar so weit, dass er wieder den Spitzenrefinanzierungssatz erreicht bzw. unter diesen fällt. Erst dann ist es für Banken wieder attraktiv eine Refinanzierung bei anderen Kreditinstituten vorzunehmen (JARCHOW, 2003, S. 395).

Auch im Fall einer Unterschreitung des Einlagesatzes durch den Tagesgeldsatz würden zwei Anpassungsvorgänge wirksam werden. Erstens würden Kreditinstitute, die überschüssige Barreserven besitzen, diese bei der Europäischen Zentralbank zum Einlagesatz über Nacht anlegen. Ihr Zinsertrag wäre in diesem Fall höher als bei einer Anlage der frei verfügbaren Barreserven am Geldmarkt unter Banken zum Tagesgeldsatz. Isoliert betrachtet, führt dieser (erste) Vorgang zu einer Verknappung des Angebots an über Nacht-Krediten im Handel unter Banken. Der zweite Anpassungsmechanismus betrifft wieder die Arbitrageure. Sie nehmen im Geldhandel unter Banken einen zum Tagesgeldsatz zu verzinsenden Kredit auf, um dann die Mittel zum höheren Einlagesatz bei der Europäischen

[181] In der Praxis ist der Fall einer Überschreitung des Zinssatzes der Spitzenrefinanzierungsfazilität durch den EONIA bisher noch nicht eingetreten. Siehe hierzu Deutsche Bundesbank (DEUTSCHE BUNDESBANK, 2000a, S. 18, Fußnote 3) sowie die Abbildung IV.11.1 im Anhang zu Abschnitt 11.1.

Zentralbank einzulegen. Die Tätigkeit der Arbitrageure führt dazu, dass die Nachfrage nach über Nacht-Krediten steigt. Als Folge des verringerten Angebots an Zentralbankgeld auf dem Geldmarkt und einer Ausweitung der Nachfrage steigt der EONIA-Tagesgeldsatz, bis er den Einlagesatz erreicht bzw. oberhalb des Einlagesatzes liegt (JARCHOW, 2003, S. 395f).

Im Folgenden ist noch auf die Beziehung zwischen EONIA und dem Hauptrefinanzierungssatz einzugehen. Wie schon erwähnt, geht aus der Abbildung IV.11.1 hervor, dass der Tagesgeldsatz in der Tendenz dem Hauptrefinanzierungssatz folgt. Abweichungen lassen sich durch die unterschiedliche Fristigkeit der Geschäfte erklären: Während der Tagesgeldsatz ein Geschäft mit einer Laufzeit über Nacht darstellt, gilt in der Regel für die Haupttender eine Laufzeit von derzeit zwei Wochen. Die Europäische Zentralbank weist in diesem Zusammenhang darauf hin, dass die Korrelation zwischen dem marginalen Zuteilungssatz bzw. dem Mindestbietungssatz bei Hauptrefinanzierungsgeschäften und einem Zinssatz für laufzeitgleiche Geldmarktgeschäfte unter Banken stark ist (EUROPÄISCHE ZENTRALBANK, 2001b, S. 63). Es lässt sich daher vermuten, dass die Korrelation eines Zinssatzes im Handel unter Banken mit dem Hauptrefinanzierungssatz steigt, wenn die Fristenkongruenz der betrachteten Geschäfte zunimmt. Dementsprechend ist zu erwarten, dass zwischen dem Hauptrefinanzierungssatz und dem Zinssatz im Geldhandel für 14 Tage-Gelder unter Banken eine starke Korrelation besteht.

Dass der EONIA dem Hauptrefinanzierungssatz tendenziell folgen muss, wird ersichtlich, wenn man die Beziehung zwischen EONIA und dem Zinssatz im Geldhandel für 14 Tage-Gelder unter Banken in die Überlegungen einbezieht. Während der Hauptrefinanzierungssatz und der Zinssatz im Geldhandel für 14 Tage-Gelder stark korreliert sind, führen nach der Fisher'schen Erwartungstheorie[182] Anpassungsvorgänge im Zuge einer intertemporalen Arbitrage bei gleichbleibenden Zinserwartungen zu einer positiven Korrelation zwischen dem Tagesgeldsatz und dem betrachtenen Zins für 14 Tage-Gelder unter Banken. Mit dieser Abhängigkeit des Tagesgeldsatzes von dem betrachteten Zins für 14 Tage-Gelder unter Banken ist es zu erklären, warum der EONIA dem Hauptrefinanzierungssatz in der Tendenz folgt (JARCHOW, 2003, S. 396).

11.2 Mindestreservepflicht und die Entwicklung des Tagesgeldsatzes

In diesem Abschnitt soll der Einfluss der Mindestreservepflicht auf die Entwicklung des Tagesgeldsatzes untersucht werden. Bevor hierauf eingegangen werden kann, wird im Unterabschnitt 11.2.1 die im Euro-Währungsgebiet bestehende Mindestreservepflicht der Kreditinstitute erläutert. Anschließend wird dann im

---

[182] Die Erwartungstheorie nach Fisher wurde bereits im Zusammenhang mit der Ermittlung des Kurses von Geldmarkt-Futures erläutert. Siehe hierzu den Unterabschnitt 5.2.1.

Unterabschnitt 11.2.2 auf die Entwicklung des Tagesgeldsatzes (EONIA) in Abhängigkeit von der Erfüllung der Mindesreservepflicht durch die Kreditinstitute eingegangen.

11.2.1 Mindestreservepflicht der Kreditinstitute

Der folgende Unterabschnitt soll die Mindestreservevorschriften im Euro-Währungsgebiet erläutern. Dabei wird auf die reservepflichtigen Institute, die Ziele dieser Regelung sowie auf die Ausgestaltung der Mindestreservepflicht eingegangen.

Alle Kreditinstitute innerhalb des Euro-Währungsgebiets sind verpflichtet, Mindestreserven bei der Europäischen Zentralbank bzw. auf Konten der nationalen Zentralbanken zu halten. Diese Pflicht gilt unabhängig davon, ob diese Institute ihren aufsichtsrechtlichen Sitz innerhalb oder außerhalb des Euro-Währungsgebiets haben. Nur außerhalb des Euro-Währungsgebiets gelegene Filialen von Instituten mit aufsichtsrechtlichem Sitz innerhalb des Euro-Währungsgebiets sind von der Mindestreservepflicht ausgenommen (EUROPÄISCHE ZENTRALBANK, 2002b, S. 54).

Die Europäische Zentralbank verfolgt mit der Mindestreservepflicht für Kreditinstitute insbesondere zwei Ziele: Zum einen soll eine Stabilisierung der Geldmarktzinsen erreicht werden; zum andern dienen die Mindestreserven der Vergrößerung oder der Herbeiführung eines „strukturellen" Liquiditätsbedarfs bei den Banken (EUROPÄISCHE ZENTRALBANK, 2002b, S. 54). Diese beiden Ziele sollen im Folgenden erörtert werden.

Eine Stabilisierung der Zinsen am Geldmarkt des Euro-Währungsgebiets hängt eng mit der Ausgestaltung der Mindestreservepflicht zusammen. Die Europäische Zentralbank erlaubt den Instituten, ihre Mindestreservepflicht im Monatsdurchschnitt zu erfüllen. Genauer beginnt eine Mindestreserveerfüllungsperiode am 24. Kalendertag eines Monats und endet am 23. Kalendertag des darauffolgenden Monats.[183] Innerhalb dieser Periode können die mindestreservepflichtigen Banken Schwankungen ihrer Guthaben bei der Zentralbank hinnehmen und gewissermaßen Mindestreservedefizite und –überschüsse verrechnen, da die Mindestreservepflicht nur im Monatsdurchschnitt – und nicht etwa täglich – zu erfüllen ist (EUROPEAN CENTRAL BANK, 2001e, S. 71). Die Durchschnittserfüllung der Mindestreserve ermöglicht den Kreditinstituten somit gewisse Veränderungen ihrer

[183] Im Januar 2003 hat der EZB-Rat einen neuen Rhythmus für die Mindestreserveperiode beschlossen (DEUTSCHE BUNDESBANK, 2003a, S. 142ff). Danach wird ab dem I. Quartal 2004 die Mindestreserveerfüllungsperiode flexibilisiert. Sie soll mit der „ ... [in der Regel ersten] *monatlichen geldpolitischen Sitzung des EZB-Rats synchronisiert werden und dementsprechend jeweils am Gutschriftstag des Hauptrefinanzierungsgeschäfts beginnen, das auf die erste EZB-Ratssitzung im Monat folgt.*" (DEUTSCHE BUNDESBANK, 2003b, S. 23). Ziel der Flexibilisierung der Mindestreserveerfüllungsperiode ist es, die Wahrscheinlichkeit einer Unterbietung im Haupttender zu verringern.

Zentralbankguthaben hinzunehmen, ohne am Geldmarkt tätig werden zu müssen; gleichzeitig muss auch die Europäische Zentralbank weniger häufig am Geldmarkt zinsbeeinflussend eingreifen. Mit anderen Worten wirkt die Mindestreserve wie ein Liquiditätspuffer am Geldmarkt: Sowohl Banken als auch die Zentralbank müssen durch die besondere Ausgestaltung der Mindestreserve im Euro-Währungsgebiet seltener Geschäfte am Geldmarkt durchführen. Es ergibt sich dadurch eine Stabilisierung der Geldmarktsätze.[184]

Das zweite, oben genannte Ziel ist die Herbeiführung oder Vergrößerung eines bestehenden strukturellen Liquiditätsbedarfs der Kreditinstitute gegenüber der Europäischen Zentralbank. Der strukturelle Liquiditätsbedarf des Bankensektors als Ganzem ergibt sich aus der Veränderung der frei verfügbaren Barreserven. Wie bereits im Kapitel 8 erwähnt worden ist, führen die autonomen und die dispositionsbedingten zinsbestimmenden Faktoren zu einer Veränderung der frei verfügbaren Barreserven im Bankensektor und haben somit Einfluss auf die Liquidität der Banken. Der strukturelle Liquiditätsbedarf resultiert aus dem Zusammenwirken von autonomen Faktoren, zu denen auch Veränderungen des Mindestreserve-Solls gehören. Abbildung IV.11.2 zeigt den gesamten Liquiditätsbedarf des Bankensektors in Mrd. Euro für den Zeitraum von März 2002 bis Februar 2003.

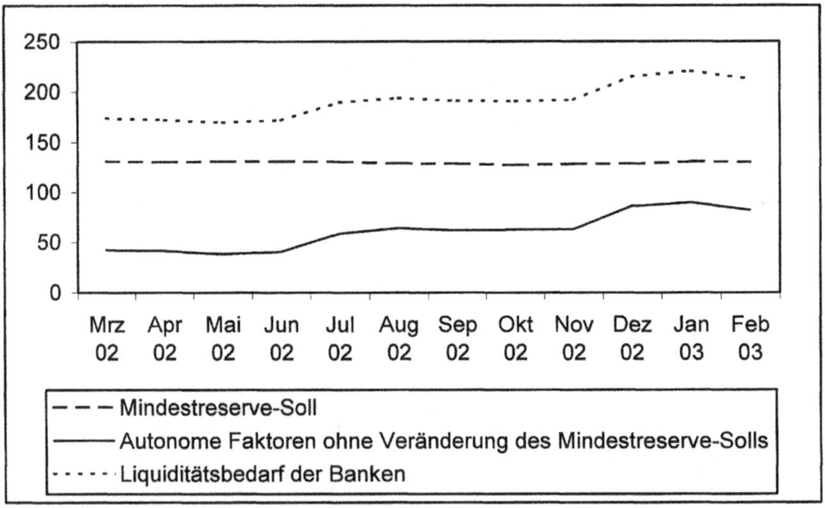

Abb. IV.11.2: Liquiditätsbedarf des gesamten Bankensektors[185]

[184] Geschäftsbanken können im Rahmen der Mindestreserveausgestaltung außerdem von einer „intertemporalen Arbitrage" profitieren. Da diese intertemporale Arbitrage bereits im Unterabschnitt 6.1.3 erläutert wurde, soll hier auf eine Wiederholung verzichtet werden. Der Leser sei auf den angegebenen Unterabschnitt verwiesen.

[185] Eigene Darstellung nach: EUROPÄISCHE ZENTRALBANK, 2003, S. 10*f.

Wie aus der Abbildung IV.11.2 zu erkennen ist, resultiert aus der Mindestreservepflicht – wie immer – für die Geschäftsbanken ein zusätzlicher Liquiditätsbedarf. Die autonomen Faktoren führen in dem betrachteten Zeitraum zu einem strukturellen Liquiditätsbedarf, der durch die Mindestreservepflicht beträchtlich verstärkt wird. Der gesamte Liquiditätsbedarf nach Abbildung IV.11.2 entspricht der durch geldpolitische Geschäfte von der Europäischen Zentralbank bereitzustellenden Liquidität, d.h. der Summe aus den Hauptrefinanzierungs- und den längerfristigen Refinanzierungsgeschäften sowie aus der Inanspruchnahme der Spitzenrefinanzierungsfazilität abzüglich der Inanspruchnahme der Einlagefazilität. Wie deutlich wird, erhöht sich durch die Mindestreservepflicht die Abhängigkeit der Geschäftsbanken von der Zentralbank, da die Nachfrage nach Zentralbankgeld hierdurch steigt. Weil dieser aus der Mindestreservepflicht resultierende Mehrbedarf an Zentralbankgeld an Bilanzpositionen der Banken ablesbar ist, lässt er sich von der Zentralbank relativ gut abschätzen und bei geldpolitischen Entscheidungen berücksichtigen. Aus der Mindestreservepflicht ergibt sich ein stabiler Bedarf der Geschäftsbanken an Zentralbankguthaben. Dieser Bedarf an Zentralbankgeld erleichert der Zentralbank die Kontrolle einer durch zusätzliche Kreditvergabe der Banken herbeigeführten Geldmengenexpansion; denn die gestiegene Kreditvergabe bewirkt neben einem höheren Bargeldumlauf einen Anstieg der mindestreservepflichtigen Verbindlichkeiten der Banken (DEUTSCHE BUNDESBANK, 1995, S. 128).

Wichtige Bestandteile der Ausgestaltung der Mindestreserve sind das Mindestreserve-Soll und das Mindestreserve-Ist. Während das Mindestreserve-Ist als Durchschnitt der Tagesendguthaben der betreffenden Institute beim Eurosystem innerhalb der Mindestreserveerfüllungsperiode berechnet wird, erhält man das Mindestreserve-Soll zum Beginn einer Mindestreserveerfüllungsperiode aus der Anwendung der geltenden Mindestreservesätze auf die Mindestreservebasis am Ende des Vormonats. So berechnet sich das Mindestreserve-Soll der Mindestreserveerfüllungsperiode vom 24. April bis zum 23. Mai aus der Mindestreservebasis am 31. März. Derzeit gehen die folgenden Bilanzpositionen eines Kreditinstituts in die Berechnung der Mindestreservebasis ein, wobei ein positiver Mindestreservesatz auf die folgenden Positionen angewendet wird (EUROPÄISCHE ZENTRALBANK, 2002b, S. 56):[186]

1. täglich fällige Einlagen
2. Einlagen mit vereinbarter Laufzeit von bis zu zwei Jahren
3. Einlagen mit einer vereinbarten Kündigungsfrist von bis zu zwei Jahren

[186] Die derzeit geltenden Mindestreservesätze können von der Europäischen Zentralbank jederzeit mit Wirkung für die nächste Periode gesenkt, ausgesetzt oder erhöht werden (EUROPÄISCHE ZENTRALBANK, 2002b, S. 57).

4. ausgegebene Schuldverschreibungen mit vereinbarter Laufzeit von bis zu zwei Jahren
5. Geldmarktpapiere.

Ein Mindestreservesatz in Höhe von null v.H. findet derzeit bei folgenden Positionen Anwendung:

6. Einlagen mit vereinbarter Laufzeit von über zwei Jahren
7. Einlagen mit vereinbarter Kündigungsfrist von über zwei Jahren
8. Repogeschäfte
9. ausgegebene Schuldverschreibungen mit vereinbarter Laufzeit von über zwei Jahren.

Nach der Anwendung der Mindestreservesätze auf die entsprechenden Bilanzpositionen erhält man nach Aggregation der Positionen das Mindestreserve-Soll. Wegen der mit der Mindestreservepflicht verbundenen Transaktionskosten gewährt die Europäische Zentralbank den Banken von dieser Summe einen Pauschalabzug (EUROPEAN CENTRAL BANK, 2001e, S. 70).

Die korrekte Angabe der mindestreservepflichtigen Bilanzpositionen der Banken unterliegt einer Kontrolle durch die nationalen Zentralbanken als Vertreter der Europäische Zentralbank (EUROPÄISCHE ZENTRALBANK, 2002b, S. 59). Im Fall falscher oder unvollständiger Angaben eines Kreditinstituts bezüglich seiner mindestreservepflichtigen Bilanzpositionen kann die Europäische Zentralbank Strafmaßnahmen gegen das betreffende Institut beschließen.[187]

Für den Fall einer Unterschreitung des Mindestreserve-Solls stehen der Zentralbank verschiedene Instrumente zur Sanktionierung dieser Nichteinhaltung der Mindestreservepflicht zur Verfügung (EUROPÄISCHE ZENTRALBANK, 2002b, S. 59). Zum einen kann die Strafe darin bestehen, dass das betreffende Institut eine Strafzahlung leisten muss. Zum anderen kann die Sanktion darin bestehen, dass die Bank unverzinsliche Einlagen beim Eurosystem halten muss. Bei beiden Varianten nimmt der Umfang der Sanktionen mit dem Ausmaß der Mindestreserveunterschreitung zu.[188]

Neu aus deutscher Sicht ist, dass die Europäische Zentralbank die Mindestreserveguthaben der Banken verzinst, und zwar mit einem Zinssatz, der dem Durchschnitt der mit Kalendertagen gewichteten, relevanten marginalen Hauptrefinanzierungssätze innerhalb der abgelaufenen Mindestreserveperiode entspricht. Ziel dieser neuen Regelung ist es zu gewährleisten, dass die Mindestreservepflicht

[187] Siehe hierzu z.B. Europäische Zentralbank (EUROPÄISCHE ZENTRALBANK, 2002b, S. 59 und die dort angegebenen Quellen).

[188] Zu den einzelnen Details der Sanktionen siehe genauer Europäische Zentralbank (EUROPÄISCHE ZENTRALBANK, 2002b, S. 59).

weder zu einer ineffizienten Allokation von Liquidität führt, noch das Bankensystem im internationalen Wettbewerb beeinträchtigt wird (EUROPEAN CENTRAL BANK, 2001e, S. 70).

11.2.2 Die Entwicklung des Tagesgeldsatzes in der Mindestreserveperiode

Im Mittelpunkt dieses Unterabschnitts steht der Einfluss der Erfüllung der bestehenden Mindestreservepflicht durch die Banken auf die Entwicklung des Tagesgeldsatzes (EONIA). Die Abbildung IV.11.3 zeigt die Entwicklung des EONIAs vom Anfang September 2001 bis Ende März 2002. Die senkrechten Linien grenzen die Mindestreserveerfüllungsperioden ab, die – wie im vorangegangenen Unterabschnitt bereits erwähnt – jeweils am 24. Kalendertag eines Monats beginnen und am 23. Kalendertag des darauffolgenden Monats enden.

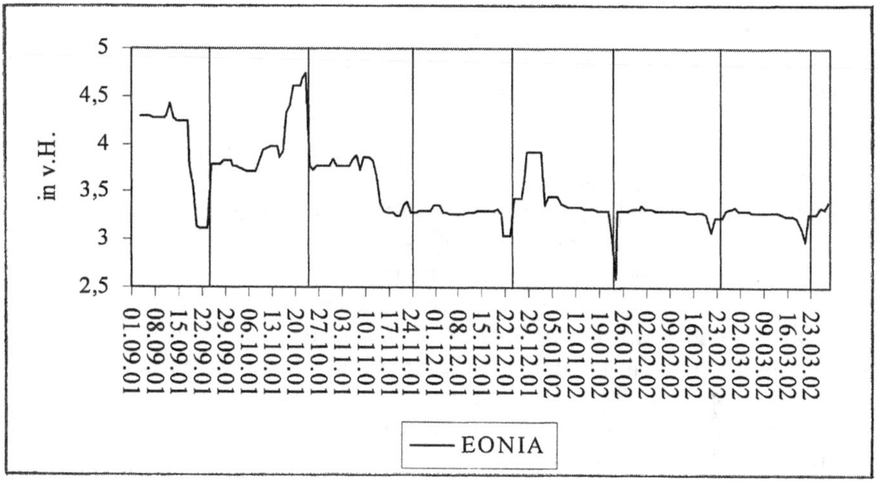

Abb. IV.11.3: Entwicklung des Tagesgeldsatzes innerhalb der Mindestreserveperioden vom September 2001 bis März 2002[189]

Interessant an der Entwicklung des Tagesgeldsatzes in Verbindung mit der Mindestreserveerfüllungsperiode sind die auffälligen Bewegungen des EONIAs zum Ende einer Erfüllungsperiode. Aufgrund der bereits im vorangegangenen Kapitel erläuterten Ausgestaltung der Mindestreservepflicht im Euro-Währungsgebiet

[189] Die zugrunde liegenden Daten findet man als download bei der Deutschen Bundesbank unter http://www.buba.de/stat/zeitreihen/index.htm.

können Banken temporäre Defizite (Überschüsse) ihrer Zentralbankguthaben während der Mindestreserveerfüllungsperiode hinnehmen in der Erwartung, dass diese Defizite (Überschüsse) durch entsprechende Überschüsse (Defizite) innerhalb derselben Periode ausgeglichen werden. Bestehende Defizite oder Überschüsse werden jedoch schwerer ausgleichbar, wenn – entgegen der Erwartung – kein Ausgleich der Zentralbankpositionen der Kreditinstitute durch entprechende Zentralbankgeldbewegungen zum Ende des Erfüllungszeitraums eingetreten sind. Mit sinkender Restlaufzeit einer Mindestreserveperiode sinkt auch die Wahrscheinlichkeit eines Ausgleichs der Defizite bzw. der Überschüsse vor dem Periodenende. Am 23. Kalendertag eines Monats, dem letzten Tag der Periode, weisen die Kreditinstitute in der Regel entweder ein Defizit oder ein Guthaben bei der Zentralbank auf. Banken, die im Durchschnitt in der Mindestreserveperiode zu wenig Reserven bei der Europäischen Zentralbank gehalten haben, müssen entweder versuchen, diese am Geldmarkt unter Banken zu decken oder die Spitzenrefinanzierungsfazilität der Zentralbank in Anspruch nehmen. Als Reaktion auf die gestiegene Nachfrage nach Zentralbankgeld unter Banken wird der EONIA steigen. Haben Institute dagegen einen Überschuss an Guthaben bei der Zentralbank gehalten, dann werden diese Banken entweder versuchen, die überschüssigen Mittel am Geldmarkt unter Banken anzulegen oder die Einlagefazilität in Anspruch zu nehmen. In diesem Fall steigt das Angebot an Zentralbankgeld unter Banken, so dass hier mit einem Sinken des EONIAs zu rechnen ist. Zusammenfassend lässt sich festhalten, dass aus den Mindestreservepositionen der Banken zum Ende der Mindestreserveperiode Wirkungen auf den Tagesgeldsatz ausgehen. Wenn die Institute zum Ende der Mindestreserveperiode Defizite aufweisen und sich daher Liquidität am Markt unter Banken verschaffen müssen, dann wird der EONIA tendenziell steigen. Sind die Banken dagegen während der Mindestreserveperiode vergleichsweise reichlich mit Zentralbankgeld ausgestattet, dann werden sie überschüssige Mittel zum Ende der Periode am Markt unter Banken anlegen wollen, wodurch der EONIA tendenziell sinkt.[190] Diese hier erläuterten Zinsreaktionen des Tagesgeldsatzes auf das Verhalten der Banken findet man in der oben erwähnten Abbildung IV.11.3 wieder. In der Regel weist der EONIA zum Beginn einer neuen Mindestreserveerfüllungsperiode kaum bedeutende Schwankungen auf. Mit sinkender Restlaufzeit wird jedoch – wie oben ausgeführt – ein Defizit oder ein Überschuss an Zentralbankguthaben immer wahrscheinlicher. Als Reaktion hierauf fragen die Banken verstärkt Tagesgelder nach oder bieten welche an. Betrachtet man beispielsweise die Mindestreserveperiode vom 24. September 2001 bis zum 23. Oktober 2001, dann sind zunächst nur geringe

---

[190] Neben dem Steigen des EONIAs in einer Defizitsituation kann man auch einen Anstieg der Inanspruchnahme der Spitzenrefinanzierungsfazilität beobachten, da diese Art der Refinanzierung als Alternative zur Refinanzierung am Markt unter Banken anzusehen ist. Ebenso wird die Einlagefazilität verstärkt in Anspruch genommen, wenn die Banken zum Ende der Mindestreserveerfüllungsperiode Überschussreserven aufweisen (JARCHOW, 2003, S. 398f).

Veränderungen des EONIAs festzustellen. Ab dem 17. Oktober jedoch steigt der EONIA stark. Dieses ist zum Ende der Mindestreserveperiode ein Hinweis auf eine gestiegene Nachfrage nach Tagesgeldern unter Banken und damit auch auf Defizite der Banken bei der Erfüllung ihres Mindestreserve-Solls. Die anschließende Mindestreserveperiode vom 24. Oktober 2001 bis zum 23. November 2001 ist dagegen ein Beispiel für eine Situation, in der die Banken während der Mindestreserveperiode relativ hohe Guthaben bei der Europäischen Zentralbank gehalten haben. Vor dem Ende der Mindestreserveperiode ist hier ein Sinken des EONIAs zu beobachten. Dies deutet darauf hin, dass die Banken ihre Verpflichtungen im Durchschnitt bereits erfüllt haben und nun überschüssige Liquidität am Markt unter Banken anlegen wollen.

12 Geldmarktsätze und Bieterverhalten bei Refinanzierungsgeschäften

In diesem Kapitel wird der Einfluss des Bieterverhaltens bei den Hauptrefinanzierungsgeschäften auf die Entwicklung der Geldmarktzinsen erläutert.[191] Die Haupttender sind – wie bereits erwähnt – die wichtigste Liquiditätsquelle der Banken im Euro-Währungsgebiet. Aus Beobachtungen des Bieterverhaltens können verschiedene Rückschlüsse auf die Bestimmungsgründe der Gebote der Banken bei ihren Geschäften mit dem Eurosystem gezogen werden. Es zeigt sich, dass das Verhalten der Bieter insbesondere durch die Geldmarktsätze für eine alternative Form der Refinanzierung beeinflusst wird (EUROPÄISCHE ZENTRALBANK, 2001b, S. 59). Der Grund hierfür ist, dass die Kreditinstitute neben der Refinanzierung bei dem Eurosystem auch auf dem Geldmarkt unter Banken Liquidität nachfragen können. Ob die Refinanzierung aus Sicht der Banken bei dem Eurosystem oder am Markt unter Banken attraktiver ist, hängt von der Höhe der Zinssätze ab, die für diese beiden laufzeitenkongruenten Geschäfte verlangt werden. Die Zinsdifferenz zwischen dem Leitzins (Mengentendersatz bei einem Mengentender bzw. Mindestbietungssatz bei einem Zinstender) des Eurosystems und einem Satz für eine laufzeitenkongruente Aufnahme von Liquidität am Markt unter Banken muss deshalb das Verhalten der Bieter bei ihrer Gebotsabgabe mitbestimmen. Der folgende Abschnitt 12.1 erläutert das Verhalten der Bieter im Rahmen eines Mengentenders. Im Abschnitt 12.2 wird anschließend auf das Verhalten der Teilnehmer bei den Zinstendergeschäften eingegangen.

12.1 Bieterverhalten bei Mengentendergeschäften

Das gesamte Gebotsaufkommen bei einem Mengentender wurde von Beginn des Jahres 1999 bis zur Suspendierung der Mengentender Mitte Juni 2000 stark durch das Verhältnis der Kosten einer Refinanzierung bei dem Eurosystem im Vergleich

[191] Zum Bieterverhalten im Rahmen der langfristigen Refinanzierungsgeschäfte siehe Europäische Zentralbank (EUROPÄISCHE ZENTRALBANK, 2001b, S. 70f).

zu einer Refinanzierung unter Banken und damit auch durch Zinserwartungen geprägt. Es ist festzustellen, dass das Gebotsaufkommen (besonders) hoch war, wenn der Zinssatz einer alternativen Refinanzierung unter Banken über dem vom Eurosystem geforderten Mengentendersatz war. Im Gegensatz dazu war das Bieteraufkommen gering, wenn der Zinssatz einer Refinanzierung unter Banken unter dem Mengentendersatz lag (EUROPÄISCHE ZENTRALBANK, 2001b, S. 60).

Die Erwartungen der Bieter über den zukünftigen Mengentendersatz haben starken Einfluss auf die Differenz zwischen dem Mengentendersatz und einem Satz für 14-tägige Refinanzierung unter Banken. Dementsprechend führt eine erwartete Leitzinssenkung dazu, dass die kurzfristigen Geldmarktzinsen in der Tendenz unter den Mengentendersatz sinken, bzw. eine erwartete Leitzinserhöhung in der Tendenz zu einem Anstieg der 14-tägigen Zinssätze unter Banken über den Mengentendersatz (EUROPÄISCHE ZENTRALBANK, 2001b, S. 60). Genauer resultiert aus einer Leitzinsänderungserwartung am Markt erstens ein gleichgerichteter Einfluss auf die Höhe der kurzfristigen Geldmarktsätze im Handel unter Banken. Zweitens beeinflussen die Erwartungen bezüglich der zukünftigen Veränderung des Mengentendersatzes die Höhe der Gesamtgebote im Haupttender. Als Beispiel für die Bedeutung der Erwartung einer Leitzinsänderung kann die Unterbietung im Haupttender vom 06. April 1999 angeführt werden. Seit März 1999 sanken die Gebote der Bieter im Haupttender infolge einer andauernden Erwartung sinkender Leitzinsen am Markt. Parallel hierzu sanken erwartungsgemäß die Geldmarktsätze im Handel unter Banken unter den Mengentendersatz. Eine Refinanzierung bei den Banken war somit – gemessen am Leitzins – attraktiver. Diese Erwartung führte letztendlich dazu, dass die Bieter im Haupttender vom 06. April 1999 Gebote über nur insgesamt 67 Mrd. Euro abgaben und somit der Haupttender unterboten wurde. Die daraufhin zugeteilten 67 Mrd. Euro machten nur nahezu 2/3 jener Summe aus, die nach Schätzung der Europäischen Zentralbank zur spannungsfreien Erfüllung der Mindestreservepflicht im Bankensektor nötig gewesen wäre (EUROPÄISCHE ZENTRALBANK, 2001b, S. 65). Offenbar bewirkte die Erwartung eines sinkenden Mengentendersatzes und die daraus resultierenden sinkenden Geldmarktzinssätze, dass eine alternative Form der Refinanzierung den Banken vorteilhafter erschien als die Teilnahme am Haupttender. Sowohl die Anzahl der Bieter, als auch das gesamte Volumen der Gebote sowie der Zinssatz für eine Refinanzierung am Markt unter Banken werden daher spürbar durch vorherrschende Erwartungen der Marktteilnehmer bezüglich des Mengentendersatzes beeinflusst.

Während im März / April des Jahres 1999 die Zinssätze im Handel unter Banken unterhalb des Mengentendersatzes lagen, befanden sie sich seit der Mitte des Jahres 1999 bis Juni 2000 in der Regel über dem Mengentendersatz, da bei den Kreditinstituten in dieser Zeit die Erwartung einer Erhöhung des Mengentendersatzes vorherrschte. Folge dieser Erwartung waren ansteigende Zinssätze am Markt unter Banken. Die Kreditinstitute präferierten in dieser Periode die Refinanzierung bei dem Eurosystem, da diese Art der Refinanzierung – im Gegensatz zu den Zinssätzen im Handel unter Banken – attraktiver war. Begleitet wurde diese Periode von massiven Überbietungen der Haupttender, und zwar aus zwei Gründen. Erstens war die Refinanzierung bei dem Eurosystem attraktiver als eine Refinanzierung durch Geschäfte unter Banken. Da diese Aussage auf alle Institute zutraf, haben auch alle Institute einen Anreiz gehabt, ihre Gebote (übertrieben) hoch abzugeben. Ziel dieser Übertreibungen war es, den eigenen Anteil an dem von der Zentralbank vorhergesehenen Refinanzierungsvolumen in die Höhe zu treiben. Ein zweiter Grund für die massiven Überbietungen kann in dem Wunsch der Banken gesehen werden Arbitragegewinne zu erzielen. Aus Sicht einer einzelnen Bank ist es durch die Abgabe übertrieben hoher Gebote zum einen möglich, den eigenen Refinanzierungsbedarf zu decken. Zum anderen kann überschüssige Liquidität zum höheren Zinssatz am Markt unter Banken angelegt werden. Ihren Ausdruck fanden die massiven Überbietungen in einem stark gestiegenen Gesamtvolumen der Gebote sowie in einer sehr geringen Zuteilungsquote. So wurden am 06. Juni 2000 im Haupttender Gebote über insgesamt 8.491 Mrd. Euro abgegeben. Die Gebote überschritten damit den aus Mindestreserven und aus dem Wirken der autonomen Faktoren zu erwartenden Liquiditätsbedarf der Banken um mehr als das Hundertfache (EUROPÄISCHE ZENTRALBANK, 2001b, S. 60). Der Anreiz zu massiver Übertreibung bei der Abgabe der Gebote war schließlich ausschlaggebend für den Wechsel vom Mengentender hin zum Zinstender (DEUTSCHE BUNDESBANK, 2000c, S. 16).

12.2 Bieterverhalten bei Zinstendergeschäften

Auch im Fall der Zinstendergeschäfte beeinflusst die Zinsdifferenz zwischen dem Zinssatz für eine laufzeitenkongruente Aufnahme von Liquidität am Markt unter Banken und dem Leitzins (genauer dem Mindestbietungssatz) des Eurosystems das Verhalten der Bieter bei ihrer Gebotsabgabe. Nach der Europäischen Zentralbank lässt sich eine positive Korrelation zwischen dem oben genannten Zinsabstand und dem gesamten Bietungsaufkommen feststellen (EUROPÄISCHE ZENTRALBANK, 2001b, S. 66). Genauer steigen das Bietungsaufkommen sowie die Anzahl der Bieter mit steigendem Zinsabstand zwischen dem Zinssatz einer alternativen Refinanzierung unter Banken und dem Mindestbietungssatz. Der Grund für dieses Verhalten der Bieter liegt im alternativen Charakter einer Refinanzierung im Handel unter Banken gegenüber Geschäften mit dem Eurosystem begründet: Zunächst stellt der Mindestbietungssatz die Untergrenze dar, zu der die Europäische Zentralbank bereit ist, Hauptrefinanzierungsgeschäfte mit den Geschäftsbanken durchzuführen. Der im Handel unter Banken geforderte Zinssatz wird für laufzeitgleiche, unbesicherte Geschäfte in der Regel einen Risikoaufschlag enthalten, wodurch die Haupttender des Eurosystems die zinsgünstigste Art der Refinanzierung darstellen dürften. Wenn der Zinsabstand zwischen dem Mindestbietungssatz und einem entsprechenden Zinssatz unter Banken vergleichsweise gering ist, dann fällt der „Vorteil" der Refinanzierung bei dem Eurosystem im Vergleich zu Geschäften unter Banken nur gering aus, zumal eine Besicherung der Refinanzierung notwendig ist. Hierdurch ist zu erklären, dass sich bei einem geringen Zinsabstand nur vergleichsweise wenige Bieter am Haupttender beteiligen und deshalb das Bietungsaufkommen auch gering ist. Ist dagegen der Zinsabstand groß, dann lohnt sich eine Beteiligung an den Haupttendern und die Teilnehmeranzahl sowie das Bietungsaufkommen steigen.[192]

Der Zinsabstand und das Gesamtvolumen der Gebote im Zinstender werden maßgeblich durch die Erwartungen der Bieter bezüglich der zukünftigen Entwicklung des Leitzinses mitbestimmt. Genauer hat die Erwartung der Geschäftsbanken bezüglich der künftigen Entwicklung des Mindestbietungssatzes Einfluss auf folgende vier Zinssätze und Gebote (EUROPÄISCHE ZENTRALBANK, 2001b, S. 63ff):

1. die kurzfristigen Geldmarktsätze mit gleicher Laufzeit (14-Tagegelder),
2. die Veränderungen des marginalen Zuteilungssatzes,
3. das Volumen der Gebote,
4. die Streuung der Höhe der Zinssätze, zu denen Gebote abgegeben werden.

Der Einfluss der Erwartung einer Leitzinsänderung auf diese Zinssätze und Gebote soll im Folgenden näher erläutert werden. Zuerst wird der Einfluss der Erwartungen auf die kurzfristigen Geldmarktsätze und auf Veränderungen des marginalen Zuteilungssatzes behandelt. Danach wird auf das Volumen und auf die Zinsstreuung eingegangen.

ad 1, 2) Wie bereits erwähnt, stellt die Refinanzierung unter Banken aus der Sicht der Kreditinstitute eine Alternative zu der Refinanzierung über die Teilnahme am Haupttender dar. Aus diesem Grund beziehen die Geschäftsbanken die kurzfristigen Geldmarktsätze (mit gleicher Laufzeit, d.h. 14-Tagegelder) im Handel untereinander bei der Entscheidungsfindung über ihre Gebote im Zinstender mit ein. Hieraus folgt eine Abhängigkeit der Kreditinstitute bei der Fixierung ihrer Gebote von der Situation am Geldmarkt unter Banken. Da die Geldmarktsätze im Handel unter Banken (wie erwähnt) durch den zukünftig erwarteten Leitzins beeinflusst werden, muss dieser Einflusskanal auch für den marginalen Zuteilungssatz der Zinstendergeschäfte von Relevanz sein: Die erwartete Entwicklung des Leitzinses bewirkt daher eine gleichgerichtete Entwicklung des erwarteten marginalen Zuteilungssatzes im Zinstender (EUROPÄISCHE ZENTRALBANK, 2001b, S. 63).

---

[192] Empirische Untersuchungen der Europäischen Zentralbank stützen diese Aussage. So konnte von Juni 2000 bis Mai 2001 eine Verkleinerung des Zinsabstands beobachtet werden. Mit dieser Entwicklung ging tendenziell ein Rückgang sowohl der Anzahl der Bieter als auch des Bietungsaufkommens einher (EUROPÄISCHE ZENTRALBANK, 2001b, S. 63, insbesondere S. 66).

ad 3) Das von Banken bei Zinstendergeschäften mit dem Eurosystem nachgefragte Refinanzierungsvolumen wird ebenfalls stark durch erwartete Änderungen des Leitzinses bestimmt. Geht eine Bank von in der Zukunft steigenden Mindestbietungssätzen des Eurosystems aus, dann wird sie sich an den aktuellen Geschäften aktiver beteiligen, da sie sich die aus ihrer Sicht derzeit vergleichsweise günstigen Refinanzierungsbedingungen sichern kann. Die betrachtete Bank wird daher im Zinstender eher höhere Volumina nachfragen und sich somit die Konditionen für die laufende Refinanzierungsperiode sichern. Rechnet die Bank dagegen mit einem sinkenden Leitzins in der Zunkunft, dann wird sie sich mit den gebotenen Volumina eher zurückhalten, da sie ihren Refinanzierungsbedarf – vorausgesetzt ihre Erwartungen erfüllen sich – später günstiger decken kann (EUROPÄISCHE ZENTRALBANK, 2001b, S. 67ff).

ad 4) Im Rahmen der Zinstender müssen die Bieter sowohl Beträge als auch die Zinssätze nennen, zu denen sie eine Refinanzierung bei dem Eurosystem wünschen.[193] Die Abgabe der Gebote wird den Bietern aber von der Europäischen Zentralbank insofern erleichtert, da sie zum einen den Mindestbietungssatz vorgibt und zum anderen zusätzlich eine Liquiditätsprognose veröffentlicht. Trotz dieser Informationen bleiben Unsicherheiten bezüglich der Entwicklung des marginalen Zuteilungssatzes, die sich in der Regel in einer heterogenen Einschätzung des marginalen zukünftigen Zuteilungssatzes durch die Banken äußert, und zwar u.a. aus zwei Gründen. Erstens liegen bei den verschiedenen Bietern heterogene Erwartungen bezüglich des zu erwartenden marginalen Zuteilungssatzes vor, zweitens brauchen sich die Bieter in ihren Geboten nicht auf einen Zinssatz zu beschränken, vielmehr können sie ihre Gebote um den von ihnen erwarteten marginalen Zuteilungssatz streuen (EUROPÄISCHE ZENTRALBANK, 2001b, S. 63f). Eine erwartete Veränderung des Mindestbietungssatzes beeinflusst daher die Streuung der Höhe der Zinssätze, zu denen die Bieter Gebote im Zinstender abgeben. Steigt die Unsicherheit unter den Kreditinstituten über die zukünftige Entwicklung des Mindestbietungssatzes, dann werden auch ihre Gebote eine größere Zinsspanne abdecken. Die Gebote werden also heterogener, wenn sich die Entwicklung des Leitzinses in der Zukunft schwerer einschätzen lässt.

Unter den Kreditinstituten ist die Unsicherheit über die zukünftige Entwicklung des marginalen Zuteilungssatzes tendenziell dann relativ gering, wenn die Zinsdifferenz zwischen dem Mindestbietungssatz und den kurzfristigen Geldmarktsätzen für eine alternative Refinanzierung im Handel unter Banken klein wird oder wenn die Zinssätze im Handel unter

[193] Hierauf wurde bereits im Unterabschnitt 7.1.1 bei den Hauptrefinanzierungsgeschäften eingegangen.

Banken unter den Mindestbietungssatz sinken (EUROPÄISCHE ZENTRALBANK, 2001b, S. 64). Folge dieser Zinsentwicklung ist eine starke Häufung der Gebote um den Mindestbietungssatz. Zu erklären ist dieses Phänomen mit dem Kalkül der Banken: Da die Refinanzierung im Handel untereinander aus ihrer Sicht günstiger oder wenigstens fast genauso teuer wie bei dem Eurosystem ist, besteht kein Anlass, bei einem Haupttender übertrieben hohe Zinsen zu bieten. Aus diesem Grund kann tendenziell eine Konzentration der Gebote zum Mindestbietungssatz festgestellt werden.[194]

Im Gegensatz zu dem oben Ausgeführten ist die Unsicherheit unter den Banken über die zukünftige Entwicklung des marginalen Zuteilungssatzes tendenziell dann relativ groß, wenn die Zinssätze im Handel unter Banken deutlich über den Mindestbietungssatz ansteigen (EUROPÄISCHE ZENTRALBANK, 2001b, S. 64f). Die Variabilität der gebotenen Zinssätze ist dann größer.

Zum Abschluss dieses Abschnitts sollen die Anpassungsvorgänge am Geldmarkt, die aus einer erwarteten Veränderung des Leitzinses resultieren, zusammengefasst werden. Dabei wird zuerst auf eine erwartete Erhöhung des Mindestbietungssatzes eingegangen, anschließend wird der Fall einer erwarteten Senkung des Leitzinses erörtert.

Erwarten die Marktteilnehmer eine Erhöhung des Mindestbietungssatzes in der Zukunft, dann werden sie versuchen, ihren Refinanzierungsbedarf zu den noch geltenden Konditionen zu decken. Die Geschäftsbanken werden im Zinstender tendenziell größere Volumina nachfragen und darüber hinaus auch bereit sein, hierfür vergleichsweise hohe Zinsen zu bieten. Konsequenz dieses Bieterverhaltens sind erstens ein steigendes Bietungsaufkommen, zweitens eine größere Variabilität der gebotenen Zinsen, und drittens wird der marginale Zuteilungssatz wegen der zu erwartenden starken Nachfrage im Tender relativ weit über dem Mindestbietungssatz liegen.

Da Geschäfte unter Banken als Alternative zur Refinanzierung bei dem Eurosystem zu sehen sind, wird am Geldmarkt unter Banken ebenfalls ein starker Anstieg der Nachfrage von Krediten zu beobachten sein. Gleichzeitig werden Banken mit überschüssiger Barreserve eine eher abwartende Haltung bei ihrer Kreditvergabe gegenüber anderen Kreditinstituten einnehmen. Sie wollen sich nicht in einer Phase zu erwartender Zinssteigerungen für 14 Tage an den aus ihrer Sicht zur Zeit noch vergleichsweise geringen Ertragssatz binden. Aus der gestiegenen

[194] Die Europäische Zentralbank bemerkt hierzu: „*Unter solchen Rahmenbedingungen nähert sich ein Zinstender mit einem Mindestbietungssatz dem Mengentender an.*" (EUROPÄISCHE ZENTRALBANK, 2001b, S. 64).

Nachfrage und dem gesunkenen Angebot am Markt für 14-Tagegelder unter Kreditinstituten resultiert ein Anziehen des Zinssatzes bei diesen Geschäften.

Der zweite Fall, eine von den Bietern erwartete Senkung des Mindestbietungssatzes, ist analog zu dem oben erörterten Fall einer Erhöhung zu behandeln. Die Bieter werden mit Zurückhaltung im Zinstender auf die Markterwartung reagieren; es werden sich weniger Bieter beteiligen und die verbliebenen werden sinkende Volumina im laufenden Tender nachfragen. Grund für das Verhalten der Geschäftsbanken ist zum einen die Erwartung, nach der Zinssenkung den Refinanzierungsbedarf günstiger decken zu können. Darüber hinaus versuchen die Banken, zum derzeitigen relativ hohen Zinssatz eine Bindung für 14 Tage zu vermeiden. Folge des Bieterverhaltens sind zum einen eine sinkende Teilnehmeranzahl bei den Tendergeschäften und zum anderen auch ein sinkendes Bietungsaufkommen. Weiter wird – insbesondere bei einer sehr starken erwarteten Zinssenkung – die Variabilität der Höhe der gebotenen Zinsen geringer. Drittens wird im Tender ein marginaler Zinssatz realisiert, der nur geringfügig vom Mindestbietungssatz abweicht. Es ist ebenfalls denkbar, dass der marginale Zuteilungssatz dem Mindestbietungssatz entspricht, wenn die Summe der Gebote geringer oder genau gleich dem von der Europäischen Zentralbank vorhergesehenen Tendervolumen ist.

Neben der Einschränkung der Aktivität bei Zinstendern werden die Kreditinstitute auch ihre Nachfrage nach 14-Tagegelder im Handel untereinander deutlich senken. Anbieter von 14-Tagegeldern mit überschüssigen Barreserven werden ihrerseits das Angebot an Liquidität am Markt steigern, da sie sich die noch günstigen Ertragssätze für 14 Tage sicher wollen. Aus der Verknappung der Nachfrage einerseits und aus der Erhöhung des Angebots andererseits resultiert ein sinkender Zinssatz am Markt für 14-Tagegelder unter Banken.

Im Folgenden soll noch kurz auf die Relevanz der oben beschriebenen Zinsänderungserwartungen für das Geldmarktgeschehen eingegangen werden, wenn die Europäische Zentralbank die Regelungen für die Mindestreserveerfüllungsperiode und die Laufzeit der Hauptrefinanzierungsgeschäfte – wie bereits beschlossen zum I. Quartal 2004 – ändert. Genauer beinhalten die beschlossenen Änderungen zum einen, dass die Laufzeit der weiterhin wöchentlich stattfindenden Hauptrefinanzierungsgeschäfte auf eine Woche verkürzt wird. Durch diese Verkürzung der Hauptrefinanzierungsgeschäfte verhindert die Europäische Zentralbank, dass ein Haupttender der aktuellen Mindestreserveperiode in die folgende Periode überlappt. Zum anderen soll – wie ebenfalls bereits erwähnt – die Mindestreserveerfüllungsperiode flexibilisiert werden. Ab dem I. Quartal soll sie mit der „ ... [in der Regel ersten] *monatlichen geldpolitischen Sitzung des EZB-Rats synchronisiert werden und dementsprechend jeweils am Gutschriftstag des Hauptrefinanzierungsgeschäfts beginnen, das auf die erste EZB-Ratssitzung im Monat folgt.*" (DEUTSCHE BUNDESBANK, 2003b, S. 23). Wie bereits erwähnt, reagiert die Europäische Zentralbank damit auf die Beobachtung, dass Zinsänderungserwartungen der Geschäftsbanken, verbunden mit den Wirkungen der noch bestehenden Haupttender sowie der Mindestreservepflicht, zu übermäßigen, von der Europäischen Zentralbank nicht erwünschten Zinsreaktionen durch Über- und Unterbietungen der Tender am Geldmarkt führen. Die skizzierten Änderungen dienen demnach dazu, die „ ... *Auswirkungen von Zinsänderungserwartungen auf das Bietungsverhalten innerhalb einer Reserveperiode praktisch völlig auszuschalten* ... “ (DEUTSCHE BUNDESBANK, 2003a, S. 143). Greifen die beschlossenen Änderungen, dann sollten die Zinsänderungserwartungen für das Bieterverhalten keine Rolle mehr spielen.

V. Eine empirische Analyse des Tagesgeldsatzes im Euro-Währungsgebiet

In diesem Teil der vorliegenden Arbeit soll die Entwicklung des Tagesgeldsatzes (EONIA) im Euro-Währungsgebiet empirisch untersucht werden. Dabei wird im Folgenden der Frage nachgegangen, ob der Verlauf des EONIAs durch die sogenannte Taylor Rule beschrieben werden kann.

Teil V. der Arbeit ist folgendermaßen gegliedert. Das anschließende Kapitel 13 beschreibt die Taylor Rule und behandelt darüber hinaus Modifikationen der Regel. Außerdem werden eine normative und eine positive Interpretation der Regel vorgestellt; Kritik und Würdigung der Taylor Rule erfolgt ebenfalls in diesem Kapitel. Im Kapitel 14 sollen anschließend die empirischen Schätzungen der Taylor Rule für einige Mitgliedstaaten und für das Euro-Währungsgebiet vorgenommen werden.

13 Taylor Rule

In diesem Kapitel wird im Abschnitt 13.1 die Taylor Rule in ihrer ursprünglichen Fassung erläutert. Es folgen dann im Abschnitt 13.2 einige Modifikationen der Taylor Rule. Anschließend soll die Regel interpretiert werden: Sie kann zum einen im Sinn einer Policy Rule verstanden werden. Diese normative Auslegung der Taylor Rule wird im Abschnitt 13.3 beschrieben. Aus positiver Sicht betrachtet, ist die Taylor Rule als Erklärungsansatz für die tatsächliche Entwicklung des Tagesgeldsatzes zu deuten. Dieser Ansatz wird im Abschnitt 13.4 aufgegriffen. Es folgen abschließend im Abschnitt 13.5 Anmerkungen zu den Stärken und Schwächen der Taylor Rule.

13.1 Die Taylor Rule in ihrer ursprünglichen Fassung

Taylor hat – gestützt auf den Beitrag von Bryant, Hooper und Mann (1993) sowie auf eigene Forschungen – dem Federal Reserve System 1993 eine Regel zur Steuerung der Federal Funds Rate vorgeschlagen (TAYLOR, 1993, S. 200).[195] Diese Regel ist unter dem Namen Taylor Rule bekannt geworden und hat sowohl in der wissenschaftlichen Literatur als auch bei Zentralbanken großes Interesse hervorgerufen. Die Taylor Rule lautet allgemein (TAYLOR, 1999, S. 323):

$$r_t = \pi_t + g \cdot y_t^r + h \cdot \left(\pi_t - \pi^*\right) + r^f \,. \tag{19}$$

---

[195] Das Konzept der „Taylor Rule“ ist nicht auf die US-amerikanischen Verhältnisse beschränkt. Statt der Federal Funds Rate kann auch ein anderer kurzfristiger Zinssatz, der von einer Zentralbank kontrolliert wird, im Mittelpunkt des Interesses stehen. In diesem Sinn erfolgt eine Anwendung der Taylor Rule auf die Verhältnisse im Euro-Währungsgebiet im Kapitel 14.

In Gleichung (19) bezeichnet r_t den sogenannten Taylor-Zins, hier die nominale Federal Funds Rate,[196] π_t die aktuelle Inflationsrate und π^* die konstante Zielinflationsrate der Zentralbank. Die Differenz von aktueller Inflationsrate und Zielinflationsrate wird als Inflationslücke bezeichnet. y_t ist die Output-Lücke und wird berechnet durch:

$$y_t^r = \frac{100 \cdot \left(Y_t^r - Y_t^{*r}\right)}{Y_t^{*r}}. \tag{20}$$

In Gleichung (20) ist Y_t^r das laufende reale Inlandsprodukt und Y_t^{*r} das potentielle reale (Trend-) Inlandsprodukt. Die Koeffizienten g und h sind positive Konstanten und stellen Gewichte dar. Der Term r^f wird als gleichgewichtiger Realzins (hier gleichgewichtige reale Federal Funds Rate) interpretiert. Der gleichgewichtige Realzins wird als jener Realzins verstanden, der sich einstellt, wenn die Wirtschaft sich gemäß ihrer Zielvorgaben bezüglich Inflationsrate und Inlandsprodukt entwickelt.[197] Im folgenden Teil wird (wie bei Taylor) die Annahme getroffen, dass sowohl die gleichgewichtige reale Federal Funds Rate als auch die Zielinflationsrate zwei v.H. betragen mögen. Weiter wird davon ausgegangen, dass die Gewichte g und h die Größe 0,5 annehmen. Man gelangt durch diese Annahme zur Formulierung der ursprünglichen Taylor Rule (TAYLOR, 1993, S. 202):

$$r_t = \pi_t + 0{,}5 \cdot y_t + 0{,}5 \cdot \left(\pi_t - 2\right) + 2\,. \tag{21}$$

Hierbei bezeichnet r_t ebenfalls die nominale Federal Funds Rate, π_t die aktuelle Inflationsrate, gemessen als Durchschnitt des BIP Deflators über die letzten vier Quartale (einschließlich des laufenden). Die Inflationslücke ist dann definiert als die Abweichung der aktuellen Inflationsrate von einem Zielwert (zwei v.H.). Bei der Berechnung der Output-Lücke nach Gleichung (20) wird bezüglich des poten-

---

196 In den USA unterliegen Banken und Finanzdienstleister einer Mindestreservepflicht. Sie müssen einen Teil ihrer Einlagen als unverzinsliche Mindestreserve bei dem Fed System halten. Aufgrund von Veränderungen der Mindestreservebestimmungen und Offenmarktpolitik des Fed Systems sowie durch Transaktionen von Unternehmen und Privaten werden die Einlagen bei Banken und Finanzdienstleistern verändert. Einige dieser Institutionen werden daraufhin überschüssige Mindestreserven haben und deshalb eine Anlage suchen; andere werden dringend Zentralbankguthaben für die Haltung von Mindestreserven benötigen. Es findet aus diesem Grund ein horizontaler Liquiditätsausgleich zwischen diesen Institutionen durch einen Handel mit Guthaben bei dem Fed System statt. Ein solches Geschäft ist sehr kurzfristig, üblicherweise über Nacht. Der Zinssatz, der hierfür verlangt wird, ist die Federal Funds Rate (AKHTAR, 2000, S. 3 und RUCKRIEGEL, 2002, S. 140ff). Siehe hierzu auch den Unterabschnitt 2.1.2.

197 Eine Schätzung von r^f ist problematisch. Taylor nimmt den Wert 2 v.H. für die gleichgewichtige reale Federal Funds Rate an. Weiter bestünde die Möglichkeit, eine Periode in der jüngeren Vergangenheit zu suchen, in der Y^r_t und π_t sich gemäß ihrer Ziele entwickelt haben. Das dann herrschende Realzinsniveau wäre als gleichgewichtiges Niveau zu interpretieren.

tiellen Inlandsprodukts (Y_t^{*r}) von Taylor angenommen, dass dieses im Durchschnitt 2,2 v.H. pro Jahr von 1984.1 bis 1992.3 wächst (TAYLOR, 1993, S. 202 und S. 205). Taylor erhält diesen Schätzer für die Entwicklung des potentiellen Inlandsprodukts aus einer Anpassung einer linearen Trendfunktion an die Entwicklung des tatsächlichen realen Inlandsprodukts.

Die Abbildung V.13.1 zeigt die Entwicklung der tatsächlichen Federal Funds Rate und die Entwicklung der Federal Funds Rate nach der Taylor Rule.

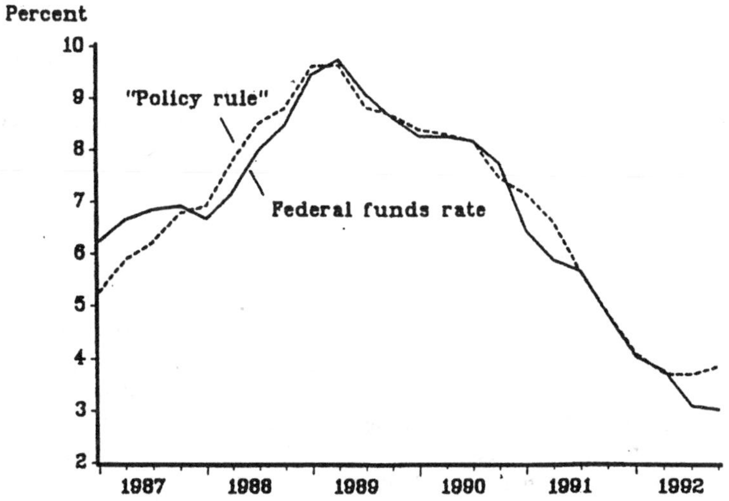

Abb. V.13.1: Entwicklungen von tatsächlicher Federal Funds Rate und der Federal Funds Rate nach der Taylor Rule

Quelle: TAYLOR, 1993, S. 204.

Man erkennt, dass die Taylor Rule nach Gleichung (21) in der Lage ist, den tatsächlichen Verlauf der Federal Funds Rate in den USA für den Zeitraum 1987 bis 1992 nachzubilden. Allerdings wird der Börsencrash von 1987 durch die Taylor Rule nicht erfasst. Die Regel kann die Reaktion des Fed Systems auf diese Entwicklung nicht erfassen.

Zum Ende dieses Abschnitts soll noch auf die Annahmen der ursprünglichen Taylor Rule eingegangen werden. Ausgangspunkt ist die Gleichung (21), d.h. das Modell von Taylor (1993). Zunächst ist festzuhalten, dass alle vier Terme der Taylor Rule von Annahmen abhängig sind. Die ersten zwei Annahmen sind offensichtlich. So nimmt Taylor für die Zielinflationsrate der Zentralbank einen Wert von zwei v.H. an. Diese Annahme geht in die Berechnung der Inflationslücke ein. Weiter trifft er die zweite Annahme, dass die gleichgewichtige reale Federal Funds Rate ebenfalls eine Höhe von zwei v.H. hat. Bei der Berechnung der Output-Lücke nach Gleichung (20) wird das potentielle Inlandsprodukt (Y_t^{*r}) verwendet. Als Schätzer für die Wachstumsrate des potentiellen Inlandsprodukts pro Jahr verwendet Taylor den Wachstumstrend des realen BIP über den Zeitraum von 1984.1 bis 1992.3. Eine vierte Annahme wird in der Gleichung (21) bezüglich der Gewichte der Inflations- und Output-Lücke getroffen. Für beide Komponenten wird ein Gewicht von 0,5 angenommen. Eine weitere Annahme betrifft eher konzeptionelle Fragen. Taylor verwendet sowohl für die Output-Lücke als auch für die Inflationslücke Daten der aktuellen Periode. Diese Annahmen bedeuten, dass das Inlandsprodukt und die aktuelle Inflationsrate ohne Zeitverzögerung für die betrachtete Periode vor deren Ende bekannt sein müssen.[198] Streng genommen wird hier versucht, mit Daten, die noch gar nicht vorliegen können, Aussagen über die Zinsentwicklung zu treffen.

13.2 Abwandlungen der Taylor Rule: Regeln vom Taylor-Typ

Das Interesse an der Taylor Rule hat andere Autoren motiviert, Modifikationen dieser Regel zu entwickeln. Da diese Entwicklungen auf dem Beitrag von Bryant, Hooper und Mann (BRYANT, HOOPER, MANN, 1993) sowie auf Taylor (TAYLOR, 1993) basieren, greifen sie die Idee der Zinssteuerung verbunden mit dem realen Inlandsprodukt und der Inflationsrate als Zielvariablen auf. Aus diesem Grund haben diese neueren Regeln starke Ähnlichkeit mit der ursprünglichen Fassung der Taylor Rule und werden daher als Regeln vom Taylor-Typ bezeichnet.

Die diskutierten Modifikationen stellen zum einen Veränderungen der Zeitindizes, der Gewichte, eine Glättung sowie die Verwendung alternativer Maße für Inflations- und Output-Lücke dar (KOZICKI, 1999, S. 7ff). Zum anderen werden auch Erwartungsgrößen in den Regeln vom Taylor-Typ verwendet (z.B. CLARIDA, GALÍ, GERTLER, 1998). Im Einzelnen lässt sich hierzu Folgendes ausführen.

Die Taylor Rule wurde wegen der Verwendung von Daten, die zum Zeitpunkt der Entscheidung noch gar nicht vorliegen können, kritisiert. So verwendet die ursprüngliche Taylor Rule das reale Inlandsprodukt und die Inflationsrate der aktuellen Periode zur Bestimmung der Federal Funds Rate der gleichen Periode. Wie bereits erwähnt, können derartige Daten des Inlandsprodukts und der Inflationsrate noch gar nicht vorliegen; diese Daten sind nur mit zeitlicher Verzögerung verfügbar. Nach ihrer Erhebung sind sie noch Gegenstand von statistischen Revisionen. Es wird daher vorgeschlagen, die Output- und die Inflations-Lücke der

---

[198] Genauer wird die aktuelle Inflationsrate als Durchschnitt der letzten vier Quartale inklusive des laufenden Quartals errechnet.

Vorperiode zu verwenden. Eng verbunden mit diesem Kritikpunkt ist die Beobachtung, dass die ursprüngliche Taylor Rule ex post gut mit historischen, d.h. statistisch revidierten Daten, harmoniert, während sie unter Verwendung von aktuellen Daten (Real-Time-Data) kaum in der Lage ist, die aktuelle Federal Funds Rate nachzubilden. Zu diesem Befund gelangt Orphanides. Er untersucht die Performance der Taylor Rule im Sinne einer Zentralbank-Reaktionsfunktion, wobei er aktuelle Daten seiner Analyse zugrunde legt. Er vergleicht die Politikimplikationen der Taylor Rule, wenn diese auf der Grundlage von revidierten Daten, d.h. ex post, verwendet wird, mit denjenigen Politikimplikationen der Taylor Rule, wenn diese aktuelle, nicht revidierte Daten zur Grundlage hat. Es zeigt sich, dass sich die Politikempfehlungen der Taylor Rule unter der Verwendung von aktuellen Daten und unter der Verwendung von revidierten Daten stark unterscheiden. Im Falle der Verwendung von revidierten Daten kann die Taylor Rule die aktuelle Federal Funds Rate nachbilden; dieses gelingt im Falle der Verwendung aktueller Daten nicht (ORPHANIDES, 1997, S. 21). Der Wirtschaftspolitiker muss aber sofort auf der Grundlage verfügbarer Daten, nämlich auf der Grundlage von Schätzern, entscheiden; er kann nicht auf revidierte Daten warten. Insofern ist eine Praxisanwendung eher kritisch zu sehen (ORPHANIDES, 1997, S. 3).

Eine weitere diskutierte Modifikation stellt eine Veränderung der Gewichte der Taylor Rule dar. Taylor hat in seinem Beitrag (TAYLOR, 1993) lediglich Annahmen über die Gewichte von Inflations- und Output-Lücke getroffen und diese gleich 0,5 gesetzt. Andere Gewichte sind denkbar, soweit diese in Einklang mit dem jeweiligen gesetzlichen Auftrag der betrachteten Zentralbank zu bringen sind. Man erhält hierdurch einen veränderten Zusammenhang zwischen dem Einfluss von Inflations- und Output-Lücke auf die Federal Funds Rate.

Die dritte Modifikation der Taylor Rule beinhaltet eine Glättung des Zinsverlaufs. Hintergrund dieser Modifikation ist die Beobachtung, dass eine Zentralbank oft die Geldmarktzinssätze in kleinen Schritten an ein Ziel anpasst. Ein Beispiel für die Glättung ist der Beitrag von Judd und Rudebusch (JUDD, RUDEBUSCH, 1998). Judd und Rudebusch schätzen Reaktionsfunktionen des Federal Reserve Bank Systems von 1970 bis 1997 ökonometrisch, wobei sie den Zeithorizont nach den Amtsperioden verschiedener Chairmen des Board of Governors differenzieren. Sie gehen von folgendem Modell aus (JUDD, RUDEBUSCH, 1998, S. 6f):

$$r_t^* = r^f + \pi_t + \lambda_1(\pi_t - \pi^*) + \lambda_2 \cdot y_t + \lambda_3 \cdot y_{t-1}. \tag{22}$$

Diese Gleichung (22) entspricht der ursprünglichen Taylor Rule (21) erweitert um den letzten Term. Neu an dieser Formulierung ist also, dass die aktuelle nominale Federal Funds Rate zusätzlich von der Output-Lücke der Vorperiode abhängig ist. Neu ist ebenfalls, dass die Variable (r_t^*) durch graduelle Zinsschritte erreicht werden soll. Um die Zinsglättung zu modellieren, gehen die Autoren weiter von einem Fehlerkorrekturansatz aus. Sie modellieren den Zinsanpassungsprozess wie folgt:

$$\Delta r_t = \gamma \cdot \left(r_t^* - r_{t-1}\right) + \rho \cdot \Delta r_{t-1}. \qquad \rho, \gamma > 0 \tag{23}$$

Man erhält einen Ansatz, bei dem die Veränderung der Federal Funds Rate der aktuellen Periode so gewählt wird, dass diese erstens die Differenz zwischen dem anzustrebenden Wert der Federal Funds Rate der aktuellen Periode und demjenigen der Vorperiode kompensiert und zweitens ein Resteinfluss aus der Veränderung der Vorperiode beachtet wird.[199]

Als weitere Modifikation der Taylor Rule sollen verschiedene Messkonzepte für die Inflationslücke und die Output-Lücke erläutert werden. Wie bereits erwähnt, hatte Taylor die Inflationslücke in seinem Beitrag (TAYLOR, 1993) unter Verwendung einer Zielinflationsrate der Zentralbank in Höhe von zwei v.H. sowie einer Inflationsrate als Durchschnittswert formuliert (TAYLOR, 1993, S. 202). Wie ebenfalls bereits ausgeführt, wird die Inflationsrate gemessen als Durchschnitt des BIP-Deflators der letzten vier Quartale einschließlich des laufenden. Weiter hatte er (wie schon erwähnt) als Schätzer der Output-Lücke ein durchschnittliches Wachstum des Produktionspotentials von 2,2 v.H. pro Jahr angenommen. Er erhielt diese Wachstumsrate als Trend der Entwicklung des realen BIPs vom ersten Quartal des Jahres 1984 bis zum dritten Quartal des Jahres 1992 für die USA (TAYLOR, 1993, S. 205). Dieses Vorgehen Taylors stellt eine Möglichkeit zur Schätzung der relevanten Größen dar. Nach Kozicki werden als Alternativen zu Taylors Ansatz die Verwendung des CPIs oder des Core-CPIs als Inflationsmaß genannt (KOZICKI, 1999, S. 8f).[200] Auch die Ermittlung des Wachstumstrends des potentiellen Inlandsprodukts lässt sich alternativ gestalten. So kann man verschiedene Trendstrukturen an die Entwicklung des realen BIPs anpassen. Gerade die Schätzung des potentiellen Inlandsprodukts im Rahmen der Output-Lücke sowie die Ermittlung der gleichgewichtigen realen Federal Funds Rate ist umstritten und damit eine Schwäche der Taylor Rule. Nach McCallum gibt es derzeit kein Konzept zur Messung des potentiellen Inlandsprodukts, das von einer Mehrzahl der Wissenschaftler akzeptiert würde (MCCALLUM, 1999, S. 1503f).

---

[199] In einem einfacheren Ansatz kann man die Taylor Rule um den Wert der Federal Funds Rate der Vorperiode erweitern. Man erhält dann einen Ausdruck für die Änderungsrate des Zinses aus:

$$\Delta r_t = r^f + \pi_t + g \cdot \left(\pi_t - \pi^*\right) + h \cdot (y_t) + k \cdot r_{t-1}.$$

Hierbei sind g und h positive Gewichte, k ein negatives Gewicht (KOZICKI, 1999, S. 8).

[200] Der CPI (Consumer Prices Index) misst die prozentuale Veränderung des Preises eines Warenkorbs über die letzten vier Quartale. Der Core-CPI betrachtet denselben Index, allerdings ohne Energie und Lebensmittel.

Neben den bisher erwähnten Veränderungen der original Taylor Rule werden auch –wie oben erwähnt – Erwartungsgrößen in den Regeln vom Taylor-Typ verwendet.[201] Der folgende Teil soll daher auf die Verwendung von Erwartungsgrößen in den Regeln vom Taylor-Typ eingehen und einige Beispiel hierfür anführen:

Als erstes Beispiel für die Verwendung von Erwartungsgrößen in Regeln vom Taylor-Typ soll eine Formulierung von Jarchow dienen, die – wie noch zu zeigen ist – prinzipiell mit den in Fußnote 201 erwähnten Formulierungen anderer Autoren übereinstimmt (JARCHOW, 2003, S. 348):

$$r_t = r^f + \pi^* + h\left(\pi^{erw} - \pi^*\right) + g\, y_t^r \,. \tag{24}$$

In Gleichung (24) bezeichnet r_t einen von der Zentralbank beeinflussbaren nominalen kurzfristigen (Geldmarkt-) Zinssatz, r^f das langfristige reale Gleichgewichtsniveau dieses kurzfristigen Zinses, π^* das Inflationsziel der Zentralbank und π^{erw} die erwartete Inflationsrate sowie y^r_t die Produktionslücke. h und g sind die Gewichte vor der Inflations- bzw. vor der Produktionslücke.

Im Unterschied zu der allgemeinen Formulierung der Taylor Rule nach Gleichung (19) wurden in der Regel vom Taylor-Typ nach Gleichung (24) zwei – im Folgenden zu erörternde – Veränderungen vorgenommen.[202]

Nimmt man erstens an, dass sich die betrachtete Volkswirtschaft gemäß der Zielvorgaben entwickelt, d.h. ist $y^r_t = 0$ und $\pi^{erw} = \pi^*$, dann wird der kurzfristige Taylor-Zinssatz nach Gleichung (24) auf dem langfristigen Niveau des nominalen Gleichgewichtszinses festgesetzt. Während bei der ursprünglichen Taylor Rule nach Gleichung (19) die aktuelle Inflationsrate zum langfristigen Niveau des gleichgewichtigen Realzinses addiert wird, um somit das langfristige Niveau des nominalen Gleichgewichtszinses bestimmen zu können, wird hierzu im Fall der erwartungsmodifizierten Regel vom Taylor-Typ nach Gleichnung (24) die Zielinflationsrate zum langfristigen Niveau des gleichgewichtigen Realzinses addiert. Diese Modifikation erscheint gerechtfertigt, ist doch der gleichgewichtige Zins definiert als jener Zins, der sich einstellt, wenn die Wirtschaft sich gemäß ihrer Zielpfade für Inflationsrate und Inlandsprodukt entwickelt.

Zweitens geht nach Gleichung (24) in die Ermittlung der Inflationslücke die erwartete Inflationsrate statt der aktuellen Inflationsrate ein. Diese Veränderung

---

[201] Siehe hierzu z.B. folgende Beiträge (CLARIDA, GALÍ, GERTLER, 1998, S. 1036f, EUROPÄISCHE ZENTRALBANK, 2001a, S. 46, GÖRGENS, RUCKRIEGEL, SEITZ, 2001, S. 229).

[202] Daneben ist ein weiterer Unterschied erwähnenswert: Während sich die Taylor Rule nach Gleichung (19) explizit auf US-amerikanische Verhältnisse bezieht und die Entwicklung der Federal Funds Rate betrachtet, ist in Gleichung (24) die Darstellung auch auf andere Länder verallgemeinert. In diesem Sinn wird in Gleichung (24) die Entwicklung eines kurzfristigen, von einer Zentralbank steuerbaren Nominalzinses untersucht.

erscheint plausibel, weil der Effekt der Geldpolitik auf die Inflationsrate nur verzögert sichtbar wird und deshalb die aktuelle Inflationsrate im Entscheidungszeitpunkt noch gar nicht vorliegen kann. Hierauf wurde bereits oben hingewiesen. Aus diesem Grund wird auf die erwartete Inflationsrate statt auf die aktuelle zurückgegriffen. Diese Modifikationen sind erheblich realitätsnäher als die ursprüngliche Fassung der Taylor Rule (CLARIDA, GALÍ, GERTLER, 1998, S. 1038).

Görgens, Ruckriegel und Seitz formulieren ihre Regel vom Taylor-Typ wie folgt (GÖRGENS, RUCKRIEGEL, SEITZ, 2001, S. 229):

$$r_t = r^f + \pi^{erw} + h\left(\pi^{erw} - \pi^*\right) + g\, y_t^r . \qquad (25)$$

Auch diese Formulierung der Taylor Rule entspricht prinzipiell der Formulierung Jarchows. Im Unterschied zu der oben erwähnten Fassung von Jarchow setzt sich der gleichgewichtige Nominalzins bei Görgens, Ruckriegel und Seitz aus dem gleichgewichtigen Realzins und aus der erwarteten Inflationsrate zusammen.

Als drittes und letztes Beispiel soll noch die Formulierung einer erwartungsmodifizierten Regel vom Taylor-Typ nach Clarida, Galí und Gertler erwähnt werden (CLARIDA, GALÍ, GERTLER, 1998, S. 1037):

$$r_t = r^{nom} + h\left(E\left[\pi_{t+n} | \Omega_t\right] - \pi_t^*\right) + g\left(E\left[y_t | \Omega_t\right] - y_t^*\right). \qquad (26)$$

Auch diese Formulierung entspricht der bereits erläuterten Version von Jarchow. In Gleichung (26) bezeichnen r^{nom} den gleichgewichtigen Nominalzins, E einen Erwartungsoperator, π_{t+n} die Inflationsrate zwischen den Perioden t und t+n sowie Ω_t die zum Zeitpunkt t verfügbaren Informationen bezüglich der zukünftigen Entwicklung der Inflationsrate sowie des Inlandsprodukts. In der Formulierung nach Clarida, Galí und Gertler stellt der Erwartungswert $E(\pi_{t+n}|\Omega_t)$ eine Prognose der zukünftigen Inflationsrate dar. Weil Zentralbanken bei ihrer Geldpolitik verzögerte Wirkungen ihrer Maßnahmen auf das Preisniveau beachten sollten, wird auf Basis der in der Periode t verfügbaren Informationen ein Erwartungswert bezüglich jener Inflationsrate gebildet, die sich nach Abschluss der Wirkungsverzögerungen in der Periode t+n einstellt. Der Prognosehorizont n wird dabei so gewählt, dass er jenem Zeitraum entspricht, der zwischen einer geldpolitischen Maßnahme und ihrer Wirkung auf die Inflationsrate entspricht. $E(y_t|\Omega_t)$ stellt den Erwartungswert des realen Inlandsprodukts und y_t^* das reale Produktionspotential dar. Genauer ist die Darstellung von Jarchow eine Vereinfachung der Gleichung (26), wobei Jarchow den ersten Erwartungsterm durch π^{erw} und den zweiten durch die einfache Produktionslücke ausdrückt.

13.3 Normative Interpretation der Taylor Rule: Eine Policy Rule

In diesem Abschnitt soll eine normative Interpretation der Taylor Rule beschrieben werden, da Taylor selbst seine Regel sowohl dem Fed System als auch der Europäischen Zentralbank als Handlungsregel vorgeschlagen hat (TAYLOR, 1998, S. 58). Im Zentrum dieses Abschnitts steht daher die Taylor Rule als von einer Zentralbank zu verfolgenden Policy Rule. Die Taylor Rule sollte aber nicht – so Taylor – unbedingt in jeder Situation gleichsam „mechanisch" angewendet werden.[203] Es gibt Situationen, auf die die Regel nur unzureichend reagiert, wie beispielsweise den erwähnten Börsencrash in den USA von 1987. In solchen Situationen muss die Zentralbank diskretionär eingreifen.[204]

Nach diesen Vorbemerkungen zur Interpretation der Taylor Rule als zu befolgende Handlungsregel einer Zentralbank soll zuerst im Unterabschnitt 13.3.1 auf die ursprüngliche Taylor Rule eingegangen und das Verhalten des Taylor-Zinses in Abhängigkeit von Gleichung (21) erläutert werden. Danach werden im Unterabschnitt 13.3.2 die geldpolitischen Implikationen einer zu befolgenden Regel vom Taylor-Typ dargestellt.

13.3.1 Normative Interpretation der ursprünglichen Taylor Rule

Die Taylor Rule in ihrer ursprünglichen Fassung setzt sich – wie bereits aus Gleichung (21) bekannt ist – aus vier Termen zusammen. Dieses sind die aktuelle Inflationsrate, die Inflationslücke, die Output-Lücke und die gleichgewichtige reale Federal Funds Rate. Da auf diese Terme im folgenden Teil wiederholt zurückgegriffen wird, soll die ursprüngliche Taylor Rule hier nochmals angeführt werden. Sie lautet nach Gleichung (21):

$$r_t = \pi_t + 0{,}5 \cdot y_t + 0{,}5 \cdot (\pi_t - 2) + 2. \tag{27}$$

In Gleichung (21) ergeben die aktuelle Inflationsrate und der Schätzer der gleichgewichtigen realen Federal Funds Rate, der für Vollbeschäftigung und Realisierung des Inflationsziels ermittelt wird, zusammen einen Orientierungswert für die nominale gleichgewichtige Federal Funds Rate (KOZICKI, 1999, S. 6). Dieser Orientierungswert für die nominale gleichgewichtige Federal Funds Rate wird als nominaler Gleichgewichtszins interpretiert. In Abhängigkeit der konjunkturellen Entwicklung des Outputs bzw. der Entwicklung der Inflation wird dann der nach der Taylor Rule ermittelte Taylor-Zins einen Auf- oder Abschlag von diesem nominalen Gleichgewichtszins enthalten. Unter den von Taylor (1993) getroffenen

[203] Taylor schreibt hierzu: *"The rule is not meant to be followed mechanically but rather to be used as a guideline. The recommended responses are approximate, and occasional deviations from the rule, such as during the 1987 stock market crisis, are appropiate."* (TAYLOR, 1998, S. 25).

[204] Vergleiche hierzu die Abbildung V.13.1.

Annahmen ergibt sich ein nominaler Gleichgewichtszins von vier bzw. real von zwei v.H. (TAYLOR, 1993, S. 202).[205]

Die Inflationslücke beschreibt die Abweichung der aktuellen Preissteigerungsrate von derjenigen Rate, die von den Trägern der Geldpolitik als Ziel angesetzt worden ist. Wie aus Gleichung (21) weiter hervorgeht, soll nach der Taylor Rule der Taylor-Zins über den nominalen Gleichgewichtszins steigen, wenn c.p. die tatsächliche Inflationsrate ihren Zielwert von zwei v.H. übersteigt. Zu genaueren Aussagen gelangt man, wenn die Taylor Rule in Form von Gleichung (19) mit h, g = 0,5 verwendet und dabei wie folgt interpretiert wird:

$$r_t = (r^f - 0{,}5 \cdot \pi^*) + 0{,}5 \cdot y_t + 1{,}5 \cdot \pi_t \qquad (27)$$

Mit einem Koeffizient vor der aktuellen Inflationsrate in Höhe von 1,5 kann die Geldpolitik bei der Anwendung der ursprünglichen Taylor Rule wie folgt beschrieben werden. Eine positive (negative) Abweichung der aktuellen Inflationsrate von ihrem Zielwert in Höhe von einem Prozentpunkt, d.h. eine Inflationslücke in Höhe von 1 v.H., bewirkt c.p. eine Steigerung (Senkung) des Taylor-Zinses in Höhe von 1,5 v.H. Bei der Wahl der Koeffizienten ist man insofern eingeschränkt, als man bedenken muss, dass nur ein Koeffizient von größer gleich eins vor der aktuellen Inflationsrate in Gleichung (27) sinnvoll ist. Im Fall einer positiven Inflationslücke in Höhe von 1 v.H. führt ein Koeffizient kleiner eins zu einer unterproportionalen Erhöhung des nominalen Taylor-Zinses, d.h. zu einer Senkung des realen Taylor-Zinses. Dieses wäre in Anbetracht einer zu hohen Inflationsrate aber nicht die angemessene Reaktion des realen Taylor-Zinses. Im Fall einer negativen Inflationslücke in Höhe von 1 v.H. führt ein Koeffizient kleiner eins dagegen zu einer unterproportionalen Senkung des nominalen Taylor-Zinses, d.h. zu einer Erhöhung des realen Taylor-Zinses. Auch diese Reaktion des realen Taylor-Zinses wäre nicht angemessen.[206] Die Berücksichtigung der Inflationslücke in der Taylor Rule erlaubt es, den kurzfristigen Geldmarktzins im Hinblick auf das langfristige Ziel der Preisniveaustabilität zu steuern.

Die Output-Lücke misst die Abweichung des aktuellen Inlandsprodukts vom potentiellen. Ebenso wie bei der Inflationslücke reagiert auch der Taylor-Zins auf Veränderungen der Output-Lücke. In einer Boomphase wird er über den nominalen Gleichgewichtszins steigen, wenn c.p. die Wachstumsrate des realen Inlandsprodukts höher als die Trendwachstumsrate ist. In einer Rezession ist das aktuelle Inlandsprodukt kleiner als das potentielle; c.p. sinkt der Taylor-Zins. Genauer führt c.p. eine positive (negative) Produktionslücke in Höhe von einem Prozent-

---

[205] Bewegen sich das reale Inlandsprodukt und die Inflationsrate auf ihren Zielpfaden, d.h. $y_t = 0$ und $\pi_t = 2$, dann erhält man nach Gleichung (21) für den nominalen Gleichgewichtszins (r_t): 2 + 2 = 4.

[206] Zur Diskussion des Koeffizienten siehe auch Poole (POOLE, 1999, S. 9).

punkt zu einer Steigerung (Senkung) des Taylor-Zinses um ein halbes Prozent. Mit der Output-Lücke wird auch ein stabilitätspolitisches Konzept verfolgt. Eine Orientierung des Taylor-Zinses an der Entwicklung des Outputs soll eine eher kurzfristige Gegenbewegung des Zinses zu der konjunkturellen Entwicklung ermöglichen. Hierdurch wird das eher kurzfristige Ziel der Stabilisierung des Inlandsprodukts verfolgt. Die beiden angeführten Ziele, nämlich Stabilisierung des Preisniveaus durch die Inflationslücke und Stabilisierung des Inlandsprodukts durch die Output-Lücke, stehen durch die in Gleichung (21) eingeführten Gewichte g und h notwendigerweise in einem Zusammenhang zu einander. Dieser Zusammenhang wird deutlich, wenn man die Taylor Rule als Reaktionsfunktion einer Zentralbank interpretiert. Dann geben die Gewichte g und h die Präferenzen der Zentralbank für die Verfolgung der beiden angesprochenen Ziele an.

Zusammengefasst kann die Geldpolitik nach der ursprünglichen Taylor Rule wie folgt charakterisiert werden: Befindet sich die Wirtschaft auf ihren Zielpfaden, d.h. existieren weder eine Inflations- noch eine Produktionslücke, dann sollte der Taylor-Zins auf dem Niveau des nominalen Gleichgewichtszinses, d.h. auf dem Niveau von aktueller Inflationsrate (die dann dem Zielwert entspricht), und dem Schätzer der gleichgewichtigen realen Federal Funds Rate fixiert werden. In einer Boomphase werden jedoch tendenziell Inflationsrate und reales Inlandsprodukt von ihren Zielpfaden nach oben abweichen. Sowohl eine Erhöhung der aktuellen Inflationsrate über ihrem Zielwert als auch ein Anwachsen des tatsächlichen realen Inlandsprodukts über dessen Potential führen zu einem über dem nominalen Gleichgewichtszins liegenden Taylor-Zins. In einer Rezession hingegen ist eher mit einem Unterschreiten der Zielwerte durch die aktuelle Inflationsrate sowie durch das reale Inlandsprodukt zu rechnen. In diesem Fall wird ein Taylor-Zins realisiert, der unterhalb des nominalen Gleichgewichtszinses liegt.

13.3.2 Normative Interpretation einer Policy Rule vom Taylor-Typ

Wie bereits im Abschnitt 13.2 deutlich geworden ist, gibt es eine Vielzahl von möglichen Varianten der Taylor Rule. Da nicht alle diese Regeln vom Taylor-Typ dargestellt werden konnten, beschränkt sich der Verfasser auf die Interpretation einer erwartungsmodifizierten Regel vom Taylor-Typ. Als Beispiel hierfür soll die bereits erwähnte Formulierung von Jarchow nach Gleichung (24) dienen, die ebenfalls zur Vereinfachung für den Leser hier wiederholt wird:

$$r_t = r^f + \pi^* + h\left(\pi^{erw} - \pi^*\right) + g\,y^r .$$

Wie bereits im Abschnitt 13.2 ausgeführt worden ist, besteht diese erwartungsmodifizierte Regel vom Taylor-Typ aus den schon bekannten folgenden vier Komponenten: erstens aus dem langfristigen Gleichgewichtsniveau des kurzfristigen Realzinses (r^f), zweitens aus dem Inflationsziel (π^*), drittens aus der erwartungsmodifizierten Inflationslücke (π^{erw}-π^{*}) sowie viertens aus der Produktionslücke (y^r).

Bewegt sich die Volkswirtschaft auf ihren Zielpfaden für die Inflationsrate und für das Inlandsprodukt, dann ergibt sich – wie bereits erwähnt – nach Gleichung (24) ein Taylor-Zins in Höhe des nominalen Gleichgewichtswerts des kurzfristigen Realzinses.[207] Befindet sich die betrachtete Volkswirtschaft dagegen nicht auf ihrem Zielpfad bezüglich des Outputs sowie der erwarteten Inflationsrate, dann enthält dieser Taylor-Zinssatz einen Auf- oder Abschlag von diesem nominalen Gleichgewichtszins. Welche Handlungsempfehlungen die hier verwendete Regel vom Taylor-Typ bei einer Abweichung der erwarteten Inflationsrate bzw. des Inlandsprodukts von den Zielwerten impliziert, wird bei Betrachtung des realen Taylor-Zinssatzes deutlich. Durch Subtraktion der erwarteten Inflationsrate erhält man aus Gleichung (24) (JARCHOW, 2003, S. 349):

$$\begin{aligned} r_t - \pi^{erw} &= r^f + \pi^* - \pi^{erw} + h\left(\pi^{erw} - \pi^*\right) + g\,y^r \\ r_t - \pi^{erw} &= r^f + (h-1)\cdot\left(\pi^{erw} - \pi^*\right) + g\,y^r . \end{aligned} \qquad (28)$$

Nach Gleichung (28) setzt sich der reale Taylor-Zins aus dem langfristigen Gleichgewichtsniveau des kurzfristigen Realzinses sowie aus der Produktions- und der Inflationslücke zusammen. Die Inflationslücke ist mit dem Faktor (h-1) gewichtet; die Produktionslücke dagegen mit dem Faktor g.

Steigt c.p. im Zuge einer Boomphase die erwartete Inflationsrate über die Zielinflationsrate, dann muss die Zentralbank kontraktiv tätig werden. Damit sich nach der oben diskutierten Regel ein kontraktiver Einfluss der Geldpolitik ergibt, muss der reale Taylor-Zins ($r_t - \pi^{erw}$) über den langfristigen Gleichgewichtswert des kurzfristigen Realzinses (r^f) steigen, d.h. der kurzfristige reale Zins muss größer als sein langfristiges reales Gleichgewichtsniveau sein. Hierzu ist ein Gewicht h größer als eins nötig. Wenn das Inlandsprodukt c.p. in einer Boomphase über seinem Zielwert liegt, gilt ($y^r > 0$). In diesem Fall ergibt sich nach Gleichung (26) wieder ein Aufschlag auf den langfristig realen Gleichgewichtszins. Genauer will die Zentralbank auch in dieser Situation kontraktiv tätig werden. Hierzu ist bei Anwendung der Regel ein realer Taylor-Zins nötig, der wieder über dem Niveau des langfristigen Gleichgewichtswerts des kurzfristigen Realzinses liegt. Auch in dieser Situation muss der kurzfristige reale Zins sein langfristiges reales Gleichgewichtsniveau übersteigen, was durch ein Gewicht g größer null erreicht wird.[208]

[207] Auch der nach einer Regel vom Taylor-Typ ermittelte Zins wird als Taylor-Zins bezeichnet.

[208] Eine Rezession ist durch Abweichungen der erwarteten Inflationsrate sowie des Inlandsprodukts von ihren Zielen nach unten gekennzeichnet, d.h. es gilt ($\pi^{erw} < \pi^*$) bzw. ($y^r < 0$). In beiden Fällen will die Zentralbank mittels der Regel expansiv tätig werden. Damit der reale Taylor-Zins unter das Niveau des langfristigen Gleichgewichtwerts des kurzfristigen Realzinses sinken kann, muss im ersten Fall h > 1 und im zweiten Fall g > 0 sein.

Zusammenfassend lässt sich festhalten, dass die Geldpolitik einer zu befolgenden erwartungsmodifizierten Regel vom Taylor-Typ analog zu jener Geldpolitik bei Befolgung der ursprünglichen Taylor Rule zu interpretieren ist. Im Unterschied zu letzterer Regel wird bei der erwartungsmodifizierten Variante jedoch auf die erwartete Inflastionsrate statt auf die aktuelle abgestellt.

13.4 Positive Interpretation der Taylor Rule: Erklärungsansatz für die tatsächliche Entwicklung des Tagesgeldsatzes

In diesem Abschnitt steht die Taylor Rule als Erklärungsansatz für die tatsächliche Entwicklung eines Tagesgeldsatzes im Mittelpunkt. Beispiele für entsprechende empirische Untersuchungen sind z.B. die Studien von Taylor (TAYLOR, 1993) für die USA, der Bundesbank (DEUTSCHE BUNDESBANK, 1999) für die Bundesrepublik Deutschland sowie von Gerlach und Schnabel (GERLACH, SCHNABEL, 2000) für das Euro-Währungsgebiet. Es zeigt sich, dass in allen Studien die Taylor Rule in der Lage ist, den jeweiligen Tagesgeldsatz nachzubilden.

Der folgende Teil soll ausgewählte Ergebnisse der oben genannten Studien verdeutlichen. Auf Taylors Studie von 1993 wurde bereits im Abschnitt 13.1 eingegangen; es wird deshalb hier auf eine Wiederholung verzichtet.[209]

Die Bundesbank kommt in ihrem Aufsatz ebenfalls zu dem Schluss, dass sich der Geldmarktsatz für Tagesgeld in Frankfurt durch eine auf Deutschland übertragene, ursprüngliche Taylor Rule über große Zeiträume hinweg gut nachbilden lässt (DEUTSCHE BUNDESBANK, 1999, S. 51f).[210]

Gerlach und Schnabel analysieren schließlich das Verhalten der Taylor Rule in einem synthetischen Geldmarkt[211] vor der Aufnahme der geldpolitischen Verantwortung durch die Europäische Zentralbank. Die Autoren zeigen, dass sich die Zinsen eines synthetischen Geldmarkts des späteren Euro-Währungsgebiets für

---

[209] In Taylors Studie konnte mit der Taylor Rule der Verlauf der tatsächlichen Federal Funds Rate von 1987 bis 1992 gut nachgebildet werden. Genauer siehe hierzu die Abbildung V.13.1. Sie zeigt die tatsächliche Federal Funds Rate und den nach der ursprünglichen Taylor Rule ermittelten Taylor-Zins.

[210] Zu näheren Angaben über die Inflations- und Outputlücke, den langfristigen Gleichgewichtszins sowie über das Inflationsziel siehe Deutsche Bundesbank (DEUTSCHE BUNDESBANK, 1999, S. 51f).

[211] Die Autoren analysieren von 1990 bis 1998 den Geldmarkt des späteren Euro-Währungsgebiets. Hierzu müssen die damals noch nationalen Daten von Geldmarktzinsen usw. zu einer Größe des (späteren) Euro-Währungsraums aggregiert werden, da der Euro-Währungsraum erst seit Anfang Januar 1999 existiert. Aus der Aggregation nationaler Geldmarktzinsen zu einer Größe des (späteren) Euro-Währungsgebiets erhalten die Autoren einen „synthetischen" Geldmarkt für die Zeit vor 1999.

den Zeitraum von 1990 bis 1998 (mit Ausnahme der Wechselkursturbulenzen[212] von 1992/93) durch die Taylor Rule beschreiben lassen (GERLACH, SCHNABEL, 2000, S. 167f). Da Taylor selbst – wie bereits erwähnt – seine Regel der Europäischen Zentralbank als Indikator (Benchmark) der Geldpolitik vorgeschlagen hat (TAYLOR, 1998, S. 58), folgern Gerlach und Schnabel, dass die Anwendung der Taylor Rule als Indikator für die Geldpolitik der Europäischen Zentralbank zu Zinsen führt, die genauso mit der Output-Lücke und der Inflation korreliert sind, wie dies in der Vergangenheit der Fall war (GERLACH, SCHNABEL, 2000, S. 170). Die Taylor Rule bringt dann Kontinuität in die Geldpolitik der Europäischen Zentralbank.

13.5 Kritik und Würdigung der Taylor Rule

Ziel dieses Abschnitts ist es, zum einen Kritikpunkte an der Taylor Rule aufzuzeigen. Da einige dieser kritischen Aspekte bereits in vorangegangenen Abschnitten erwähnt worden sind, wird auf sie an dieser Stelle nur kurz eingegangen. Zusätzliche, bisher noch nicht erwähnte Kritikpunkte, werden demgegenüber ausführlich diskutiert. Zum anderen soll dieser Abschnitt neben der Kritik aber auch die Anwendung der Taylor Rule in der Praxis verdeutlichen. Zunächst werden die Kritikpunkte dargestellt, anschließend werden dann die Anwendungen der Taylor Rule erörtert.

Kritisch in Verbindung mit der Taylor Rule sind insbesondere folgende Aspekte zu sehen. Sowohl aus normativer wie aus positiver Sicht ergeben sich Probleme erstens bei der Schätzung der benötigten Größen sowie bei der Festlegung der Gewichte, zweitens auf Grund der Tatsache, dass die benötigten Daten nur mit zeitlicher Verzögerung verfügbar sind, und drittens bei der Beschränkung auf Inflations- und Outputlücke als Basis für die Durchführung der Geldpolitik. Aus rein normativer Sicht lässt sich weiter kritisch bemerken, dass viertens unterschiedliche Schocks auf die Volkswirtschaft eine unterschiedliche Therapie benötigen, was die Anwendung der Taylor Rule problematisch macht. Ebenfalls aus rein normativer Sicht ist zu bemängeln, dass fünftens die Stabilisierungsfunktionen der Taylor Rule in bestimmten Fällen versagen. Sechstens ist schließlich aus rein positiver Sicht zu kritisieren, dass eine hohe Übereinstimmung zwischen dem tatsächlichen Verlauf des betrachteten Geldmarktsatzes und dem Verlauf des nach der Taylor Rule ermittelten Taylor-Zinses nur wenig über die von der Zentralbank betriebene Politik aussagt. Diese sechs Aspekte sollen im Folgenden in der oben genannten Reihenfolge erörtert werden. Es schließen sich dann Kommentare über die Vorzüge der Taylor Rule an.

---

[212] Im Rahmen des EWS kam es Mitte 1992 bis Mitte 1993 zu mehrfachen Krisen. Siehe hierzu genauer Deutsche Bundesbank (DEUTSCHE BUNDESBANK, 1993b, S, 79 – 87) sowie Jarchow, Rühmann (JARCHOW, RÜHMANN, 2002, S. 308ff).

ad 1) Wichtige Komponenten der Taylor Rule sind nur schwer empirisch zu ermitteln. Wie bereits im Abschnitt 13.2 bei der Diskussion der Regeln vom Taylor-Typ erwähnt wurde, gibt es derzeit kein von der Wissenschaft uneingeschränkt befürwortetes Konzept zur Messung des Produktionspotentials. Ebenso sind die richtigen Verfahren zur Ermittlung des gleichgewichtigen Realzinses umstritten. Alternative Werte dieser Größen in einer Taylor Rule können zu unterschiedlichen Politikempfehlungen führen.[213]

Die Gewichtung der Inflations- und Produktionslücke ist nur insofern in der wissenschaftlichen Diskussion gesichert, als die Inflationslücke mit einem Gewicht von größer oder gleich eins und die Produktionslücke mit einem Gewicht größer null in die Taylor Rule eingehen müssen.[214]

ad 2) Auch der Umstand, dass die benötigten Daten für die Taylor Rule nur mit zeitlicher Verzögerung verfügbar sind, wurde bereits erwähnt. Die Taylor Rule liefert auf der Grundlage von aktuellen Daten nur unzureichende Ergebnisse. Dieses – für einen Wirtschaftspolitiker sehr problematische Ergebnis – erschwert die Praxisanwendung der Regel.[215]

ad 3) Die Beschränkung auf die Inflations- und Outputlücke als Informationsquellen der Taylor Regel vernachlässigt viele andere Indikatoren, die in der Zentralbankpraxis zur Beurteilung anstehender geldpolitischer Maßnahmen genutzt werden. Die Europäische Zentralbank stellt hierzu fest: *„Es kann nicht davon ausgegangen werden, dass alle zur Durchführung der Geldpolitik benötigten relevanten Informationen in der aktuellen Inflationsrate und Produktionslücke enthalten sind."* (EUROPÄISCHE ZENTRALBANK, 2001a, S. 48). Eine Beschränkung der Informationsquellen auf die oben genannten Größen im Sinne der Taylor Rule bedeutet, dass der Aussagegehalt von anderen Indikatoren wie Lohnentwicklung, fiskalische Größen, Auftragseingänge oder Wechselkurse bei der Beurteilung der Konjunktur unbeachtet bleibt. Die alleinige Orientierung der Geldpolitik an der Taylor Rule entspricht damit nicht der gängigen Praxis von Zentralbanken, die eine Vielzahl von ökonomischen Größen beobachten und in ihre Entscheidungen einfließen lassen (EUROPÄISCHE ZENTRALBANK, 2001a, S. 48).

ad 4) Will man ökonomischen Schocks auf die Volkswirtschaft mit der Taylor Rule als Therapie begegnen, dann sieht man sich u.a. zwei Problemfeldern gegenüber: Erstens ist zwischen nachfrage- und angebotsinduzierten Schocks zu unterscheiden, zweitens muss zwischen langfristigen und kurzfristigen Störungen differenziert werden (EUROPÄISCHE ZENTRALBANK, 2001a, S. 48 und JARCHOW, 2003, S. 350f). Im Folgenden wird zuerst auf

[213] Vgl. hierzu den Abschnitt 13.2.

[214] Siehe hierzu genauer die Abschnitte 13.2 und 13.3.

[215] Auf das Problem der Verfügbarkeit von Daten wurde bereits im Abschnitt 13.2 hingewiesen.

nachfrage- und angebotsinduzierten Schocks eingegangen, danach folgen Ausführungen zur zeitlichen Dimension der Störungen.

Betrachtet man ausgehend von einem gesamtwirtschaftlichen Gleichgewicht einen expansiven nachfrageseitigen Schock (wie beispielsweise eine starke Erhöhung der Nachfrage seitens des privaten Sektors oder eine Zunahme der autonomen Investitionstätigkeit der Unternehmen), dann ist damit zu rechnen, dass sowohl die Inflationsrate als auch die Produktion von ihren Zielwerten nach oben abweichen. In diesem Fall ergibt sich nach der Taylor Rule – wie z.B. nach Gleichung (21) – eine positive Inflationslücke sowie eine positive Produktionslücke. Da die Gewichte vor der Produktions- und Inflationslücke beide positiv sind, muss der Taylor-Zins auf Grund beider Lücken in die gleiche Richtung verändert, d.h. erhöht, werden. Diese Zinsreaktion nach der Taylor Rule wirkt dann tendenziell dämpfend auf die Konjunktur, wodurch ein neues Gleichgewicht erreicht werden soll.

Ausgehend von einer gesamtwirtschaftlichen Gleichgewichtssituation bewirkt ein kontraktiver nachfrageseitiger Schock – wie z.B. eine Senkung der Staatsausgaben – eine Abweichung sowohl der Inflationsrate als auch des Inlandsprodukts von den gegebenen Zielwerten nach unten. In diesem Fall entstehen eine negative Produktionslücke und eine negative Inflationslücke. Nach der Taylor Rule resultiert aus diesen beiden Lücken wieder eine Veränderung des Taylor-Zinses in die gleiche Richtung, nämlich eine Senkung. Hierdurch soll ein expansiver Effekt auf die konjunkturelle Lage ausgehen, der dann zu einem neuen Gleichgewicht führt.

Zusammenfassend zeigt sich, dass nachfrageseitige Schocks für die Taylor Rule kein theoretisches Problem darstellen, weil sich Inflations- und Produktionslücke immer in die gleiche Richtung entwickeln. Aus diesem Grund ist die dann nach der Taylor Rule erfolgende Reaktion des Taylor-Zinses – unabhängig von den Gewichten – in der Richtung immer eindeutig.

Nach der Diskussion nachfrageseitiger Schocks soll nun auf angebotsseitige Störungen eingegangen werden. Denkbar sind z.B. plötzliche Ölkrisen mit steigenden Ölpreisen oder Lohnsteigerungsraten, die über das Wachstum der Arbeitsproduktivität hinausgehen. Ausgehend von einem Gleichgewicht verteuert sich in beiden Fällen zum einen die Produktion, wodurch das Inlandsprodukt tendenziell sinkt. Zum anderen kann die Preiserhöhung zu einer dauerhaften Steigerung der Inflationsrate führen. Während die Produktionslücke dann negativ ist und für sich genommen nach der Taylor Rule eine Senkung des Taylor-Zinses empfiehlt, folgt aus der positiven Inflationslücke eine Empfehlung, den Taylor-Zins zu erhöhen. Mit anderen Worten: Angebotsseitige Störungen führen zu einer entgegengesetzten Entwicklung von Inflations- und Produktionslücke mit entsprechender Wirkung für die Taylor-Zinsempfehlungen. Nur wenn man genaue Kenntnis über die

Größe der Gewichte vor der Inflations- und Produktionslücke hat, kann man aus den isolierten Zinsreaktionen der Inflations- und der Produktionslücke eine Handlungsanweisung für Zinsänderungen ableiten.

Nach der Diskussion von nachfrage- und angebotsseitigen Schocks sollen nun die Implikationen kurzfristiger und langfristiger Störungen des Gleichgewichts behandelt werden.

Wenn ein starker Anstieg des Ölpreises vorliegt, stellt sich die Frage, ob dieses ein dauerhaftes Phänomen ist, oder ob nicht vielmehr ein kurzfristig temporäres Anziehen des Ölpreises vorliegt. Im ersten Fall ist mit einer dauerhaften Einwirkung auf die Angebotsseite der Volkswirtschaft zu rechnen, die entsprechende Anpassungen vor allem im Produktionssektor haben wird. Nach der Taylor Rule wäre eine Zinsänderung auf die dauerhafte Störung angemessen, wenn man die Gewichte vor den beiden Lücken genau kennt. Im Fall eines nur temporären Anstiegs des Ölpreises läge keine dauerhafte Einwirkung auf die Angebotsseite der Volkswirtschaft vor, vorausgesetzt die Erwartungen der Wirtschaftsubjekte würden nicht verändert. Es ist zwar vorübergehend mit einer zeitlich befristeten, höheren Inflationsrate und deshalb auch mit einer temporären positiven Inflationslücke zu rechnen, aber der reversible Charakter dieser Störung lässt eine Anwendung der Taylor Rule dennoch fraglich erscheinen. Es liegen vielmehr gute Gründe für eine passive Haltung der Wirtschaftspolitiker vor, da ein Anstieg des Taylor-Zinses als Reaktion auf die positive Inflationslücke zu weniger Investitionen und damit zu sinkender Produktion führt. Mit anderen Worten: Im Fall von kurzfristig reversiblen Preisveränderungen kann das Vermeiden von Taylor-Zinsreaktionen in Hinblick auf die Produktion sinnvoll sein.

ad 5) Die Stabilisierungsfunktionen der Taylor Rule sind unter Umständen kritisch zu bewerten. Erstens sehen sie im Fall nachfrageseitiger Schocks vor, dass bei negativer Inflations- und Produktionslücke der nominale Taylor-Zins gesenkt wird. Dieses Prinzip ist nur solange aufrecht zu halten, wie der Nominalzins noch hinreichend hoch ist. Nähert er sich gegen null, dann kann keine weitere Senkung des Nominalzinssatzes mehr erfolgen und die Regel nicht mehr angewendet werden (EUROPÄISCHE ZENTRALBANK, 2001a, S. 49).

Zweitens kann in erwartungsmodifizierten Regeln vom Taylor-Typ ebenfalls die Stabilisierungsfunktion versagen, bzw. es können unter Umständen die Erwartungen selbst als Quelle der Instabilität gelten (EUROPÄISCHE ZENTRALBANK, 2001a, S. 49ff). Nach der Europäischen Zentralbank haben Simulationen gezeigt, dass erwartungsmodifizierte Regeln vom Taylor-Typ willkürliche, d.h. nicht aus der Modellstruktur heraus zu erklärende, Erwartungsrevisionen provozieren können. Je weiter die Erwartungsbildung in die Zukunft reicht, desto größer ist die Gefahr, dass Erwartungen letztlich willkürlich gebildet und verändert werden. Genauer werden von der Europäischen Zentralbank im Zusammenhang mit der Erwartungsbildung zwei kritische Punkte genannt. Zum einen dürfte im Rahmen der Erwartungsbildung in der Praxis kein Punktschätzer zukünftiger ökonomischer Größen entwickelt werden. Zukünftige Größen werden vielmehr als Schätzer mit einem Unschärfebereich formuliert, wobei der Unschärfebereich mit steigendem Prognosehorizont ebenfalls steigt. Eine Verwendung solcher Daten zur Bestimmung der aktuellen Geldpolitik nach der Taylor Rule kann dann zu erheblichen Schwankungen des Taylor-Zinses führen.

Zum anderen kritisiert die Europäische Zentralbank, dass die erwartungsmodifizierten Regeln vom Taylor-Typ anfällig für nicht antizipierte ad hoc - Veränderungen der Erwartungen sein können. Durch solche ad hoc –Veränderungen – so die Europäische Zentralbank – können verschiedene konjunkturelle Lagen denkbar erscheinen mit entsprechenden Implikationen für die aktuelle Geldpolitik.

ad 6) Der letzte hier behandelte Kritikpunkt behandelt die Tatsache, dass auch eine hohe Korrelation zwischen dem tatsächlichen Verlauf des betrachteten Geldmarktsatzes und dem Verlauf des nach der Taylor Rule ermittelten Taylor-Zinses nur wenig über die von der Zentralbank betriebene Politik aussagt. Man kann aus einer guten Anpassung des Verlaufs des Taylor-Zinses an den tatsächlichen von einer Zentralbank beeinflussbaren Geldmarktsatz nicht schließen, dass die betrachtete Zentralbank bei ihrer Geldpolitik der Taylor Rule gefolgt ist. Die Taylor Rule lässt sich vielmehr bei unterschiedlichen monetären Strategien anwenden. Die Tatsache, dass eine Taylor Rule wie Gleichung (19) mit einer geldpolitischen Verhaltensweise wie im Goldstandard oder einer potentialorientierten Geldmengensteuerung vereinbar ist, zeigen z.B. Schubert (SCHUBERT, 1999, S. 9f) und die Bundesbank (DEUTSCHE BUNDESBANK, 1999, S. 52f).[216]

Nach der Erläuterung einiger kritischer Aspekte der Taylor Rule soll im Folgenden der Nutzen einer Anwendung der Taylor Rule erörtert werden. Aus normativer Sicht zeigten die oben genannten Kritikpunkte deutlich, dass eine alleinige Festlegung der Geldpolitik durch eine Taylor Rule (oder durch eine ähnliche Regel) nicht sinnvoll erscheint. Die Taylor Rule vernachlässigt wichtige ökonomische Daten, und sie ist nicht in jedem Fall anwendbar. Dennoch lässt sich zugunsten der Taylor Rule anführen, dass sie als eine Vergleichs- oder Orientierungsgröße zur Beurteilung der aktuellen Konjunktur in den Entscheidungsprozess der Geldpolitiker eingehen kann. So verstanden liefert die Taylor Rule dem Wirtschaftspolitiker als Ergänzung zu anderen Konjunkturdaten und Indikatoren wertvolle Hinweise für die Ausrichtung und Dimensionierung geldpolitischer

---

[216] Auf die Herleitung wird hier nicht eingegangen. Der Leser sei auf die angegebenen Quellen verwiesen.

Maßnahmen. Die Regel ist dann nicht strikt zu befolgen, sondern sie hat vielmehr den Charakter einer weiteren Informationsquelle, die – wie anderen ökonomische Daten auch – in die Entscheidungsfindung der Zentralbanker eingeht.

Aus positiver Sicht wurde oben angemerkt, dass man aus einer hohen Korrelation zwischen tatsächlicher Zinsentwicklung und dem Verlauf des Taylor-Zinses nicht auf die von der Zentralbank in der Vergangenheit verfolgte Politik schließen kann. Allerdings kann man zugunsten der Taylor Rule anführen, dass mit der Inflations- und der Produktionslücke sehr zentrale ökonomische Größen berücksichtigt werden. Gerade diese beiden Größen, die Inflations- und die Produktionslücke, sind zentrale Bestandteile unterschiedlicher geldpolitischer Strategien. Einen weiteren Hinweis auf den Nutzen der Taylor Rule in Hinblick auf die Beschreibung tatsächlicher Zinsentwicklungen liefern beispielsweise die im Abschnitt 13.4 genannten Studien sowie die noch zu behandelnde Untersuchung des EONIAs im Kapitel 14.

14 Empirische Untersuchung des Tagesgeldsatzes im Euro-Währungsgebiet mittels der Taylor Rule

Wie bereits erwähnt worden ist, soll in diesem Kapitel die Taylor Rule aus positiver Sicht untersucht werden. Dazu wird zunächst im Abschnitt 14.1 versucht, die tatsächliche Entwicklung des EONIAs für das Euro-Währungsgebiet sowie für einige Mitgliedstaaten durch eine in Hinblick auf europäische Verhältnisse nur marginal modifizierte, ursprüngliche Taylor Rule nachzubilden. Genauer wird hierbei eine Taylor-Beziehung mit vorgebenen Koeffizienten vor der Inflations- und vor der Produktionslücke in Höhe von 0,5 herangezogen und die sich aus ihr ergebenden Werte für den EONIA mit der tatsächlichen EONIA-Entwicklung verglichen. Im folgenden Abschnitt 14.2 wird demgegenüber eine Beziehung vom Typ der Taylor Regel ökonometrisch für das Euro-Währungsgebiet geschätzt, d.h. ihre Koeffizienten so bestimmt, dass sich eine möglichst gute Übereinstimmung mit der tatsächlichen EONIA-Entwicklung ergibt.

14.1 EONIA und ursprüngliche Taylor Rule

Im Abschnitt 14.1 soll mittels einer modifizierten, ursprünglichen Taylor Rule erstens der Frage nachgegangen werden, ob die Entwicklung des EONIAs im Euro-Währungsgebiet durch eine ursprüngliche Taylor Rule nachgebildet werden kann. Zweitens wird analysiert, ob diese modifizierte ursprüngliche Taylor Rule auch in Hinblick auf die konjunkturelle Entwicklung hinsichtlich des Inlandsprodukts und der Inflationsrate in einigen Mitgliedstaaten des Euro-Währungsgebiets den Tagesgeldsatz nachbilden kann. Genauer ist der Abschnitt 14.1 folgendermaßen gegliedert: Zuerst wird im Unterabschnitt 14.1.1 die verwendete Taylor Rule vorgestellt; die den Untersuchungen zugrunde liegenden Daten und die Ermittlung der benötigten Größen beschreibt der Unterabschnitt 14.1.2. Ergebnisse werden für das Euro-Währungsgebiet und für einige Mitgliedstaaten im Unterabschnitt 14.1.3 präsentiert. Der Unterabschnitt 14.1.4 fasst die Ergebnisse kurz zusammen.

14.1.1 Die verwendete Taylor Rule

Die im weiteren Verlauf des vorliegenden Abschnitts 14.1 verwendete Taylor Rule soll im Folgenden spezifiziert werden. Den Ausgangspunkt bildet die bereits bekannte ursprüngliche Taylor Rule nach Gleichung (21), die nur im Hinblick auf die Höhe des gleichgewichtigen Realzinses verändert wird. Genauer wird für die weiteren Untersuchungen eine Taylor Rule nach folgender Gleichung verwendet:

$$r_t = \pi_t + 0{,}5 \cdot y_t + 0{,}5 \cdot \left(\pi_t - \pi^*\right) + r^f . \tag{29}$$

In Gleichung (29) bezeichnet r_t den Taylor-Zins, π_t die aktuelle Inflationsrate und π^* die konstante Zielinflationsrate der Zentralbank. Die Differenz von aktueller Inflationsrate und Zielinflationsrate wird wieder als Inflationslücke bezeichnet. y_t ist die Output-Lücke und r^f der gleichgewichtige Realzins. Für die Zielinflationsrate der Zentralbank wird ein Wert in Höhe von zwei v.H. angenommen. Diese Annahme entspricht der Praxis der Europäischen Zentralbank, da diese das Ziel der Preisniveaustabilität als erfüllt ansieht, wenn der harmonisierte Verbraucherpreisindex auf Jahresbasis eine Wachstumsrate von kleiner als zwei v.H. aufweist (EUROPEAN CENTRAL BANK, 2001e, S. 38). Im Unterschied zu Taylor (TAYLOR, 1993) soll hier keine Annahme über die Höhe des gleichgewichtigen Realzinses getroffen werden. Wie im folgenden Unterabschnitt noch zu zeigen ist, erhält man stattdessen einen Schätzer für den gleichgewichtigen Realzins (r^f) in Abhängigkeit der konjunkturellen Entwicklung des betrachteten Staats bzw. des Euro-Währungsgebiets.

14.1.2 Verwendete Daten und Ermittlung benötigter Größen

Nachdem im vorangegangenen Unterabschnitt die verwendete Taylor Rule vorgestellt worden ist, sollen in diesem Unterabschnitt die genutzten Daten sowie die Ermittlung der benötigten Größen, d.h. Inflationsrate, Outputlücke und – wie bereits erwähnt – die Schätzung des gleichgewichtigen Realzinses, erläutert werden.

Für die Berechnung des Taylor-Zinses z.B. nach Gleichung (29) sind – neben der Schätzung des gleichgewichtigen Realzinses – Zeitreihen erstens für die Inflationsrate, zweitens für das reale Inlandsprodukt sowie drittens für das potentielle Inlandsprodukt notwendig. Der Wert für die Zielinflationsrate ist mit zwei v.H. durch institutionelle Bestimmungen vorgegeben, und die Höhe des gleichgewichtigen Realzinses basiert auf Schätzungen. Diese beiden Größen sind im Zeitablauf nicht variabel. In Hinblick auf einen Vergleich des tatsächlichen EONIAs mit einem berechneten Taylor-Zinssatz stellt sich das besondere Problem, dass Daten für das Euro-Währungsgebiet erst seit Januar 1999 existieren. Aus diesem Grunde wurde, um genügend Daten für die Analyse zur Verfügung zu haben, nicht auf Jahres- oder Quartalsdaten, sondern auf Monatsdaten vom Januar 1999 bis (i.d.R.) Mitte des Jahres 2002 zurückgegriffen. Genauer wurden folgende Proxies für die benötigten Zeitreihen des Euro-Währungsgebiets sowie der beteiligten Mitglieder verwendet:

Die monatliche Inflationsrate wurde aus Monatsdaten des harmonisierten Verbraucherpreisindex berechnet. Die Daten hierzu wurde der Datenreihe „Harmonized Consumer Price Index" (Zeile 64h) der International Financial Statistics des IMF für den Zeitraum von Anfang 1998 bis Ende 2002 entnommen (IMF, 2002). Zur Berechnung der monatlichen Inflationsrate wurde dann die relative Veränderung der Werte bezogen auf den Vorjahreswert ermittelt. Genauer wurde folgende Rechnung durchgeführt:

$$\text{infl} = \left(\left(\frac{hcpi}{hcpi(-12)} \right) - 1 \right) \cdot 100. \tag{30}$$

Als Ergebnis der Rechnung nach Gleichung (30) erhält man Inflationsraten vom Januar 1999 bis Mitte des Jahres 2002. Die Zeitreihe der so ermittelten Inflationsraten wird im Folgenden „infl" genannt.

Die nächste für die Taylor Rule benötigte Größe ist das reale Inlandsprodukt. Da das reale Inlandsprodukt nicht auf Monatsbasis ermittelt wird, dient die monatliche industrielle Produktion[217] als Proxy. Daten zur industriellen Produktion (Industrial Production, Zeitreihe 66..c) vom Januar 1999 bis Mitte 2002 wurden ebenfalls vom IMF entnommen (IMF, 2002). In den weiteren Rechnungen geht das auf diese Weise approximierte Inlandsprodukt unter dem Namen „indprod" ein.

---

[217] Die industrielle Produktion, d.h. die Zeitreihe 64h der International Financial Statistics, wird als sogenannter Mengenindex nach Laspeyres ermittelt. Bei diesem Verfahren wird die im Berichtsjahr produzierte Menge mit Preisen der Basisperiode gewichtet und auf die Produktionsmenge des Basisjahres gewichtet mit den Preisen des Basisjahres bezogen:

$$Q_{0,t}^{L} = \frac{\sum_{i=1}^{n} p_{0,i} \cdot q_{t,i}}{\sum_{i=1}^{n} p_{0,i} \cdot q_{0,i}}.$$

Hierbei bezeichnen $p_{0,i}$ den Preis des Guts i in der Basisperiode 0, $q_{t,i}$ die Menge des Guts i in der Berichtsperiode t. $Q^{L}_{0,t}$ ist der Mengenindex nach Laspeyres (HARTUNG, 1995, S. 62ff).

Die letzte benötigte Zeitreihe stellt das potentielle Inlandsprodukt dar. Durch eine Anpassung einer Trendfunktion mittels eines Hodrick-Prescott Filters[218] wurden Daten des potentiellen Inlandsprodukts aus der Zeitreihe der monatlichen industriellen Produktion gewonnen. Die Zeitreihe des so ermittelten potentiellen Inlandsprodukts wird als „hptrend01“ bezeichnet. Abbildung V.14.1 zeigt für das Euro-Währungsgebiet die Anpassung der Trendfunktion mittels eines Hodrick-Prescott Filters an das durch die industrielle Produktion approximierte Inlandsprodukt. Die Zeitreihe hptrend01 bezeichnet dann die Entwicklung des potentiellen Inlandsprodukts im Euro-Währungsgebiet.

Die Produktionslücke, im Folgenden „ygap“ genannt, wird auf monatlicher Basis durch folgenden Ausdruck berechnet:

$$ygap = \frac{100 \cdot (indprod - hptrend01)}{hptrend01}. \tag{31}$$

Wie bereits erwähnt wurde, unterscheidet sich die hier verwendete Taylor Rule von der ursprünglichen nur im Hinblick auf die Höhe des gleichgewichtigen Realzinses. Der Grund für diese Modifikation gegenüber der ursprünglichen Taylor Rule liegt in folgender Frage: Ist die von Taylor 1993 angenommene Höhe des gleichgewichtigen Realzinses von zwei v.H. auch für das Euro-Währungsgebiet bzw. für dessen Mitgliedstaaten gerechtfertigt, oder gibt es Hinweise dafür, dass dieser Wert verändert werden sollte? Zur Klärung dieser Frage sollen zwei Methoden zur Berechnung des gleichgewichtigen Realzinses vorgestellt und angewendet werden.

---

[218] Der Hodrick-Prescott Filter kann zur Ermittlung des geglätteten Trends einer makroökonomischen Zeitreihe verwendet werden. Man geht davon aus, dass man den Trend (g_t) einer Zeitreihe (y_t) berechnen will, wobei y_t aus einer Wachstumskomponente (g_t) sowie aus Abweichungen davon, nämlich einer zyklischen Komponente (c_t), besteht: $y_t = g_t + c_t$, wobei t = 1, ..., T. Langfristig weist die zyklische Komponente einen Wert nahe null auf. Man erhält den geglätteten Trend g_t, indem folgender Ausdruck über g_t minimiert wird:

$$\sum_{t=1}^{T} (y_t - g_t)^2 + \lambda \cdot \sum_{t=1}^{T} [(g_t - g_{t-1}) - (g_{t-1} - g_{t-2})]^2.$$

Der erste Term stellt die Minimierung der Varianz von y_t um die Wachstumskomponente dar. Der zweite, mit λ gewichtete Term enthält die quadrierte Summe der Differenz zwischen der aktuellen Veränderung, Δg_t, (d.h. zwischen t und t-1) und der Veränderung zwischen der Vorperiode (t-1) und der dieser vorangehenden Periode (t-2) Δg_{t-1}. Der zweite Term bestraft also große Veränderungen von g_t im Zeitablauf durch die Summe der quadrierten Differenz von Δg_t und Δg_{t-1} mit λ. Zu dem Hodrick-Prescott Filter siehe z.B. Hodrick, Prescott (HODRICK, PRESCOTT, 1997, S. 3).

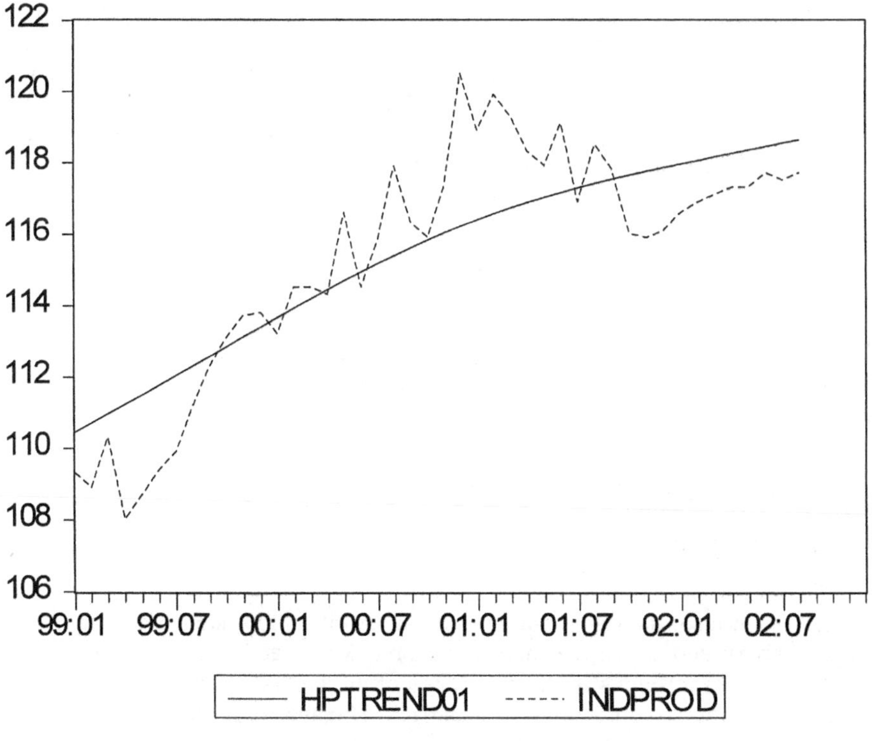

Abb. V.14.1: Anpassung einer Trendfunktion mittels eines Hodrick-Prescott Filters an das Inlandsprodukt

Quelle: eigene Berechnung

Kern der ersten Methode ist die Überlegung, dass der gleichgewichtige Realzins jenes Zinsniveau repräsentiert, das sich einstellt, wenn erstens das Inflationsziel der Zentralbank realisiert wird und wenn sich zweitens das Inlandsprodukt auf dem Niveau des potentiellen Inlandsprodukts befindet. Um einen Schätzer des gleichgewichtigen Realzinses für das Euro-Währungsgebiet zu erhalten, wurde deshalb im Untersuchungszeitraum vom Anfang Januar 1999 bis Ende Dezember 2002 eine Periode gesucht, innerhalb derer zum einem die Inflationsrate dem Zielwert entsprach und in der sich zum anderen das Inlandsprodukt auf seinem Potentialpfad entwickelte. Das zu diesem Zeitpunkt herrschende Realzinsniveau wird als gleichgewichtiger Realzins interpretiert.

Wie bereits erwähnt, zeigt Abbildung V.14.1 die Entwicklung des Inlandsprodukts (indprod) des Euro-Währungsgebiets sowie die Entwicklung des potentiellen Inlandsprodukts (hptrend01), berechnet als Trend des tatsächlichen Verlaufs.[219] Aus der Abbildung V.14.1 wird deutlich, dass sich für den Zeitraum vom Januar 2000 bis April 2000 das tatsächliche Inlandsprodukt des Euro-Währungsgebiets annähernd auf dem Potentialpfad entwickelte. Wie die folgende Tabelle V.14.1 darüberhinaus zeigt, entsprach in diesem Zeitraum auch die aktuelle Inflationsrate in etwa dem Zielwert von zwei v.H.

Periode	Inflationsrate
Januar 2000	1,942672
Februar 2000	2,041591
März 2000	2,130278
April 2000	1,935423

Tab. V.14.1: Inflationsraten und Ziel

Quelle: eigene Berechnung

Es zeigt sich also, dass sich vom Januar bis April 2000 erstens das Inlandsprodukt, approximiert durch die industrielle Produktion, auf dem Potentialpfad bewegte und dass zweitens in diesem Zeitraum die approximierte Inflationsrate in etwa dem Zielwert von zwei v.H. entsprach. Hieraus folgt, dass das zu diesem Zeitpunkt herrschende Realzinsniveau als gleichgewichtiges Niveau interpretiert werden kann. Um einen numerischen Wert für den gleichgewichtigen Realzins (r^f) zu erhalten, wurde von den Monatsdurchschnitten des EONIAs für den Zeitraum vom Januar bis April 2000[220] die Inflationsraten abgezogen; man erhält auf diese Weise einen durchschnittlichen realen EONIA für die Monate Januar bis April wie Tabelle V.14.2 zeigt.

[219] Zur Illustration der beiden Methoden zur Schätzung des gleichgewichtigen Realzinses soll auf das Euro-Währungsgebiet als Beispiel zurückgegriffen werden. Für die übrigen Länder erfolgt die Berechnung in analoger Weise. Eine grafische Darstellung der Entwicklung von Produktionslücke, Inflationsrate und realem EONIA findet der Leser im Anhang.

[220] Die zugrunde liegenden Daten findet man als download bei der Deutschen Bundesbank unter http://www.buba.de/stat/zeitreihen/index.htm.

Periode	realer EONIA im Monatsdurchschnitt
Januar 2000	1,097
Februar 2000	1,238
März 2000	1,379
April 2000	1,754
Monatsdurchschnitt 01/00 bis 04/00	1,367

Tab. V.14.2: Realer EONIA vom Januar bis April 2000

Quelle: eigene Berechnung

Den Wert 1,367 v.H. als Schätzer für den gleichgewichtigen Realzins im Euro-Währungsgebiet erhält man als einfaches arithmetisches Mittel der realen EONIA Monatsdurchschnitte vom Januar bis April 2000. Nach dieser ersten Methode zur Bestimmung des gleichgewichtigen Realzinses ergibt sich für das Euro-Währungsgebiet die folgende Taylor Rule:

$$r_t = \pi_t + 0{,}5 \cdot y_t + 0{,}5 \cdot (\pi_t - 2) + 1{,}37. \qquad (32)$$

Diese Formulierung entspricht der ursprünglichen Taylor Rule nach Gleichung (21), wobei der gleichgewichtige Realzins nicht wie bei der ursprünglichen Taylor Rule eine Höhe von zwei v.H., sondern eine Höhe von 1,37 v.H. hat.

Alternativ hierzu kann man nach der zweiten hier betrachteten Methode einen Schätzer des gleichgewichtigen Realzinses entwickeln, in dem man von dem langfristigen Durchschnitt des betrachteten kurzfristigen Zinssatzes die langfristige durchschnittliche Inflationsrate subtrahiert (KOZICKI, 1999, S. 14). Nach diesem Ansatz erhält man als langfristigen Durchschnitt über den Zeitraum vom Januar 1999 bis Dezember 2002 für den EONIA einen Wert in Höhe von 3,63 v.H. Für die langfristige durchschnittliche Inflationsrate vom Januar 1999 bis September 2002 erhält man im Fall des Euro-Währungsgebiets einen Wert in Höhe von 2,03 v.H. Die Differenz, d.h. der Schätzer des gleichgewichtigen Realzinses im Euro-Währungsgebiet nach der zweiten Methode, hat dann eine Höhe von 1,60 v.H. Hiermit ergeben sich die zu berechnenden Taylor-Zinsen durch:

$$r_t = \pi_t + 0{,}5 \cdot y_t + 0{,}5 \cdot (\pi_t - 2) + 1{,}60. \qquad (33)$$

Da nicht von vorn herein davon auszugehen ist, dass sich nach beiden Methoden zur Bestimmung des gleichgewichtigen Realzinses annähernd gleiche Werte ergeben, soll das Kriterium zur Auswahl eines der beiden Werte die Güte der generierten Taylor-Zinsen, gemessen an dem Verlauf des tatsächlichen EONIAs, sein. Genauer werden Taylor-Zinsen mit den beiden zur Auswahl stehenden gleichgewichtigen Realzinsen berechnet. Danach wird die Summe der quadratischen Abweichungen der berechneten Taylor-Zinsen von dem tatsächlichen EONIA-Verlauf ermittelt. Es wird anschließend jener gleichgewichtige Realzins ausgewählt, der zur Generierung der geringeren Summe der quadratischen Abweichungen führt. Das Auswahlkriterium lautet daher:

$$SQA = \sum_{t}^{T} (\text{Taylor Zinsen} - \text{EONIA})^2. \tag{34}$$

In Gleichung (34) bedeutet SQA die Summe der quadratischen Abweichungen.

14.1.3 Ergebnisse

In diesem Unterabschnitt soll untersucht werden, ob eine Taylor Rule wie Gleichung (29) unter Berücksichtigung unterschiedlicher Werte für den realen Gleichgewichtszins in der Lage ist, die tatsächliche Entwicklung des EONIAs im Euro-Währungsgebiet sowie in den einzelnen Mitgliedstaaten nachzubilden. Zuerst werden in Unterabschnitt 14.1.3.1 die Ergebnisse für das Euro-Währungsgebiet präsentiert, danach folgen in Unterabschnitt 14.1.3.2 die Ergebnisse für einige ausgesuchte Mitgliedstaaten. Alle berechneten Taylor-Zinsen beruhen jedoch bis auf unterschiedliche Werte für den gleichgewichtigen Realzins auf der bereits bekannten Gleichung (29), die hier nochmals angegeben wird:

$$r_t = \pi_t + 0{,}5 \cdot y_t + 0{,}5 \cdot (\pi_t - 2) + r^f.$$

14.1.3.1 Das Euro-Währungsgebiet

Zur Berechnung der Taylor-Zinsen für das Euro-Währungsgebiet stehen – wie im vorangegangenen Unterabschnitt erläutert – die zwei Gleichungen (32) und (33) zur Verfügung. Nach der ersten Variante wird in Gleichung (32) ein Wert in Höhe von 1,37 v.H. und nach der zweiten Variante in Gleichung (33) ein Wert in Höhe von 1,60 v.H. für den realen Gleichgewichtszins verwendet. Abbildung V.14.2 zeigt den EONIA und die nach den beiden Gleichung (32) und (33) berechneten Taylor-Zinsen, wobei TR_EUROLAND_137 für einen gleichgewichtigen Realzins in Höhe von 1,37 v.H. bzw. TR_EUROLAND_160 für den gleichgewichtigen Realzins in Höhe von 1,60 v.H. steht.

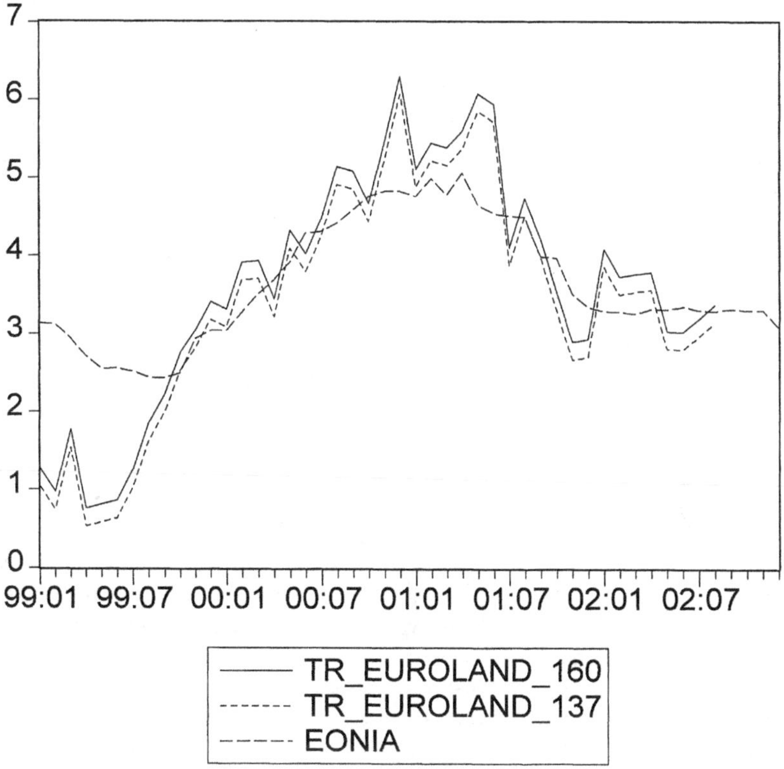

Abb. V.14.2: Taylor Rule und EONIA für das Euro-Währungsgebiet

Quelle: eigene Berechnung

Wie man in Abbildung V.14.2 erkennt, ist die Taylor Rule nach den Gleichungen (32 und 33) in beiden Fällen in der Lage für den Zeitraum vom September 1999 bis Juli 2002 den EONIA im Trend recht gut nachzubilden, wogegen der Zeitraum vom Januar bis September 1999 durch die hier diskutierten Taylor Regeln nicht adäquat wiedergegeben wird. Zur Klärung der Frage, welcher Wert für den gleichgewichtigen Realzins die besseren Ergebnisse liefert, soll nun das nach Gleichung (34) zuvor beschriebene Auswahlkriterium der Summe der quadratischen Abweichungen hinzugezogen werden. Es ergibt sich nach diesem Kriterium ein Wert für TR_EUROLAND_137 in Höhe von 36,57 und für TR_EUROLAND_160 in Höhe von 33,19. Da die Summe der quadratischen Abweichungen im Fall des gleichgewichtigen Realzinses in Höhe von 1,60 v.H. geringer ist, wird dieser Wert ausgewählt. Die folgenden Erläuterungen gelten demnach für den Verlauf der Taylor-Zinsen nach TR_EUROLAND_160 (Gleichung (33)).

Bevor jedoch auf den Verlauf des Taylor-Zinses eingegangen wird, soll noch kurz auf die EONIA-Entwicklung vom Anfang 1999 bis Ende 2002 näher eingegangen werden. Zum Beginn des Jahres 1999 sinkt der EONIA. Er erreicht seinen Tiefpunkt im August 1999 und steigt dann wieder bis November 2000. Dieser Aufwärtstrend des EONIAs setzt sich nicht weiter fort, stattdessen schließt sich eine Phase relativ konstanter Geldmarktzinsen auf – im Vergleich zum Anfang des Jahres 1999 – stark gestiegenem Zinsniveau bis Ende April 2001 an. Ab Mai 2001 sinkt der EONIA dann bis Dezember desselben Jahres; es schließt sich eine weitere Phase relativ konstanter Geldmarktzinsen auf dem gesunkenen Zinsniveau an.

Der durch Gleichung (33) beschriebene Taylor-Zins weist großenteils eine ähnliche Entwicklung wie der EONIA auf. Dennoch ist zunächst kritisch anzumerken, dass vom Januar bis September / Oktober 1999 der ermittelte Taylor-Zins weit unterhalb des EONIAs liegt.[221] Erst ab September nähert sich der Taylor-Zins der EONIA-Entwicklung an. Hierauf folgt eine weitgehend gleichgerichtete Entwicklung von Taylor-Zins und EONIA bis zum November 2000. Es ergeben sich jedoch auch in diesem Zeitraum größere Abweichungen des Taylor-Zinses von der EONIA-Entwicklung. Die oben erwähnte erste Phase relativ konstanter Geldmarktzinsen vom November 2000 bis April 2001 wird ebenfalls durch die Entwicklung des Taylor-Zinses wiedergegeben; allerdings weist der Verlauf des Taylor-Zinses zum Teil heftige Ausschläge nach oben und unten auf. Die sich anschließende Phase eines sinkenden Tagesgeldsatzes wird ebenfalls durch den berechneten Taylor-Zins abgebildet. Auch hier erfolgen aber wieder mitunter starke Schwankungen des Taylor-Zinses. Die anschließende zweite Phase relativ konstanter Geldmarktzinsen des EONIA-Zinsniveaus scheint der Taylor-Zins ebenfalls nachzubilden. Zusammenfassend können folgende Ergebnisse festgehalten werden:

1) Die Taylor Rule nach Gleichung (33) ist in der Lage, weitgehend den Verlauf des tatsächlichen EONIAs nachzubilden. Es ergeben sich jedoch zum Teil erhebliche Abweichungen des Taylor-Zinses von der EONIA-Entwicklung.

2) Der Taylor-Zins nach Gleichung (33) hat den Trend und das Niveau des tatsächlichen EONIAs großenteils richtig nachgebildet. Insbesondere die Zeitpunkte einer gravierenden Veränderung im Verlauf des EONIAs wurden durch den berechneten Taylor-Zins aufgezeigt.

3) Eine mögliche Ursache für die teilweise starken Schwankungen im Verlauf des Taylor-Zinses können hohe Variationen in der Zeitreihe der monatlichen In-

[221] Aus normativer Sicht hätten die Zinsen im Euro-Währungsgebiet in dieser Zeit geringer sein müssen. Folgt man einer solchen Interpretation der Taylor Rule, dann war also die Geldpolitik der Europäischen Zentralbank innerhalb dieser Phase, gemessen an der Regel, zu restriktiv.

dustrieproduktion darstellen: Die industrielle Produktion scheint starken Schwankungen unterworfen zu sein. Einen Hinweis in Richtung dieser Vermutung gibt auch die bereits erläuterte Abbildung V.14.1, die starke Schwankungen der monatlichen Industrieproduktion insbesondere vom April 2000 bis Oktober 2001 zeigt. In diese Zeitspanne fallen erhebliche Ausschläge des Taylor-Zinses in Abbildung V.14.2.

4) Die Anfangsphase vom Januar bis September 1999 wird durch die Gleichung (33) nur unzureichend dargestellt. Das Niveau des berechneten Zinses ist viel zu tief; einzig das Sinken des EONIA-Zinsniveaus wurde durch den Taylor-Zins unter Schwankungen dargestellt.

14.1.3.2 Einige Mitgliedstaaten des Euro-Währungsgebiets

Nach der Darstellung der Ergebnisse für das Euro-Währungsgebiet sollen nun Ergebnisse für ausgewählte Mitgliedstaaten der Europäischen Währungsunion erläutert werden. Zur Begründung sei hierzu Folgendes angeführt: Der EONIA ist ein Geldmarktzinssatz, der für das gesamte Euro-Währungsgebiet – und damit für verschiedene Länder – gilt. Die Mitglieder des Euro-Währungsgebiets müssen sich jedoch nicht homogen im Konjunkturzyklus entwickeln. Es herrschen zwischen den Mitgliedstaaten vielmehr Unterschiede in der Entwicklung des Inlandsprodukts und der Inflationsrate. Wenn es demnach möglich ist, dass unterschiedliche konjunkturelle Lagen in den Staaten existieren, dann stellt sich die Frage, welche Höhe des Taylor-Zinses aus der konjunkturellen Sicht eines einzelnen Lands im Gegensatz zu dem EWWU-weiten EONIA angemessen wäre. Zur Beantwortung dieser Frage sollen im Folgenden Taylor-Zinsen nach Gleichung (29) unter Berücksichtigung alternativer Werte des gleichgewichtigen Realzinses für einzelne EWWU-Staaten berechnet und der EONIA-Entwicklung gegenübergestellt werden. Wie die folgenden Beispiele zeigen, sind die Ergebnisse uneinheitlich. Dargestellt werden die Ergebnisse für Deutschland, Österreich, Belgien, Frankreich, Italien, Niederlande und Spanien.[222]

14.1.3.2.1 Deutschland

Ausgangspunkt für die Berechnung des Taylor-Zinses für Deutschland auf Basis der Gleichung (29) ist die Ermittlung eines für das Hoheitsgebiet der Bundesrepublik geltenden gleichgewichtigen Realzinses. Hierzu wurde nach der bereits erläuterten ersten Methode in der Betrachtungsperiode wieder ein Zeitraum ausgewählt, in dem in Deutschland sowohl die Inflationsrate dem Zielwert in Höhe

[222] Die Ergebnisse für die übrigen EWWU-Teilnehmer werden nicht dargestellt. Grund hierfür sind starke, zum Teil extreme Schwankungen der industriellen Produktion. Im Fall von Griechenland, Portugal, Luxemburg und Irland werden daher nach einer Taylor Regel stark negative Zinsen notwendig.

von zwei v.H. entsprach als auch sich das Inlandsprodukt auf dem Potentialpfad befand. Der zu diesem Zeitpunkt herrschende Realzins wurde als gleichgewichtiger angesehen.[223] Aus der Analyse des Datenmaterials geht hervor, dass für den Juni 2000 sowohl die berechnete Inflationsrate als auch die Produktionslücke nahe bei ihren Zielniveaus liegen, so dass sich für den realen EONIA in dieser Periode ein Wert in Höhe von 2,24 v.H. ermitteln lässt. Mit dieser Modifikation folgt eine erste Taylor Rule für Deutschland, die als TR_GER_224 bezeichnet wird:

$$r_t = \pi_t + 0{,}5 \cdot y_t + 0{,}5 \cdot (\pi_t - 2) + 2{,}24. \qquad (35)$$

Betrachtet man nach der zweiten Methode die längerfristige Entwicklung von EONIA und Inflationsrate in Deutschland, dann erhält man als zweiten Schätzer einen Wert in Höhe von 1,96 v.H. Dieser Wert ergibt sich aus der Subtraktion der durchschnittlichen Inflationsrate in Höhe von 1,67 v.H. von dem durchschnittlichen EONIA in Höhe von 3,63 v.H. Damit folgt die zweite Taylor Rule, TR_GER_196:

$$r_t = \pi_t + 0{,}5 \cdot y_t + 0{,}5 \cdot (\pi_t - 2) + 1{,}96. \qquad (36)$$

Abbildung V.14.3 zeigt die beiden Taylor Regeln für Deutschland:

Wie man in Abbildung V.14.3 erkennt, folgen über einen langen Zeitraum – genauer vom September 1999 bis März 2002 – die nach den Gleichungen (35 und 36) berechneten Taylor-Zinsen für Deutschland der Entwicklung des tatsächlichen EONIAs. Während der EONIA vom Januar bis August 1999 in der Tendenz sinkt, liegt bei beiden diskutierten Taylor Regeln eine Aufwärtsbewegung vor. Die sich im EONIA-Verlauf anschließenden Phasen steigender Zinsen, die Phase eines relativ konstanten EONIAs sowie die darauffolgende Abwärtsbewegung werden im Trend von den Taylor Regeln nachvollzogen. Es hat jedoch den Anschein, als ob die zweite Phase eines relativ konstanten EONIAs ab Dezember 2001 nicht durch die diskutierten Taylor Regeln nachgebildet würde.

Zur Auswahl einer der beiden Taylor Regeln soll wieder das bereits bekannte Kriterium der kleinsten quadratischen Abweichungen nach Gleichung (34) herangezogen werden. Für die Taylor Rule nach Gleichung (35) mit einem gleichgewichtigen Realzins in Höhe von 2,24 v.H. (TR_GER_224) erhält man einen Wert von 67,33, während sich für die Taylor Rule nach Gleichung (36) mit einem gleichgewichtigen Realzins in Höhe von 1,96 v.H. (TR_GER_196) ein Wert in Höhe von 69,22 ergibt. Nach dem Auswahlkriterium bietet die Gleichung (35) mit einem gleichgewichtigen Realzins in Höhe von 2,24 v.H. (TR_GER_224) einen leichten Vorteil.

[223] Im Anhang findet der Leser eine grafische Darstellung der zeitlichen Entwicklung der Produktionslücke, der Inflationsrate sowie des realen EONIAs für Deutschland.

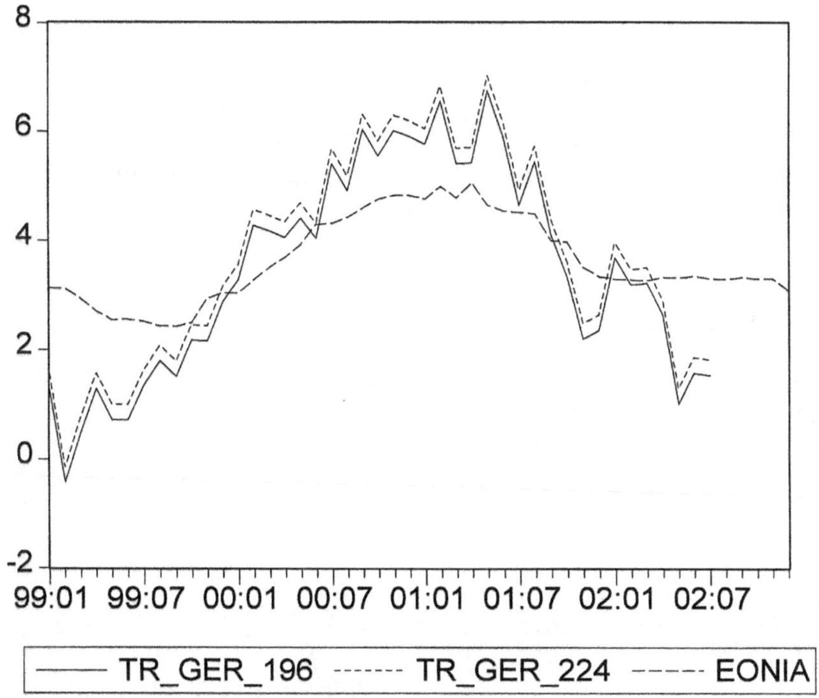

Abb. V.14.3: Taylor Rule und EONIA für Deutschland

Quelle: eigene Berechnung

14.1.3.2.2 Österreich

Auch für die Berechnung eines Taylor-Zinses für Österreich ist nach Gleichung (29) ein gleichgewichtiger Realzins zu schätzen. Nach der ersten Methode wurde aus der grafischen Analyse der zeitlichen Entwicklung von Produktionslücke, Inflationsrate und realem EONIA die Periode Juli 2000 zur Bestimmung des Schätzers für den realen EONIA ausgewählt. Während dieser Periode entsprach einerseits die Inflationsrate in etwa ihrem Zielwert, andererseits wies die Produktionslücke einen Wert nahe bei null v.H. auf.[224] Der im Juli 2000 herrschende reale EONIA in Höhe von 2,35 v.H. wurde deshalb als Schätzer des gleichgewichtigen Realzinses für Österreich ausgewählt. Mit diesen Angaben folgt eine erste Taylor Rule für Österreich, die als TR_ATR_235 bezeichnet wird:

[224] Die graphische Darstellung der Entwicklung der Produktionslücke, der Inflationsrate und des realen EONIAs für Österreich findet sich im Anhang.

$$r_t = \pi_t + 0{,}5 \cdot y_t + 0{,}5 \cdot (\pi_t - 2) + 2{,}35. \quad (37)$$

Nach der zweiten Methode ergab sich aus den Daten zur konjunkturellen Entwicklung Österreichs ein Wert für den langfristigen Durchschnitt der Inflationsrate in Höhe von 1,61 v.H. Subtrahiert man diesen Wert von dem langfristigen Durchschnitt des EONIAs, dann erhält man als zweiten Schätzer für den gleichgewichtigen Realzins Österreichs eine Höhe von 2,02 v.H. Diesen Ansatz greift die Gleichung (38) auf, die die zweite Taylor Rule für Österreich mit dem Namen TR_ATR_202 abbildet:

$$r_t = \pi_t + 0{,}5 \cdot y_t + 0{,}5 \cdot (\pi_t - 2) + 2{,}02. \quad (38)$$

Die Abbildung V.14.4 zeigt den EONIA und die nach den Gleichungen (37) und (38) bestimmten Taylor-Zinsen für Österreich:

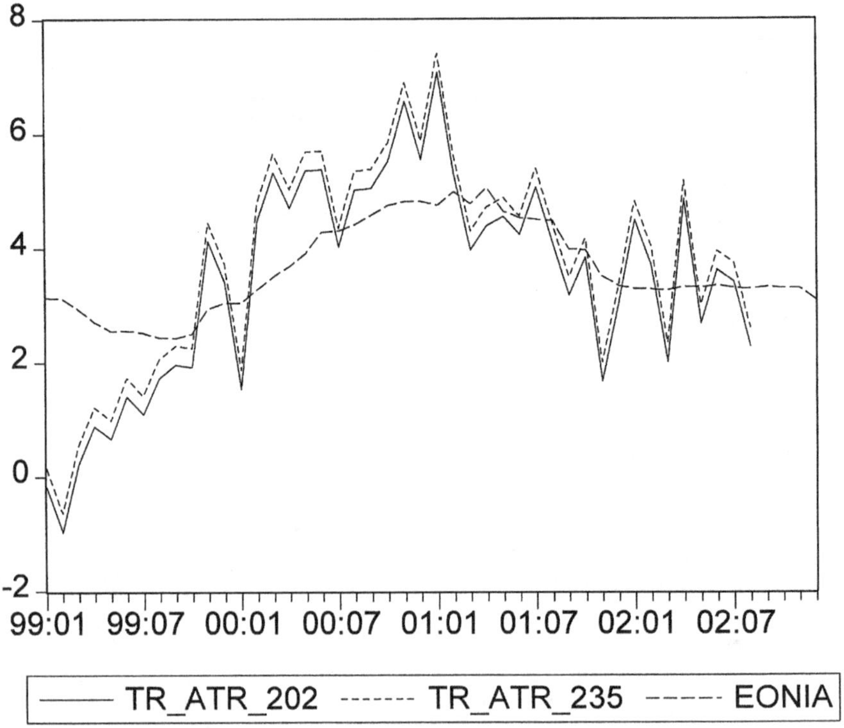

Abb. V.14.4: Taylor Rule und EONIA für Österreich

Quelle: eigene Berechnung

Wie die Abbildung V.14.4 zeigt, wird auch für Österreich die Entwicklung des EONIAs durch die beiden Gleichungen (37 und 38) großenteils adäquat nachgezeichnet. Nach dem Auswahlkriterium (Gleichung (34)) erhält man für die Taylor Rule TR_ATR_202 mit einem gleichgewichtigen Realzins in Höhe von 2,02 v.H. eine Summe der quadrierten Abweichungen in Höhe von 82,54, während sich für die alternative Höhe des gleichgewichtigen Realzinses (2,35 v.H.) ein Wert der Summe der quadrierten Abweichungen von 81,32 ergibt. Nach dem Auswahlkriterium ergibt sich also ein leichter Vorteil für die Taylor Rule TR_ATR_235. Größere Abweichungen der Regel TR_ATR_235 von der EONIA-Entwicklung ergeben sich jedoch insbesondere zum Beginn des Jahres 1999. Bis zum August 1999 befinden sich die Taylor-Zinsen zum Teil sehr weit unter dem EONIA. Zeitweise sind die Taylor-Zinsen sogar negativ. Erst ab August 1999 folgen die Taylor-Zinsen dem vorgegebenen Verlauf des EONIAs. Ab Oktober 1999 weist der EONIA einen Aufwärtstrend bis November 2000 auf, wobei die diskutierte Taylor Regel diesem Trend folgt, wenn auch das Zinsniveau nach der Regel zu hoch ist. Die sich im Verlauf des EONIAs anschließende Phase relativ konstanter Geldmarktzinsen ist im Verlauf von TR_ATR_235 nur gering ausgeprägt. Danach bilden die Taylor-Zinsen die Entwicklung des EONIAs gut ab, jedoch unter zum Teil erheblichen Ausschlägen nach oben und unten.

14.1.3.2.3 Belgien

Für Belgien konnte nach der ersten Methode kein Schätzer des gleichgewichtigen Realzinses entwickelt werden, da aus der grafischen Analyse von Produktionslücke und Inflationsrate keine Periode gefunden werden konnte, in der sich beide Größen gemäß ihren Zielpfaden entwickelten.[225] Ein weiteres Problem stellt die Tatsache dar, dass Daten zum Inlandsprodukt nur bis zum Dezember 2000 verfügbar sind.

Nach der zweiten Methode ergibt sich eine durchschnittliche langfristige Inflationsrate für Belgien in Höhe von 2,04 v.H. Subtrahiert man diesen Wert von dem langfristigen Durchschnitt des EONIAs, dann erhält man einen Wert in Höhe von 1,59 v.H. als Schätzer des gleichgewichtigen Realzinses in Belgien. Die mit diesem Schätzer formulierte Taylor Rule heisst im Folgenden TR_BEL_159:

$$r_t = \pi_t + 0{,}5 \cdot y_t + 0{,}5 \cdot (\pi_t - 2) + 1{,}59. \qquad (39)$$

Das Ergebnis zeigt Abbildung V.14.5:

---

[225] Vergleiche hierzu die grafische Darstellung der Entwicklung der Inflationsrate, der Produktionslücke und des realen EONIAs für Belgien im Anhang.

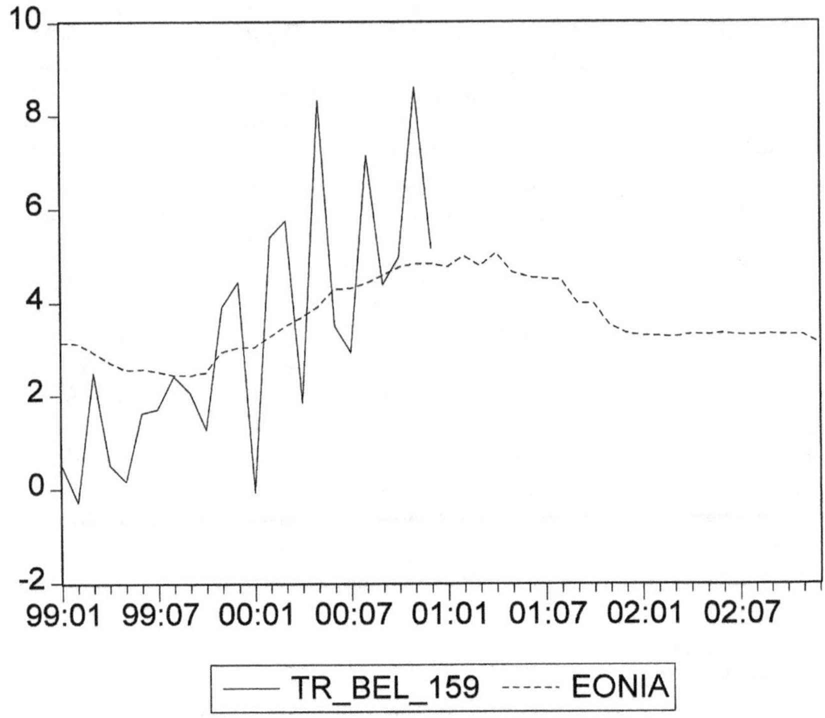

Abb. V.14.5: Taylor Rule und EONIA für Belgien

Quelle: eigene Berechnung

Die mit der Taylor Rule nach TR_BEL_159 erzielten Ergebnisse sind eingeschränkt. Während der EONIA vom Beginn des Jahres 1999 bis zum August 1999 tendenziell sinkt und dann bis November 2000 in der Tendenz steigt, herrscht in diesem Zeitraum bei den nach der Taylor Rule ermittelten Zinsen ein Aufwärtstrend vor. Dieser Aufwärtstrend wird von zum Teil erheblichen Schwankungen nach oben und unten begleitet. Die Summe der quadratischen Abweichungen beträgt 101,75.

14.1.3.2.4 Frankreich

Für Frankreich konnten wieder zwei Schätzer für den gleichgewichtigen Realzins hergeleitet werden. Nach der ersten Methode ergab sich hierfür ein Wert in Höhe von 2,04 v.H. Ermittelt wurde er durch die Betrachtung einer Periode vom Dezember 1999 bis Juni 2000. Innerhalb dieser Phase befand sich die Produktionslücke in etwa auf ihrem Zielpfad. Die Inflationsrate wich allerdings zum Teil stark von dem Zielwert nach unten ab. Vertretbar erscheint die Wahl dieser Periode dennoch, da auch nach der zweiten Methode keine gravierenden Unterschiede bezüglich der Höhe des gleichgewichtigen Realzinses festgestellt werden konnten.[226] Mit einem Wert für den gleichgewichtigen Realzins in Höhe von 2,04 lautet die Taylor Rule (TR_FRA_204):

$$r_t = \pi_t + 0{,}5 \cdot y_t + 0{,}5 \cdot (\pi_t - 2) + 2{,}04. \qquad (40)$$

Einen zweiten Schätzer erhält man – wie in den anderen Beispielen auch – durch Subtraktion der durchschnittlich langfristigen Inflationsrate Frankreichs (hier 1,47 v.H.) von dem langfristigen Durchschnitt des EONIAs. Es ergibt sich ein Wert in Höhe von 2,16 v.H. als zweiter Schätzer des gleichgewichtigen Realzinses und damit die zweite Taylor Rule (Gleichung (39)) mit dem Namen TR_FRA_216:

$$r_t = \pi_t + 0{,}5 \cdot y_t + 0{,}5 \cdot (\pi_t - 2) + 2{,}16. \qquad (39)$$

Abbildung V.14.6 stellt die beiden Taylor Regeln und den tatsächlichen EONIA dar.

Wieder zeigt sich, dass prinzipiell beide Regeln in der Lage sind, den Verlauf des tatsächlichen EONIAs für den Zeitraum vom September 1999 bis zum Sommer 2002 nachzubilden. Es ergeben sich aber auch im Fall Frankreichs in dieser Zeit zum Teil gravierende Schwankungen der berechneten Taylor-Zinsen. Insbesondere vom November 2000 bis April 2001 befinden sich die Taylor-Zinsen nach den diskutierten Regeln weit unter dem EONIA-Niveau. Außerdem geben die Regeln, wie bei den anderen Ländern auch, die Phase vom Beginn des Jahres 1999 bis etwa August 1999 nicht adäquat wieder.

Zur Auswahl einer der beiden Regeln soll wieder das Kriterium der Summe der quadrierten Abweichungen herangezogen werden. Für die Taylor Rule mit einem gleichgewichtigen Realzins in Höhe von 2,04 v.H. (TR_FRA_204) ergibt sich dabei ein Wert von 33,50. Einen geringeren Wert – nämlich 29,87 – erhält man bei Verwendung der Taylor Rule mit einem gleichgewichtigen Realzins in Höhe von 2,16 v.H. (TR_FRA_216).

[226] Eine grafische Darstellung der Produktionslücke, der Inflationsrate sowie des realen EONIAs im Zeitablauf findet der Leser für Frankreich im Anhang.

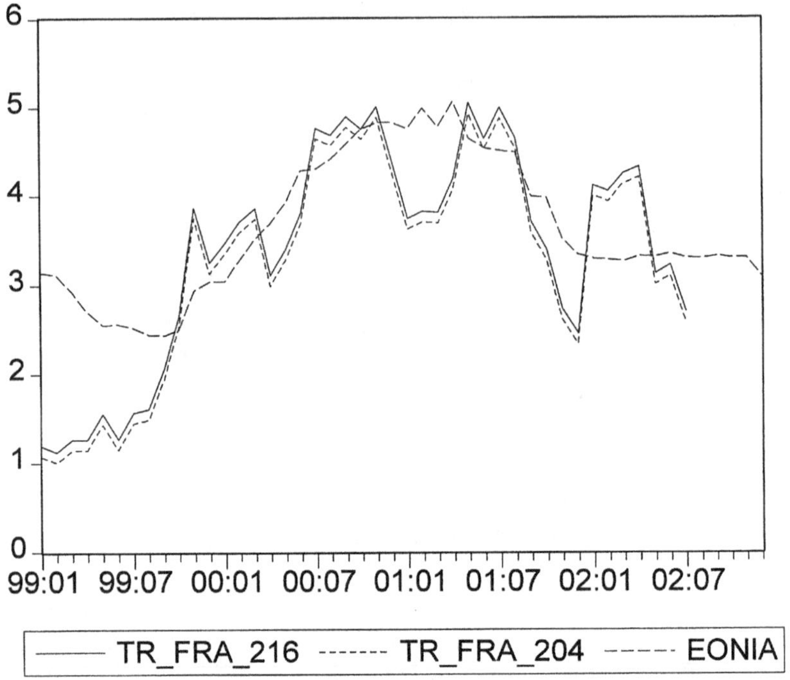

Abb. V.14.6: Taylor Rule und EONIA für Frankreich

Quelle: eigene Berechnung

14.1.3.2.5 Italien

Im Fall Italiens konnten zwei Schätzer für den gleichgewichtigen Realzins entwickelt werden.[227] Nach der ersten Methode ergab sich dabei aus dem Zeitraum vom Juli bis Dezember 1999 ein Schätzer in Höhe von 0,76 v.H. Die hierauf basierende Taylor Rule hat den Namen TR_ITA_076 und lautet:

$$r_t = \pi_t + 0{,}5 \cdot y_t + 0{,}5 \cdot (\pi_t - 2) + 0{,}76. \tag{42}$$

Langfristig betrachtet, ergibt sich für Italien im Durchschnitt eine Inflationsrate in Höhe von 2,23 v.H. Subtrahiert man diesen Wert von dem langfristigen Durchschnitt des EONIAs, dann erhält man für Italien einen zweiten Schätzer des

[227] Eine grafische Darstellung der Produktionslücke, der Inflationsrate sowie des realen EONIAs für Italien findet der Leser im Anhang.

gleichgewichtigen Realzinses in Höhe von 1,40 v.H. Die zweite Taylor Rule, TR_ITA_140, lautet daher:

$$r_t = \pi_t + 0{,}5 \cdot y_t + 0{,}5 \cdot (\pi_t - 2) + 1{,}40. \qquad (43)$$

Ähnlich wie im Fall von Belgien ist das Datenmaterial für Italien begrenzt. Betrachtet wird der Zeitraum vom Anfang 1999 bis Mai 2001. Abbildung V.14.7 stellt die beiden Taylor Regeln sowie den EONIA dar:

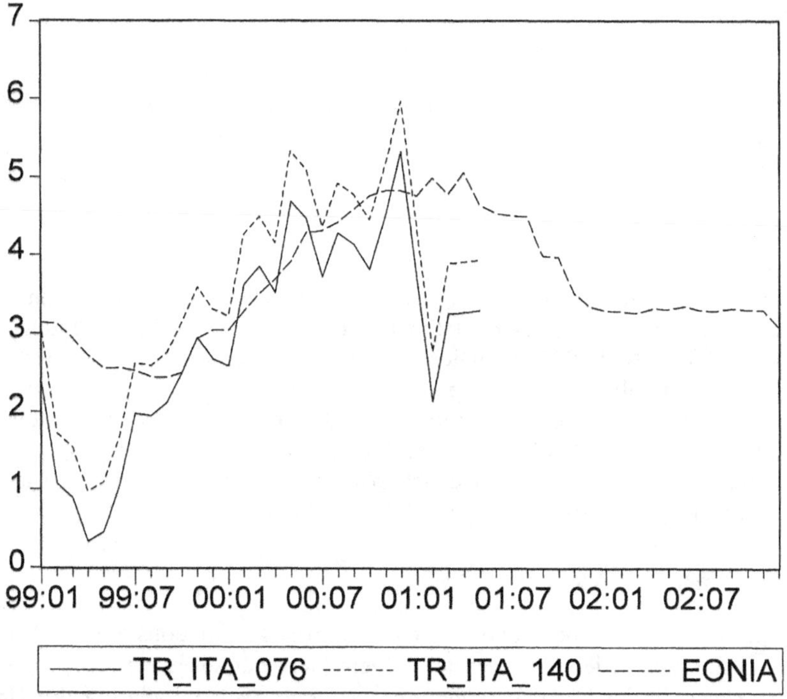

Abb. V.14.7: Taylor Rule und EONIA für Italien

Quelle: eigene Berechnung

Das Beispiel Italien weist eine deutliche Niveaudifferenz zwischen den beiden möglichen Taylor Regeln auf. Nach dem in Gleichung (34) beschriebenen Kriterium erhält man für einen gleichgewichtigen Realzins in Höhe von 0,76 v.H. (TR_ITA_076) eine Summe der quadrierten Abweichungen in Höhe von 41,74, während sich im Fall der zweiten Taylor Rule (TR_ITA_140) ein Wert in Höhe von 25,29 ergibt. Nach dem Auswahlkriterium wird daher die Taylor Regel TR_ITA_140 mit einem gleichgewichtigen Realzins in Höhe von 1,40 v.H. ausgewählt.

Aufgrund der eingeschränkten Verfügbarkeit von Daten sind Aussagen über die Taylor Rule TR_ITA_140 im Vergleich zu dem Verlauf des tatsächlichen EONIAs nur bis zum Beginn des Jahres 2001 möglich. Es zeigt sich auch im Fall Italiens, dass die betrachtete Regel zu Beginn des Jahres 1999 nicht in der Lage ist, den EONIA-Verlauf adäquat nachzubilden. Die berechneten Taylor-Zinsen liegen durchweg zu tief und nähern sich erst im Juni 1999 dem Niveau des EONIAs an. Für den Zeitraum von der Mitte des Jahres 1999 bis zum Anfang des Jahres 2001 scheint dagegen die Taylor Regel TR_ITA_140 den Verlauf des EONIAs wiederzugeben. Im Verlauf dieses Zeitraums weisen die berechneten Taylor-Zinsen allerdings ein leicht höheres Niveau als der EONIA auf. Auch vollzieht sich die Entwicklung der berechneten Zinsen unter weitaus stärkeren Ausschlägen nach oben.

14.1.3.2.6 Niederlande

Für die Niederlande konnten zwei Schätzer des gleichgewichtigen Realzinses ermittelt werden. Nach der ersten Methode wurden aus Daten des Zeitraums vom Oktober 1999 bis Mai 2000 ein gleichgewichtiger Realzins in Höhe von 1,47 v.H. geschätzt. Innerhalb dieser Periode wurde das Inflationsziel erreicht bzw. zum Teil unterschritten. Die Entwicklung der Produktionslücke fand großenteils auf dem Potentialpfad statt, wenn auch die Monate Januar und April hiervon abwichen. Die auf dem realen Gleichgewichtszins in Höhe von 1,47 v.H. basierende Taylor Rule trägt die Bezeichnung TR_NEL_147 und lautet:

$$r_t = \pi_t + 0{,}5 \cdot y_t + 0{,}5 \cdot (\pi_t - 2) + 1{,}47. \tag{44}$$

Nach der zweiten Methode kann man eine langfristige Inflationsrate in Höhe von 3,33 v.H. für die Niederlande ermitteln. Subtrahiert man diese von dem langfristigen Durchschnitt des EONIAs, dann erhält man als zweiten Schätzer des gleichgewichtigen Realzinses für die Niederlande einen Wert in Höhe von 0,30 v.H. Die Taylor Rule TR_NEL_030 zeigt dieses Ergebnis:

$$r_t = \pi_t + 0{,}5 \cdot y_t + 0{,}5 \cdot (\pi_t - 2) + 0{,}30. \tag{45}$$

Die Abbildung V.14.8 zeigt die beiden Taylor Regeln für die Niederlande:

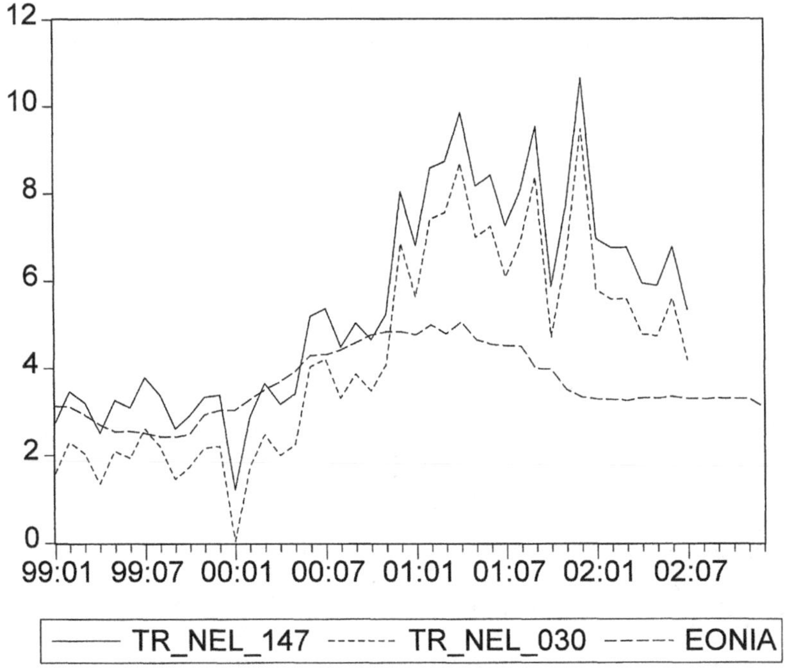

Abb. V.14.8: Taylor Rule und EONIA für die Niederlande

Quelle: eigene Berechnung

Wie man erkennt, lässt sich zunächst bis Oktober 2000 mit beiden Regeln der Verlauf des EONIAs nachbilden. Betrachtet man die zeitliche Entwicklung der Produktionslücke, der Inflationsrate und des realen EONIAs für die Niederlande,[228] dann stellt man einerseits zum Ende des Jahres 2000 ein starkes Anziehen der inflationären Entwicklung auf ein höheres Niveau fest. Diese Niveauerhöhung der Inflationsrate führt zu Taylor-Zinsen für die Niederlande, die – gemessen an der Entwicklung des EWWU-weiten EONIAs – sehr hoch erscheinen. Hier zeigt sich deutlich, dass die konjunkturelle Entwicklung der Mitgliedsländer der EWWU zu Taylor-Zinsen führen kann, die nicht mehr im Einklang mit dem Verlauf des Geldmarktsatzes im Euro-Währungsgebiet stehen. Dieses Ergebnis hat zwei Interpretationen. Aus normativer Sicht hätte im Hinblick auf die konjunkturelle Situation der Niederlande der Geldmarktzins höher sein sollen; die Geldpolitik der Europäischen Zentralbank war demnach für die Niederlande zu expansiv. Aus positiver Sicht betrachtet, muss festgestellt werden, dass die oben

[228] Siehe hierzu den Anhang.

genannten Taylor Regeln für die Niederlande aufgrund der konjunkturellen Entwicklung nicht mehr in der Lage sind, den EONIA nachzubilden. Dementsprechend fallen auch die Prüfwerte nach dem Auswahlkriterium (Gleichung (34)) aus. Für TR_NEL_147 ergibt sich 296,56 und für TR_NEL_030 177,43. Betrachtet man dagegen die Periode vom Anfang 1999 bis zum Beginn der Erhöhung des Inflationsniveaus im Oktober 2000, dann zeichnen die Taylor Regeln die EONIA-Entwicklung recht gut nach. Man erhält in diesem Zeitraum als Summe der quadrierten Abweichungen für TR_NEL_147 einen Wert in Höhe von 10,41 und für TR_NEL_030 ein Wert in Höhe von 30,85.

14.1.3.2.7 Finnland

Für Finnland konnte im Untersuchungszeitraum keine Periode gefunden werden, innerhalb derer sich Inflationsrate und Inlandsprodukt auf ihren Zielpfaden bewegten.[229] Es wird deshalb ein Schätzer für den gleichgewichtigen Realzins Finnlands durch Subtraktion der langfristig durchschnittlichen Inflationsrate in Finnland (2,3 v.H.) von dem langfristigen Durchschnitt des EONIAs ermittelt. Der Schätzer des gleichgewichtigen Realzinses in Finnland hat daher eine Höhe von 1,33 v.H. Damit folgt die Taylor Rule TR_FIN_133:

$$r_t = \pi_t + 0{,}5 \cdot y_t + 0{,}5 \cdot (\pi_t - 2) + 1{,}33. \quad (46)$$

Die Abbildung V.14.9 zeigt die Taylor Rule TR_FIN_133. Man erkennt, dass zum Teil sehr starke Abweichungen des berechneten Taylor Zinses von dem EONIA vorliegen. Insgesamt beläuft sich die Summe der quadrierten Abweichungen für die Regel TR_FIN_133 auf 148,68. Lediglich der Zeitraum nach September 1999 wird von der Regel in grober Tendenz wiedergegeben. So zeichnet die Regel den Anstieg des EONIAs ab September 1999 nach. Die Phase eines relativ konstanten EONIAs vom November 2000 bis Mai 2001 findet sich in den Taylor-Zinsen nicht. Stattdessen scheint die Regel vom November 2000 bis Ende 2001 einem Abwärtstrend zu folgen.

229 Siehe hierzu im Anhang die grafische Darstellung der Entwicklung der Produktionslücke, der Inflationsrate und des realen EONIAs für Finnland.

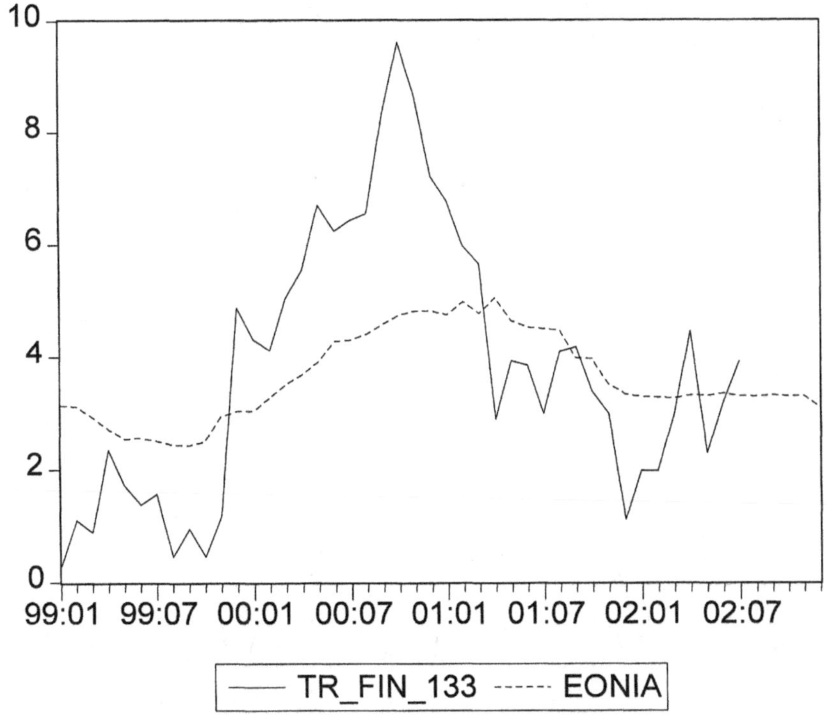

Abb. V.14.9: Taylor Rule und EONIA für Finnland

Quelle: eigene Berechnung

14.1.3.2.8 Spanien

Für Spanien konnten zwei Schätzer des gleichgewichtigen Realzinses gewonnen werden. Nach der ersten Methode wurde zur Schätzung des gleichgewichtigen Realzinses der Zeitraum vom Juli bis Oktober 2001 herangezogen. Innerhalb dieses Zeitraums entwickelten sich sowohl die Inflationsrate als auch das Inlandsprodukt annähernd auf ihren Zielpfaden. Eine Darstellung der zeitlichen Entwicklung der Produktionslücke, der Inflationsrate und des realen EONIAs für Spanien findet sich im Anhang. Für die oben genannte Periode konnte daher ein Schätzer des gleichgewichtigen Realzinses in Höhe von 1,93 v.H. ermittelt werden. Die hiermit formulierte Taylor Rule, TR_ESP_193, lautet:

$$r_t = \pi_t + 0{,}5 \cdot y_t + 0{,}5 \cdot (\pi_t - 2) + 1{,}93. \tag{47}$$

Nach der zweiten Methode wurde die langfristige Inflationsrate Spaniens in Höhe von 2,94 v.H. von dem langfristigen Mittel des EONIAs (3,63 v.H.) subtrahiert. Man erhält so einen zweiten Schätzer des gleichgewichtigen Realzinses für Spanien in Höhe von 0,69 v.H. Gleichung (48) zeigt die zweite Taylor Rule mit der Bezeichnung TR_ESP_069:

$$r_t = \pi_t + 0{,}5 \cdot y_t + 0{,}5 \cdot (\pi_t - 2) + 0{,}69. \qquad (48)$$

Abbildung V.14.10 stellt die beiden Taylor Regeln für Spanien dar:

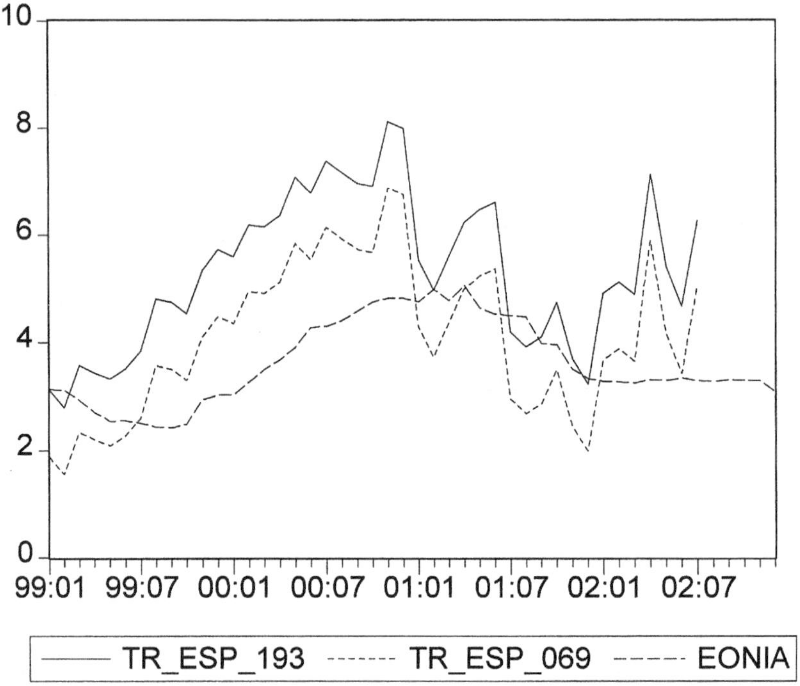

Abb. V.14.10: Taylor Rule und EONIA für Spanien

Quelle: eigene Berechnung

Nach dem Auswahlkriterium (Gleichung (34)) ergibt sich für die Taylor Rule TR_ESP_193 eine Summe der quadrierten Abweichungen der Taylor-Zinsen vom EONIA in Höhe von 175,98. Eine wesentlich kleinere Summe, nämlich 65,22, erhält man dagegen für die Taylor Regel TR_ESP_069. Die folgenden Ausführungen beziehen sich daher auf die letztgenannte Regel mit einem gleichgewichtigen Realzins in Höhe von 0,69 v.H.

Aus der Abbildung V.14.10 erkennt man, dass die nach Gleichung (48) berechneten Taylor-Zinsen den Trend des EONIAs zum Teil gut nachzeichnen. Für die Taylor Rule ergibt sich seit Anfang des Jahres 1999 ein Aufwärtstrend, der bis Oktober 2000 anhält und dann in einen Abwärtstrend bis etwa Mitte des Jahres 2001 übergeht. Ab Herbst 2001 scheint wieder ein Aufwärtstrend vorzuherrschen. Verglichen mit dem EONIA wird die Periode vom Januar bis September 1999 nicht richtig beschrieben. Während der EONIA tendenziell sinkt, steigen die Taylor-Zinsen. Der sich im EONIA-Verlauf anschließende Aufwärtstrend wird durch die Regel abgebildet, wenn auch das Niveau der Taylor-Zinsen zu hoch erscheint. Die Phasen eines relativ konstanten EONIAs – einerseits vom November 2000 bis März 2001 und andererseits ab Dezember 2001 – werden beide nicht von der Taylor Regel korrekt wiedergegeben.

14.1.4 Zusammenfassung einiger Ergebnisse

Dieses Kapitel soll nochmals kurz einige Ergebnisse für das Euro-Währungsgebiet sowie für die diskutierten Mitgliedstaaten zusammenfassen. Tabelle V.14.3 zeigt die Summe der Abweichungen der berechneten Taylor-Zinsen von dem tatsächlichen EONIA.

In der Mehrzahl aller Fälle konnte mittels der hier verwendeten Taylor Rule und unter Berücksichtigung eines länderspezifischen gleichgewichtigen Realzinses der Verlauf des EONIAs einigermaßen zufriedenstellend nachgebildet werden. Dieses war – abgesehen von der Anfangsperiode bis etwa September 1999 – insbesondere für das Euro-Währungsgebiet, Deutschland, Österreich, Frankreich, Italien und Spanien der Fall. Diese Länder weisen im Vergleich zu den übrigen diskutierten Ländern (Belgien, Niederlande sowie Finnland) erheblich geringere Summen der quadrierten Abweichungen auf. Für die Niederlande muss die Entwicklung des Taylor- Zinses im Vergleich zu dem EONIA differenziert gesehen werden. Bis etwa November 2000 scheinen die diskutierten Taylor Regeln den Verlauf des EONIAs recht gut zu erklären. Danach führen konjunkturelle Entwicklungen in den Niederlanden zu sehr großen Differenzen zwischen Taylor-Zinsen und EONIA. Im Fall Belgiens konnte der erste Aufwärtstrend des EONIAs ebenfalls in der Tendenz abgebildet werden, allerdings nur unter heftigen Schwankungen des Taylor-Zinses. Starke Schwankungen des Inlandsprodukts sind der Grund für eine weniger gute Abbildung des EONIAs durch die Taylor Rule im Fall Finnlands. Hier ist der berechnete Taylor-Zins zeitweise sehr viel zu hoch.

Land	SQA* nach erster Methode	SQA* nach zweiter Methode
Euro-Währungsgebiet	36,57	**33,19**
Deutschland	**67,33**	69,22
Österreich	**81,32**	82,54
Belgien**		101,75
Frankreich	33,50	**29,87**
Italien***	41,74	**25,29**
Niederlande	296,56	**177,43**
Finnland****		148,68
Spanien	175,98	**65,22**

* SQA bedeutet Summe der quadratischen Abweichungen der Taylor-Zinsen von dem EONIA. Siehe hierzu Gleichung (34).

** Für Belgien konnte nur nach der zweiten Methode ein Schätzer des gleichgewichtigen Realzinses entwickelt werden. Darüber hinaus waren die Daten nur bis Dezember 2000 verfügbar.

*** Im Fall Italiens waren die Daten nur bis Mai 2001 verfügbar.

**** Für Finnland konnte nur nach der zweiten Methode ein Schätzer des gleichgewichtigen Realzinses berechnet werden.

Tab. V.14.3: Summe der quadrierten Abweichungen berechneter Taylor-Zinsen von dem EONIA

Quelle: eigene Berechnung

Als Problem für die Erklärung des tatsächlichen EONIAs mittels einer Taylor Rule haben sich bei einigen Ländern heftige Schwankungen der industriellen Produktion erwiesen. Festzuhalten ist ferner das Ergebnis, dass die Zinsen, die die Taylor Rule aufgrund der konjunkturellen Situation in Mitgliedstaaten empfiehlt, zum Teil deutlich von der Entwicklung des EONIAs abweichen. Am Beispiel der Niederlande konnte gezeigt werden, dass die konjunkturelle Situation Zinsen nach der Taylor Rule für die Niederlande erfordert hätte, die weit über dem tatsächlichen EONIA-Geldmarktsatz gelegen hätten.

14.2 Ökonometrische Schätzungen

In diesem Abschnitt soll eine Taylor Rule für das Euro-Währungsgebiet ökonometrisch geschätzt werden. Genauer wird eine Schätzung des EONIA-Geldmarktsatzes als zu erklärender Variable auf der Grundlage einer Beziehung vom Typ der Taylor Rule vorgenommen. Die Koeffizienten vor der Inflationslücke und vor der Produktionslücke und implizit auch der gleichgewichtige Realzinssatz werden so bestimmt, dass sich eine möglichst gute Übereinstimmung mit dem Verlauf des tatsächlichen EONIAs ergibt. Der Unterabschnitt 14.2.1 beschreibt zuerst einige für das weitere Vorgehen wichtige ökonometrische Methoden. Im anschließenden Unterabschnitt 14.2.2 erfolgen dann die für die Schätzungen erforderlichen Untersuchungen der verwendeten Zeitreihen in Hinblick auf deren Stationarität. Die Schätzung selbst und deren Ergebnisse werden im Unterabschnitt 14.2.3 vorgestellt.

14.2.1 Ökonometrische Verfahren

In diesem Abschnitt sollen die im weiteren Verlauf wichtigen ökonometrischen Methoden vorgestellt werden. Hierzu wird im Folgenden (Unterabschnitt 14.2.1.1) der Begriff der Stationarität selbst und seine Bedeutung für die ökonometrische Analyse erläutert (Unterabschnitt 14.2.1.2). Es wird anschließend im Unterabschnitt 14.2.1.3 ein ökonometrischer Test, der sogenannte Augmented Dickey-Fuller Test, beschrieben, mit dem Zeitreihen auf ihre Stationarität hin untersucht werden können. Aus den Ergebnissen der Augmented Dickey-Fuller Tests wird deutlich, dass alle betrachteten Variablen integriert von derselben Ordnung I(1) sind. Die Konsequenz hiervon ist, dass eine Kointegrationsbeziehung zwischen den Variablen möglich sein kann. Aus diesem Grund geht der Unterabschnitt 14.2.1.4 auf Grundzüge der Kointegrationstheorie nach Engle und Granger ein.

14.2.1.1 Stationarität

Ziel dieses Unterabschnitts ist es den Begriff der „Stationarität" zu erklären. Zunächst soll eine verbale Definition von Stationarität gegeben werden. Nach Chatfield kann eine stationäre Zeitreihe wie folgt charakterisiert werden: „*... a time series is said to be stationary if there is no systematic change in mean (no trend), if there is no systematic change in variance, and if strictly periodic variations have been removed.*" (CHATFIELD, 1997, S. 10). Diese verbale Definition von Stationarität stellt insbesondere auf die beiden ersten Momente einer Verteilung, den Mittelwert und die Varianz, ab. Nach Chatfield muss eine stationäre Zeitreihe einen konstanten Mittelwert und eine konstante Varianz aufweisen.

Nach der verbalen Definition von Stationarität soll nun die formale Definition erfolgen. Pindyck und Rubinfeld charakterisieren einen stationären Prozess als „ *... invariant with respect to time.*" (PINDYCK, RUBINFELD, 1991, S. 443f), d.h. ein stationärer Prozess unterliegt keinen Veränderungen im Zeitablauf, so dass ein mathematisches Modell des Prozesses aufgestellt werden kann. Die konstanten Koeffizienten dieses Modells sind aus vergangenen Realisationen des Prozesses zu schätzen. Ein nicht-stationärer Prozess ist dagegen Veränderungen im Zeitablauf unterworfen. Zur Verdeutlichung der Eigenschaften stationärer Prozesse soll im Folgenden auf den Erwartungswert, die Varianz und auf die Kovarianz stationärer Prozesse eingegangen werden.

Um die Eigenschaften stationärer Prozesse zu erläutern, geht man von einer gegebenen stochastischen Zeitreihe ($y_1, ..., y_T$) aus, wobei die gegebene Zeitreihe ($y_1, ..., y_T$) eine mögliche Realisation der gemeinsamen Wahrscheinlichkeitsfunktion $p(y_1, ..., y_T)$ ist. Dementsprechend kann der zukünftige Wert der betrachteten Zeitreihe (y_{T+1}) durch die bedingte gemeinsame Wahrscheinlichkeitsfunktion dargestellt werden: $p(y_{T+1}| y_1, ..., y_T)$ (PINDYCK, RUBINFELD, 1991, S. 445).

Nach Pindyck und Rubinfeld ist Stationarität einer Zeitreihe dann gegeben, wenn sowohl die gemeinsame Wahrscheinlichkeitsfunktion als auch die bedingte gemeinsame Wahrscheinlichkeitsfunktion unabhängig von einem „ ... *displacement in time.*" sind. Formal bedeutet dieses (PINDYCK, RUBINFELD, 1991, S. 445):

$$p(y_t, ..., y_{T+k}) = p(y_{t+m}, ..., y_{T+k+m}) \text{ und} \tag{49}$$

$$p(y_t) = p(y_{t+m}) \text{ für } \forall t, k, m. \tag{50}$$

Die gemeinsame Wahrscheinlichkeitsfunktion sowie die bedingte Wahrscheinlichkeitsfunktion sind also unabhängig von einer Zeitverschiebung. Als Konsequenzen der Stationarität einer Zeitreihe ergeben sich erstens ein stationärer Mittelwert der Zeitreihe, zweitens eine stationäre Varianz der Zeitreihe sowie drittens eine stationäre Kovarianzfunktion (PINDYCK, RUBINFELD, 1991, S. 445).

Interpretiert man den Mittelwert (μ) einer Zeitreihe als deren Erwartungswert, dann gilt:

$$\mu_y = E(y_t) = E(y_{t+m}), \quad \forall t, m, \tag{51}$$

d.h. der Mittelwert der stationären Zeitreihe ist konstant. Die Varianz (σ^2_y) der Zeitreihe ist definiert als:

$$\sigma_y^2 = E\left[(y_t - \mu_y)^2\right] = E\left[(y_{t+m} - \mu_y)^2\right] \tag{52}$$

und ebenfalls konstant. Drittens müssen die Kovarianzen (γ_k) für alle lags k stationär sein, so dass gilt:

$$\gamma_k = Cov(y_t, y_{t+k}) = Cov(y_{t+m}, y_{t+m+k}). \tag{53}$$

14.2.1.2 Spurious Regressions

Nach der Erläuterung des Begriffs der „Stationarität" sollen einige Anmerkungen zur Bedeutung der Stationarität von Zeitreihen für die ökonometrische Analyse angeführt werden. Hierzu wird zunächst gezeigt, dass man sich dem Fehler der sogenannten „spurious regressions" aussetzt, wenn man nicht-stationäre Zeitreihen aufeinander regressiert. Danach folgen Anmerkungen zu den Möglichkeiten, eine nicht-stationäre Zeitreihe in eine stationäre Form zu überführen.

Der Stationarität von Zeitreihen kommt in der Zeitreihenanalyse deshalb so große Bedeutung zu, weil Regressionen von nicht-stationären Variablen aufeinander zu scheinbaren Regressionen (spurious regressions) führen. Trotz der Tatsache, dass bei solchen Regressionen von nicht-stationären Variablen aufeinander (vermeintlich) hoch signifikante Ergebnisse entstehen, wird doch nichts über eine ökonomische Kausalbeziehung zwischen den betrachteten Größen ausgesagt (MUKHERJEE, WHITE, WUYTS, 1998, S. 335). Das folgende Beipiel für spurious regressions wurde entnommen aus Mukherjee, White und Wuyts und soll das Problem illustrieren (MUKHERJEE, WHITE, WUYTS, 1998, S. 346f):

Um die von nicht-stationären Zeitreihen ausgehende Gefahr der scheinbaren Regressionen zu demonstrieren, konstruieren die Autoren zwei Random-Walk-Prozesse ausgehend von demselben Startwert (0). Hierdurch erhalten sie zwei Zeitreihen, die in keinerlei logisch zu erklärender Beziehung zueinander stehen. Es handelt sich bei den Zeitreihen vielmehr um *„... series based upon independently generated series of random numbers."* (MUKHERJEE, WHITE, WUYTS, 1998, S. 347), wobei die zwei Random-Walk-Prozesse folgendermaßen lauten:[230]

$$\begin{aligned} X_t &= X_{t-1} + u_t, \qquad & u_t &\sim N(0,\sigma^2) \ \forall t \\ Y_t &= Y_{t-1} + v_t^{'}, \qquad & v_t^{'} &\sim N(0,\sigma^2) \ \forall t. \end{aligned} \tag{54}$$

Die beiden oben beschriebenen Prozesse gleichen einander scheinbar, da auch die zufallsabhängigen Fehlerterme identische Verteilungen aufweisen. Weil aber die Höhe des Fehlerterms zufallsbedingt ist, sind X_t und Y_t zwei unterschiedliche Variablen. Um spurious regressions zu erzeugen, berechnen die Autoren 120 unterschiedliche Paare der Zeitreihen X_t und Y_t. Mit jedem dieser Paare wird anschließend eine Regressionsanalyse zwischen X_t und Y_t durchgeführt. Die Ergebnisse zeigt die Tabelle V.14.4:

[230] Diese beiden Prozesse stellen AR(1) Modelle dar. Allgemein lautet das AR(p) Modell: $X_t = \alpha_1 X_{t-1} + ... + \alpha_p X_{t-p} + u_t$, wobei $u_t \sim N(0,\sigma^2)$ (CHATFIELD, 1997, S. 35).

Signifikanzniveau in v.H.	t-Statistik	Anzahl der Regressionen	Anzahl der Regressionen in v.H.
	$t \leq 1{,}67$	24	20
10	$1{,}67 < t \leq 2$	6	5
5	$2 < t \leq 2{,}67$	11	9,2
1	$t \geq 2{,}67$	79	65,8
		$\Sigma = 120$	$\Sigma = 100$

Tab. V.14.4: Spurious Regressions

Quelle: MUKHERJEE, WHITE, WUYTS, 1998, S. 348

Obwohl die Zeitreihen X_t und Y_t aus Zufallszahlen bestehen, ist doch die einfache Regressionsanalyse (OLS) zwischen X_t und Y_t für 96 (oder 80 v.H.) der betrachteten Regressionen signifikant auf dem 10 v.H. Niveau. Auf dem 1 v.H. Niveau sind noch fast 2/3 aller Regressionen signifikant. Dieses Beispiel zeigt deutlich die Gefahr, die von Regressionen mit nicht-stationären Variablen ausgeht: Aus vollkommen zufallsbedingten Zeitreihen wird ein statistisch signifikanter Zusammenhang nachgewiesen. Aus diesem Grund kann eine Regressionsanalyse nach dem OLS-Verfahren nur mit stationären Zeitreihen angewendet werden.

Nachdem die Notwendigkeit der Stationarität einer Zeitreihe für die Regressionsanalyse anhand eines Beispiels erläutert wurde, soll im Folgenden der Frage nachgegangen werden, wie man stationäre Zeitreihen erhält.

Im Rahmen der Zeitreihenanalyse unterscheidet man Trendstationarität und Differenzenstationarität. Zur Erläuterung dieser beiden Formen der Stationarität soll von folgendem allgemeinen Modell ausgegangen werden (MUKHERJEE, WHITE, WUYTS, 1998, S. 349):

$$X_t = \beta_1 + \beta_2 \cdot t + \beta_3 X_{t-1} + u_t, \qquad u_t \sim N(0, \sigma^2). \tag{55}$$

Spezifiziert man die Gleichung (55) genauer, dann erhält man für $\beta_2 \neq 0$ und $|\beta_3| < 1$ ein Modell, das einem deterministischen Trend folgt. Es werden zwar temporäre Abweichungen von der vorherrschenden Trendkomponente durch die autoregressive Komponente ermöglicht, doch ist der Einfluss der autoregressiven Komponente durch die Koeffizientenrestriktion ($|\beta_3| < 1$) begrenzt. Langfristig schwankt die autoregressive Komponente also um den Trend. Ein solches Modell kann in eine stationäre Zeitreihe überführt werden, indem die Ausgangsdaten trendbereinigt werden. Technisch führt man hierzu eine Regression zwischen den X_t als erklärte Variable und einer Konstanten sowie einem Trend durch. Die aus dieser Regression hervorgehenden Residuen sind – nach Überprüfung – als trendstationär anzusehen und werden anstatt der ursprünglichen Daten in der weiteren Analyse verwendet.[231]

Werden in der Ausgangsgleichung (55) dagegen die Parameter $\beta_1 \neq 0$, $\beta_2 = 0$ und $\beta_3 = 1$ spezifiziert, dann erhält man ein sogenanntes Random-Walk-Modell mit Drift. Allgemein sind Random-Walk-Modelle autoregressive Prozesse, deren Trend als stochastisch, d.h. zufallsgeneriert, beschrieben werden kann.[232] Ein solcher Random-Walk mit Drift ist weder stationär noch trendstationär, weil die Zeitreihe hier einem stochastischen, zufallsbedingten und daher keinem deterministischen Trend folgt. Man kann jedoch einen solchen Prozess durch Differenzenbildung in eine stationäre Zeitreihe überführen. Aus diesem Grund heißt die hier aus Differenzenbildung hervorgegangene Zeitreihe differenzenstationär. Betrachtet man die erste Differenz der Zeitreihe X_t, dann erhält man:

$$\Delta X_t = X_t - X_{t-1} = \beta_1 + u_t. \tag{56}$$

In der Praxis muss die Zeitreihe ΔX_t auf Stationarität hin überprüft werden.[233] Fällt dieser Test positiv aus, sagt man die Zeitreihe X_t sei differenzenstationär vom Grad I(1) oder integriert vom Grad (1). Dieses bedeutet, dass aus den Ausgangsdaten die erste Differenz gebildet werden musste, um Stationarität zu erreichen.[234] Die Ausführungen zur Differenzenstationarität gelten auch im Fall eines vereinfachten Modells mit $\beta_1 = \beta_2 = 0$ und $\beta_3 = 1$. Dieses Modell ist der „einfache Random-Walk", der schon aus dem oben zitierten Beispiel bekannt ist.

Zusammenfassend lässt sich festhalten, dass Zeitreihen mit deterministischem Trend – und einer eventuell um diesen Trend oszillierenden autoregressiven Komponente – wie zuvor beschrieben – trendbereinigt werden müssen. Eine Differenzenbildung im Fall eines deterministischen Trends kann zu spurious regressions

---

[231] Die Aussagen gelten auch für den vereinfachten Fall mit $\beta_3 = 0$. In diesem Fall hat man einen „reinen deterministischen Trend" ohne temporäre autoregressive Abweichungen.

[232] Wie bereits erwähnt, lautet das AR(1) Modell: $X_t = \alpha X_{t-1} + u_t$, wobei $u_t \sim N(0,\sigma^2)$ und $\alpha = 1$. Man kann das AR(1) Modell umschreiben, indem man X_t nach u_t auflöst: $u_t = X_t - \alpha X_{t-1}$ und u_{t-1} bildet: $u_{t-1} = X_{t-1} - \alpha X_{t-2}$. Dieser Ausdruck wird nach X_{t-1} aufgelöst und in das ursprüngliche AR(1) Modell eingesetzt. Man erhält: $X_t = \alpha X_{t-1} + u_t = \alpha(u_{t-1} + \alpha X_{t-2}) + u_t$. Führt man diese Substitution fort, dann erhält man sukzessive folgenden Ausdruck:

$X_t = u_t + \alpha u_{t-1} + \alpha^2 u_{t-2} + \alpha^3 u_{t-3} + \ldots$. Hieraus wird deutlich, dass für AR-Modelle der Trend einem stochastischen Prozess, nämlich der Summe der vergangenen, gewichteten Fehlerterme, folgt.

[233] Theoretisch ist die Zeitreihe ΔX_t stationär; zu prüfen ist noch, ob der Fehlerterm $u_t \sim N(0, \sigma^2)$ verteilt ist.

[234] Es ist möglich, dass mehr als eine Differenz (z.B. 2) gebildet werden muss, bis man zu stationären Daten gelangt. In diesem Fall sagt man, die Zeitreihe X_t sei integriert vom Grad I(2).

führen (CHATFIELD, 1997, S. 235 und DAVIDSON, MACKINNON, 1993, S. 700). Liegt dagegen ein stochastischer Trend in den Daten vor, dann kann nur durch Differenzenbildung eine stationäre Zeitreihe erzeugt werden. Durch eine Trendbereinigung erlangt man im Fall stochastischer Trends ebenfalls keine stationäre Zeitreihe (CHATFIELD, 1997, S. 235 und DAVIDSON, MACKINNON, 1993, S. 700). Wie man erkennt, ist es daher wichtig zu wissen, welcher Art von Trend eine gegebene Zeitreihe folgt. Nur mit diesem Wissen kann man ein geeignetes Verfahren zum Erreichen der Stationarität der Daten auswählen. Eine Möglichkeit, mit der man zwischen Trend- und Differenzenstationarität unterscheiden kann, stellt der Augmented Dickey-Fuller Test dar, der im nächsten Kapitel beschrieben wird.[235]

14.2.1.3 Der Augmented Dickey-Fuller Test

Dieser Unterabschnitt beschreibt – wie bereits erwähnt – den Augmented Dickey-Fuller Test, der – wie andere Tests auch – in die Gruppe der Unit Root Tests[236] einzuordnen ist. Mit diesem Test wird analysiert, ob in einer Zeitreihe ein Random-Walk vorherrscht, d.h. ob man die Daten durch Differenzenbildung in eine stationäre Form überführen kann. Falls nach dem Augmented Dickey-Fuller Test keine AR-Komponente in der betrachteten Zeitreihe vorhanden ist, dann kann entweder gar kein Trend oder aber ein deterministischer Trend vorliegen. Ob ein deterministischer Trend vorhanden ist, kann in der noch zu spezifizierenden Schätzung anhand der Signifikanz des Trendparameters beurteilt werden.

Um zwischen deterministischen und stochastischen Trends differenzieren zu können, konstruiert man ein umfassendes Modell, das beide möglichen Trends sowie einen Fehlerterm (e_t) beinhaltet und somit formal der schon bekannten Gleichung (55) entspricht (PINDYCK, RUBINFELD, 1991, S. 460 und DAVIDSON, MACKINNON, 1993, S. 700ff):

$$X_t = \gamma_1 + \gamma_2 \cdot t + \gamma_3 \cdot X_{t-1} + e_t. \tag{57}$$

Falls der Fehlerterm ein AR(1) Prozess ist, erweitert man das Modell (57) zu (PINDYCK, RUBINFELD, 1991, S. 461 und DAVIDSON, MACKINNON, 1993, S. 700ff und S. 711):

$$X_t = \beta_1 + \beta_2 \cdot t + \beta_3 \cdot X_{t-1} + \lambda_1 \, \Delta X_{t-1} + u_t, \tag{58}$$

---

[235] Diese Aussage ist in der Praxis einzuschränken. Der Augmented Dickey-Fuller Test kann unter Umständen zu unscharfen Ergebnissen führen.

[236] Siehe hierzu Fußnote 238.

so dass der Fehlerterm $u_t \sim N(0, \sigma^2)$. Liegt im Fehlerterm dagegen ein stationärer AR(p) Prozess vor, dann fügt man in Gleichung (58) p weitere verzögerte Differenzen von X_t auf der rechten Seite hinzu:

$$X_t = \beta_1 + \beta_2 \cdot t + \beta_3 \cdot X_{t-1} + \sum_{i=1}^{p} \lambda_i \, \Delta X_{t-i} + u_t, \qquad \text{so dass } u_t \sim N(0, \sigma^2). \tag{59}$$

Es ist ebenfalls möglich, einen MA oder ARMA Prozess im Fehlerterm zu inkorporieren. Generell muss man so viele verzögerte Differenzen in Betracht ziehen, bis gewährleistet ist, dass die Residuen keine Autokorrelation mehr aufweisen.[237] In der Praxis findet daher man die benötigte Anzahl an verzögerten Differenzen durch Ausprobieren, wobei man zur Orientierung eine Obergrenze der Verzögerungen von n = (Beobachtungen)$^{1/3}$ annehmen kann (DAVIDSON, MACKINNON, 1993, S. 712). Hat man sich für eine Anzahl der zu beachtenden lags entschieden, dann betrachtet man anschließend die Autokorrelation und die partielle Autokorrelation der Residuen des geschätzten Modells. Nur wenn man zu dem Ergebnis kommt, dass die Residuen nicht mehr signifikant korreliert sind, kann man davon ausgehen, dass die gewählte Anzahl der beachteten lags hinreichend ist. Andernfalls muss man die lag-Struktur des Modells verändern.

Durch Subtraktion von X_{t-1} auf beiden Seiten der Gleichung (59) erhält man schließlich:

$$\Delta X_t = \beta_1 + \beta_2 \cdot t + (\beta_3 - 1) X_{t-1} + \sum_{i=1}^{p} \lambda_i \, \Delta X_{t-i} + u_t, \qquad u_t \sim N(0, \sigma^2). \tag{60}$$

Die Gleichung (60) bildet die Basis des Augmented Dickey-Fuller Tests. Wie bereits erwähnt, will man testen, ob die Zeitreihe X_t in Gleichung (59) einem signifikanten Random-Walk folgt. Dieses wäre gegeben, wenn die Schätzung der Gleichung (60) signifikant ergäbe, dass $\beta_3 = 1$ ist. In Gleichung (59) herrscht dann ein stochastischer Trend vor. Ergibt die Schätzung dagegen, dass der Parameter β_3 signifikant kleiner 1 ist, dann liegt kein stochastischer Trend vor. Die zu testende Nullhypothese (H_0) lautet daher, dass ein stochastischer Trend vorliegt, während die Alternativhypothese (H_1) keinen stochastischen Trend postuliert (DAVIDSON,

---

[237] Die Freiheit der Residuen von Autokorrelation ist notwendig, um die Dickey-Fuller Verteilung der Prüfgröße anwenden zu können (DAVIDSON, MACKINNON, 1993, S. 710). Siehe hierzu weiter unten.

MACKINNON, 1993, S. 701).[238] Wird die Nullhypothese verworfen, dann liegt entweder gar kein Trend vor oder ein deterministischer. Ist der Parameter β_2 signifikant von null verschieden, dann liegt ein deterministischer Trend in X_t vor. Mit dem Augmented Dickey-Fuller Test wird also Folgendes geprüft:

H_0: $\beta_3 = 1$,

bzw. die alternative Hypothese lautet:

H_1: $\beta_3 < 1$.

Unter der Nullhypothese der Existenz einer Einheitswurzel ist die Prüfgröße (PG) des t-Tests gegeben durch (PINDYCK, RUBINFELD, 1991, S. 57):

$$PG = \frac{\hat{\beta}_3 - 1}{s.e.(\hat{\beta}_3)}. \tag{61}$$

Hierbei bezeichnet s.e. den Standardfehler des Schätzers. Bei der Interpretation des Hypothesentests muss beachtet werden, dass unter der Nullhypothese der Existenz einer Unit Root die Prüfgröße nicht – wie üblich – eine Student t-Verteilung hat, sondern Dickey-Fuller verteilt ist. Hieraus folgt, dass die üblichen kritischen Werte der Student t-Verteilung nicht angewendet werden können. Dickey und Fuller haben jedoch aus Simulationen kritische Werte für einige Stichprobengrößen der Dickey-Fuller Verteilung ermittelt (DICKEY, FULLER, 1981, S. 1063). Diese kritischen Werte wurden später von MacKinnon verallgemeinert und werden z.B. von Eviews angegeben.

---

[238] Allgemein kann man für X_t von einem AR(p) Modell ausgehen. Das bereits bekannte AR(p) Modell lautet: $X_t = \alpha_1 X_{t-1} + ... + \alpha_p X_{t-p} + u_t$, wobei $u_t \sim N(0,\sigma^2)$. Dieses lässt sich unter Zuhilfenahme des Backshift- oder Lag-Operators umformen zu:
$X_t\left(1 - \alpha_1 B - \alpha_2 B^2 - ... - \alpha_p B^p\right) = u_t$, wobei der Backshift-Operator $BX_t = X_{t-1}$, $B^2X_t = X_{t-2}$ usw. bedeutet. Das Polynom $\left(1 - \alpha_1 B - \alpha_2 B^2 - ... - \alpha_p B^p\right)$ wird auch als charakteristische Gleichung bezeichnet. Diese charakteristische Gleichung wird zunächst gleich null gesetzt und anschließend werden die Wurzeln berechnet. Stationarität liegt dann vor, wenn alle Wurzeln der charakteristischen Gleichung außerhalb des Einheitskreises liegen. Ist dagegen nur eine Wurzel betragsmäßig kleiner oder gleich eins und liegt daher im oder auf dem Einheitskreis, dann ist eine Unit Root vorhanden. Die betrachtete Zeitreihe heisst dann integriert wenigstens vom Grad eins (I(1)) und ist nicht stationär. In diesem Fall müssen dann Differenzen gebildet werden (DAVIDSON, MACKINNON, 1993, S. 700f).

14.2.1.4 Kointegrationstheorie

Da – wie noch im folgenden Unterabschnitt 14.2.2 zu zeigen ist – alle im weiteren Verlauf betrachteten Variablen integriert vom Grad I(1) sind, ist es möglich, dass eine Kointegrationsbeziehung zwischen den Variablen besteht. In diesem Fall ist dann die Taylor Rule für das Euro-Währungsgebiet mittels der Kointegrationsanalyse zu schätzen. Dieser Unterabschnitt soll daher die Theorie der Kointegration von Variablen nach Engle und Granger in ihren Grundzügen erläutern.

Den Ausgangspunkt für die Entwicklung der Kointegrationstheorie stellte lange Zeit das Bestreben dar, ökonomische Beziehungen sowohl auf lange als auch auf kurze Sicht zu analysieren. Während die kurzfristige Anpassung modellierbar war, konnten die langfristigen Aspekte, d.h. die Frage, ob Zeitreihen sich gemeinsam entwickeln, oder ob sie sich von einander im Zeitablauf entfernen, kaum analysiert werden. Da fast jede ökonomische Zeitreihe trendbehaftet ist, konnte eine Analyse nur mit trendbereinigten Daten erfolgen. Während man sich hierdurch einerseits der Gefahr von spurious regressions entzieht, verliert man auf der anderen Seite durch die Trendbereinigung wichtige Informationen der Zeitreihe über ihr langfristiges Verhalten. Insbesondere langfristige Beziehungen zwischen Variablen im Gleichgewicht sind durch die Trendbereinigung kaum erfassbar, da die Informationen über das langfristige Verhalten von Variablen verloren gehen (MUKHERJEE, WHITE, WUYTS, 1998, S. 406f).[239] Die Kointegration nach Engle und Granger stellt nun eine Möglichkeit dar, sowohl das langfristige Verhalten von Variablen im Gleichgewicht als auch deren kurzfristige Anpassungsvorgänge zu modellieren.

Um den besonderen Charakter kointegrierter Variablen deutlich hervorzuheben, sollen zuerst einige Anmerkungen zu Linearkombinationen von nicht-stationären I(1) Variablen erfolgen. Danach wird auf die Kointegration eingegangen.

Hat man beispielsweise eine Linearkombination von zwei Variabeln X_t und Y_t gegeben, die beide integriert vom Grad I(1) sind, und unterstellt man weiter folgendes nach den Residuen aufgelöste Modell:

$$u_t = Y_t - \lambda \cdot X_t, \qquad (62)$$

dann wird die Linearkombination der nicht-stationären Zeitreihen in der Regel auch keine stationären Residuen aufweisen. Das Residuum (u_t) wird vielmehr

[239] Dass Informationen durch die Differenzenbildung verloren gehen, folgt aus dem mathematischen Vorgehen. Zur Ermittlung der Gleichgewichtswerte von dynamischen Problemen geht man von der Annahme aus, dass die betrachtete Größe, z.B. X_t, sich nicht mehr ändert, d.h. man setzt $X_t = X_{t-1} = \ldots$. Durch diese Annahme werden alle in einem Modell betrachteten Differenzen null. Siehe hierzu genauer (MUKHERJEE, WHITE, WUYTS, 1998, S. 407).

auch integriert vom Grad I(1) sein (HOLDEN, THOMPSON, 1992, S. 7).[240] Weiter ist die Wahrscheinlichkeit hoch, dass die Regressionsanalyse mit nicht-stationären Variablen zu spurious regressions führen wird, wie bereits im Unterabschnitt 14.2.1.2 gezeigt wurde.

Wie Engle und Granger beweisen, ist es unter besonderen Umständen dennoch möglich, dass eine Linearkombination der I(d) integrierten Variablen existiert, die von einem geringeren Grad integriert ist als die Variablen selbst (ENGLE, GRANGER, 1987, S. 253). Für den Fall I(1) integrierter Variablen kann also eine lineare Verknüpfung dieser Zeitreihen zu Residuen führen, die stationär sind. Tritt dieser Fall ein, dann heißen die betrachteten Variablen kointegriert. Engle und Granger formulieren folgende Bedingung für die Kointegration von Variablen: Erstens müssen alle im Modell betrachteten Variablen integriert von derselben Ordnung I(d) sein. Zweitens muss eine Linearkombination dieser Variablen existieren, die integriert von einer geringeren Ordnung I(d - b), $d \geq b$ und $b > 0$ ist als die Variablen selbst. Treffen diese beiden Bedingungen zu, dann herrscht zwischen den Variablen eine Kointegrationsbeziehung vom Grad CI(d, b).[241]

Übertragen auf die beiden nicht-stationären Zeitreihen X_t und Y_t, bedeutet dieses: Wenn X_t und Y_t beide integiert vom Grad I(1) sind und wenn weiter die Residuen:

$$u_t = Y_t - \lambda \cdot X_t, \tag{63}$$

integriert vom Grad I(0) sind, dann heißen die Variablen X_t und Y_t kointegriert. Die ursprüngliche Regression von X_t auf Y_t:

$$Y_t = \lambda \cdot X_t + u_t, \tag{64}$$

bezeichnet man dann als kointegrierende Gleichung und den Schätzer λ als kointegrierenden Parameter.[242]

---

[240] Nach Holden und Thompson wird der Integrationsgrad einer Linearkombination von jener Variablen dominiert, die den höchsten individuellen Grad der Integration aufweist. Addiert man z.B. eine I(0) integrierte Zeitreihe zu einer I(1) integrierten Zeitreihe, dann wird das Resultat ebenfalls integriert vom Grad I(1) sein. Der Grund hierfür liegt in der Dominanz der Varianz der höher integrierten Zeitreihe. Während die Varianz der I(0) integrierten Zeitreihe konstant ist, strebt die Varianz der I(1) integrierten Zeitreihe gegen ∞, wenn t gegen ∞ geht (HOLDEN, THOMPSON, 1992, S. 7 und ENGLE, GRANGER, 1987, S. 252f).

[241] Engle und Granger betonen, dass eine kointegrierende Beziehung zwischen Variablen keinesfalls üblich oder zu erwarten ist (ENGLE, GRANGER, 1987, S. 253).

[242] Im Fall von n = 2 Variablen ist λ ein kointegrierender Parameter. Für den Fall von n > 2, d.h. von mehr als zwei Variablen, ist λ ein kointegrierender Vektor.

Nach der Darstellung des Konzepts der Kointegration von Zeitreihen soll im Folgenden versucht werden, die Kointegrationsbeziehung von Variablen näher zu interpretieren.[243]

Die Kointegration von zwei Zeitreihen hat zur Folge, dass die Entwicklung der Variablen im Zeitablauf gemeinsam, d.h. parallel, verläuft. Darüber hinaus weisen die kointegrierten Variablen die Eigenschaft auf, zum einen langfristig ihre Gleichgewichtswerte anzunehmen, zum anderen aber kurzfristig vom Gleichgewichtszustand abweichen zu können (ENGLE, GRANGER, 1987, S. 252). Wenn Variablen kurzfristig von ihren Gleichgewichtswerten abweichen, dann führen Kräfte in dem Modell langfristig wieder zur Herstellung des Gleichgewichts zurück.

Eng verbunden mit dieser Eigenschaft ist das sogenannte Repräsentationstheorem, wonach kointegrierte Variablen immer als Fehler-Korrektur-Modell dargestellt werden können. Dieses Theorem gilt auch umgekehrt, d.h. existiert ein Fehler-Korrektur-Modell zweier Zeitreihen, dann sind diese auch kointegriert (HOLDEN, THOMPSON, 1992, S. 8f). Interessant ist nun, dass die Darstellung des Fehler-Korrektur-Modells sowohl die langfristige Gleichgewichtsbeziehung als auch die kurzfristigen Anpassungsvorgänge inkorporiert und darstellt. Aus diesem Grund lassen sich mit der Kointegrationstheorie – wie in der Einleitung erwähnt – das langfristige Gleichgewicht sowie die kurzfristigen Anpassungen modellieren.

Ein einfaches Fehler-Korrektur-Modell besteht aus zwei Komponenten (MUKHERJEE, WHITE, WUYTS, 1998, S. 407). Die erste Komponente, der EC-Term (Error-Correction), ist bereits bekannt. Löst man die kointegrierende Gleichung nach den Residuen auf, so erhält man die EC-Komponente. Die zweite Komponente kommt z.B. in folgender Gleichung zum Ausdruck:

$$\Delta Y_t = \beta_1 + \beta_2 \cdot \Delta X_t + \beta_3 \cdot EC_{t-1} + e_t. \qquad (65)$$

Die Gleichung (65) impliziert Folgendes: Eine Veränderung von Y von der Periode t-1 bis zur Periode t setzt sich zusammen aus einem konstanten Faktor (β_1), aus der zeitgleichen Veränderung von X sowie aus der Fehler-Korrektur der Vorperiode t-1. Der EC-Term bildet dabei die langfristige Gleichgewichtsbeziehung zwischen den betrachteten Variablen ab und wird mit dem Faktor (β_3) gewichtet. Dieser Faktor (β_3) kann als Einfluss des EC-Terms interpretiert werden, anschaulich kommt darin eine Anpassungsgeschwindigkeit zum Ausdruck. Die übrigen kurzfristigen Anpassungen im Fehler-Korrektur-Modell werden durch die verbleibenden Differenzen von X_t und Y_t modelliert. In einer allgemeineren Formulierung des Fehler-Korrektur-Modells wird man so viele Differenzen der Variablen berücksichtigen, bis der Fehler (e_t) ~ $N(0, \sigma^2)$. In dieser Arbeit wird im

[243] Es wird dabei auf kointegrierte Variablen vom Grad CI(1,1) zurückgegriffen. Der Grund hierfür ist die Tatsache, dass in der Literatur hauptsächlich dieser Fall diskutiert wird.

weiteren Verlauf nur die langfristige Beziehung geschätzt. Das Fehler-Korrektur-Modell wurde dennoch erwähnt, da es die Verbindung von langfristigen Gleichgewichten und kurzfristiger Dynamik sichtbar macht.

Interpretiert man – wie Engle und Granger – das langfristige Gleichgewicht der Kointegrationsbeziehung als *„stationary point"* (ENGLE, GRANGER, 1987, S. 251), dann bedeutet dieses, dass die Residuen des zugrunde liegenden Modells stationär sein müssen. Mit anderen Worten muss im Gleichgewicht die Linearkombination, d.h. das aufgestellte Modell, zu Residuen führen, die stationär sind. Bildlich betrachtet, müssen die Residuen mit konstanter Varianz um null schwanken, während die einzelnen Variablen selbst für t gegen ∞ eine immer größere Varianz aufweisen und daher kaum damit zu rechnen ist, dass die Variablen zur Nulllinie zurückkehren. Wenn die einzelnen Variablen demnach eine immer größere Varianz aufweisen und von der Nulllinie entfernt sind, wie kann man dann erklären, dass eine Linearkombination dieser Variablen mit konstanter Varianz um die Nulllinie schwankt? Eine Erklärung hierfür liefert die Eigenschaft des kointegrierenden Parameters, die gemeinsamen stochastischen Komponenten aus den Variablen „herauszukürzen" (ENGLE, GRANGER, 1987, S. 253). Durch die Linearkombination werden demnach gemeinsame Informationsteile aus den Variablen eliminiert, wodurch sich die Variablen fortan eng beieinander entwickeln (HOLDEN, THOMPSON, 1992, S. 8).

Darüber hinaus ist die Stationarität einer Linearkombination aus I(1) integrierten Variablen als Hinweis auf eine langfristige Beziehung der Variablen untereinander zu deuten. Dieses unterscheidet die kointegrierte Beziehung zudem von spurious regressions nicht-stationärer Variablen, deren Residuen nicht stationär sind.

Abschließend soll noch auf das Problem der Eindeutigkeit einer kointegrierenden Beziehung hingewiesen werden. Geht man von dem Fall zweier kointegrierter Variablen aus, dann ist der kointegrierende Parameter eindeutig bestimmt. Im Fall von n kointegrierten Variablen kann es bis zu (n-1) kointegrierende Beziehungen geben.[244]

14.2.2 Stationarität der verwendeten Zeitreihen

In den folgenden drei Unterabschnitten (14.2.2.1 bis 14.2.2.3) werden die verwendeten drei Zeitreihen (EONIA, infl und ygap) auf ihre Stationarität hin untersucht. Dazu wird das folgende Testverfahren bestehend aus dem oben erläuterten Augmented Dickey-Fuller Test sowie aus einem Test der Residuen auf Autokorrelation angewendet. Daneben wird zur Spezifizierung des endgültigen Modells ein sogenannter „General to Specific" -Ansatz gewählt. Mit diesem Ansatz

[244] Das Johansen-Verfahren ist in der Lage, alle existierenden kointegrierenden Beziehungen zu identifizieren. Bezüglich des Johansen-Verfahren sei der Leser auf die Literatur verwiesen, z.B. Johansen (JOHANSEN, 1988).

geht man zunächst von einem allgemeinen Modell aus, das sukzessive durch weitere Tests vereinfacht wird (HOLDEN, THOMPSON, 1992, S. 19). Das weitere Vorgehen kann daher folgendermaßen beschrieben werden:

Den Ausgangspunkt der Untersuchung einer Zeitreihe in Hinblick auf Stationarität bildet ein umfassendes Modell nach Gleichung (59). Wie bereits erwähnt, geht man davon aus, dass die zu untersuchende Zeitreihe sowohl einen deterministischen als auch einen stochastischen Trend enthält. Durch Subtraktion des Vorperiodenwerts (X_{t-1}) wird aus Gleichung (59) – wie ebenfalls bereits erwähnt – folgender Ausdruck (Gleichung (60)):

$$\Delta X_t = \beta_1 + \beta_2 \cdot t + (\beta_3 - 1) X_{t-1} + \sum_{i=1}^{p} \lambda_i \, \Delta X_{t-i} + u_t, \qquad u_t \sim N(0, \sigma^2).$$

Die Subtraktion des Vorperiodenwerts der betrachteten Zeitreihe auf beiden Seiten der Gleichung (59) ist nötig, da der Augmented Dickey-Fuller Test prüft, ob die Nullhypothese (H_0: $\beta_3 = 1$) der Existenz einer Unit Root verworfen werden kann. Die Nullhypothese lautet, dass ein stochastischer Trend vorliegt. Wenn die Schätzung der Gleichung (60) ergibt, dass β_3 signifikant gleich 1 ist, dann kann die Nullhypotese nicht verworfen werden. Ist dagegen β_3 signifikant kleiner eins, dann kann die Nullhypothese verworfen werden. Genauer führt die Subtraktion des Vorperioden-werts die Gleichung (59) in die Form eines einseitigen Tests des Koeffizienten β_3 über (DAVIDSON, MACKINNON, 1993, S. 701).

Im ersten Schritt des Testverfahrens wird die Gleichung (59) mittels OLS geschätzt, wodurch sich erste Hinweise auf notwendige Modellveränderungen ergeben. Im zweiten Schritt werden die Residuen dieser Regression berechnet und auf Autokorrelation hin untersucht. Werden Hinweise auf Autokorrelation gefunden, dann muss die Anzahl der verzögerten Differenzen im Modell erhöht werden. Der dritte Schritt besteht in der Ermittlung des zu dem betrachteten Modells gehörenden Augmented Dickey-Fuller Test. Wenn erstens keine Autokorrelation der Residuen mehr gegeben ist und wenn zweitens im Augmented Dickey-Fuller Test die Hypothese der Existenz einer Unit Root zurückgewiesen werden kann, dann wird das Modell akzeptiert. Ist man im Rahmen des gewählten Modells von nichtdifferenzierten Daten ausgegangen, dann kommt man zu dem Schluss, dass die Zeitreihe X_t integriert vom Grad I(0) ist. Musste man dagegen bei der Zeitreihe X_t eine einmalige Differenzenbildung durchführen, um die Existenz einer Unit Root verwerfen zu können, dann bezeichnet man die Zeitreihe X_t (wie bereits erwähnt) als integriert vom Grad I(1). Anschließend wird – dem oben genannten General to Specific-Ansatz folgend – versucht, das gewählte Modell zu vereinfachen.

14.2.2.1 Der EONIA

In diesem Unterabschnitt soll überprüft werden, ob die schon aus Abschnitt 14.1 bekannte Zeitreihe (EONIA) stationär ist. Den Ausgangspunkt der weiteren Analyse bildet die Gleichung (59), in der die nicht durch Differenzbildung modifizierte Zeitreihe EONIA, eine Konstante, ein Trend, eine Random-Walk Komponente sowie p = 2 verzögerte Differenzen betrachtet werden sollen:

$$\text{EONIA}_t = \beta_1 + \beta_2 \cdot t + \beta_3 \cdot \text{EONIA}_{t-1} + \sum_{i=1}^{p=2} \lambda_i \, \Delta\,\text{EONIA}_{t-i} + u_t,\; u_t \sim N\left(0,\sigma^2\right). \quad (66)$$

Durch Subtraktion des Vorperiodenwerts der Zeitreihe EONIA auf beiden Seiten erhält man Gleichung (67):[245]

$$\Delta\,\text{EONIA}_t = \beta_1 + \beta_2 \cdot t + (\beta_3 - 1)\text{EONIA}_{t-1} + \sum_{i=1}^{p=2} \lambda_i \, \Delta\,\text{EONIA}_{t-i} + u_t, \quad (67)$$
$$u_t \sim N\left(0,\sigma^2\right).$$

Wie bereits im Unterabschnitt 14.2.2 erwähnt, besteht der erste Schritt der Probe auf Stationarität in einer OLS-Regression der Gleichung (66). In dieser Regression sind die Konstante auf dem 10 v.H. Niveau und der Vorperiodenwert sowie die zweite verzögerte Differenz auf dem 1 v.H. Niveau signifikant. Der Einfluss des Trends (t) ist nicht signifikant; dieses ist ein Hinweis auf eine Eliminierung des Trends aus der Schätzgleichung. Der Test der Residuen von Gleichung (66) zeigt keinerlei signifikante Korrelation zwischen den Residuen für 12 lags mehr an. Mit dem Augmented Dickey-Fuller Test jedoch kann für das postulierte Modell bzw. für Gleichung (67) die Hypothese der Existenz einer Unit Root nicht zurückgewiesen werden. In einem zweiten Ansatz wird der Trend aus Gleichung (66) eliminiert. Der Schätzansatz lautet daher:

$$\text{EONIA}_t = \beta_1 + \beta_3 \cdot \text{EONIA}_{t-1} + \sum_{i=1}^{p=2} \lambda_i \, \Delta\,\text{EONIA}_{t-i} + u_t,\;\; u_t \sim N\left(0,\sigma^2\right). \quad (68)$$

Durch Subtraktion des Vorperiodenwerts von EONIA auf beiden Seiten der Gleichung (68) erhält man den Ausdruck (69):

$$\Delta\,\text{EONIA}_t = \beta_1 + (\beta_3 - 1)\text{EONIA}_{t-1} + \sum_{i=1}^{p=2} \lambda_i \, \Delta\,\text{EONIA}_{t-i} + u_t,\;\; u_t \sim N\left(0,\sigma^2\right). \quad (69)$$

[245] Zur Begründung dieser und aller ähnlichen Umformungen siehe Unterabschnitt 14.2.2.

Die Schätzung der Gleichung (68) mit Eviews liefert folgende Ergebnisse. Die Konstante β_1 und der EONIA der Vorperiode sind gerade nicht mehr auf dem 10 v.H. Niveau signifikant, wogegen die zweite verzögerte Differenz des EONIAs weiterhin auf dem 1 v.H. signifikant ist. Die sich anschließende Untersuchung der Residuen dieser Regression in Hinblick auf Autokorrelation und partielle Autokorrelation mit 12 lags zeigt, dass in beiden Fällen die Residuen als nicht korreliert gelten können. Auch im Augmented Dickey-Fuller Test für das aktuelle Modell bzw. für Gleichung (69) kann die Nullhypothese der Existenz einer Unit Root – wie im Fall der ersten Regression mit nicht-differenzierten Daten – nicht verworfen werden. Es scheint daher angebracht, im weiteren Verlauf die erste Differenz der Zeitreihe EONIA zu verwenden, wobei der Ausdruck „dEONIA" im Folgenden für die erste Differenz der Zeitreihe EONIA steht. Der Schätzansatz (68) wird deshalb verändert zu:

$$\mathrm{dEONIA}_t = \beta_1 + \beta_3 \cdot \mathrm{dEONIA}_{t-1} + \sum_{i=1}^{p=2} \lambda_i \, \Delta\,\mathrm{dEONIA}_{t-i} + u_t, \qquad u_t \sim N\left(0,\sigma^2\right) \tag{70}$$

Subtrahiert man auf beiden Seiten von Gleichung (70) den Vorperiodenwert der Zeitreihe dEONIA, dann erhält man:

$$\Delta\mathrm{dEONIA}_t = \beta_1 + (\beta_3 - 1)\,\mathrm{dEONIA}_{t-1} + \sum_{i=1}^{p=2} \lambda_i \Delta\mathrm{dEONIA}_{t-i} + u_t,\ u_t \sim N\left(0,\sigma^2\right). \tag{71}$$

Die Schätzung der Gleichung (70) mit Eviews ergibt folgendes Ergebnis: Während die Konstante und die zweite Differenz nicht mehr signifikant sind, kann dagegen für die erste Differenz und den Vorperiodenwert der Reihe dEONIA ein signifikanter Wert auf dem 1 bzw. dem 5 v.H. Niveau ermittelt werden. Die sich anschließende Untersuchung der Residuen dieser Regression zeigt keine signifikante Autokorrelation oder partielle Autokorrelation an. Dennoch wird im Augmented Dickey-Fuller Test die Hypothese der Existenz einer Unit Root für Gleichung (71) nicht zurückgewiesen.

In dem dritten Modell wird – den Ergebnissen des vorangegangenen Modells (70) Rechnung tragend – sowohl die Konstante als auch die zweite verzögerte Differenz eliminiert. Man erhält die Gleichung (72):

$$\mathrm{dEONIA}_t = \beta_3 \cdot \mathrm{dEONIA}_{t-1} + \sum_{i=1}^{p=1} \lambda_i \, \Delta\,\mathrm{dEONIA}_{t-i} + u_t, \qquad u_t \sim N\left(0,\sigma^2\right), \tag{72}$$

bzw. nach Subtraktion des Vorperiodenwerts von dEONIA auf beiden Seiten der Gleichung (72) folgenden Ausdruck:

$$\Delta\,\text{dEONIA}_t = (\beta_3 - 1)\,\text{dEONIA}_{t-1} + \lambda_1\,\Delta\,\text{dEONIA}_{t-1} + u_t, \quad u_t \sim N(0,\sigma^2). \tag{73}$$

Die Schätzung der Gleichung (72) mit Eviews zeigt folgende Ergebnisse: Sowohl der Vorperiodenwert von dEONIA als auch die verbliebene verzögerte erste Differenz sind signifikant auf dem 2,5 v.H. bzw. auf dem 1 v.H. Niveau. Der Test der Residuen dieser Schätzung zeigt keinerlei signifikante Autokorrelation mehr an. Weiter kann die Hypothese der Existenz einer Unit Root im betrachteten Modell auf dem 5 v.H. Niveau zurückgewiesen werden. Hieraus folgt, dass die erste Differenz der Zeitreihe EONIA stationär ist. Die Zeitreihe EONIA ist daher integriert vom Grad I(1).[246]

14.2.3.2 Die Inflationsrate

Die Zeitreihe der Inflationsrate „infl" wurde ebenfalls schon im Abschnitt 14.1 verwendet. Zur Überprüfung ihrer Stationarität soll wieder von dem allgemeinen Modell (59) ausgegangen werden. Das Modell geht von der nicht durch Differenzenbildung modifizierten Zeitreihe infl aus und enthält – wie bereits bekannt – neben einer Konstanten, einen deterministischen und einen stochastischen Trend sowie zwei verzögerte Differenzen und einen Fehlerterm:

$$\text{infl}_t = \beta_1 + \beta_2 \cdot t + \beta_3 \cdot \text{infl}_{t-1} + \sum_{i=1}^{p=2} \lambda_i\,\Delta\,\text{infl}_{t-i} + u_t, \qquad u_t \sim N(0,\sigma^2). \tag{74}$$

Durch Subtraktion des Vorperiodenwerts der Zeitreihe infl auf beiden Seiten der Gleichung (74) erhält man:

$$\Delta\,\text{infl}_t = \beta_1 + \beta_2 \cdot t + (\beta_3 - 1)\,\text{infl}_{t-1} + \sum_{i=1}^{p=2} \lambda_i\,\Delta\,\text{infl}_{t-i} + u_t, \qquad u_t \sim N(0,\sigma^2). \tag{75}$$

Die Schätzung der Gleichung (74) mit Eviews liefert folgendes Ergebnis: Die Konstante ist auf dem 10 v.H. Niveau signifikant, während der Vorperiodenwert auf dem 1 v.H. Niveau signifikant ist. Alle anderen Schätzer sind nicht signifikant. Die Betrachtung der Residuen dieser Regression zeigt, dass für lags von n = 4 und n = 12 eine signifikante Autokorrelation sowie eine signifikante partielle Autokorrelation herrscht. Der auf dem betrachteten Modell basierende Augmented Dickey-Fuller Test ergibt, dass die Hypothese der Existenz einer Unit Root nicht verworfen werden kann. Als erste Modifikation des Ausgangsmodells (74) wird der deterministische Trend weggelassen. Das neue Modell lautet:

246 Im Anhang zu Unterabschnitt 14.2.3 findet sich eine Zusammenfassung der Testergebnisse.

$$\text{infl}_t = \beta_1 + \beta_3 \cdot \text{infl}_{t-1} + \sum_{i=1}^{p=2} \lambda_i \, \Delta\,\text{infl}_{t-i} + u_t, \qquad u_t \sim N(0,\sigma^2). \tag{76}$$

Die Subtraktion des Vorperiodenwerts der Zeitreihe infl auf beiden Seiten der Gleichung (76) führt zu:

$$\Delta\,\text{infl}_t = \beta_1 + (\beta_3 - 1)\text{infl}_{t-1} + \sum_{i=1}^{p=2} \lambda_i \, \Delta\,\text{infl}_{t-i} + u_t, \qquad u_t \sim N(0,\sigma^2). \tag{77}$$

Mit Eviews wird wieder die Gleichung (76) geschätzt. Hierbei ist die Konstante signifikant auf dem fünf v.H. Niveau, während der Vorperiodenwert der Inflationsrate ein Signifikanzniveau von 10 v.H. aufweist. Die beiden verzögerten Differenzen sind nicht signifikant. Die folgende Untersuchung der Residuen von Gleichung (76) zeigt wieder signifikante Autokorrelation und signifikante partielle Autokorrelation für lags von n = 4 und 12 an. Mittels des Augmented Dickey-Fuller Test kann die Hypothese der Existenz einer Unit Root für das betrachtete Modell wieder nicht verworfen werden.

Im Folgenden wird die erste Differenz der Zeitreihe infl verwendet, wobei „dinfl“ diese erste Differenz bezeichnet. Das ansonsten unveränderte Modell lautet:

$$\text{dinfl}_t = \beta_1 + \beta_3 \cdot \text{dinfl}_{t-1} + \sum_{i=1}^{p=2} \lambda_i \, \Delta\,\text{dinfl}_{t-i} + u_t, \qquad u_t \sim N(0,\sigma^2), \tag{78}$$

bzw. nach Subtraktion des Vorperiodenwerts der Zeitreihe dinfl auf beiden Seiten der Gleichung (78):

$$\Delta\,\text{dinfl}_t = \beta_1 + (\beta_3 - 1)\text{dinfl}_{t-1} + \sum_{i=1}^{p=2} \lambda_i \, \Delta\,\text{dinfl}_{t-i} + u_t, \qquad u_t \sim N(0,\sigma^2), \tag{79}$$

Die Schätzung der Gleichung (78) ergibt nur für den Vorperiodenwert ein signifikantes Ergebnis auf dem 1 v.H. Niveau. Alle anderen Schätzer waren insignifikant. Die Analyse der Residuen von Gleichung (78) zeigt wieder für lags n = 4 und n = 12 signifikante Autokorrelation und signifikante partielle Autokorrelation an. Mit dem Augmented Dickey-Fuller Test konnte für das betrachtete Modell die Existenz einer Unit Root auf dem 1 v.H. Niveau verworfen werden.

Um die Korrelationen für die lags 4 und 12 zu beseitigen, wird im nächsten Schritt ein Modell mit 4 verzögerten Differenzen ausgewählt. Gleichzeitig wird die im Modell (78) insignifikante Konstante eliminiert. Man erhält:

$$\text{dinfl}_t = \beta_3 \cdot \text{dinfl}_{t-1} + \sum_{i=1}^{p=4} \lambda_i \, \Delta\,\text{dinfl}_{t-i} + u_t, \qquad u_t \sim N(0,\sigma^2). \tag{80}$$

Die Subtraktion des Vorperiodenwerts der Zeitreihe dinfl auf beiden Seiten der Gleichung (80) führt zu:

$$\Delta\,\text{dinfl}_t = (\beta_3 - 1)\,\text{dinfl}_{t-1} + \sum_{i=1}^{p=4} \lambda_i\,\Delta\,\text{dinfl}_{t-i} + u_t, \qquad u_t \sim N(0,\sigma^2). \tag{81}$$

In der Schätzung der Gleichung (80) ist zwar nur der Vorperiodenwert hoch signifikant, doch konnte durch die Beachtung von vier verzögerten Differenzen die in den oben angeführten Modellen enthaltene Autokorrelation beseitigt werden. Der Augmented Dickey-Fuller Test für das betrachtete Modell weist die Nullhypothese der Existenz einer Unit Root auf dem ein v.H. Niveau zurück. Aus diesen beiden Ergebnissen folgt, dass die Zeitreihe „infl“ integriert vom Grad I(1) ist. Die Testergebnisse werden im Anhang zu Unterabschnitt 14.2.3 erläutert.

14.2.3.3 Die Produktionslücke

Das reale Inlandsprodukt wird – wie im Abschnitt 14.1 auch – durch die industrielle Produktion approximiert. In diesem Unterabschnitt soll daher geprüft werden, ob die aus dem Abschnitt 14.1 ebenfalls schon bekannte Zeitreihe der Produktionslücke (ygap) stationär ist. Den Ausgangspunkt bildet auch hier das allgemeine Modell in Form der Gleichung (59). Wie in den vorangegangenen Unterabschnitten auch, enthält das allgemeine Modell auch hier neben einer Konstanten einen deterministischen sowie einen stochastischen Trend, zwei verzögerte Differenzen und einen Fehlerterm:

$$\text{ygap}_t = \beta_1 + \beta_2 \cdot t + \beta_3 \cdot \text{ygap}_{t-1} + \sum_{i=1}^{p=2} \lambda_i\,\Delta\,\text{ygap}_{t-i} + u_t, \qquad u_t \sim N(0,\sigma^2). \tag{82}$$

Durch Subtraktion des Vorperiodenwerts der Zeitreihe ygap auf beiden Seiten der Gleichung (82) ergibt sich:

$$\Delta\,\text{ygap}_t = \beta_1 + \beta_2 \cdot t + (\beta_3 - 1)\,\text{ygap}_{t-1} + \sum_{i=1}^{p=2} \lambda_i\,\Delta\,\text{ygap}_{t-i} + u_t, \qquad u_t \sim N(0,\sigma^2). \tag{83}$$

In der Regression des Modells (82) ist nur die erste verzögerte Differenz auf dem 10 v.H. Niveau bzw. der Vorperiodenwert auf dem 1 v.H. Niveau signifikant. Während die Residuen der Gleichung (82) keinerlei Autokorrelation anzeigen, kann mit dem Augmented Dickey-Fuller Test die Hypothese der Existenz einer Unit Root für das betrachtete Modell nicht verworfen werden. Als erste Modifikation des Ausgangsmodells soll der deterministische Trend eliminiert werden. Das modifizierte Modell zeigt folgende Gleichung (84):

$$\text{ygap}_t = \beta_1 + \beta_3 \cdot \text{ygap}_{t-1} + \sum_{i=1}^{p=2} \lambda_i \, \Delta \, \text{ygap}_{t-i} + u_t, \qquad u_t \sim N(0, \sigma^2). \tag{84}$$

Subtrahiert man auf beiden Seiten von Gleichung (84) den Vorperiodenwert der Zeitreihe ygap, dann erhält man:

$$\Delta \, \text{ygap}_t = \beta_1 + (\beta_3 - 1) \, \text{ygap}_{t-1} + \sum_{i=1}^{p=2} \lambda_i \, \Delta \, \text{ygap}_{t-i} + u_t, \qquad u_t \sim N(0, \sigma^2). \tag{85}$$

Die Schätzung des Modells (84) ergibt, dass nur die verzögerte erste Differenz auf dem 10 v.H. Niveau signifikant ist. Während die Residuen der Gleichung (84) keine Autokorrelation anzeigen, kann mit dem Augmented Dickey-Fuller Test die Hypothese der Existenz einer Unit Root ebenfalls nicht verworfen werden.

In dem Modell (84) wird als nächstes die erste Differenz der Zeitreihe ygap verwendet. Im Folgenden wird die erste Differenz der Zeitreihe ygap als „dygap" bezeichnet.

$$\text{dygap}_t = \beta_1 + \beta_3 \cdot \text{dygap}_{t-1} + \sum_{i=1}^{p=2} \lambda_i \, \Delta \, \text{dygap}_{t-i} + u_t, \quad u_t \sim N(0, \sigma^2), \tag{86}$$

Nach der Subtraktion des Vorperiodenwerts der Zeitreihe dygap auf beiden Seiten der Gleichung (86) erhält man:

$$\Delta \, \text{dygap}_t = \beta_1 + (\beta_3 - 1) \, \text{dygap}_{t-1} + \sum_{i=1}^{p=2} \lambda_i \, \Delta \, \text{dygap}_{t-i} + u_t, \quad u_t \sim N(0, \sigma^2). \tag{87}$$

Aus der Schätzung des Modells (86) kann man folgendes Ergebnis ablesen: Während der Wert der Vorperiode von dygap hoch signifikant ist, sind die übrigen drei Terme nicht signifikant. Die Untersuchung der Residuen von Gleichung (86) liefert keinen Hinweis auf signifikante Autokorrelation. Weiter kann die Hypothese der Existenz einer Unit Root für Gleichung (87) auf dem ein v.H. Niveau verworfen werden. Ausgehend von Gleichung (86) wird im nächsten Schritt die Konstante eliminiert. Das Modell lautet:

$$\text{dygap}_t = \beta_3 \cdot \text{dygap}_{t-1} + \sum_{i=1}^{p=2} \lambda_i \, \Delta \, \text{dygap}_{t-i} + u_t, \quad u_t \sim N(0, \sigma^2). \tag{88}$$

Nach Subtraktion des Vorperiodenwerts der Zeitreihe dygap erhält man aus Gleichung (88):

$$\Delta\,\text{dygap}_t = (\beta_3 - 1)\,\text{dygap}_{t-1} + \sum_{i=1}^{p=2} \lambda_i\, \Delta\,\text{dygap}_{t-i} + u_t, \quad u_t \sim N(0,\sigma^2). \tag{89}$$

Die Schätzung der Gleichung (88) mit Eviews ergibt wieder einen hoch signifikanten Wert der Vorperiode von dygap. Die verzögerten Differenzen hingegen sind nicht signifikant. Weiter sind die Residuen der Gleichung (88) nicht signifikant autokorreliert. Die Hypothese der Existenz einer Unit Root kann mit dem Augmented Dickey-Fuller Test auf dem ein v.H. Niveau verworfen werden.

Um das Modell zu vereinfachen, wird im Folgenden die zweite verzögerte Differenz aus Modell (88) eliminiert:

$$\text{dygap}_t = \beta_3 \cdot \text{dygap}_{t-1} + \lambda_1\, \Delta\,\text{dygap}_{t-1} + u_t, \quad u_t \sim N(0,\sigma^2). \tag{90}$$

Die Subtraktion des Vorperiodenwerts von dygap auf beiden Seiten der Gleichung (90) führt zu:

$$\Delta\,\text{dygap}_t = (\beta_3 - 1)\,\text{dygap}_{t-1} + \lambda_1\, \Delta\,\text{dygap}_{t-1} + u_t, \quad u_t \sim N(0,\sigma^2). \tag{91}$$

Der Wert der Vorperiode ist nach wie vor hoch signifikant, während die erste Differenz nur knapp auf dem 15 v.H. Niveau signifikant ist. Es kann in den Residuen von Gleichung (90) keine Autokorrelation festgestellen werden. Mit dem Augmented Dickey-Fuller Test kann die Hypothese der Existenz einer Unit Root auf dem ein v.H. Niveau verworfen werden. Damit lässt sich abschließend feststellen, dass auch die Variable „ygap" integriert vom Grad I(1) ist.[247]

14.2.3 Schätzung der Taylor Rule mittels der Kointegrationsanalyse

In diesem Unterabschnitt soll die ökonometrische Schätzung der Taylor Rule für das Euro-Währungsgebiet erfolgen. Da im Unterabschnitt 14.2.2 festgestellt wurde, dass die betrachteten Zeitreihen alle integriert von derselben Ordnung I(1) sind, soll eine Kointegrationsanalyse angewendet werden.

Für die noch durchzuführende Schätzung ist eine kointegrierende Beziehung zwischen den Variablen des Modells insofern von großer Relevanz, da man in diesem Fall die kointegrierende Regression zwischen den nicht-stationären, d.h. zwischen den nicht durch Differenzenbildung modifizierten, aber kointegrierten Variablen durchführt. Genauer geht man bei der Kointegrationsanalyse nach folgendem Verfahren vor (MUKHERJEE, WHITE, WUYTS, 1998, S. 412):

Im ersten Schritt prüft man die Zeitreihen des Modells in Hinblick auf deren Stationarität. Wenn man zu dem Ergebnis kommt, dass alle Zeitreihen integriert von

[247] Im Anhang zu Unterabschnitt 14.2.3 findet sich eine Zusammenfassung der Testergebnisse.

demselben Grad I(1) sind, dann ist die erste Bedingung nach Engle und Granger erfüllt. Vermutet man daraufhin eine Kointegrationsbeziehung zwischen den Variablen, so schätzt man im zweiten Schritt die kointegrierende Gleichung mit den nicht-differenzierten Zeitreihen. Anschließend muss man das Ergebnis noch gegen spurious regressions abgrenzen, indem man drittens die Residuen der kointegrierenden Gleichung in Hinblick auf deren Integrationsgrad überprüft. Nach Engle und Granger müssen für eine echte Kointegrationsbeziehung die Residuen integriert von einem geringeren Grad als die Variablen selbst sein, d.h. sie müssen integriert vom Grad I(d – b) mit $d \geq b$ und $b > 0$ sein. Zwischen den Variablen herrscht dann eine echte kointegrierende Beziehung vom Grad CI(d, b). Im vorliegenden Fall müssten die Residuen integriert vom Grad I(0) sein; die Variablen wären dann kointegriert vom Grad CI(1,1).

Der erste Schritt der Kointegrationsanalyse ist bereits abgeschlossen. Im Unterabschnitt 14.2.2 wurde gezeigt, dass alle im weiteren Verlauf verwendeten Variablen als integriert vom Grad I(1) gelten können. Im zweiten Schritt muss nun die kointegrierende Gleichung aufgestellt werden. Das dieser Gleichung zugrunde liegende Modell ist die bereits bekannte Taylor Rule in Form der Gleichung (19), die umgeformt wird zu:

$$r_t = \left(r^f - h \cdot \pi^*\right) + (1+h) \cdot \pi_t + g \cdot y_t.\text{[248]} \quad (92)$$

Übertragen auf das Problem der Schätzung einer Taylor Rule für das Euro-Währungsgebiet, bezeichnet in Gleichung (92) r_t den EONIA, π_t die aktuelle Inflationsrate (infl), π^* die Zielinflationsrate, y_t die Produktionslücke (ygap) und r^f den gleichgewichtigen Realzins. Die Koeffizienten g und h stellen Gewichte dar. Um eine schätzbare Darstellung der Taylor Rule zu erhalten, werden die konstanten Terme aus Gleichung (92) zu a_1 zusammengefasst. Außerdem werden die Gewichte, (1+h) und g, durch a_2 bzw. a_3 ersetzt. Drittens wird auf der rechten Seite der Gleichung eine verzögerte endogene Variable eingeführt, um eine Zinsglättung zu modellieren. Zinsanpassungen sind also annahmegemäß nicht innerhalb einer Periode abgeschlossen. Mit diesen Modifikationen erhält man die kointegrierende Gleichung:

$$\text{EONIA}_t = a_1 + a_2 \cdot \text{infl}_t + a_3 \cdot \text{ygap}_t + a_4 \cdot \text{EONIA}_{t-1} + u_t. \quad (93)$$

Die kointegrierende Gleichung wird für die nicht-stationären I(1) Zeitreihen geschätzt. Man erhält bei der OLS-Schätzung mittels Eviews folgendes Ergebnis:

[248] In Gleichung (92) stellt die erste Klammer eine Konstante dar. Es folgen die gewichtete Inflationsrate und die gewichtete Produktionslücke.

Dependent Variable: EONIA

Method: Least Squares

Date: 03/01/03 Time: 14:18

Sample(adjusted): 1999:02 2002:08

Included observations: 43 after adjusting endpoints

Variable	Coefficient	Std. Error	t-Statistic	Prob.
C	0.524367	0.159301	3.291663	0.0021
INFL	0.113464	0.069100	1.642031	0.1086
YGAP	0.088374	0.024255	3.643602	0.0008
EONIA(-1)	0.795655	0.060502	13.15086	0.0000

R-squared	0.960628	Mean dependent var	3.679070
Adjusted R-squared	0.957600	S.D. dependent var	0.820328
S.E. of regression	0.168916	Akaike info criterion	-0.630421
Sum squared resid	1.112774	Schwarz criterion	-0.466588
Log likelihood	17.55405	F-statistic	317.1872
Durbin-Watson stat	2.084343	Prob(F-statistic)	0.000000

Das Ergebnis der kointegrierenden Regression ist folgendermaßen zu interpretieren.[249] Der Einfluss der Konstanten, der Produktionslücke sowie des Vorperiodenwerts des EONIAs ist hoch signifikant auf dem 1 v.H. Niveau. Der Einfluss der Inflationsrate verfehlt nur knapp das 10 v.H. Signifikanzniveau. Der R^2-Wert liegt mit 0,96 sehr hoch; er gibt an wie viel Prozent der Variation der abhängigen Variablen durch die unabhängigen Variablen erklärt werden. Die folgende Abbildung V.14.11 zeigt die Schätzung (Fitted), den EONIA (Actual) und die Residuen:

Wie man aus der Abbildung V.14.11 erkennt, ist das aufgestellte Modell nach Gleichung (93) in der Lage, die Entwicklung des EONIAs im Zeitablauf zufriedenstellend nachzubilden.

[249] Eine Interpretation der ermittelten Koeffizienten erfolgt weiter unten.

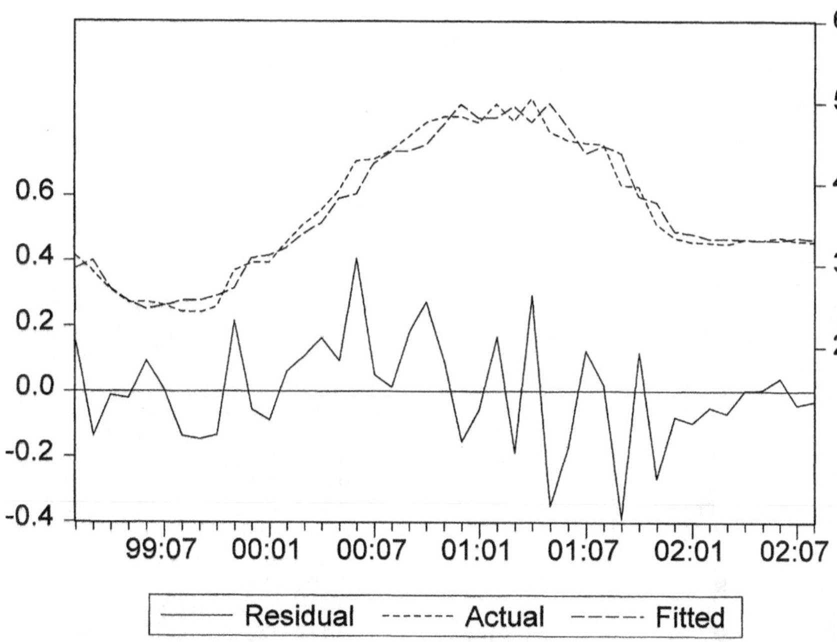

Abb. V.14.11: Ergebnis der Schätzung der kointegrierenden Gleichung

Quelle: eigene Berechnung

Bevor weitere Interpretationen der kointegrierenden Gleichung sowie der Koeffizienten von Gleichung (93) vorgenommen werden, soll zunächst der fehlende dritte Schritt, d.h. die Überprüfung der Residuen aus oben genannter Regression, erfolgen.[250] Hiermit wird das Ergebnis gegenüber einer spurious regression abgesichert.

Wie bereits ausgeführt, kann man von kointegrierten Variablen ausgehen, wenn die Residuen stationär sind. Zur Überprüfung der Residuen soll erstens deren Autokorrelation bzw. deren partielle Autokorrelation betrachtet werden, zweitens soll mittels eines Augmented Dickey-Fuller Tests untersucht werden, ob für die Residuen die Nullhypothese der Existenz einer Unit Root verworfen werden kann.

[250] Die Koeffizienten der kointegrierenden Gleichung (93) werden weiter unten interpretiert.

Die folgende Darstellung V.14.12 zeigt die Autokorrelation und die partielle Autokorrelation der Residuen aus Gleichung (93). Wie man erkennt, liegt keine signifikante Autokorrelation der Residuen vor.

Date: 03/29/03 Time: 17:01
Sample: 1999:01 2002:12
Included observations: 43

Autocorrelation	Partial Correlation		AC	PAC	Q-Stat	Prob
		1	-0.053	-0.053	0.1284	0.720
		2	0.101	0.099	0.6119	0.736
		3	0.184	0.196	2.2443	0.523
		4	0.240	0.265	5.1015	0.277
		5	0.083	0.101	5.4543	0.363
		6	0.194	0.151	7.4190	0.284
		7	-0.153	-0.257	8.6804	0.276
		8	-0.053	-0.281	8.8337	0.357
		9	-0.102	-0.330	9.4212	0.399
		10	0.069	-0.023	9.6985	0.467
		11	-0.160	0.031	11.253	0.422
		12	-0.104	0.137	11.928	0.451
		13	-0.180	0.081	14.029	0.372
		14	-0.100	-0.045	14.700	0.399
		15	-0.183	-0.253	17.024	0.317
		16	0.026	-0.134	17.074	0.381
		17	-0.070	0.085	17.434	0.425
		18	-0.233	-0.051	21.640	0.248
		19	-0.108	-0.016	22.577	0.256
		20	0.077	0.060	23.080	0.285

Abb. V.14.12: Autokorrelation bzw. partielle Autokorrelation der Residuen der kointegrierenden Gleichung

Quelle: eigene Berechnung

Die zweite Möglichkeit, die Residuen der kointegrierenden Gleichung zu überprüfen, stellt der oben erwähnte Augmented Dickey-Fuller Test dar, der folgendes Ergebnis zeigt:

ADF Test Statistic	-4.067414	1%	Critical Value*	-2.6196
		5%	Critical Value	-1.9490
		10%	Critical Value	-1.6200

*MacKinnon critical values for rejection of hypothesis of a unit root.

Augmented Dickey-Fuller Test Equation
Dependent Variable: D(RESID_KOINT)
Method: Least Squares
Date: 03/01/03 Time: 15:09
Sample(adjusted): 1999:04 2002:08
Included observations: 41 after adjusting endpoints

Variable	Coefficient	Std. Error	t-Statistic	Prob.
RESID_KOINT(-1)	-0.929751	0.228585	-4.067414	0.0002
D(RESID_KOINT(-1))	-0.099858	0.156645	-0.637479	0.5275

R-squared	0.526500	Mean dependent var	0.002583
Adjusted R-squared	0.514359	S.D. dependent var	0.236479
S.E. of regression	0.164798	Akaike info criterion	-0.720646
Sum squared resid	1.059173	Schwarz criterion	-0.637057
Log likelihood	16.77325	F-statistic	43.36537
Durbin-Watson stat	2.045882	Prob(F-statistic)	0.000000

Mit einem Augmented Dickey-Fuller Test kann die Nullhypothese der Existenz einer Unit Root in den Residuen des Modells (93) auf dem ein v.H. Niveau verworfen werden. Die Residuen können deshalb als integriert vom Grad I(0) gelten. Hieraus folgt ebenfalls, dass die Variablen des Modells (93) kointegriert sind.

Wie bereits angedeutet, soll die geschätzte kointegrierende Gleichung noch weiter ausgewertet werden. Durch die Verwendung einer verzögerten endogenen Variablen in dem Modell (93) betrachtet man implizit ein „Partial-Adjustment-Model" (MADDALA, 1986, S. 141ff). Partial-Adjustment-Modelle gehen von einem Ziel, z.B. von einem anzustrebenden Taylor-Zins, aus. Im hier betrachteten Fall ist dieser anzustrebende Taylor-Zins (EONIA^*_t) gegeben durch:

$$\text{EONIA}^*_t = c_1 + c_2 \cdot \text{infl}_t + c_3 \cdot \text{ygap}_t. \tag{94}$$

Die Differenz zwischen dem aktuell anzustrebenden Taylor-Zins und dem realisierten Vorperiodenwert wird durch folgenden Ausdruck dargestellt: $\text{EONIA}^*_t - \text{EONIA}_{t-1}$ und als anzustrebende Veränderung bezeichnet. Man nimmt weiter an, dass der Anpassungsprozess an den anzustrebenden Taylor-Zins unvollständig ist, d.h. es wird pro Periode nur ein Bruchteil (α) der benötigten Zinsreaktion ausgeführt. Mit dieser Annahme erhält man eine tatsächliche Veränderung des Zinses, gegeben durch: $\text{EONIA}_t - \text{EONIA}_{t-1}$. Man erhält somit:

$$\text{EONIA}_t - \text{EONIA}_{t-1} = \alpha \cdot \left(\text{EONIA}^*_t - \text{EONIA}_{t-1}\right), \qquad 0 < \alpha \leq 1. \tag{95}$$

Setzt man den Ausdruck für den anzustrebenden EONIA nach Gleichung (94) in Gleichung (95) ein, dann erhält man:

$$\text{EONIA}_t = \alpha \cdot c_1 + \alpha \cdot c_2 \cdot \text{infl}_t + \alpha \cdot c_3 \cdot \text{ygap}_t + (1-\alpha) \cdot \text{EONIA}_{t-1}. \tag{96}$$

Die vorgenommene Schätzung nach Gleichung (93) liefert die folgenden Koeffizienten a_1 bis a_4:

$$\text{EONIA}_t = a_1 + a_2 \cdot \text{infl}_t + a_3 \cdot \text{ygap}_t + a_4 \cdot \text{EONIA}_{t-1} + u_t.$$

Durch einen Vergleich der Koeffizienten der Gleichungen (93) und (96) lassen sich die Werte c_1 bis c_3 ermitteln.[251] Mit diesen Werten kann anschließend die implizit als Ziel fungierende Taylor Rule bestimmt und interpretiert werden. Sie lautet daher:

$$\begin{aligned} \text{EONIA}^*_t &= c_1 + c_2 \cdot \text{infl}_t + c_3 \cdot \text{ygap}_t = \\ \text{EONIA}^*_t &= 2{,}57 + 0{,}56 \cdot \text{infl}_t + 0{,}43 \cdot \text{ygap}_t. \end{aligned} \tag{97}$$

Die Entwicklung des so ermittelten Ziel-Taylor-Zinses zeigt Abbildung V.14.13.

---

[251] Hierbei gilt:

$a_1 = \alpha c_1 \quad \Rightarrow c_1 = a_1/(a_4 - 1) = 2{,}57$

$a_2 = \alpha c_2 \quad \Rightarrow c_1 = a_2/(a_4 - 1) = 0{,}56$

$a_3 = \alpha c_3 \quad \Rightarrow c_3 = a_3/(a_4 - 1) = 0{,}43$

$a_4 = (1\text{-}\alpha) \quad \Rightarrow \alpha = a_4 - 1 = 0{,}20.$

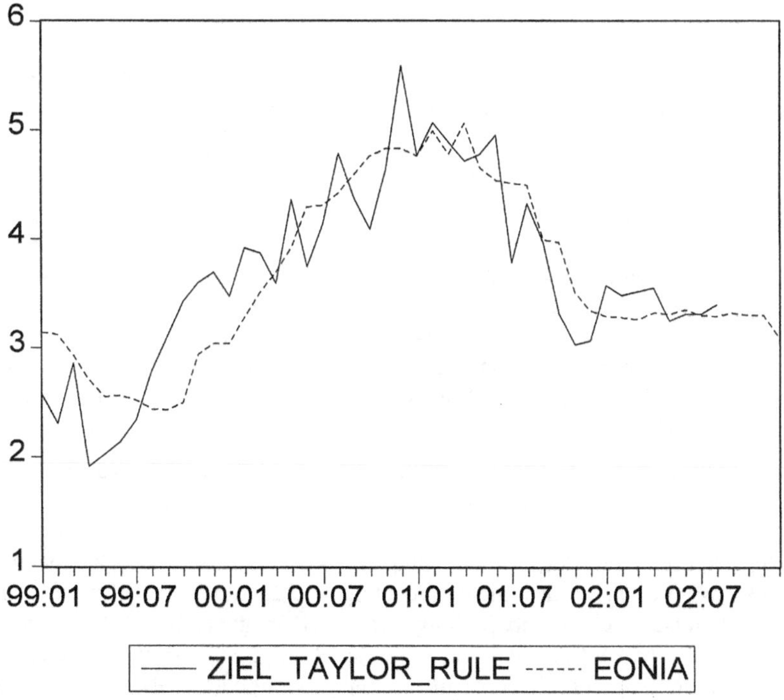

Abb. V.14.13: Implizite Ziel-Taylor Rule der kointegrierenden Gleichung

Quelle: eigene Berechnung

Wählt man als Kriterium der Anpassung wieder die Summe der quadrierten Abweichungen zwischen der impliziten Ziel-Taylor Rule und dem EONIA aus, dann erhält man als numerischen Wert 8,814. Dieses ist – gemessen an den Ergebnissen aus dem Unterabschnitt 14.1.3.1 ein relativ geringer Wert. Er deutet daher auf eine vergleichsweise gute Anpassung hin.

Wie man aus Gleichung (97) erkennt, setzt sich die Ziel-Taylor Rule aus einer Konstanten sowie aus dem Einfluss von aktueller Produktionslücke und Inflationsrate zusammen. Genauer entspricht Gleichung (97) der Formulierung einer Taylor Rule nach Gleichung (92). Durch einen Vergleich dieser beiden Ausdrücke kann Gleichung (97) weiter interpretiert werden. Für den Leser wird Gleichung (92) hier wiederholt. Sie setzt sich ebenfalls aus einer Konstanten sowie aus dem Einfluss von Produktionslücke und Inflationsrate zusammen und lautet:

$$r_t = \left(r^f - h \cdot \pi^*\right) + \left(1 + h\right) \cdot \pi_t + g \cdot y_t,$$ [252]

Durch einen Koeffizientenvergleich der Ziel-Taylor Rule (97) mit der oben wiederholten Formulierung der Taylor Rule erkennt man Folgendes:

Erstens hat der Koeffizient g vor der Produktionslücke in der Ziel-Taylor Rule eine Höhe von 0,43, d.h. in Gleichung (97) gilt g = 0,43. Zweitens beträgt in der Ziel-Taylor Rule der Koeffizient vor der Inflationsrate 0,56. Da sich dieser Wert aus (1+h) zusammensetzt, folgt für den Koeffizienten h ein Wert in Höhe von –0,44. Betrachtet man drittens die konstanten Terme der beiden Ausdrücke, dann muss der Wert 2,56 aus der Ziel-Taylor Rule dem Ausdruck (r^f-$h\pi^*$) aus Gleichung (92) entsprechen. Nimmt man weiter für die Zielinflationsrate (π^*) der Europäischen Zentralbank wie bisher einen Wert in Höhe von zwei v.H. an, dann kann man nach dem gleichgewichtigen Realzins (r^f) auflösen und erhält hierfür einen Wert in Höhe von 1,68 v.H.

Viertens lässt sich feststellen, dass sich der oben für das Euro-Währungsgebiet ermittelte Wert des gleichgewichtigen Realzinses (r^f) in einer Höhe von 1,68 v.H. nicht gravierend von dem in Abschnitt 14.1 geschätzten Wert (1,60 v.H.) unterscheidet. Während bei der Untersuchung im Abschnitt 14.1 jedoch eine nur in Hinblick auf die Höhe des gleichgewichtigen Realzinses modifizierte Taylor Rule[253] der tatsächlichen Entwicklung des EONIAs gegenübergestellt wird, erfolgt im Abschnitt 14.2 dagegen eine ökonometrische Schätzung, d.h. eine möglichst gute Anpassung der Taylor Rule an den tatsächlichen Verlauf des EONIAs. Demzufolge sind auch die Abweichungen der betrachteten Regel von dem Verlauf des tatsächlichen EONIAs im Fall der nur marginal modifizierten Taylor Rule in Abschnitt 14.1 mit 33,19 höher als im Fall der ökonometrisch geschätzten Taylor Rule in Abschnitt 14.2. Wie erwähnt, ergibt sich für letztgenannte Regel eine Summe der quadrierten Abweichnungen in Höhe von 8,81. Die ökonometrische Schätzung der Taylor Rule führt daher zu einer erheblich besseren Anpassung der Taylor-Zinsen an die Entwicklung des EONIAs.

Die ökonometrisch geschätzten Gewichte vor der Inflationsrate und vor der Produktionslücke in Gleichung (97) haben – wie oben erwähnt – einen Wert in Höhe von 0,56 bzw. 0,43. Eine Erhöhung (Senkung) der Inflationsrate um einen Prozentpunkt wird durch die betrachtete Ziel-Taylor Rule mit einer Steigerung (Senkung) des Ziel-Taylor-Zinses in Höhe von 0,56 Prozent begegnet. Ebenso erfordert eine positive (negative) Produktionslücke in Höhe von einem Prozentpunkt

---

[252] In Gleichung (92) bezeichnet r_t den EONIA, π_t die aktuelle Inflationsrate (infl), π^* die Zielinflationsrate, y_t die Produktionslücke (ygap) und r^f den gleichgewichtigen Realzins. Die Koeffizienten g und h stellen Gewichte dar.

[253] Die in Abschnitt 14.1 betrachtete Taylor Rule hat einen gleichgewichtigen Nominalzins in Höhe von 1,60 v.H. sowie Gewichte vor der Inflations- und Produktionslücke in Höhe von jeweils 0,5.

demnach eine Erhöhung (Senkung) des Ziel-Taylor-Zinses in Höhe von 0,43 Prozent.

Abschließend soll in diesem Unterabschnitt noch ein kritischer Punkt bezüglich der Schätzung angeführt werden. Als problematisch könnte sich die Tatsache erweisen, dass die Zeitreihen der verwendeten Daten – insbesondere des EONIAs – relativ kurz sind. Sie umfassen nahezu ganze drei Jahre auf Monatsbasis. Diese Zeitspanne könnte unter Umständen als zu kurz angesehen werden, um einen langfristigen ökonomischen Zusammenhang mittels der Kointegrationsanalyse richtig abzubilden. Diese Kritik ist berechtigt, allerdings müssen in Verbindung mit ihr zwei Aspekte gesehen werden: Erstens gibt es den EONIA erst seit Anfang 1999. Er entstand mit der Aufnahme der geldpolitischen Verantwortung durch die Europäische Zentralbank. Aus diesem Grund ist der zeitliche Horizont verfügbarer Daten begrenzt. Zweitens ergaben sich im Rahmen der Analyse keine Hinweise, die gegen die ermittelte Kointegrationsbeziehung nach Gleichung (93) sprachen.

VI. Schlussbetrachtung

In diesem letzten Teil der Arbeit sollen die wichtigsten Ergebnisse der Untersuchungen kurz zusammengefasst werden. Das Ziel der Arbeit war es, den Geldmarkt im Euro-Währungsgebiet zu beschreiben. Besondere Bedeutung kam dabei erstens den verschiedenen am Geldmarkt getätigten Geschäften, zweitens der Zinsbildung sowie drittens der empirischen Analyse der Entwicklung des EONIAs zu.

Der Geldmarkt im Euro-Währungsgebiet ist ein hoch organisierter Markt, an dem die Europäische Zentralbank, in- und ausländische Banken, Unternehmen sowie Kapitalsammelstellen und Staaten als Anbieter oder Nachfrager von Liquidität auftreten. Während die Geschäftsbanken untereinander neben anderen Objekten Geld handeln, tätigen die übrigen Teilnehmer Transaktionen zu geldmarktähnlichen Konditionen. Die Europäische Zentralbank ist der Marktregulierer. Die nationalen Zentralbanken sind weiterhin als ausführende Organe der Zentralbankpolitik tätig.

Der Geldmarkt des Euro-Währungsgebiets kann in drei Segmente eingeteilt werden. Auf dem ersten Segment findet ein Handel mit unbesicherten Krediten, Papieren, Repos und Devisenswaps (i.d.R. unter Banken) statt. Genauer handeln die Banken unbesicherte Kredite wie z.B. Tagesgelder oder Termingelder mit verschiedenen Fristigkeiten sowie die oben erwähnten Repos und Devisenswaps. Daneben emittieren sie Certificates of Deposit. Die Unternehmen nutzen den Geldmarkt, um Commercial Papers zu emittieren. Hierdurch verschaffen sie sich eine alternative Finanzierungsquelle im Vergleich zu Bankkrediten. Weiter tritt der Staat am Geldmarkt auf und fragt durch die Emission seiner kurzfristigen Papiere (im Fall Deutschlands sind dieses unverzinsliche Schatzanweisungen, Bundeskassenscheine und Bundesschatzanweisungen) ebenfalls Liquidität nach. Darüber hinaus besteht die Möglichkeit, am Geldmarkt sogenannte Kurzläufer zu handeln. Grundsätzlich muss die Bonität der nachfragenden Marktteilnehmer ausgezeichnet sein.

Das zweite Segment beinhaltet den Handel mit Derivaten wie Geldmarkt Futures und Zinsswaps. Die Geldmarkt Futures dienen dem Zinsrisikomanagement; außerdem lässt sich mit dem Einsatz von Zinsfutures Eigenkapitalunterlegung in Hinblick auf den § 10 KWG sparen. Zinsswaps werden abgeschlossen, um Finanzierungskosten einer geplanten Kapitalaufnahme zu senken. Weiter werden sie im Zinsrisikomanagement sowie zur Erzielung von Arbitragegewinnen eingesetzt.

Generell verlief die Integration der nationalen Geldmarktsegmente in den Geldmarkt des Euro-Währungsgebiets unterschiedlich. Während bei unbesicherten Krediten und Devisenswaps eine zügige und reibungslose Integration gelang, verlief diese bei den Repos und bei Geldmarktpapieren z.T. aufgrund technischer und steuerlicher Unterschiede in den Mitgliedstaaten weniger reibungslos. Im Bereich der Derivate ist der Handel mit Zinsswaps bereits sehr stark integriert. Der Handel mit Zinsfutures findet ohnehin zum Großteil an der LIFFE statt, so dass auch dieser Bereich als völlig integriert gelten kann.

Das dritte Segment ist der Regulierungsgeldmarkt. Auf dem Regulierungsgeldmarkt werden die Refinanzierungsgeschäfte zwischen den Geschäftsbanken und der Europäischen Zentralbank abgeschlossen. Die Europäische Zentralbank nutzt Offenmarktgeschäfte und zwei ständige Fazilitäten sowie eine Mindestreservepflicht, um ihre geldpolitischen Ziele zu erreichen. Während die Offenmarktgeschäfte und die zwei ständigen Fazilitäten geldpolitische Instrumente darstellen, verbessert die Mindestreservepflicht die ordnungspolitischen Rahmenbedingungen für geldpolitische Aktionen.

Bei den getätigten Offenmarktgeschäften, die im Rahmen der Analyse des Geldmarkts im Euro-Währungsgebiet relevant sind, handelt es sich um das Hauptrefinanzierungs- und das längerfristige Refinanzierungsgeschäft sowie um Feinsteuerungsoperationen (befristete Transaktionen, Devisenswaps, Hereinnahme von Termineinlagen und endgültige Transaktionen). Ergänzt werden die geldpolitischen Instrumente der Offenmarktgeschäfte durch die zwei ständigen Fazilitäten. Sie dienen im Fall der Spitzenrefinanzierungsfazilität der Überbrückung eines vorübergehenden Bedarfs an Zentralbankgeld bei Banken. Haben Banken dagegen überschüssige Guthaben, dann können sie diese zinsbringend im Rahmen der Einlagefazilität bei der Europäischen Zentralbank einlegen.

Ein weiteres Anliegen der vorliegenden Arbeit ist darin zu sehen, die zinsbestimmenden Faktoren im Euro-Währungsgebiet herauszustellen. Die relevanten Einflussfaktoren können in autonome und in dispositionsbedingte Faktoren unterteilt werden. Zu den autonomen Faktoren werden folgende Einflussfaktoren gezählt: Veränderung des Bargeldumlaufs, Veränderungen der Einlagen öffentlicher Haushalte beim Eurosystem, Veränderungen der Nettoaktiva des Eurosystems in Form von Gold und Devisen, Entstehung und Ausschüttung von Gewinnen des Eurosystems, Veränderung des Mindestreserve-Solls und sonstige Faktoren. Das Wirken dieser zinsbestimmenden Faktoren verändert die im Geschäftsbankensektor als Ganzem frei verfügbaren Barreserven der Banken. Man bezeichnet die oben genannten Faktoren als autonom, weil sie aus Sicht der Banken exogen auf die frei verfügbaren Barreserven einwirken.

Bei den dispositionsbedingten Faktoren spielen Entscheidungen der Zentralbank und der Geschäftsbanken im Rahmen der Versorgung mit Zentralbankgeld eine zentrale Rolle. Zu den dispositionsbedingten Faktoren rechnet man daher die Teilnahme an dem Hauptrefinanzierungsgeschäft sowie die Teilnahme am längerfristigen Refinanzierungsgeschäft, die Inanspruchnahme der beiden ständigen Fazilitäten und sonstige dispositionsbedingte Faktoren. Man bezeichnet die letztgenannten Faktoren als dispositive Einfussfaktoren, da sie maßgeblich von den Entscheidungen der Banken abhängen. Allerdings werden ihre Entscheidungen von den Bedingungen, die durch die Zentralbank festgelegt werden, maßgeblich mitbestimmt. Gemeinsam ist den autonomen und den dispositiven Faktoren, dass ihr Wirken zu einer Verflüssigung bzw. zu einer Anspannung am Geldmarkt und damit zu sinkenden bzw. zu steigenden Zinsen am Geldmarkt führt.

Was den Einfluss der Europäischen Zentralbank auf die Zinsbildung am Geldmarkt anbelangt, ist zunächst festzuhalten, dass die ständigen Fazilitäten für den Verlauf des EONIAs eine Ober- und Untergrenze bilden. Innerhalb des hierdurch begrenzten Zinskorridors folgt der EONIA weitgehend dem Mindestbietungssatz im Hauptrefinanzierungsgeschäft. Die Mindestreservepflicht bewirkt, dass die Geschäftsbanken einen von ihren Bilanzen abhängigen, zusätzlichen Refinanzierungsbedarf aufweisen. Aufgrund der institutionellen Ausgestaltung der Mindestreservepflicht im Euro-Währungsgebiet hat gegen Ende der Mindestreserveerfüllungsperiode die Liquiditätssituation im Bankensektor als Ganzem einen ausgeprägten Einfluss auf die EONIA-Entwicklung. Sind die Banken relativ reichlich während der Mindestreserveperiode mit Liqidität ausgestattet, dann haben sie ihre Pflicht zur Haltung von Mindestreserven im Durchschnitt bereits erfüllt und werden demzufolge am Ende der Mindestreserveperiode überschüssige Guthaben verzinslich anlegen wollen. Als Reaktion hierauf wird der EONIA tendenziell sinken. Haben die Institute dagegen zum Periodenende ihre Mindestreservepflicht noch nicht erfüllt und weisen sie demzufolge einen Liquiditätsbedarf auf, dann wird der EONIA steigen.

Neben der Europäischen Zentralbank haben auch die Erwartungen der an den Refinanzierungsgeschäften beteiligten Bieter bezüglich der zukünftigen Zinsentwicklung einen spürbaren Einfluss auf den EONIA. So wirkt z.B. die Erwartung, dass der Mindestbietungssatz in Zukunft heraufgesetzt wird, tendenziell zinssteigernd.

Im letzten Hauptteil der vorliegenden Arbeit wurde die Entwicklung des EONIAs am Geldmarkt empirisch untersucht. Hierzu wurden zuerst die Taylor Rule sowie Modifikationen dieser Regel vorgestellt. Anschließend wurde die Taylor Rule im Sinn einer Policy Rule (normativ) und im Sinn eines Erklärungsansatzes für die Entwicklung des tatsächlichen Geldmarktzinssatzes, also positiv, interpretiert.

Die sich anschließenden empirischen Untersuchungen des EONIA Verlaufs wurden in zwei Analysen gegliedert. Die erste Untersuchung sollte klären, ob eine – nur in Hinblick auf die Höhe des gleichgewichtigen Realzinses den europäischen Verhältnissen angepasste – ansonsten aber nicht veränderte Taylor Rule in der ursprünglichen Fasung in der Lage ist, den Verlauf des EONIAs für das Euro-Währungsgebiet sowie für einige Mitgliedstaaten nachzubilden. Es wurden dabei Taylor Zinsen unter Zuhilfenahme vorher geschätzter gleichgewichtiger Realzinssätze berechnet und dem Verlauf des EONIAs gegenübergestellt. Die gefundenen Ergebnisse zeigen ein gemischtes Bild. Für das Euro-Währungsgebiet konnte der EONIA weitgehend mit der – nur in Hinblick auf die Höhe des gleichgewichtigen Realzinssatzes angepassten – ansonsten aber ursprünglichen Taylor Rule abgebildet werden. Es ergaben sich jedoch z.T. erhebliche Abweichungen des berechneten Taylor-Zinssatzes vom EONIA-Verlauf. Eine mögliche Ursache für temporär starke Abweichungen der Taylor-Zinsen vom EONIA stellen hohe Fluktuationen in der verwendeten Zeitreihe zum Inlandsprodukt dar.

Da der EONIA für das gesamte Euro-Währungsgebiet gilt, die konjunkturelle Situation der Mitgliedstaaten sich aber nicht homogen entwickelt, stellt sich die Frage, wie sich Taylor-Zinsen für einzelne Mitgliedstaaten im Vergleich zum EONIA entwickeln. Untersucht wurden hierzu Zinsentwicklungen in Deutschland, Österreich, Belgien, Frankreich, Italien, Niederlande, Finnland und Spanien. Die Ergebnisse für die übrigen EWWU-Teilnehmer wurden nicht dargestellt. Grund hierfür sind z.T. extreme Schwankungen der Zeitreihe des Inlandsprodukts, wodurch sich im Fall von Portugal, Luxemburg, Griechenland und Irland z.T. stark negative Taylor-Zinsen ergeben.

In der Mehrzahl der betrachteten Fälle konnte mittels der verwendeten Taylor Rule und unter Berücksichtigung eines länderspezifischen gleichgewichtigen Realzinses der Verlauf des EONIAs zufriedenstellend nachgebildet werden. Abgesehen von der Anfangsperiode war dieses für Deutschland, Österreich, Frankreich, Italien, Spanien und bis November 2000 für die Niederlande der Fall. In den übrigen betrachteten Ländern ergaben sich weniger gute Übereinstimmungen. Die Begründung hierfür könnte auch bei diesen Untersuchungen darin liegen, dass wieder heftige Schwankungen in der Zeitreihe des Inlandsprodukts vorliegen. Festzuhalten ist ferner, dass die Taylor Rule aufgrund der konjunkturellen Situation in einzelnen Mitgliedstaaten Taylor-Zinsen empfiehlt, die z.T. deutlich von der Entwicklung des EONIAs abweichen. Am Beispiel der Niederlande konnte gezeigt werden, dass die konjunkturelle Entwicklung in den Niederlanden zu Taylor-Zinsen geführt hätte, die weit über dem tatsächlichen EONIA gelegen hätten.

Die zweite oben bereits erwähnte Analyse betrifft eine ökonometrische Schätzung der Taylor Rule für das Euro-Währungsgebiet mit Hilfe der Kointegrationsanalyse. Hierzu wurden zunächst der Begriff der Stationarität und seine Bedeutung für den weiteren Gang der Untersuchung erläutert. Ferner wurde der sogenannte Augmented Dickey-Fuller Test vorgestellt, mit dessen Hilfe man Random-Walk Komponenten in Zeitreihen identifizieren kann. Weiter konnte gezeigt werden, dass sämtliche betrachtete Zeitreihen der Untersuchung als integriert vom Grad I(1) gelten können. Aus diesem Grund konnte die vorher erläuterte Kointegrationsanalyse nach Engle und Granger angewendet werden. Im Ergebnis zeigte sich, dass die geschätzte Taylor Rule in der Lage ist den EONIA abzubilden. Es konnte abschließend für das Euro-Währungsgebiet gezeigt werden, dass die ökonometrische Schätzung der Gewichte der Taylor Regel zu Taylor-Zinsen führt, die deutlich besser an den tatsächlichen Verlauf des EONIAs angepasst sind, als dieses bei einer Gegenüberstellung einer nur in Hinblick auf den gleichgewichtigen Realzins veränderten Taylor Rule der Fall war.

Anhang zu Abschnitt 11.1

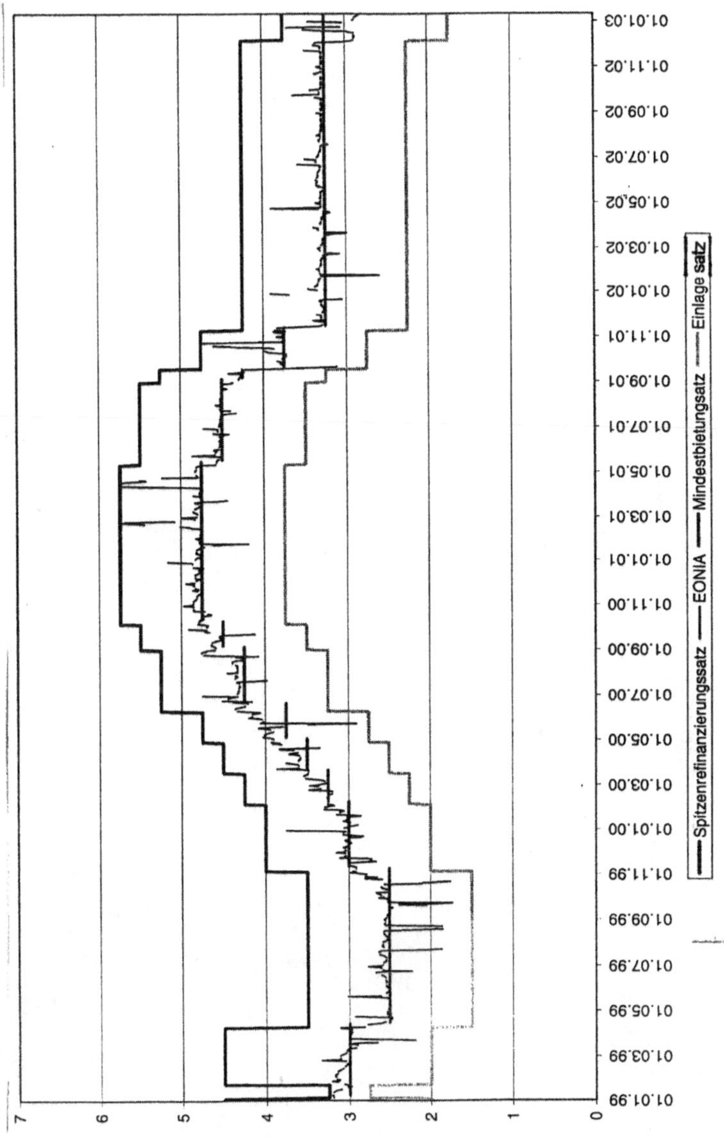

Abb. IV.11.1: Ständige Fazilitäten und die Entwicklung des Tagesgeldsatzes (EONIA)

Quelle: JARCHOW, 2003, S. 397.

Anhang zu Unterabschnitt 14.1.3

Dieser Anhang soll die Ergebnisse der ersten Methode zur Ermittlungen des gleichgewichtigen Realzinses dokumentieren. Hierzu wird auf eine grafische Darstellung der Entwicklungen von Produktionslücke (YGAP), Inflationsrate (INFL) und realem EONIA für das Euro-Währungsgebiet sowie für die einzelnen Länder zurückgegriffen. Der reale EONIA wird durch Subtraktion der Inflationsrate vom EONIA auf Monatsbasis ermittelt. Gesucht wird dann eine Periode, in der zum einen die Produktionslücke einen Wert von 0 v.H. und zum anderen die Inflationsrate einen Wert von zwei v.H. hat. Der zu diesem Zeitpunkt resultierende reale EONIA ist dann nach der ersten Methode als Schätzer für den gleichgewichtigen Realzins zu interpretieren. Folgende Abbildung zeigt die Entwicklungen von Produktionslücke (YGAP), Inflationsrate (INFL) und realem EONIA.

Euro-Währungsgebiet:

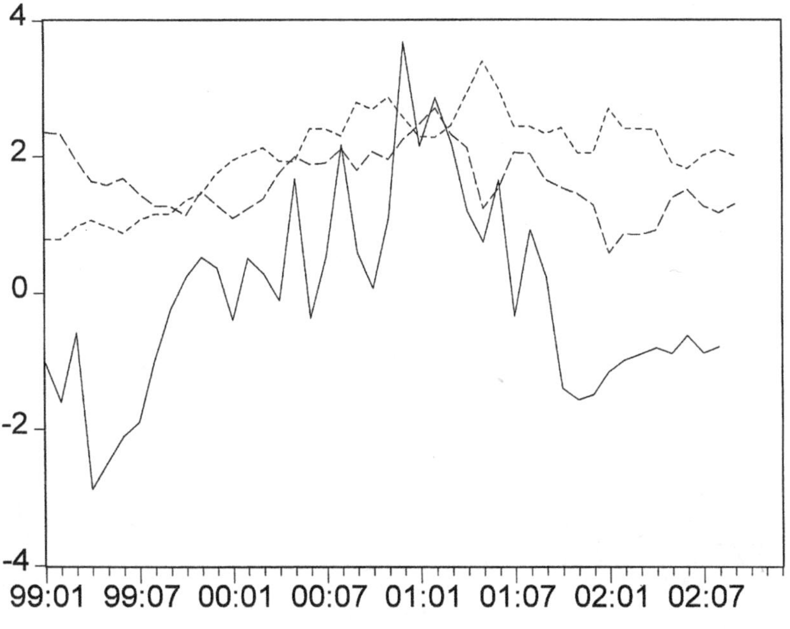

Man erkennt aus der Darstellung, dass zum einen vom Januar 2000 bis April 2000 die Produktionslücke annähernd null ist und dass zum anderen während dieser Periode auch die Inflationsrate ihrem Zielwert in Höhe von zwei v.H. entsprach. Der resultierende reale EONIA, d.h. der Schätzer für den gleichgewichtigen Realzins, ist ebenfalls aus der Abbildung zu entnehmen. Er hat eine Höhe von 1,37 v.H.

Periode	Produktionslücke in v.H.	Inflationsrate in v.H.	Realer EONIA in v.H.
01/2000	-0,39	1,94	1,097
02/2000	0,51	2,04	1,238
03/2000	0,28	2,13	1,379
04/2000	-0,11	1,93	1,754
Durchschnitt			1,367

Deutschland:

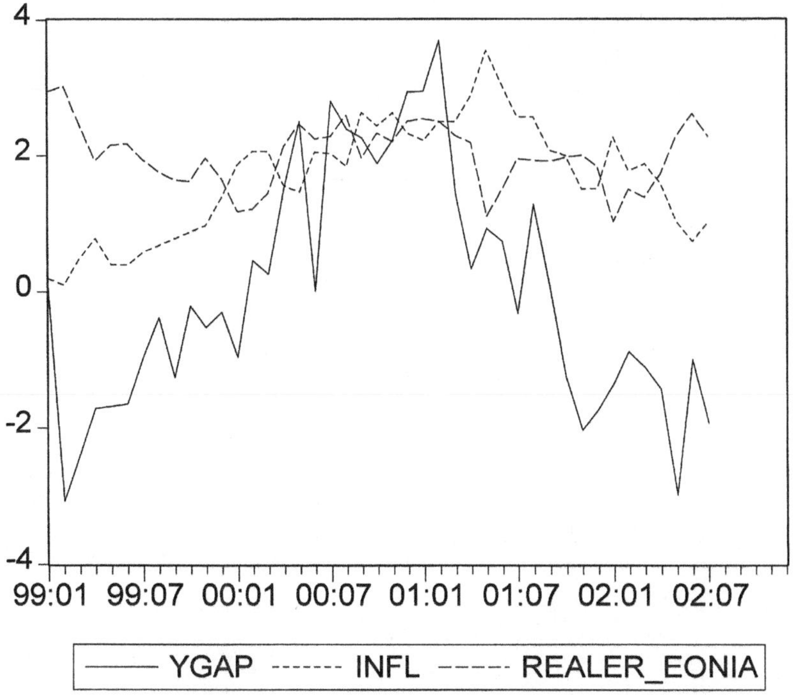

Da sich für Deutschland keine zusammenhängende längere Periode finden lässt, in der sich Inflationsrate und Produktionslücke gemäß der Zielpfade entwickelten, muss die Schätzung des gleichgewichtigen Realzinses nach der ersten Methode durch die Betrachtung kürzerer Perioden erfolgen. Eine mögliche Periode stellt der Juni 2000 dar. Im Gegensatz zu Juni 2000 weisen andere mögliche Perioden (02 und 03 /2000) vergleichsweise hohe Produktionslücken auf. Eine dritte mögliche Periode, der September 2001, führt zu einem Schätzer, der fast auf dem Niveau des gleichgewichtigen Realzinses nach der zweiten Methode liegt. Aus diesen Gründen wurde der Juni 2000 als Schätzperiode ausgewählt.

Periode	Produktionslücke in v.H.	Inflationsrate in v.H.	Realer EONIA in v.H.
02/2000	0,46	2,06	1,22
03/2000	0,25	2,06	1,45
06/2000	0,0003	2,04	2,24
09/2001	0,053	2,08	1,91

Österreich:

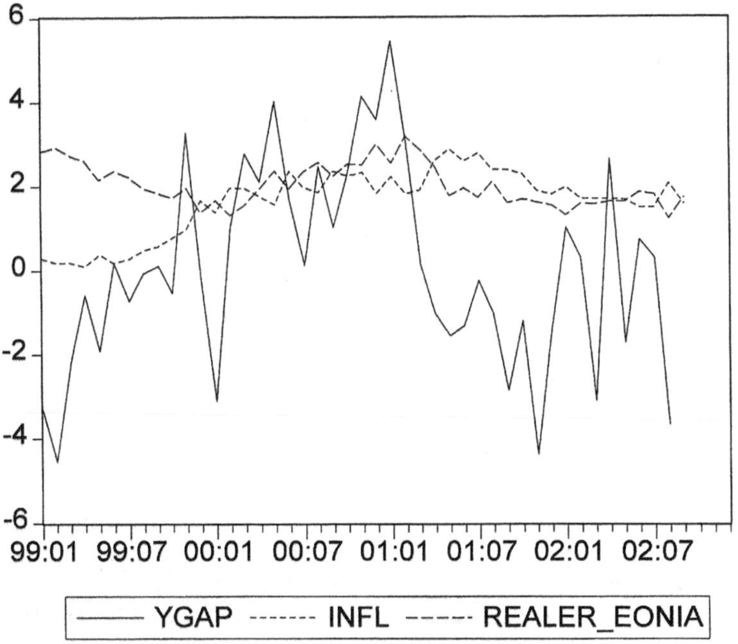

Auch für Österreich ließ sich keine zusammenhängende längere Periode zur Ermittlung des Schätzers für den gleichgewichtigen Realzins beobachten. Mögliche Perioden zeigt die folgende Tabelle:

Periode	Produktionslücke in v.H.	Inflationsrate in v.H.	Realer EONIA in v.H.
12/1999	-0,20	1,66	1,38
07/2000	0,13	1,96	2,35
03/2001	0,14	1,92	2,86
02/2002	0,30	1,69	1,59

Es wurde die Periode Juli 2000 ausgewählt. In ihr werden die Zielpfade für Inflationsrate und Produktionslücke annähernd erreicht.

Belgien:

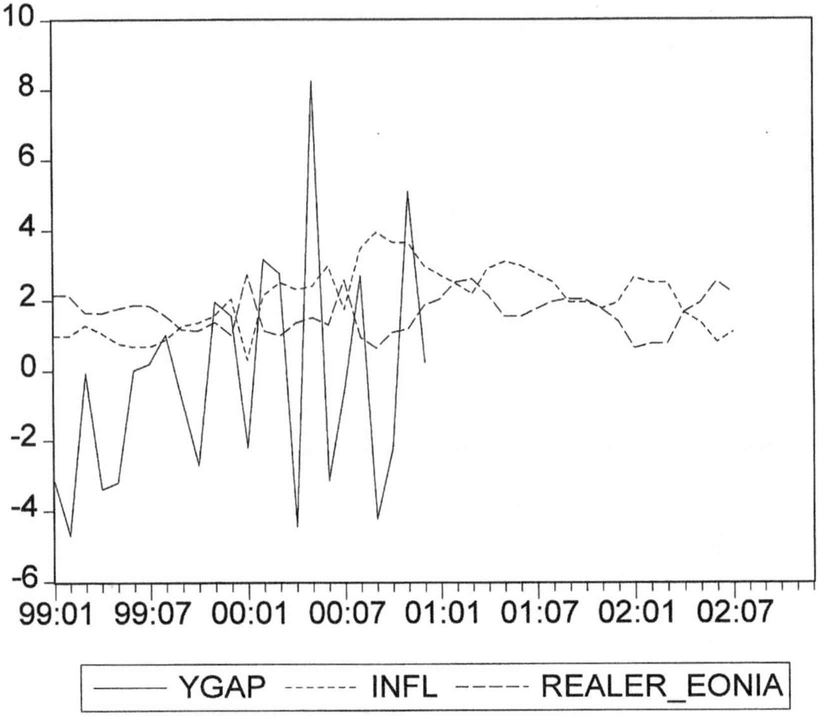

Wie die Abbildung zeigt, konnte nach der ersten Methode für Belgien keine Periode zum Schätzen des gleichgewichtigen Realzinses ermittelt werden.

Frankreich:

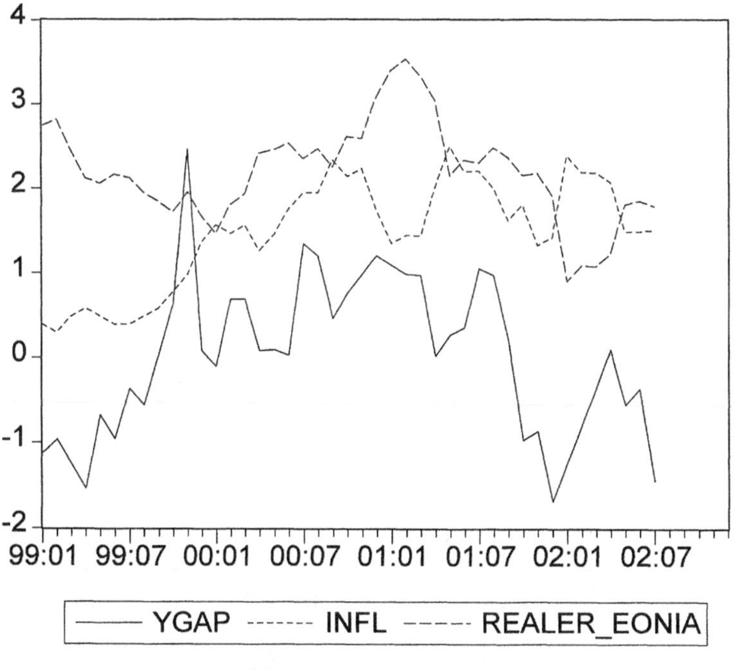

Unter Berücksichtigung der bereits im Unterabschnitt 14.1.3.2 für Frankreich angegebenen Einschränkungen wurde folgende Periode der Schätzung des gleichgewichtigen Realzinses zugrunde gelegt:

Periode	Produktionslücke in v.H.	Inflationsrate in v.H.	Realer EONIA in v.H.
12/1999	0,08	1,36	1,67
01/2000	-0,09	1,56	1,47
02/2000	0,68	1,47	1,81
03/2000	0,69	1,57	1,94
04/2000	0,08	1,27	2,42
05/2000	0,09	1,45	2,46
06/2000	0,03	1,75	2,54
Durchschnitt			2,04

Italien:

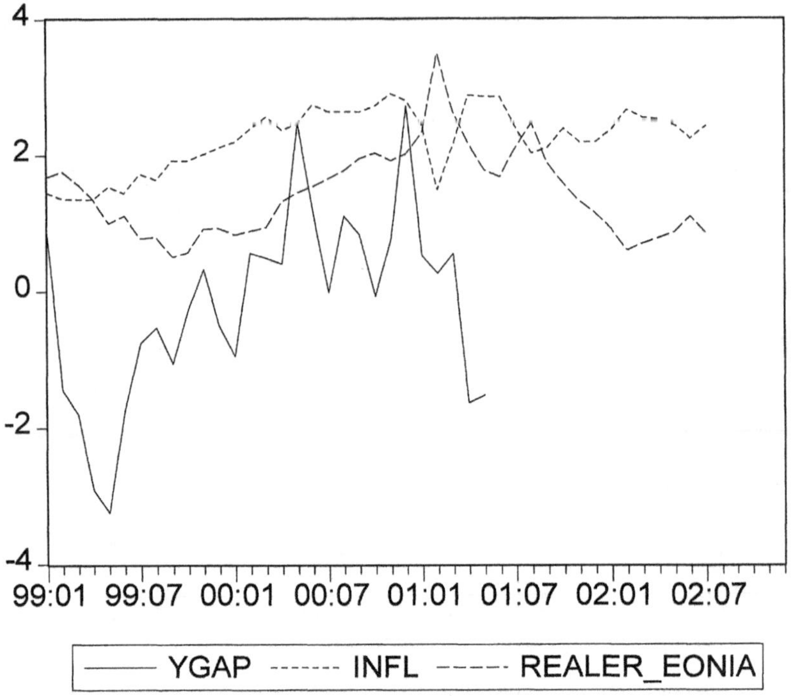

Für Italien wurde nach der Analyse des Datenmaterials folgende Periode zur Ermittlung des Schätzers für den gleichgewichtigen Realzins ausgewählt:

Periode	Produktionslücke in v.H.	Inflationsrate in v.H.	Realer EONIA in v.H.
07/1999	-0,77	1,73	0,79
08/1999	-0,53	1,66	0,80
09/1999	-1,06	1,92	0,51
10/1999	-0,27	1,92	0,58
11/1999	0,32	2,02	0,92
12/1999	-0,50	2,11	0,93
Durchschnitt			0,755

Niederlande:

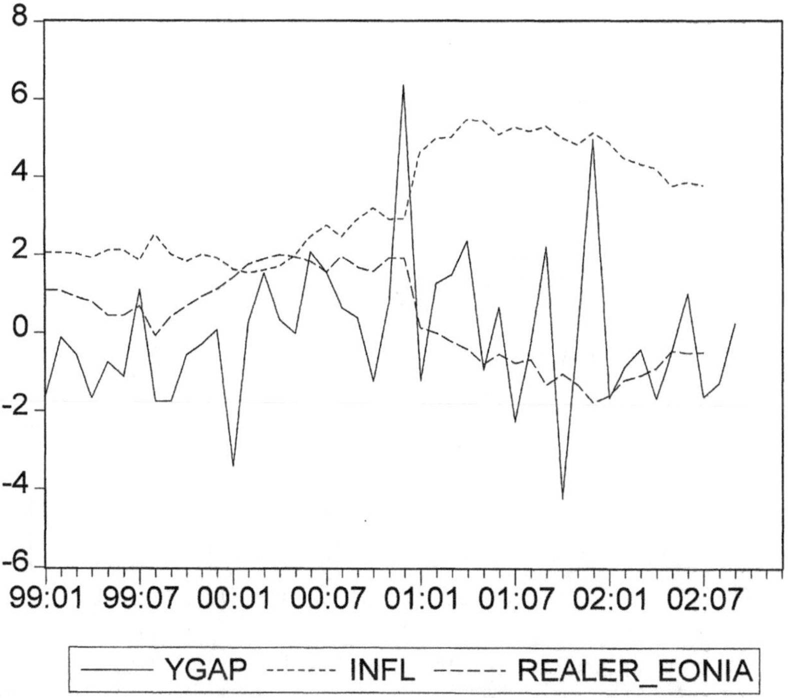

Für die Niederlande wurden folgende Daten der Periode vom Oktober 1999 bis Mai 2000 zur Schätzung des gleichgewichtigen Realzinses nach der ersten Methode verwendet:

Periode	Produktionslücke in v.H.	Inflationsrate in v.H.	Realer EONIA in v.H.
10/1999	-0,56	1,82	0,68
11/1999	-0,29	2,00	0,93
12/1999	0,08	1,92	1,12
01/2000	-3,41	1,63	1,41
02/2000	0,25	1,52	1,76
03/2000	1,53	1,61	1,89
04/2000	0,34	1,69	2,00
05/2000	-0,02	1,98	1,94
Durchschnitt			1,466

Finnland:

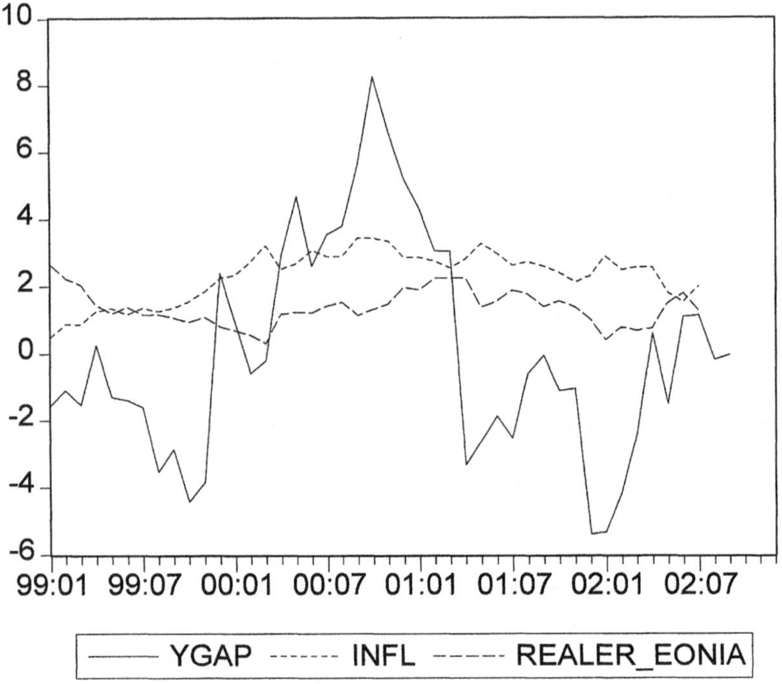

Man erkennt für Finnland extreme Schwankungen des Inlandsprodukts, approximiert durch die industrielle Produktion. Es konnte nach der ersten Methode keine Periode festgelegt werden, innerhalb derer sich Inflationsrate und Inlandsprodukt auf ihren Potentialpfaden bewegt hätten.

Spanien:

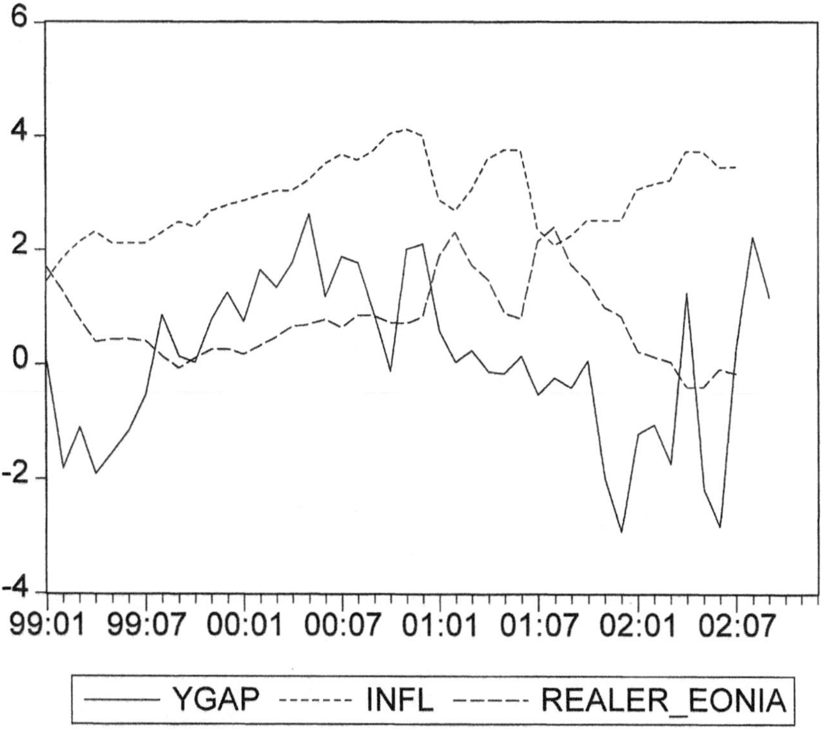

Für Spanien wurde nach der ersten Methode die Periode vom Juli bis Oktober 2001 zur Ermittlung des Schätzers für den gleichgewichtigen Realzins ausgewählt:

Periode	Produktionslücke in v.H.	Inflationsrate in v.H.	Realer EONIA in v.H.
07/2001	-0,55	2,36	2,14
08/2001	-0,24	2,08	2,40
09/2001	-0,42	2,26	1,73
10/2001	0,05	2,52	1,44
Durchschnitt			1,9275

Anhang zu Unterabschnitt 14.2.2

Der folgende Anhang soll die Ergebnisse der im Unterabschnitt 14.2.2 für die drei Zeitreihen EONIA, infl und ygap vorgenommenen Untersuchungen zusammenfassen. Hierbei werden die Ergebnisse der Regressionen, der Tests der Residuen und die Augmented Dickey-Fuller (ADF) Statistik zusammengefasst.

EONIA:

Modell Signifikanz	Konstante *	time n.sig.	eonia(-1) ***	d(eonia(-1)) n.sig.	d(eonia(-2)) ***	Residuen unkorr. ja	ADF Test n.sig.
Modell Signifikanz	Konstante n.sig.		eonia(-1) n.sig.	d(eonia(-1)) n.sig.	d(eonia(-2)) ***	Residuen unkorr. ja	ADF Test n.sig.
Modell Signifikanz	Konstante n.sig.		d(eonia(-1)) **	d(eonia(-1),2) ***	d(eonia(-2),2) n.sig.	Residuen unkorr. ja	ADF Test n.sig.
Modell Signifikanz			d(eonia(-1)) **	d(eonia(-1),2) ***		Residuen unkorr. ja	ADF Test **

In der Tabelle bezeichnen (*), (**) und (***) die Signifikanzniveaus von 10 v.H., 5 v.H. und 1 v.H. Bezüglich des ADF Tests bedeutet (*), (**) und (***), dass die Hypothese der Existenz einer Unit Root auf dem Signifikanzniveau 10 v.H., 5 v.H. und 1 v.H. verworfen werden kann. Das Symbol n.sig. steht für nicht signifikant.

infl:

Modell Signifikanz	Konstante *	time n.sig.	infl(-1) ***	d(infl(-1)) n.sig.	d(infl(-2)) n.sig.	Residuen unkorr. nein	ADF Test n.sig.
Modell Signifikanz	Konstante **		infl(-1) *	d(infl(-1)) n.sig.	d(infl(-2)) n.sig	Residuen unkorr. nein	ADF Test n.sig.
Modell Signifikanz	Konstante n.sig.		d(infl(-1)) ***	d(infl(-1),2) n.sig.	d(infl(-2),2) n.sig.	Residuen unkorr. nein	ADF Test ***
Modell Signifikanz			d(infl(-1)) ***	d(infl(-1),2) n.sig.		Residuen unkorr. nein	ADF Test ***
Modell Signifikanz			d(infl(-1)) ***	d(infl(-1),2) bis d(infl(-4),2) n.sig		Residuen unkorr. Ja	ADF Test ***

In der Tabelle bezeichnen (*), (**) und (***) die Signifikanzniveaus von 10 v.H., 5 v.H. und 1 v.H. Bezüglich des ADF Tests bedeutet (*), (**) und (***), dass die Hypothese der Existenz einer Unit Root auf dem Signifikanzniveau 10 v.H., 5 v.H. und 1 v.H. verworfen werden kann. Das Symbol n.sig. steht für nicht signifikant.

ygap:

Modell Signifikanz	Konstante n.sig.	time n.sig.	ygap(-1) ***	d(ygap(-1)) *	d(ygap(-2)) n.sig.	Residuen unkorr. ja	ADF Test n.sig.
Modell Signifikanz	Konstante n.sig.		ygap(-1) n.sig.	d(ygap(-1)) *	d(ygap(-2)) n.sig.	Residuen unkorr. ja	ADF Test n.sig.
Modell Signifikanz	Konstante n.sig.		d(ygap(-1)) ***	d(ygap(-1),2) n.sig.	d(ygap(-2),2) n.sig.	Residuen unkorr. ja	ADF Test ***
Modell Signifikanz			d(ygap(-1)) ***	d(ygap(-1),2) n.sig.	d(ygap(-2),2) n.sig.	Residuen unkorr. ja	ADF Test ***
Modell Signifikanz			d(ygap(-1)) ***	d(ygap(-1),2) n.sig.		Residuen unkorr. ja	ADF Test ***

In der Tabelle bezeichnen (*), (**) und (***) die Signifikanzniveaus von 10 v.H., 5 v.H. und 1 v.H. Bezüglich des ADF Tests bedeutet (*), (**) und (***), dass die Hypothese der Existenz einer Unit Root auf dem Signifikanzniveau 10 v.H., 5 v.H. und 1 v.H. verworfen werden kann. Das Symbol n.sig. steht für nicht signifikant.

Literaturverzeichnis

AKHTAR, M. A. (2000): Understanding Open Market Operations, Federal Reserve Bank of New York, 2000, , veröffentlicht unter: www.ny.frb.org.

BANK FÜR INTERNATIONALEN ZAHLUNGSAUSGLEICH (2002): Das internationale Bankgeschäft., in: BIZ-Quartalsbericht, Internationales Bankgeschäft und internationale Finanzmärkte, März 2002, S. 17 – 27, Basel.

BANK FÜR INTERNATIONALEN ZAHLUNGSAUSGLEICH (2001): Die internationalen Märkte für Schuldtitel., in: BIZ-Quartalsbericht, Internationales Bankgeschäft und internationale Finanzmärkte, Juni 2001, S. 26 – 31, Basel.

BANK FÜR INTERNATIONALEN ZAHLUNGSAUSGLEICH (2000): Der Euro und die europäische Finanzarchitektur., in: 70. Jahresbericht der BIZ, 2000, S. 139 – 159, Basel.

BORCHERT, MANFRED (2001a): Euro-Geldmarkt., in: Handwörterbuch des Bank- und Finanzwesens. Enzyklopädie der Betriebswirtschaftslehre, Band VI, hrsg. von Wolfgang Gerke und Manfred Steiner, 3., völlig überarb. u. erw. Aufl., S. 661 - 673, 2001, Schäffer-Poeschel Verlag, Stuttgart.

BORCHERT, MANFRED (2001b): Außenwirtschaftslehre: Theorie und Politik., 7., überarb. Aufl., Gabler, Wiesbaden.

BREALEY, RICHARD A.; Myers, Steward C. (1991): Principles of Corporate Finance., McGraw-Hill, New York.

BREHMER, EKHARD (1964): Struktur und Funktionsweise des Geldmarktes der Bundesrepublik Deutschland seit 1948. Zugleich eine theoretische Grundlegung für Geldmärkte im Allgemeinen., 2., neu bearb. und erw. Aufl., Kieler Studien, 65, Tübingen.

BRYANT, RALPH C.; HOOPER, PETER; MANN, CATHERINE L. (1993): Evaluating Policy Regimes: New Research in Empirical Macroeconomics, The Brookings Institution, Washington.

BÜSCHGEN, HANS E. (1998): Bankbetriebslehre: Bankgeschäfte und Bankmanagement., 5., vollst. überarb. u. erw. Aufl., Gabler, Wiesbaden.

BUNDESMINISTERIUM DER FINANZEN (1998): Unsere Steuern von A – Z., 19. Aufl., hrsg. von Bundesministerium der Finanzen, April 1998.

BUNDESREPUBLIK DEUTSCHLAND FINANZAGENTUR (2001): Emissionsplanung des Bundes. Jahresvorschau und erstes Quartal 2002., Pressemitteilung vom 18. Dezember 2001, hrsg. von: Bundesrepublik Deutschland Finanzagentur GmbH, veröffentlicht unter: www.bundesbank.de/de/kredit/bundeswert papiere.htm.

CHATFIELD, CHRIS (1997): The Analysis of Time Series. An Introduction., 5th edition, 1996, reprint 1997, Chapman & Hall, London.

CLARIDA, RICHARD; GALÍ, JORDI; GERTLER, MARK (1998): Monetary policy rules in Practise. Some international evidence., in: European Economic Review, Vol. 42, 1998, S. 1033 – 1067.

COOK, TIMOTHY Q.; LAROCHE, ROBERT K. (1993): The Money Market., in: Cook, Timothy; LaRoche, Robert (eds.): Instruments Of The Money Market., S. 1 – 6.

DAVIDSON, RUSSEL; MACKINNON, JAMES G. (1993): Estimation and Inference in Econometrics., Oxford University Press, New York, Oxford.

DEPPE, HANS-DIETER (1969): Bankbetriebliches Wachstum., 1969, Stuttgart.

DEPPE, HANS-DIETER (1980): Geldmarkt und Geldmarktkonzepte., in: Kredit und Kapital, 13. Jahrgang, 1980, S. 289- 322, erstmals abgedruckt in: Unternehmen und Gesellschaft – Festschrift zum 75. Geburtstag von Wilhelm Hasenack, hrsg. von Hans-Joachim Engeleiter, 1976, Verlag Neue Wirtschaftsbriefe, S. 163 – 187.

DEUTSCHE BUNDESBANK (1993a): Der Markt für DM- Commercial Paper., in: Monatsbericht der Deutschen Bundesbank, Mai 1993, S. 59 – 69, Deutsche Bundesbank, Frankfurt am Main.

DEUTSCHE BUNDESBANK (1993b): Die Krise des EWS und die Lehren., in: Geschäftsbericht der Deutschen Bundesbank 1992, S. 79 – 87, Deutsche Bundesbank, Frankfurt am Main.

DEUTSCHE BUNDESBANK (1995): Die Geldpolitik der Bundesbank., Sonderveröffentlichung, Oktober 1995, Selbstverlag Deutsche Bundesbank, Frankfurt am Main.

DEUTSCHE BUNDESBANK (1997): Stripping von Bundesanleihen., in: Monatsbericht der Deutschen Bundesbank, Juli 1997, S. 17 – 22, Deutsche Bundesbank, Frankfurt am Main.

DEUTSCHE BUNDESBANK (1999): Taylor Zins und Monetary Conditions Index, in: Monatsbericht der Deutschen Bundesbank, April 1999, S. 47 – 63, Deutsche Bundesbank, Frankfurt am Main.

DEUTSCHE BUNDESBANK (2000a): Die Integration des deutschen Geldmarkts in den einheitlichen Euro-Geldmarkt., in: Monatsbericht der Deutschen Bundesbank, Januar 2000, S. 15 – 32, Deutsche Bundesbank, Frankfurt am Main.

DEUTSCHE BUNDESBANK (2000b): Der Markt für deutsche Bundeswertpapiere., 3. Aufl., Sonderveröffentlichung, Mai 2000, Selbstverlag Deutsche Bundesbank, Frankfurt am Main.

DEUTSCHE BUNDESBANK (2000c): Internationales und europäisches Umfeld., in: Monatsbericht der Deutschen Bundesbank, August 2000, S. 6 – 20, Deutsche Bundesbank, Frankfurt am Main.

DEUTSCHE BUNDESBANK (2002): Geschäftsbericht 2001., Selbstverlag Deutsche Bundesbank, Frankfurt am Main.

DEUTSCHE BUNDESBANK (2003a): Geschäftsbericht 2002., Selbstverlag Deutsche Bundesbank, Frankfurt am Main.

Deutsche Bundesbank (2003b): Der geldpolitische Handlungsrahmen des Eurosystems – Erfahrungen und Maßnahmen zur Verbesserung seiner Effizienz., in: Monatsbericht der Deutschen Bundesbank, März 2003, S. 15 – 28, Deutsche Bundesbank, Frankfurt am Main.

DICKEY, DAVID A.; FULLER, WAYNE A. (1981): Likelihood Ratio Statistics for Autoregressive Time Series with a Unit Root., in: Econometrica, Vol. 49, No. 4, July 1981, S. 1057 – 1072.

DRUKARCZYK, JOCHEN (1999): Finanzierung: Eine Einführung., 8., neubearb. Aufl., Lucius & Lucius, Stuttgart.

EILENBERGER, GUIDO (1996a): Bankbetriebswirtschaftslehre: Grundlagen – Internationale Bankleistungen – Bank-Management., 6., völlig neu bearb. Aufl., R. Oldenbourg Verlag, München, Wien.

EILENBERGER, GUIDO (1996b): Lexikon der Finanzinnovationen. Mit Beiträgen von Fachleuten aus Wissenschaft und Praxis., 3., erw. Aufl., R. Oldenbourg Verlag, München, Wien.

EILENBERGER, GUIDO (1997): Betriebliche Finanzwirtschaft. Einführung in Investition und Finanzierung, Finanzpolitik und Finanzmanagement von Unternehmungen., 6., überarb. Aufl., R. Oldenbourg Verlag, München, Wien.

ELLER, ROLAND; SPINDLER, CHRISTIAN (1994): Zins- und Währungsrisiken optimal managen: Analyse, Risiko, Strategie., Gabler, Wiesbaden.

ENGLE, ROBERT F.; GRANGER C. W. J. (1987): Co-Integration And Error Correction: Representation, Estimation, And Testing., in: Econometrica, Vol. 55, No. 2, March 1987, S. 251 – 276.

EUROPÄISCHE ZENTRALBANK (2000): Das Euro-Währungsgebiet ein Jahr nach Einführung des Euro: Wesentliche Merkmale und Veränderungen in der Finanzstruktur., in: Monatsbericht der Europäischen Zentralbank, Januar 2000, S. 37 – 54, Europäische Zentralbank, Frankfurt am Main.

EUROPÄISCHE ZENTRALBANK (2001a): Fragen im Zusammenhang mit geldpolitischen Regeln., in: Monatsbericht der Europäischen Zentralbank, Oktober 2001, S. 43 – 58, Europäische Zentralbank, Frankfurt am Main.

EUROPÄISCHE ZENTRALBANK (2001b): Bietungsverhalten der Geschäftspartner bei den Offenmarktgeschäften des Eurosystems., in: Monatsbericht der Europäischen Zentralbank, Oktober 2001, S. 59 – 72, Europäische Zentralbank, Frankfurt am Main.

EUROPEAN CENTRAL BANK (2001c): The Euro Bond Market., European Central Bank, Frankfurt am Main.

EUROPEAN CENTRAL BANK (2001d): TARGET. Annual Report., European Central Bank, Frankfurt am Main.

EUROPEAN CENTRAL BANK (2001e): The Monetary Policy of the ECB., European Central Bank, Frankfurt am Main.

EUROPEAN CENTRAL BANK (2001f): The Euro Money Market., European Central Bank, Frankfurt am Main.

EUROPÄISCHE ZENTRALBANK (2002a): Jahresbericht 2001., Europäische Zentralbank, 2002, Frankfurt am Main.

EUROPÄISCHE ZENTRALBANK (2002b): Die Einheitliche Geldpolitik im Euro-Währungsgebiet. Allgemeine Regelungen für die geldpolitischen Verfahren des Eurosystems., Europäische Zentralbank, April 2002, Frankfurt am Main.

EUROPÄISCHE ZENTRALBANK (2002c): Hauptmerkmale des Repomarkts im Euro-Währungsgebiet., in Monatsbericht der Europäischen Zentralbank, Oktober 2002, S. 61 – 76, Europäische Zentralbank, Frankfurt am Main.

EUROPÄISCHE ZENTRALBANK (2003): Statistik des Euro-Währungsgebiets., in Monatsbericht der Europäischen Zentralbank, März 2003, S. 1* – 96*, Europäische Zentralbank, Frankfurt am Main.

FISCHER, LEONHARD (2001): Swapgeschäft., in: Handwörterbuch des Bank- und Finanzwesens. Enzyklopädie der Betriebswirtschaftslehre, Band VI, hrsg. von Wolfgang Gerke und Manfred Steiner, 3., völlig überarb. u. erw. Aufl., S. 2037 -2048, 2001, Schäffer-Poeschel Verlag, Stuttgart.

FRANKFURTER ALLGEMEINE ZEITUNG (2002a): Mehr Transparenz für den Repomarkt. Zusätzliche Geschäftsmöglichkeiten durch einen neuen Referenzsatz Eurepo., in: FAZ, Nr. 57, vom 08. März 2002, S. 26.

FRANKFURTER ALLGEMEINE ZEITUNG (2002b): Der „Geldautomat" für Unternehmen streikt. Commercial Papers sind ein schrumpfender Markt. Selbst GE muss zum Teilrückzug blasen., in: FAZ, Nr. 79, vom 05. April 2002, S. 25.

FRANKFURTER ALLGEMEINE ZEITUNG (2002c): Anleihe und Terminmärkte, in: FAZ, Nr. 95, vom 24. April 2002, S. 38.

GERKE, WOLFGANG; BANK, MATTHIAS (1998): Finanzierung. Grundlagen für die Investitions- und Finanzierungsentscheidungen in Unternehmen., Verlag W. Kohlhammer, Stuttgart, Berlin, Köln.

GERLACH, STEFAN; SCHNABEL, GERT (2000): The Taylor Rule and Interest Rates in the EMU Area, in: Economics Letters, Vol. 67, 2000, S. 165 – 171.

GESTRICH, HANS (1957): Kredit und Sparen., hrsg. von Walter Eucken, 3., durchges. Aufl., Düsseldorf und München.

GÖRGENS, EGON; RUCKRIEGEL, KARLHEINZ; SEITZ, FRANZ (2001): Europäische Geldpolitik. Theorie, Empirie, Praxis., 2. vollkommen überarb. und stark erw. Aufl., Werner Verlag, Düsseldorf.

GOODFRIEND, MARVIN (1993): Eurodollars., in: Cook, Timothy; LaRoche, Robert (eds.): Instruments Of The Money Market., S. 48 – 58.

GRILL, WOLFGANG; PERCZYNSKI, HANS (2000): Wirtschaftslehre des Kreditwesens, 34., überarb. Aufl., 2000, Verlag Gehlen, Bad Homburg vor der Höhe.

HARTUNG, JOACHIM (1995): Statistik. Lehr- und Handbuch der angewandten Statistik., 10., durchgesehene Aufl., Oldenbourg Verlag, München, Wien.

HASEWINKEL, VOLKER (1993): Geldmarkt und Geldmarktpapiere., Fritz Knapp Verlag, Frankfurt am Main.

HEIN, MANFRED (1966): Die internationalen Geldmarktgeschäfte westdeutscher Banken., Wirtschaftliche Abhandlungen, hrsg. von Erich Kosiol und Andreas Paulsen, Heft 23, Berlin.

HERRMANN, ARMIN (1986): Die Geldmarktgeschäfte., 3., neubearb. und erw. Aufl., Fritz Knapp Verlag, Frankfurt am Main.

HODRICK, ROBERT J.; PRESCOTT, EDWARD C. (1997): Postwar U.S. Business Cycles: An Empirical Investigation., in: Journal of Money, Credit and Banking, Vol. 29, No. 1, February 1997, The Ohio State University Press.

HOLDEN, KEN; THOMPSON, JOHN (1992): Co-Integration: An Introductive Survey., in: British Review of Economic Issues, Volume 14, No. 33, June 1992.

INTERNATIONAL MONETARY FUND: International Financial Statistics, diverse Jahrgänge, International Monetary Fund, Washington.

INTERNATIONAL SECURITIES MARKET ASSOCIATION (2002): European repo market survey. Number 2 – conducted December 2001., Zürich. Veröffentlicht unter: www.ISMA.org.

JARCHOW, HANS-JOACHIM (1995): Theorie und Politik des Geldes. II. Geldpolitik., 7., neubearb. und erw. Aufl., Vandenhoeck und Ruprecht, Göttingen.

JARCHOW, HANS-JOACHIM (2003): Theorie und Politik des Geldes., 11., überarb. u. wes. erw. Aufl., Vandenhoeck und Ruprecht, Göttingen.

JARCHOW, HANS-JOACHIM; RÜHMANN, PETER (2000): Monetäre Außenwirtschaft I. Monetäre Außenwirtschaftstheorie., 5., neu bearb. u. wes. erw. Aufl., Vandenhoeck und Ruprecht, Göttingen.

JARCHOW, HANS-JOACHIM; RÜHMANN, PETER (2002): Monetäre Außenwirtschaft II. Internationale Währungspolitik., 5., neu bearb. u. wes. erw. Aufl., Vandenhoeck und Ruprecht, Göttingen.

JOHANSEN, S. (1988): Statistical analysis of co-integrating vectors., in: Journal of Economic Dynamics and Control., Vol. 12., S. 231 – 254.

JUDD, JOHN P.; RUDEBUSCH, GLENN D. (1998): Taylor's Rule and the Fed: 1970 – 1997, in: Federal Reserve Bank of San Francisco Economic Review, No. 3, 1998, S. 3-16.

KOZICKI, SHARON (1999): How useful are Taylor Rules for Monetary Policy?, in: Federal Reserve Bank of Kanasas City Economic Review, 1999, 2. Quarter, S. 5-33.

LIPFERT, HELMUT (1975): Der Geldmarkt mit Eurogeldmarkt., 8., völlig neu bearb. Aufl., Fritz Knapp Verlag, Frankfurt am Main.

LONDON INTERNATIONAL FINANCIAL FUTURES AND OPTIONS EXCHANGE (1999): Short Term Interest Rate Futures and Options., ohne Ortsangabe. Veröffentlicht unter: www.liffe.com, Stand: 05.04.2002.

LUMPKIN, STEPHEN A. (1993): Repurchase And Reverse Repurchase Agreements., in: Cook, Timothy; LaRoche, Robert (eds.): Instruments Of The Money Market., S. 59 – 75.

MADDALA, G. S. (1986): Econometics. International Student Edition., 3rd printing, 1986, McGraw-Hill.

MATTES, HELMUT (1995): Securitization., in: Handwörterbuch des Bank- und Finanzwesens, hrsg. von Wolfgang Gerke und Manfred Steiner, 2., überarb. u. erw. Aufl., S. 1702 - 1709, Schäffer-Poeschel Verlag, Stuttgart.

MCCALLUM, BENNETT T. (1999): Issues In The Design Of Monetary Policy Rules, in: Taylor, John B.; Woodford, Michael (eds.): Handbook of Macroeconomics, Vol. 1c, 1999, S. 1483-1530, Elsevier Science Publishers B.V.

MUKHERJEE, CHANDAN; WHITE, HOWARD; WUYTS, MARC (1998): Econometrics and Data Analysis for Developing Countries, Routledge, London, New York.

NEYER, ULRIKE (2002): Veränderungen des geldpolitischen Instrumentariums der EZB., in: Wirtschaftsdienst, Nr. 12, 2002, S. 731 – 735.

ORPHANIDES, ATHANASIOS (1997): Monetary Policy Rules Based on Real-Time Data, Board of Governors of the Federal Reserve System, December 1997.

OWENS, RAYMOND E. (1993): Government-Sponsored Enterprises., in: Cook, Timothy; LaRoche, Robert (eds.): Instruments Of The Money Market., S. 139 – 155.

PAHLKE, JÜRGEN (1988): Verkehrsteuern., in: Handwörterbuch der Wirtschaftswissenschaften: Zugleich Neuauflage des Handwörterbuchs der Sozialwissenschaften, hrsg. von Willi Albers et al., 8. Band, S. 257 – 265, Vandenhoeck & Ruprecht, Göttingen und Zürich.

PERRIDON, LOUIS; STEINER, MANFRED (1999): Finanzwirtschaft der Unternehmung., 10., überarb. Aufl., Verlag Franz Vahlen, München.

PINDYCK, ROBERT S.; RUBINFELD, DANIEL L. (1991): Econometic Models And Econometric Forecasts., 3rd edition, McGraw-Hill Inc., New York.

POOLE, WILLIAM (1999): Monetary Policy Rules, in: Federal Reserve Bank of St. Louis Review, Vol. 81, No. 2, 1999, March – April, S. 3-12.

ROSE, KLAUS; SAUERNHEIMER, KARLHANS (1995): Theorie der Außenwirtschaft., 12., überarb. Aufl., Verlag Franz Vahlen, München.

RUCKRIEGEL, KARLHEINZ (1989): Finanzinnovationen und nationale Geldpolitik: Neuerungen im finanziellen Sektor; Darstellung und Analyse ihrer Implikationen für das geldpolitische Konzept der Deutschen Bundesbank., in: Schriften zur Nationalökonomie, hrsg. von Ulrich Fehl und Peter Oberender, Band 5, Verlag P.C.O., Bayreuth.

RUCKRIEGEL, KARLHEINZ (2002): Fed versus Eurosystem: Instrumentelle und operative Gesichtspunkte., in: List Forum für Wirtschafts- und Finanzpolitik, Band 28, Heft 2, 2002, S. 137 - 156.

SANTILLÁN, JAVIER; BAYLE, MARC; THYGESEN, CHRISTIAN (2000): The Impact Of The Euro On Money And Bond Markets., Occasional Paper Series, No. 1, European Central Bank, July 2000, Frankfurt am Main.

SCHÄFER, HENRY (1997): Unternehmensfinanzen: Grundzüge in Theorie und Management., Physica-Verlag, Heidelberg.

SCHIERENBECK, HENNER (1999): Ertragsorientiertes Bankmanagement. Band 2: Risiko- und Bilanzstruktur- Management., 6., überarb. u. erw. Aufl., Gabler, Wiesbaden.

SCHIERENBECK, HENNER; HÖLSCHER, REINHOLD (1998): BankAssurance: Institutionelle Grundlagen der Bank- und Versicherungsbetriebslehre., 4., vollst. überarb. u. erw. Aufl., Schäffer- Poeschel Verlag, Stuttgart.

SCHUBERT, MICHAEL (1999): Europäische Geldpolitik im ersten Jahr – eine kritische Bestandsaufnahme, Commerzbank, 1999, Frankfurt am Main.

SHARPE, WILLIAM F.; ALEXANDER, GORDON J.; BAILEY, JEFFERY V. (1995): Investments., 5th ed., Prentice Hall International, Inc.

SPRIEßLER, WOLFGANG (2001): Finanzinstrumente insb. Finanzderivate, Bilanzierung von, in: Handwörterbuch des Bank- und Finanzwesens. Enzyklopädie der Betriebswirtschaftslehre, Band VI, hrsg. von Wolfgang Gerke und Manfred Steiner, 3., völlig überarb. u. erw. Aufl., S. 826 - 835, 2001, Schäffer-Poeschel Verlag, Stuttgart.

STEINER, MANFRED (2001): Financial Futures., in: Handwörterbuch des Bank- und Finanzwesens. Enzyklopädie der Betriebswirtschaftslehre, Band VI, hrsg. von Wolfgang Gerke und Manfred Steiner, 3., völlig überarb. u. erw. Aufl., S. 704 - 715, 2001, Schäffer-Poeschel Verlag, Stuttgart.

TAYLOR, JOHN B. (1993): Discretion versus Policy Rules in Practice, in: Brunner, Karl; Meltzer, Allan H. (eds.) :Carnegie-Rochester Conference on Public Policy, Vol. 39, 1993, S. 195-214.

TAYLOR, JOHN B. (1998): The ECB and the Taylor Rule. How monetary policy could unfold at Europe´s new central bank., in: The International Economy, September / October, 1998, S. 24 – 25 und S. 58.

TAYLOR, JOHN B. (1999): An Historical Analysis of Monetary Policy Rules, in: Taylor, John B. (ed.): Monetary Policy Rules, A National Bureau of Economic Research Conference Report, S. 319-341, The University of Chicago Press.

TEBROKE, HERMANN-JOSEF (1995): Finanzinnovationen, Überblick., in: Handwörterbuch des Bank- und Finanzwesens, hrsg. von Wolfgang Gerke und Manfred Steiner, 2., überarb. u. erw. Aufl., S. 711 - 726, Schäffer-Poeschel Verlag, Stuttgart.

WILSON, J. S. G. (1992): Money Markets., in: Newman, Peter; Milgate, Murray; Eatwell, John (eds.): The New Palgrave Dictionary of Money and Finance, Vol. 2, 1992, S. 797 – 801.

WÖHE, GÜNTER; BILSTEIN, JÜRGEN (1998): Grundzüge der Unternehmensfinanzierung., 8., überarb. u. erw. Aufl., 1998, Verlag Franz Vahlen, München.

CeGE-Schriften

Das CeGE – Center for Globalization and Europeanization of the Economy – wurde 1999 von der Wirtschaftswissenschaftlichen Fakultät der Georg-August-Universität Göttingen gegründet. Das Zentrum dient als Forum zur internationalen und interdisziplinären Zusammenarbeit bei der Analyse ökonomischer Fragestellungen von europäischer oder globaler Bedeutung. In den CeGE-Schriften werden Forschungsergebnisse aus Dissertationen, Habilitationen und anderen Forschungsprojekten des Zentrums veröffentlicht.

Band 1 Axel Gerloff: Wechselkurspolitik in Mittel- und Osteuropa. Eine theoretische Analyse unter besonderer Berücksichtigung der Erfahrungen der zehn Kandidaten für eine EU-Osterweiterung. 2001.

Band 2 Ingo Konrad: Zur Integration ausgewählter mittel- und osteuropäischer Länder in die währungspolitische Ordnung Europas. 2002.

Band 3 Axel Hennighausen: Wegekostenfinanzierung und Lenkung im deregulierten europäischen Verkehrsmarkt. 2002.

Band 4 Wolfgang Münch: Effects of EU Enlargement to the Central European Countries on Agricultural Markets. 2002.

Band 5 Holger Niermann: Welchen Finanzausgleich braucht Europa? Ein konkreter Vorschlag zur Neugestaltung der europäischen Finanzbeziehungen mit Simulationsmodell. 2002.

Band 6 Jens Südekum: Agglomeration and Regional Unemployment Disparities. A Theoretical Analysis with Reference to the European Union. 2003.

Band 7 Christoph Schinke: Der Geldmarkt im Euro-Währungsraum. Geldmarktgeschäfte, Zinsbildung und die Taylor Rule. 2004.

Peter Kühnl

Der Wechselkurs als Zwischenziel der Geldpolitik im Aufholprozess

Die monetärkeynesianische Entwicklungsstrategie der Berliner Schule vor dem Hintergrund der makroökonomischen Entwicklung ausgewählter Länder Mittel- und Osteuropas

Frankfurt am Main, Berlin, Bern, Bruxelles, New York, Oxford, Wien, 2003.
213 S., 18 Abb., 19 Tab.
Hohenheimer Volkswirtschaftliche Schriften. Verantwortlicher Herausgeber: Peter Spahn. Bd. 43
ISBN 3-631-50937-5 · br. € 35.30*

Im Falle der Transformationsländer Mittel- und Osteuropas formierte sich 1989/90 parallel zu den wirtschaftspolitischen Empfehlungen der Neoklassik ein alternativer monetärkeynesianischer Ansatz in Form der Berliner Schule. Die Politikempfehlung der Berliner Schule lautete *Währungsreform und stabilitätsorientierte Unterbewertung des Wechselkurses*. Die Arbeit analysiert Möglichkeiten der Umsetzung einer solchen Entwicklungsstrategie und überprüft die vorgebrachte Bedeutung der Vermögenssicherungsqualität einer Währung für den realen Sektor anhand der Länder Polen, Tschechien und Ungarn. Der Autor kommt zu dem Ergebnis, dass der empirische Gehalt einer solchen Strategie und des zugrunde liegenden Theoriegebäudes zurückhaltend einzuschätzen ist.

Aus dem Inhalt: Transformation ehemaliger Zentralverwaltungswirtschaften · Entwicklungsstrategie der Berliner Schule · Bedingungen für die Durchführung einer Währungsreform und einer Politik exportgestützten Wachstums · Reformpolitik in Polen, Tschechien und Ungarn · Glaubwürdigkeit in der Geld- und Währungspolitik · Bewältigungsstrategien

Frankfurt am Main · Berlin · Bern · Bruxelles · New York · Oxford · Wien
Auslieferung: Verlag Peter Lang AG
Moosstr. 1, CH-2542 Pieterlen
Telefax 00 41 (0) 32 / 376 17 27

*inklusive der in Deutschland gültigen Mehrwertsteuer
Preisänderungen vorbehalten

Homepage http://www.peterlang.de

FSC
www.fsc.org
MIX
Papier | Fördert gute Waldnutzung
FSC® C083411

Kolibri 360 GmbH
Ferdinand-Jühlke-Straße 7
99095 Erfurt, Deutschland
produktsicherheit@kolibri360.de

Druck:
CPI Druckdienstleistungen GmbH
im Auftrag der
Kolibri 360 GmbH
Ferdinand-Jühlke-Str. 7
99095 Erfurt